本书出版承教育部国家留学基金委、洛阳师范学院资助

战后日英关系研究
（1952—1972）

陈 巍 著

人 民 出 版 社

序

日英关系是一组颇具特色的双边关系。日英关系的起点，最早可以追溯到 17 世纪初英国人东来日本做买卖，此时双方关系对等。后来，日本幕府锁国，英国人撤回印度。双方再次会面，已经是 19 世纪 50 年代，世界进入资本主义市场全球扩张的近代发展阶段。英国船坚炮利，日本被迫接受英国强加的不平等条约，双方关系不对等。19 世纪 90 年代以后，从英国带头修改日英不平等条约、支持日本对清朝开战，到日英同盟、英国帮助日本击败俄国，英国始终把日本当成遏制俄国、扩大在华权益的打手加以充分利用。日本为武力崛起，甘愿被英国驱使，捞取各种好处。从此，背靠世界头号强国，欺凌弱势的邻国以谋私利，成了日本走向世界的传统手法。至 20 世纪 20 年代，英国取消了日英同盟，失去靠山的日本四顾茫然，在彷徨中重新选边站队。结果，日本选错了结盟对象，与纳粹德国、法西斯意大利结成轴心国，虽猖獗一时，让驻守东南亚的英军吃尽了苦头，但最终以战败投降而告终。

近代以来，日英关系从对等到不平等，再到重新对等；从同盟到废除盟约，再到敌对交战，胜败互转，敌友变换，充满了跳跃性和戏剧性。因此，近代日英关系历来是国内外交史学界研究的一大重点。英国与对日不平等条约体系、英日修改条约、日英同盟、日英矛盾、太平洋战争期间的日英交战等课题的研究成果不在少数。作为近代日英关系研究的顺延,旧金山对日媾和期间的美英交涉、日英关系与日本加入关贸总协定等课题,也有若干研究成果推出。

当代日英关系始于第二次世界大战结束之后,是一组颇具特色的双边关系。其发展轨迹,从一个侧面反映了日英两国的发展历程。恶贯满盈的大日本帝国被送上了历史的审判台,被"肢解"和改造,按照《日本国宪法》框架,战后日本走上了和平发展之路,作为经济大国而重新崛起。但由于帝国旧班底未被肃清,右翼势力依旧存在并伺机卷土重来,特别是在侵略历史的认识和岛屿归属争端等问题上,日本保守政治人物始终走不出"帝国情结"的羁绊,一错再错,导致与邻国关系的紧张化。英国则经历了战争的磨难,日不落的风光不再,其亚洲殖民地印度、巴基斯坦、缅甸、马来西亚、新加坡先后独立,美苏冷战对抗持续加剧,急需解决的问题接踵而至。自20世纪50年代初至70年代初,随着日英国家实力、国际地位、对外政策等方面的变化,其双边关系也在不断地调整。从这个意义上说,日英关系又是反映冷战时期国际形势变化的一面镜子,有很强的现实性,也有诸多待研究的课题。国内外学术界对于这一时期的日英关系尚涉猎不多,奉献给读者的这部学术著作,相对系统、全面地从政治、经济、文化等方面论述了1952—1972年日英关系,具有填补国内外相关领域研究缺漏的学术价值。

日英两国均为岛国,一东一西、遥遥相对,扼守着欧亚大陆,地缘政治意义上的战略地位重要。正因如此,日英均被美国选定为全球战略的重要伙伴国。日英也乐于扮演这样的角色,趋利避害,发展自己。美国因素,是研究战后日英关系不能回避的问题。与此同时,日英两国又是在国际社会颇具影响的国家,也有各自的国家利益和目标追求，并非美国因素所能全部囊括。与此同时，日英双边关系也对日美、英美关系，对美国的外交政策产生反作用。在这些关系框架中，大国双边关系与其他国际因素存在着的影响与反影响、作用与反作用的互动关联，十分复杂。令人感到高兴的是，陈巍的著作对上述问题，均有不同程度的涉及，读来不无启发。

日英两国均保留了君主制，政治体制、社会文化各有其特色，对双边外交不无影响。特别是作者围绕着日英国家诉求、国际视野、经贸利益等因素如何对日英关系发挥作用，进行了梳理和评析，构成本书的显著特色。其中，英国参加对日占领、日英定期会谈、日英之间的"皇室外交"的研究，尽管是初探，但却是国内外研究鲜有提的若干重要研究点，具有创新价值、理论意义和现实意义。

本书的另一个特色是资料的丰富和扎实。作者陈巍于2006—2010年在北京大学历史系攻读博士学位，认真勤奋，研究问题锲而不舍。作者曾于2007年9月至2008年8月，喜获教育部建设高水平大学公派研究生项目首批出国留学的宝贵机会，在早稻田大学亚太研究中心留学，师从林华生教授。留日期间，搜集了1945—1972年间与日英关系相关的大量档案资料、国外相关领域的权威著作以及报刊杂志的论文和报道等，为研究工作的开展奠定了扎实的基础。

在陈巍的第一部研究著作出版之际，作为指导教师自然感到很高兴。在肯定其著作取得成绩的同时，也希望作者看到尚有不少问题需要进一步解决，例如囿于史料，史论结合尚嫌不足，论证的广度和深度有待加强。望百尺竿头，更进一步。

是为序。

宋成有

2013年2月9日于海淀蓝旗营

目　　录

绪　论

一、研究的意义

关于战后日本与其他国家或地区关系的研究,国内外学术界主要集中在日美、日中、日苏以及日本和东南亚、大洋洲等国的关系史方面。有关日本与西欧国家、特别与英国的关系的研究成果屈指可数。然而,作为在战后具有世界性影响的大国英国,在日本的外交中始终占有重要地位。其原因是战后日本发展经济、扩大国际市场份额和国际发言权,需要借重和利用英国。同样,随着日本崛起为世界经济大国,国力消退的英国也对日本抱有期待。在日英两国的外交天平上,英国之于日本或日本之于英国的分量,随着国际形势和双方国家实力对比的变化,日益重要并超出双边关系的范围而具有地区性乃至世界性的意义。正因为如此,本书选定了这个题目,并进行了探讨。

对于日英两国来说,1952—1972 是一个重要的时间段。1952年 4 月,《旧金山对日和约》生效,日本结束被占领,重获国家主权独立,日英恢复正常的外交关系。至 1972 年,日本进入经济长期高速发展的最后一个年头,稳居西方第二经济大国的领先位置,冲

绳回归,中日实现了邦交正常化,日本最终"走出了战后"。英国
则在两次提出申请并经谈判之后,1972 年 1 月,希思政府终于签
定了英国加入欧共体的协议(该协议于 1973 年 1 月 1 日正式生
效),完成了战后由世界帝国回归欧洲的定位过程。总之,至 1972
年,日英两国经济实力对比的国际地位的变化明显,奠定了此后两
国关系发展的基本框架。基于上述考虑,本书选定 1952—1972 年
间的日英关系作为主要的研究对象。研究此期的日英关系,对于
了解冷战的背景下,资本主义国家内部的关系以及日英与中国、东
南亚等国家和地区的关系有重要意义。

　　如何寻找 20 年间日英关系的发展主线,明确本书的主旨,是
一个颇费思量的关键问题。为此,不妨先来概观这一期间日英关
系三个阶段的发展脉络:

1. 1952—1956 年

　　在这一阶段,从国际大势来看,东西方两大阵营由朝鲜战争的
激烈对峙转向日内瓦和平会议的对话,施展了冷战期间几乎所有
的手段,力图威慑对方,为本阵营的发展夺占最有利的环境和时
机。从刚刚恢复正常外交关系的日英两国来看,国际角色和地位
的差异明显。日本还没有走出战败国的阴影,虽然与《旧金山对
日和约》各缔约国之间恢复了外交关系,但与苏联等国家未建交,
并因苏联行使否决权而被拒于联合国的大门之外;由于日军在二
战中虐待英国战俘、战前仿冒英国商品和廉价倾销等不正当竞争
行径,令英国社会难以忘怀,反日情绪普遍存在。英国备受战争打
击,但在战胜国中的地位仅次于美国和苏联,依然保持着世界大国
的荣耀和影响。

　　冷战的大环境、两国实力对比和国际地位的差异,给这一时期
日英关系打下了深刻的时代烙印。日英两国均高度重视对美关

系,将其视为本国外交的基轴;与此同时,日英两国间又拥有重要的双边利益。特别是日本,将发展对英关系视为进入欧洲、重返东南亚乃至南亚的路径之一,自吉田茂以下历届首相,力图尽快恢复日英友好关系。在20世纪整个50年代,虽然英国相对于日本处于优势地位,但在改善对日关系问题上,却十分矛盾。一方面,从阵营对抗的需要出发,英国愿意发展对日政治关系;另一方面,从国内反日情绪和防止日本的再次恶意竞争,对日本加入关贸总协定予以阻挠,并为英联邦国家和西欧国家所效仿。对于日苏复交谈判,英国无意得罪苏联而充当了旁观者。

2. 1957—1964年

1956年12月日本加入联合国,重返国际社会,外交活动日益活跃。日本首相岸信介、池田勇人等先后访问英国。1959年唐宁街在接待岸信介访问时,态度矜持而冷淡。岸访英之所以能成行,完全有赖于美国居中撮合。此外,美国还建议英国首相访日。1962年英国在接待池田勇人访问时,却热情洋溢。池田的访问获得许多外交成果,经过旷日持久谈判的《日英通商航海条约》终于签订,英国对日援用多年的关贸总协定第35条也随之撤销,日英关系明显回暖。1963年,英国政府提高了内阁阁僚访问日本的规格,外相霍姆飞抵东京,态度明朗地表示支持日本加入经合组织。两国还建立了对话平台,保持大臣级的频繁接触。

数年之间,英国对日态度渐趋积极,相对顺利地解决了缔结通商条约和关贸总协定第35条问题,两国关系取得重要的进展。造成英国态度转变并因此而推进日英关系的原因是多方面的,但关键的因素是两国在经济实力对比上的此消彼长,日本加速向经济大国迈进,英国却面临着劳动生产率下滑、固定资本投资不足、外贸逆差扩大等越来越多的问题,国家财政日益力不从心。1957—1964年,艾登、麦克米伦、霍姆、威尔逊等保守党或工党领袖轮流出任首相，政局不稳。英国需要从日本强劲的经济发展中，获得自身的经贸利益，特别对提出积极内外政策的池田内阁抱以厚望。由此，不难看出日英关系中经济因素具有举足轻重的作用。

3. 1964—1972 年

这一时期日英进入平等交往时期，1963 年下半期开始日英定期会谈，该会谈涉及大量日英共同关心的双边问题和多边问题，成为日英交流的重要平台。两国通过首相参与的大臣级会谈，及时沟通，协调行动，对全面而稳定地发展两国关系，发挥了重要作用。英国博览会、东京"英国周"的顺利进行，以及英国王室的两位公主访问日本，给日英关系带来"皇室外交"的新机运。70 年代初期是日英关系发展的一个高峰期，1971 年 10 月日本天皇裕仁访问英国，将"皇室外交"推进到新高潮，再次为日英关系增添了华丽的色彩。1972 年 9 月，姗姗来迟的希思，创造了英国首相访问日本的记录，将两国关系推进到新的发展阶段。此时，距离岸信介访英时发出欢迎英国首相访日的邀请，已经过去了 13 年。

通过厘清 1952—1972 年日英关系发展的基本脉络，综合分析冷战前期的国际环境和日英两国国内的情况，探寻两国外交政策的调整以及造成调整的原因，不难看出：这一期间日英关系的主线呈复线型的运动状态，即双方地位发生了由不对等到对等、关系状况由冷至暖至热、涉及范围从双边到多边的变化过程。作为造成这种多重曲线的变化的原动力，是日英两国各自国家利益，包括经济利益、政治利益和安全利益，同时也包括冷战期间西方阵营的共同利益。如何从 1952—1972 年日英关系的复线式运动轨迹中，把握国家利益与阵营利益在不同时期的表现及其互动关系，是本书重点探索的基本问题，本书的主旨也体现在其中。

二、研究的现状

　　系统研究日英关系的学术成果,当属细谷千博和伊恩·尼希
(Ian Nish)主编的《英日关系史1600—2000》。该书共五卷,第一
卷《政治外交1600—1930》全面论述了自日英首次相遇至1930年
约300余年的双边关系发展过程;[1]第二卷《政治外交1931—
2000》是第一卷的续编;[2]第三卷《军事》涉及日英军事关系发展过
程;[3]第四卷《经济和商业关系》侧重研究日英经济关系和经贸关
系;[4]第五卷《社会和文化》论述了两国文化交流发展的轨迹。[5]这
套多卷本的研究成果,由主编邀请日英两国的相关专家学者撰写
论文,再合编成卷。论述框架将两国关系的纵向发展进程与双边
关系的若干重要问题的横向论述结合起来,研究水平达到一定的
高度,是研究日英关系必须参考的研究著作。其中,第二卷《政治
外交1931—2000》收录文章11篇,主要涉及20世纪30年代日英
对抗的形成和经济外交,日英战时关系和英军战俘,战后关系的调
整、合作和摩擦以及相互理解等研究课题。其战后部分的论述,与
本书的关系比较密切。第四卷《经济和商业关系》收录论文9篇,
内容主要涉及日英在贸易和银行业的对抗、二次大战间日本在伦
敦金融市场的贷款发放情况、20世纪20年代英国人对日本经济
发展的看法、战后50至60年代英国、英镑区与日本的关系,日英
在战后的投资等问题,战后部分同样具有参考价值。

　　以下评介与本书研究相关的其他学者研究成果。

(一)关于二战时期和占领时期日英关系的研究

　　入江昭的《战时日本对战后亚洲的构想》对战时日苏关系提
出了新看法,即日本密切对苏关系的一个图谋,在于建立日苏合作

对抗英美的体制。同时,日本还试图切断中国与西方民主国家的联系,让蒋介石还都南京,重新建立统一的国民政府,并组成日中苏集团对抗英美。[6]对日本的上述图谋,英国有所察觉,这也是战后初期英国总是用怀疑的目光"打量"日本的一个重要原因。

克里斯托弗·索恩的(Christopher G. Thorne)《英国战后的远东构想》认为:在二战时的英国作战安排上,远东战场排在大西洋、西北欧、地中海战场之后。由于英国的人力、物力、财力有限,其资源首先用于防卫本土。丘吉尔本人反对订立针对远东的战后计划,并且他对远东既缺乏知识又不关心,把远东称之为"那块野蛮的土地"。加之,英国政府内部在处理涉及太平洋战争影响的远东、太平洋地区的问题时,政出多门,没有统一的方式。所以直到战争结束,英国也没有公布一个经过内阁讨论的针对远东的战后计划。[7]作为上述作战安排的历史影响,是美国充当了太平洋战场的主力,并顺理成章地成为影响战后东亚国际局势的主要力量,相形之下,英国的影响力大为衰退。

皮特·劳(Peter Lowe)的《英国对日本、中国、韩国的政策1948—1953》论述了英国对日、对华、对韩政策的形成过程,研讨了英国在二战后东亚冷战格局中的角色作用。作者认为:英国驻日联络代表处负责人的盖斯康因与麦克阿瑟保持良好的私人友谊,有利于为英国谋取利益,但私交的作用毕竟有限。太平洋战争结束时,英国外交部希望英国能在日本占领政策上发挥重要的作用,身在日本的盖斯康因认为外交部的设想过于天真。盟军占领日本的实际状况是,"盟总"最高司令官麦克阿瑟总揽了所有的权力,美国总统杜鲁门也没有打算让其他盟国干预日本占领政策。因此,为了维护英国的利益,在动用外交手段时,注意不要超过限度,否则必然于事无补,招致麦克阿瑟的不满或引起被美国政府疏远的不良后果。[8] 这部著作,对把握战后初期英国外交的无奈和虚弱的外交立场,不无参考价值。

罗格·巴克利(Roger Buckley)的《占领外交:英国、美国、日本 1945—1952》,从政治、军事、法律、经济等方面,论述了占领时期英国与美国、日本的相互关系。巴克利认为:是英国而不是苏联首先抱怨美国在日本独行其道。尽管英国在公开场合强调与美国的合作,内心却对美国垄断对日本的控制权力而强烈不满,并企图保有对日本的影响力。英国指责美国玩弄手段,将英国排除在日本占领事务之外,并且忽视英国外交部的意见,尽可能按照美国的意愿,对日本进行快速而广泛的改革。[9]

徐蓝的《英国与中日战争》论述了英国与中日战争的关系,重点说明了在日本侵华战争期间,英国对日绥靖政策的产生、演变和最终失败的历史过程。徐蓝认为:19 世纪末 20 世纪初,英国资本主义由盛转衰,面临 19 世纪建立起来的大帝国巨大的防御难题。20 世纪 20 年代,英国把恢复经济放在首位,对和平作了最乐观的估计,于是大力消减国防开支,使远东的防御处于空虚的状态。30 年代德国崛起后,英国开始重整军备,但速度缓慢,部署在远东的军事力量尤为虚弱。英国既然在经济上不肯为重整军备而加大投入,幻想采用绥靖政策安抚日本,以求妥协,那么在军事上必然会在远东采取消极防御的战略。[10]

关于这一时期的有关论文,还有渡边昭夫的《从敌人到冷淡的同盟》,[11]戈登·丹尼尔斯(Gordon Daniels)的《战后英国的对日观》,[12]池田清的《走向新加坡之路——大战下的日英关系 1941—1945》,[13]皮特·劳和伊恩·尼希的《从新加坡到东京湾 1941—1945》,[14]简·弗劳尔(Jane Flower)的《日军与英军俘虏 1941—1945》[15]等,分别就某一论题展开论述。

（二）关于 1952 年—1972 年日英关系的研究

1. 关于这一时期的日英经济关系的研究成果：

对 20 世纪 40 年代到 60 年代初日英经济关系论述较多、较成体系的著作，要数 Noriko Yokoi 的《战后日本经济复兴与日英关系 1948—1962》。该书主要依据英方档案资料，对 1948—1962 年日本恢复经济、高速成长与英国的关系进行了论述。作者认为：英国政府承认每个开展贸易的国家都应有相同关税收益的原则，英国加入关贸总协定获得利益的保证。但是在二战后的一定时期内，英国拒绝对日本实施这些基本的贸易原则，原因是国内工商业，特别是兰开夏棉纺织业向政府施加了巨大的压力。这些英国企业担心重现战前日本企业通过政府补贴、倾销和使用廉价劳动力而使英国企业受到严重打击。换言之，英国工商业对贸易部施加巨大的压力，是英国不给日本事实上的最惠国待遇的基本原因。[16]

上述论述不无道理，但 Noriko Yokoi 的论著有减轻英国政府在阻挠日本重返国际经济体系、防止日本经济过快增长上的责任之嫌，而把这些责任归之于英国的压力团体和保护主义者。真实的情况应该是，英国政府阻挠日本重返国际经济体系和东南亚市场，并不能仅仅用压力团体和保护主义者对政府施加压力来解释，英国政府也是制定并实施这种政策的当事人。作者毕业于伦敦经济学院并获得博士学位，其论点或许存在庇护英国政府的倾向，但强调英国工商业界在政府对日政策的影响力，不无启发意义。

约翰·卫斯特(John Weste)认为：对于日本经济重返东南亚，美国表示欢迎，但英国疑虑重重。在这个问题上，英国无意过度抵制美国而牺牲英美的同盟关系。英国政策制定者的确预见到日本在东南亚发挥的经济作用，并认为对日美作出必要的让步，有利用本国的长期利益。这样,英国政府和国会就限制日本在东南亚的经济扩张采取某种行动,但严格限制在一定的范围和时期之内。50年代后半期,英国在核反应堆、喷气式飞机、喷气引擎研制和批量生产方面,显示科技、经济实力,形成进入日本市场的商业机会。但是,英国小心翼翼地将本国利益放大和弱化美国在日本市场优势,为开展对日贸易创造机会。[17]英美两国对日本市场的关注以及相互的竞争,成为观察日英关系的一个重要参数。

田所昌幸认为:美国推动日本加入关贸总协定的努力,遭到以英国为首的欧洲国家及大洋洲国家的强烈反对。英国反对日本加入关贸总协定的原因主要有两个:一是英国担心日本加入关贸总协定会重现战前日本的产品特别是纺织品对英国殖民地的倾销以及日本产品对英国产品的仿冒。二是英国国内对日本的敌对情绪还很浓。但英国的立场是矛盾的,一方面英国不希望日本加入关贸总协定,另一方面英国也不愿因此而破坏英日和英美关系,不愿成为阻碍日本加入关贸总协定的带头国家,特别是英国也认识把日本留在资本主义阵营内,对于增强资本主义阵营的实力,阻隔日本和中国等社会主义国家的关系是有利的。因此美日在与英国的交涉中呈现非常复杂的局面。[18]

田所在研讨日本加入关贸总协定过程时,特别强调美国发挥的巨大作用。他认为,一方面,美国最有效的权力资源在于提供了各国出口竞相进入的巨大美国市场。因此,美国对关税交涉的意愿,对关于日本入关的进展具有决定性的影响力。但是,"霸权国"美国利用权力资源的能力受到国内政治因素的制约,即取决于国会赋予总统交涉关税的权限。另一方面,在日本入关之际,10多个国家援用第35条,这在表明美国并不能阻止西欧国家对日实施歧视的同时,大大地减低了日本入关的意义,关贸总协定的无歧视原则也因此而被扭曲。日本入关以后,它的经济外交象明治时期"条约改正"一样,以撤回 35 条即歧视措施为中心展开。[19]玛丽亚·坎特赫尔姆的《战后日英投资》,对战后日英双边投资进行了分析。[20]

综合上述国内外的研究状况,不难发现:除去对日本入关与英国的关系、《日英通商航海条约》谈判、日本加入经合组织与英国的关系等重大问题之外,在若干重要的问题上,先行研究基本未涉及。换言之,在 1952—1972 年日英经济关系的研究中,尚有相当的研究空间需要填补,若干重要问题需要研究。本书欲在先学研究的基础上,利用英国外交档案、内阁文件和日本外交记录等资料,对国内外涉猎甚少、未涉及或语焉不详的研究课题,开展必要的研究。

例如,20 世纪 50 年代后期,经两国代表谈判并签订的《日英原子能协定》,是一个反映两国关系取得重要进展的标志性事件之一。在战后曾经是甲级战犯嫌疑人的岸信介当政时期,英国对日本的态度冷淡。与此同时,英国因担心战前日本向英国市场倾销的情况重演,对日本援用关贸总协定第 35 条,歧视日本产品并借以制约日英经贸关系的发展。为突破英国实际上的贸易壁垒,日本通过从英国进口核电反应堆和燃料,试图通过扩大日英贸易并实现贸易平衡,促使英国以此为契机撤销对日援用第 35 条。由于英国在英联邦和西欧国家的特殊地位,若英国撤销援用第 35 条,将对其他英联邦和西欧国家起示范作用。从这个意义上说,《日英原子能协定》谈判和签订,不只是为解决核电能源问题,实际上是岸信介政府试图改善日英关系并进而扩大日欧关系的重要举措,因而有研究的必要。

再如,60 年代英国经济危机与日本关系问题。60 年代,英国经济危机和金融危机交替显现,英国商品的销售额与英镑币值双双下降,国家财政收入锐减,迫切需要其他资本主义国家的支持。因为日本与英镑区的贸易占其总量的1/4,日本的贸易约有30%是以英镑决算,并且日本与社会主义国家的贸易大都以日元为决算货币。在这种情况下,英镑的稳定,有利于日本的对外贸易。因此,当英国发生金融危机或经济危机时,日本对英国进行了必要的援助。换言之,60年代英国相对衰落而日本经济迅速崛起,以及英国在金融方面有求于日本,是战后日英关系发展进入新阶段的重要原因之一。对此展开研究,有助于揭示日英关系的经济本质,等等。

2. 关于这一时期日英政治外交关系的研究

田中孝彦认为:20世纪50年代,日英关系围绕着两国在国际上寻求新的身份而展开,但是两国的状况非常不同。英国依然是世界级的大国,尽管某种程度上不得不面对无可奈何的衰退。相形之下,日本作为一个重返国际社会的战败国,必须重新确定自身的定位;日本需要尽快走出战败的阴影,逐步改善国际地位,但恢复战前那样的世界级大国地位,却困难重重。日英关系实际状态的改变,有赖于英国从国家利益和冷战期间阵营利益出发,考虑能否接受日本改变其国际地位的要求。从吉田茂内阁到岸信介内阁,日本政府持续对英国政府发出清晰的信号,希望加强日英双边关系以减缓美国的压力。但是,英国政府不愿作出任何共同牵制美国的明确承诺,因为那会导致英美关系的恶化。同时,英国能接受扩大日中贸易关系的事实,但排斥日中之间形成政治联盟,因为那将彻底地改变世界大国的均势。在这种情况下,日英联手推动美国改变对华政策,就注定了永远不会成功。[21]

贺金颖认为:虽然美、日、欧同属冷战时代的西方阵营,但美国是阵营的盟主,占据了主导地位。一般来说,总是美国制定"自由世界"的战略,日本和西欧加以响应和配合,日英同处从属于美国世界战略需要的地位。因此,在以美国为中心的美、日、西欧三边关系框架中,寻找日本与西欧相互关系的适当位置,是战后日本当政者处理日欧外交方针的出发点。1959 年岸信介访欧后,比较明确地勾画出日欧关系的轮廓,即在不改变日美协调关系的同时,日本将增加日英协调,以期形成美、日、英三位一体的架构。当时,英国在国际舞台上俨然为西欧的代表,美、日、英三位一体,即美、日、西欧的战略三角框架。三年之后,池田在出访西欧前发表谈话,认为在各"自由主义国家"中,应以北美、欧洲与日本、亚洲三根支柱为中心。这反映了制定国民收入倍增计划后,池田首相对西欧市场的渴望和对日本未来的信心。[22]

由上可以看出,50 年代和 60 年代,日本一直都在接近英国,但是其目的因年代的不同而出现变化。50 年代日本向英国靠近,其目的是试图通过与中苏等社会主义国家保持外交和贸易关系的英国,劝美国放松对日本对社会主义国家(特别是中国)的贸易限制。1957 年,日本就曾效仿英国,放弃"中国差别"。[23]到了 60 年代,池田政府靠近英国,是对向美国"一边倒"政策的调整,日本还担心西欧经济进一步一体化会增强欧洲经济共同体的封闭性,不利于日本产品进入西欧市场。因此,日本希望与英国缔结《日英通商航海条约》,使英国成为日本经济进入欧洲的桥头堡。与此同时,日本也希望得到英国等国的支持其加入发源于欧洲的经合组织。

黑岩彻的《超越摩擦走向相互理解——1960 年以后的日英交流》把 1960 年以后的日英关系分为 3 个时期:1. 60 年代为处理战后问题时期。进入 60 年代后,日英关系上的"战后"还没有结束。在这一时期,日本想尽办法摆脱败战国的地位,竭力建立和英国树立平等的关系,其象征就是《日英通商航海条约》的缔结。2. 70 年代为相互理解的时期。由于日本的商品如倾盆大雨一样向英国输出而导致两国的贸易摩擦,日本通过自主规制对英经贸额度,并向英国派出"购买英国产品代表团",努力消除贸易摩擦。在这一时期,天皇裕仁夫妇访英和英国女王伊丽莎白二世访日增进了两国的友谊,同时,为表示抗议而向天皇裕仁投掷外套,并且天皇手植的树也被砍倒,显示了处理战后问题时期还在继续。3. 80—90 年代为相互发展的时期。在这一时期,与撒切尔首相提出的"向东看"的号召相适应,日本企业大举进军英国,英国企业也进入日本,但由于日本市场也存在封闭性问题,双方通过经贸自由化谈判,化解矛盾。1991 年"日本周"在英国成功举行,日英关系进入良好状态。[24]

克里斯托福·巴拉迪克(Christopher Braddick)的《遥远的友邦:全球化时代的日英关系 1958—2000》认为:当伦敦和东京为努力适应在世界体系中变化的关系状态时,在日英关系中竞争与合作始终并存,因此平衡不断发生变动。当 GNP 超越英国后,一个自信的日本开始重新调整与"旧帝国"之间的关系。日英主要是以商业竞争的形式,出现对立,但也涉及政治战略领域。在 20 世纪 60 年代中期,在一切外交礼仪之下,人们可以察觉日英在亚洲的贸易战激战正酣。但是,日英的角逐已经不是追逐权力的传统斗争,而是对区域内各自角色的分歧导致看法上的冲突。日本努力坚持英国———一个在帝国责任日渐萎缩并渴望撤离的国家———在东方政治和军事继续尽到应尽的责任,而英国试图鼓励日本以新获得的经济力量去分担与之相称的责任,尽管日本对此并不情愿。[25]

　　关于这一时期的日英政治外交关系,国内外学术界对吉田茂访问英美、日苏复交谈判与英国的关系等问题研究取得相当大的进展,其他许多问题都有进一步深入研究的必要。比如,对于上述克里斯托福·巴拉迪克提出了关于日英分别对对方提出承担责任的论点,但具体论证远远不够。在本书中,提出"英国在远东的防卫问题(与日本的关系)"和"日英与对外援助"等两个问题,分别进行具体论述。除此之外,对于 60 年代开始的日英定期会谈,是日英双方进行交流和协调的重要的平台,也是研究这一时候日英关系的重要切入点。然而,国内外研究者对这个问题的研究比较少。本书把这个问题作为重要问题提出,并着力进行研究。对于前人没有系统研究的日英与中国问题,本书也进行了深入的探讨。

　　综上所述,国内外学者的论著从不同角度或不同问题入手,阐述日英政治外交关系,其中不乏精辟之处。总的来看,对于 50 年代到 60 年代初的研究成果比较多,但仍然有若干问题涉猎不深。本书依据在日本搜集的外交档案新材料,加以补充论述。对于 60 年代中期和 70 年代初的日英政治经济关系等若干国内外学术界没有涉及或论述有意犹未尽之处的某些重大问题,本书将展开必要的研究。

三、研究的理论和方法

　　本书的论述以实证分析法为主,决策过程分析法和结构分析法为辅。

　　实证分析法,即在分析历史文献与档案资料的基础上,以还原历史的方式发现研究对象的内容以及特征。笔者打算通过大量分析日英两国新解密档案等资料,抽丝剥茧地探寻日英关系的表象流变以及其内在动力,以求尽可能地还原 1952—1972 年间日英关系的真相。

决策过程分析法,是通过考察一个行为体(国家或政党)的决策过程来评估其政策走向的方法。根据时间的推移抓住日英两国政治领袖及其亲近幕僚的思想和历史演变的关节点,对思想的发生、对外政策的形成作过程性的考察,以揭示历史发展的内在逻辑。

结构分析法的核心是强调在国际体系中国家力量对比与配置对国际政治形势与国家对外战略有根本的影响,结构分析法把国际力量和战略关系结构视为国际形势中的核心要素。日本和英国同属于美国领导下的资本主义阵营,这是日英互相合作的基础。但日英关系并非一帆风顺,它随着日英各自的利益和两国力量的消长而发生变化。

四、本书研究的创新之处

本书大量运用一手材料,论述了从 1952 年到 1972 年间日英关系变化的基本脉络,如实地反映出日英关系外交上由冷淡到正常、再到紧密,经济上由英国阻碍日本融入国际贸易市场,日英签订《日英通商航海条约》恢复正常的经贸关系,到英国经济相对落后、希望日本增加从英国的进口这样一个曲折的过程。这是国内学者都没有过的尝试,在有些问题上,比国外学者的研究更具体更深刻。

比如,关于日英定期会谈的研究,在国外也基本上是个空白,而日英定期会谈是两国就双边关系和共同关心的国际问题进行讨论、协调的最高级别的场合,是研究 1963 年以后日英外交关系的一个重要的突破口。本书依据日英双边的外交资料,把日英定期会谈的基本情况和重要问题比较全面地概括出来。

　　不仅如此,本书还把两国在中国问题上(建交、贸易、联合国席位)的协调比较完整地勾勒出来。首先,在对日媾和时期,英国希望日本承认中国,以防止日本在英国传统的东南亚市场上发生竞争。其次,日本恢复独立后,自吉田茂开始,就希望英国能在说服美国缓解日本对华贸易限制上发挥作用。对于日本的这种期望,英国当然是有所觉察,但在岸信介政府时期,美国多次劝告英国不要有促进日中贸易的行为,英国自然也不会为日本火中取栗。但到了池田政府时期,在英国外相霍姆访日时,公开宣称可以和中国进行"巴统"限制清单以外的贸易。再次,在中国重返联合国的问题上,两国存在着分歧,因为英国的着眼点在中国,所以它宣扬中国应当入联;而日本的着眼点在台湾地区,所以它拼命想保留台湾在联合国的席位。日英在中国问题上不同的态度,反映了两国不同的国家利益和在资本主义阵营不同的地位和视野。

　　本书还揭示了日英间另一个重大的问题点——东南亚问题,在这个问题上也有一个曲折的演进过程。战后初期,英国很警惕日本进入其在东南亚传统市场,但由于战后英国国力凋敝,不得不同意日本作为捐赠国加入科伦坡计划。在岸信介政府时期,曾经向英美提议建立东南亚发展基金。但是英国认为,这个构想令人想起"大东亚共荣圈",而且英国的资金也不宽裕,因而对这个提议不感兴趣。在池田政府时期,日方再次向来访的英国外相霍姆提出,在东京建立某种机构,并在新加坡和香港建立分支机构,用来紧密地协商和维护东南亚的稳定,这也被霍姆以这个区域有很多机构,如科伦坡计划、英联邦等为由拒绝了。由此看来,英国是不希望日本在东南亚"有所作为"的,但是随着日本国力日盛,英国国力相对衰弱,日本在东南亚援助和经济上的作用越来越大,最终英国也不得不认可,并希望日本在东南亚加大援助和投资。

　　综上所述,本书为研究冷战前期西方阵营的两个重要成员国日本和英国的双边关系以及多边关系,提供了若干新的史料、视角和课题。

五、研究的史料说明

　　笔者曾于2007年9月至2008年8月间在日本早稻田大学大学院亚太研究科学习。在日期间,收集了大量2000年前后公开的日英两国的档案。其中有英国外交部档案《Foreign Office Files for Japan and the Far East》1952—1972年日英外交、政治关系及部分经济方面档案,笔者研究其他学者论著后推断,其1960年之后的档案用的比较少,1960年以前的档案,田中孝彦等学者曾使用过,但还有可利用的空间。日方档案中有很多是2003年以后公开的外交记录,如:《E'4.1.0.7—9　国際経済　関税及び貿易に関する一般協定関係(GATT)35条問題》、《B'5.1.0.J/1　日英原子力一般協定関係》、《A1.3.1.1—4日本·英国外交、日英定期協議関係》等。

　　英方政府文件还有《内阁文件》,日本政府其他出版文书还有《外交青书》、《经济白书》、《世界经济白书》、《通商白书》、《原子能白书》、《国会议事录》,以上有的是在线资源。

　　除以上资料外,本书还参考了许多当事人的日记、传记、自传、回忆录,比如吉田茂《十年回忆》[26],鸠山一郎《鸠山一郎回忆录》,[27]岸信介、矢次一夫、伊藤隆《岸信介的回忆》,[28]原彬久《岸信介证言录》[29],岸信介《二十世纪的领袖们》,[30]伊藤昌哉《池田勇人生与死》,[31]松溥周太郎、志贺健次郎编《追忆池田勇人先生》,[32]佐藤荣作《佐藤荣作日记》[33],御厨贵、中村隆英《宫泽喜一回忆录》,[34]罗伯特·莱西《英国女王伊丽莎白二世》,[35]艾登《绕圈》,[36]

麦克米伦《麦克米伦回忆录》,[37]霍姆《霍姆自传》,[38]本·皮莫洛特
《哈罗德·威尔逊》,[39]玛格丽特·莱恩《希思首相》等。[40]

　　除以上史料外,本书还参考了《泰晤士报》和《读卖新闻》等报
纸,它们对上述史料是有益的补充。

六、本书的结构

本书分5章:

　　第1章,占领时期的日英关系(1945—1952)。本章主要交代
战后日英关系展开的背景。论述了美国单独占领日本与英国配合
的姿态,英国占领军进驻日本与撤出,英国在对日媾和中的态度和
作用以及日英外交关系的恢复。

　　第2章,负重前行的双边关系(1952—1956)。本章在外交方
面论述了密切日英关系的三次互访,包括日本皇太子明仁访英、吉
田茂访英和英国兰开斯特公爵郡大臣薛尔克访日;在经贸方面,论
述了英国步步阻止日本加入关贸总协定的过程,最后在同意日本
入关的时候,又对日援用关贸总协定第35条。此外,本章还论述
了日苏复交谈判与英国的关系。

　　第3章,双边关系障碍的最终消除(1957—1964)。本章在外
交方面论述了英国从对岸信介政府的冷淡到对池田勇人政府时期
的正常,在经贸方面双方解决了长期的悬案——签订了《日英通
商航海条约》,并且英国支持日本加入经合组织。

　　第4章,日英关系的全面稳定发展(1964—1972)。本章在外
交方面论述了日英定期会谈的缘起、基本情况和与之相关的重大
问题以及日本天皇访英和英国首相希思访日,在经济方面论述了
两国间经济关系的发展和日本对英国经济危机的反应。

　　第5章,1952—1972年日英关系评析。本章系统地回顾了

1952—1972 年日英两国关系由冷淡到正常,再到紧密的演进过程,揭示出在战后冷战的格局下,受日美同盟束缚的日本向以英国为首的西欧国家接近,以图成为美欧日三元体制中重要的一员。

注　释

1　Ian Nish, Yoichi Kibata (eds) , *The History of Anglo—Japanese Relations 1600—2000 Volume I : the Political—Diplomatic Dimension* , 1931—2000 , Macmillan Press LTD , 2000.

2　Ian Nish, Yoichi Kibata (eds) , *The History of Anglo—Japanese Relations 1600—2000 Volume II : the Political—Diplomatic Dimension* , 1931—2000 , Macmillan Press LTD , 2000.

3　Ian Gow, Yoichi Hirama, John Chapman (eds) , *The History of Anglo—Japanese Relations 1600—2000 Volume III : The Military Dimension* , Palgrave Macmillan Press LTD , 2003.

4　Janet F. Hunter, S. Sugiyama (eds) , *The History of Anglo—Japanese Relations 1600—2000 Volume IV : Economic and Business Relations* , Palgrave Publishers LTD , 2002.

5　Gordon Daniels, Chushichi Tsuzuki (eds) , *The History of Anglo—Japanese Relations 1600—2000 Volume V : Social and Cultural Perspectives* , Palgrave Macmillan Press LTD , 2003.

6　入江昭:《戦後アジアへの戦時日本の構想》,《日英関係史 1917—1949》,东京大学出版会 1982 年,第 179—201 页。

7　克里斯托弗·索恩著,麻田贞雄译:《イギリスの戦後極東構想 1941—1945》,《日英関係史 1917—1949》,东京大学出版会 1982 年,第 202—235 页。

8　Peter Lowe, *Containing the Cold War in East Asia : British Policies towards Japan, China and Korea* , 1948—53 , Manchester University Press , 1997.

9　Roger Buckley, *Occupation Diplomacy : Britain, the United States and Japan 1945—1952* , Cambridge University Press , 1982 , p. 103.

10　徐蓝:《英国与中日战争 1931—1941》,北京师范学院出版社 1991 年。

11　渡边昭夫:《敵から冷たい同盟へ敗戦から——講和までの日本とイギリス》,《日英関係史 1917—1949》,第 236—266 页。

12　戈登·丹尼尔斯著,渡边昭夫译:《戦後におけるイギリスの対日観 1945—1949》,《日英関係史 1917—1949》,第 236—266 页。

13 Ikeda Kiyoshi, "Anglo—Japanese Relatios 1941—45", in Ian Nish, Yoichi Kibata eds. , *The History of Anglo—Japanese Relations*, 1600—2000 *Volume II: The Political—Diplomatic Dimension*, 1931—2000. MacMillan PRESS LTD, LLC, 2000, pp. 112—134.

14 Peter Lowe, Ian Nish, "From Singapore to Tokyo Bay, 1941—45", in Ian Nish, Yoichi Kibata eds. , *The History of Anglo—Japanese Relations*, 1600—2000 *Volume II: The Political—Diplomatic Dimension*, 1931—2000. MacMillan PRESS LTD, LLC, 2000, pp. 135—148.

15 Sybilla Jane Flower, "British Prisoners of War of the Japanese, 1941—45", in Ian Nish, Yoichi Kibata eds. , *The History of Anglo—Japanese Relations*, 1600—2000 *Volume II: The Political—Diplomatic Dimension*, 1931—2000. MacMillan PRESS LTD, LLC, 2000, pp. 149—173.

16 Noriko Yokoi, *Japna's Postwar Economic Recovery and Anglo—Japanese Relations*1948—62, RoutledgeCurzon, 2003.

17 John Weste, "Facing the Unavoidable—Great Britain, The Stering Area and Japan: Economic and Trading Relations, 1950—60", in Janet E. Hunter, S. Sugiyama eds. , *The History of Anglo—Japanese Relations*, 1600—2000 *Volume IV: The Economic and Business Relations*, Palgrave Publishers LTD, 2002, pp. 283—313.

18 19 田所昌幸:《战後日本の国際経済秩序への復帰——日本のGATT 加盟問題——》,《国際法外交雑誌》1993 年第 1 号,第 27—74 页。

20 Maria Conte—Helm, "Anglo—Japanese Investment in the Postwar Period", in Janet E. Hunter, S. Sugiyama eds. , *The History of Anglo—Japanese Relations*, 1600—2000 *Volume IV: The Economic and Business Relations*, Palgrave Publishers LTD, 2002, pp. 314—345.

21 田中孝彦:《吉田外交における自主とイギリス1952—1954 年——吉田ミッションを中心に》,《一橋論叢》2000 年 1 月号,第 45—64 页;Tanaka Takahiko, "Anglo—Japanese Relatios in the 1950s: Cooperation, Friction and the Search for State Identity", in Ian Nish, Yoichi Kibata eds. , *The History of Anglo—Japanese Relations*, 1600—2000 *Volume II: The Political—Diplomatic Dimension*, 1931—2000. MacMillan PRESS LTD, LLC, 2000, pp. 201—231。

21 Roger Bukley, "Sir Esler Dening Ambassador to Japan, 1951—1957", in Hugh Cortazzi, Ian Nish, Peter Lowe, J. E. Hoare (eds.), *British Envoys in Japan 1859—1972*, Folke-

stone:Global Oriental,2004,P.176.

22　宋成有、李寒梅:《战后日本外交史1945—1994》,世界知识出版社,1995 年,第 383 页。

23　所谓中国差别是指"巴统"组织中国委员会规定不出售给中国的商品比苏联和东 欧更多,其目的是遏制中国的工业发展。

24　Kuroiwa Toru, " Anglo—Japanese Relatios since 1960s:Towards Mutual Understanding —Beyond Friction", in Ian Nish,Yoichi Kibata eds. , *The History of Anglo—Japanese Relations*,1600—2000 *Volume II:The Political—Diplomatic Dimension*,1931—2000. MacMillan PRESS LTD,LLC,2000,pp. 235—262。

25　Christopher Braddick, "Distant Friend:Britain and Japna since 1958—the Age of Glo- balization", in Ian Nish,Yoichi Kibata eds. , *The History of Anglo—Japanese Relations*, 1600—2000 *Volume II:The Political—Diplomatic Dimension*,1931—2000. MacMillan PRESS LTD,LLC,2000,pp. 235—236.

26　吉田茂:《十年回忆》(1—4 卷),世界知识出版社 1963 年。

27　鸠山一郎:《鳩山一郎回顧録》,文艺春秋新社,1957 年。

28　岸信介、矢次一夫、伊藤隆:《岸信介の回想》,株式会社文艺春秋,1981 年。

29　原彬久:《岸信介証言録》,每日新闻社,2003 年。

30　岸信介著,王泰平译:《二十世纪的领袖们》,世界知识出版社,1986 年。

31　伊藤昌哉:《池田勇人その生と死》,至诚堂,1966 年。

32　松溥周太郎、志贺健次郎编:《池田勇人先生を偲ぶ》,创巳堂,1967 年。

33　佐藤荣作:《佐藤栄作日記》1—6 卷,朝日新闻社,1998—1999 年。

34　御厨贵、中村隆英:《宫泽喜一回忆录》,东方出版社,2009 年。

35　罗伯特·莱西著,王丽芝、程华译:《英国女王伊丽莎白二世》,东方出版社, 1988 年。

36　Sir Anthony Eden,*Full Circle*,Cassell & Company LTD,1965.

37　麦克米伦:《麦克米伦回忆录》(1—6 集),商务印书馆,1976—1983 年。

38　霍姆著,师史译:《霍姆自传》,新华出版社,1982 年。

39　Ben Pimlott,*Harold Wilson*,Harper Collins Publishers,1992.

40　玛格丽特·莱恩:《希思首相》,商务印书馆。

第 一 章

占领时期的日英关系(1945—1952)

  战后日英关系始自 1945 年 8 月日本战败投降和英联邦军队参与对日本的占领。从 1945 年 8 月底第一批美军登陆,至 1952 年 4 月《旧金山对日和约》生效、日本恢复主权,在 6 年零 8 个月的占领时期,日英关系处于异常状态。

  如《绪论》所述,本书主要研究 1952—1972 年间的日英关系,但许多问题必须牵涉到占领时期(1945—1952 年)。因为英国参与占领,卷入日本事务,对此后日英关系的发展影响深远。众所周知,在占领时期,日本被终止外交机能,英日关系处于占领与被占领、改造与被改造、审批与被审判的关系框架中。日本在总体上处于被动地位,但力求通过"对美一边倒"来重新构筑日美关系,竭力背靠超级大国美国,寻求走出战败的机会。英国虽然作为战胜国参加了对日占领,但不过是美国单独占领日本这一现实的点缀。特别是经过第二次世界大战的打击,英国的国力迅速下降,不能自主地推行对日政策。在处理战后世界事务,包括远东事务、日本事务方面,英国已无力与美国争雄。相反,英国倒是充分利用战争期间形成的美英"特殊关系",力求在与美国的妥协与合作中,维护

自身在远东的利益,减缓英联邦内部的摩擦,提升英联邦的国际
地位。

随着冷战,特别是朝鲜战争的爆发,日英两国对美关系急剧密
切化。在这个过程中,形成占领时期即将结束的前夕,日英关系出
现化敌为友的新特色,并从此奠定了1952年之后日英均为美国为
首的西方阵营成员国的关系框架基础。日英关系是一组双边关
系,但并非单纯的、孤立的双边关系,要受到其他多种因素的影响。
其中,美国因素至关重要,是考察日英关系所无法绕过的一个问
题。换言之,离开对美国因素的探讨,就说不清楚战后日英关系的
重建与发展。追随美国的世界战略和远东政策,发展并不断密切
对美关系,既是战后日本和英国外交政策的基石,也是重建日英关
系的重要因素。因此,本章在探讨占领期间的日英关系时,用必要
的篇幅来分析美国因素在这一特殊时期的特殊作用。

第一节　美国单独占领日本与英国的应对

一、美国对日本的单独占领

1945年8月初,美军的连续空中打击已经将日本的大城市化
为废墟。8月6日和9日,美国先后向广岛、长崎投掷原子弹,警
告日本抵抗毫无意义。8月8日苏联对日宣战,150万苏军分兵二
路、自北而南横扫关东军。苏军运用其强大的陆海空优势打击力
量和跨海作战的技术手段,在攻占千岛、南库页岛和朝鲜半岛北半
部之后,顺势攻入日本列岛,并非难事。实际上,在对日开战3天
后,8月11日苏联外交部长莫洛托夫奉命会见美国驻苏大使哈里
曼,要求苏联参加对日占领,并且建议进驻日本的"最高统帅可以

包括两个人,由美苏将领各一人担任"。

对于美国来说,是否让其他盟国军队参加对日本的占领,始终是个颇感棘手的微妙问题。

一方面,在太平洋战场,除中国自始至终抵抗和牵制了大部分日本侵略军外,美苏英三大国中,只有美国长期和日军正面作战,并付出了很大的代价。美国最高决策层决定牢牢地掌握对日本的主导权,由美国实施单独占领。美国单独占领日本的构想完成于1944年。当年5月9日,美国国务院在和陆、海军部反复磋商后提出关于战后对日政策的第一个正式官方文件,这就是"赫尔5·9备忘录"。该备忘录提出处置日本的三点基本结论:1、日本应作为一个整体来对待,不应分割,日本从其他国家掠夺来的领土应归还各该国家。2、日本政府作为一个主体,在武装占领时期应停止活动,亦即终止其制定政策的职能。3、所有对日所战的主要国家应参加对日本的占领和管制。美国以东道主自居,它邀请盟国参加对日占领和管制,只是要别国提供"象征性的占领军队"。[1]这份备忘录被认为是美国战后对日政策的第一个官方文件。1945年7月25日,太平洋陆军司令麦克阿瑟建议杜鲁门应该坚持单独占领日本,立即被采纳。

另一方面,具体作战指挥部门负责人又过高地估计了日本军队的抵抗意志和战斗力,得出了攻占日本需要80万以上的兵力的结论,因此期待盟国共同对日本进行打击。由此,两者在占领日本的方式上一度意见分歧。

从当时对日作战的军事态势来看,美苏军队从南北两个方向占领日本已是顺理成章,但德国模式却在日本行不通。杜鲁门认为:"对日本的占领不能重蹈德国的覆辙。我不想分割管制或划分占领区。我不想给俄国人以任何机会,再让他们像联邦德国和奥地利那样去行动。"[2]

因此,按照美国政府单独占领日本的既定方针,哈里曼以"最高统帅不由美国人担任是不可思议的"为理由,拒绝了苏联的建议。[3]8 月 12 日,中苏英三国同意了杜鲁门对麦克阿瑟出任驻日盟军最高统帅的提名,暂时延缓了盟国内部的摩擦。8 月 13 日,杜鲁门任命麦克阿瑟为驻日盟军最高统帅。这份命令书中指出:"从投降时起,日本天皇和日本政府统治国家的权力将隶属于你,你应采取你认为有助于执行投降条款的必要措施","你对一切有关盟国为执行日本投降条款而派出的陆海空部队享有最高统帅的权威"。

同日,杜鲁门将命令日本军队投降的《总命令第一号》的副本送交中苏英三国。其中规定:中国战区最高统帅蒋介石接受中国占领区、台湾和法属印度支那北纬 16 度线以北地区日军的投降;苏联远东军最高统帅华西列夫斯基接受中国东北、朝鲜半岛北纬38 度线以北地区和南库页岛日军的投降;盟军最高司令官麦克阿瑟负责日本、菲律宾和朝鲜半岛北纬 38 度线以南地区日军的受降;太平洋的其他地区则由尼米兹海军上将受降。

8 月 16 日,斯大林致电杜鲁门,对《总命令第一号》提出两点修改建议:1. 整个千岛群岛应划归为苏军受降的范围,按照《雅尔塔协定》,千岛群岛应归苏联所有;2. 从北海道东海岸的钏路镇到该岛西海岸的留萌镇划一道分界线,北部划归苏军的受降区。斯大林强调说:"最后一点对俄国的舆论特别重要,人们知道,在1919—1921 年,日本占领了苏联的整个远东地区。如果俄国在日本本土的任何部分没有占领区,俄国舆论就会大哗。"[4]苏联自 8 月9 日出兵中国东北后,并未受到日军有力抵抗,一路势如破竹,不仅战斗力没有遭到太大的损耗,而且士气高涨,并开始着手准备对库页岛、千岛群岛以及北海道的进攻。

　　然而,杜鲁门认为,既然美国没有过多地借助苏联的力量就打败了日本,也就没有必要把苏军接纳到日本本土去。经过讨价还价,杜鲁门接受了斯大林的第一个要求,同意将千岛群岛划归为苏军的受降区。但对斯大林认为"特别重要"的第二个要求,即参加对日占领的要求,予以断然拒绝。

　　1945 年 8 月 28 日,美国占领军的先遣部队飞抵厚木机场。当天,在横滨设置了盟军总司令部(GHQ,以下称"盟总")。随后,在重型运输机的日夜轰鸣声中,美军大批进入日本,迅速占领各战略枢要之地。30 日,太平洋战区盟军最高司令官麦克阿瑟飞抵厚木机场,很快就搬进了皇居附近的第一人寿保险公司大楼,这里已经成为"盟总"的总部。9 月 2 日,盟国和日本在美舰"密苏里号"上举行受降仪式。至 9 月 6 日,进驻日本的美国占领军已达 46 万,控制了各大都市和战略中心。

　　9 月 22 日美国政府发表了《投降后初期美国对日方针》(SWNCC150/4/A)。这个文件分为宗旨、盟军权力、政治、经济等四部分。第一部分开宗明义地确定了美国在占领日本初期的终极目标包括两个方面:1. 确保日本不再成为对美国及世界和平及安全的威胁;2. 最终建立和平并负责任的政府,该政府应尊重其他国家权利,并应支持在联合国宪章的理想和原则中所显示的美国目标。第二部分规定,一切占领部队皆将由美国所指派之最高统帅指挥,美国将竭尽一切努力与各盟国磋商,并组织适当之咨询机构,但如各主要盟国意见未见一致,则美国之政策应居于支配地位,日皇与日本政府的权力,须受盟军最高统帅之支配。[5]

　　作为贯彻单独占领日本的组织保证,在对日占领机构的设置上,也充分体现出美国的一国主导地位。1945 年 9 月 7 日,"盟总"先于盟国其他对日机构而建立。至1952年4月28日《旧金山对日和约》生效之前,"盟总"是美国对日政策的实际执行机构。该机构的最高首长为盟军最高统帅,下设司法局(LS)、民政局(GS)、公共卫生福利局(PHW)、民间情报局(CLS)、天然资源局(NRS)、经济科学局(ESS)、民间情报教育局(CLE)、统计资料局(SRS)、民间通讯局(CCS)等9个局。这些机构所具备的职能涵盖了对日实行改造的方方面面,以"盟军指令"或"备忘录"的方式指挥日本政府,使"盟总"成为名副其实的太上政府。各局局长大部分是随同麦克阿瑟从菲律宾逃跑出来的老班底,即所谓"八打雁俱乐部"成员。此外,还设有外交局,由国务院委派局长并兼"盟总"顾问。

　　美国单独占领日本的政策引起了苏联和英联邦国家的反对。8月22日,美国向中苏英三国建议成立由参战各国共同参加的"远东咨询委员会",任务是向参与占领的各国政府提出对日本管制的政策和措施。苏联原则上不表示反对,但提出在成立该委员会之前,应先成立一个享有决定权的对日管制委员会,企图限制美国的无限权力。英国起初没有同意美国的方案,当苏联提出方案时,英国趁机表示支持。

　　1945年12月在莫斯科举行的美英苏三国外长会议决定设立盟国对日政策的最高决策机构——远东委员会(Fastern Commission)。在会议发表的《公报》第二部分,规定远东委员会由中国、美国、苏联、英国、法国、荷兰、加拿大、澳大利亚、新西兰、印度、菲律宾等11国各派1名代表组成;总部在华盛顿。同时在东京成立由美英苏中四大国组成的盟国对日管制委员会。远东委员会名义上负责制定管制日本的政策,有权审查盟军最高统帅的各项政策和行动,但由于美国拥有否决权,只有美国同意的政策才有可能获得通过,因此,实际上,远东委员会没有也不可能真正履行自己的职能。而盟国对日管制委员会的作用,只是顾问性和建议性,它不能侵犯盟军最高统帅所拥有的重大行政责任。[6]

总之,虽然远东委员会和盟国对日管制委员会的设置,使得"盟总"垄断对日事务的局面得到某种程度的改观。然而,这种改观只是在形式上维持盟国占领日本的框架,改变不了美国单独占领的基本事实。特别是在美苏的对立随着冷战开始而不断加剧的情况下,远东委员会和盟国管制日本委员会越来越难以发挥作用。1946 年 2 月 26 日,远东委员会召开第一次委员会议,其时,"盟总"的占领政策已经布置完毕并开始实施。因此,远东委员会对占领政策的实际影响被打了折扣。这样,体现单独占领的"盟总"自然成为执行美国政府训令的唯一有效机构。

二、英国的应对

对于英国来说,在战后的远东要恢复殖民地、帝国荣誉和利益。对于美国独占日本的事实,英国和苏联一样曾做过一定的抗争。甚至在冷战爆发之前,英国想插手日本事务的努力,丝毫不逊于苏联,但是,英国的努力并没有取得多大的成果。

二战导致英国的国力迅速下降,二战结束时,英国的国家财产锐减至 1939 年的 1/4。1945 年 6 月,英国的流动资产仅为 4.53 亿镑,而对外债务却高达 33.55 亿镑。同年 5 月,凯恩斯向内阁提出预测,英国对外赤字到战争结束时每年约为 14 亿镑,因此,至少还需要 50 亿美元的美国援助。[7]

然而,就在美国军队大举进入日本的前夕,1945 年 8 月 21日,杜鲁门在未提前通知英国首相艾德礼的情况下,突然宣布停止根据《租借法案》向英国提供物资援助,物资紧缺的英国必须掏腰包来购买美国产品了。[8]艾德礼政府急忙派出代表飞赴美国,9月11日双方举行谈判。至12月6日,签订了《美英政府财政协定》。在全球事务中,包括推行单独占领日本方针的过程中,美国需要英国的支持,英国则离不开美国援助。因此,在双方相互妥协而达成的这个协定中,美国答应至1951年12月之前,继续向英国提供37.5亿美元的贷款和6.72亿美元的租借物资的偿还款,年利率为2%,全部款项可以在50年内还清。但条件是国际货币基金组织出具证明、英镑自由兑换、不限制购买美元标价的商品、支持美国发起建立的国际贸易组织、批准布雷顿森林会议达成的各项协议。[9]美援的条件苛刻,但工党政府不得不接受,虽然它明白美国的目的是在摧毁英帝国特惠制和英国在战争中积蓄的英镑结余的同时,维护美国的关税壁垒。实际上,登上战后超级大国宝座的美国并不把英国当作并肩作战的伙伴,而是当作一个潜在的贸易对手,并乘人之危,夺取英国的传统市场。

1947年6月,美国国务卿马歇尔在哈佛大学发表讲演,宣布美国政府要制定援助欧洲复兴计划。消息传到伦敦,英国政府倍感鼓舞,外相贝文把马歇尔计划称之为给美国丢给"落水者的救生圈"。[10]同年9月,工党政府实际上已花光了到手的美元,正在捉襟见肘之时,美国开始西欧实行"马歇尔计划",解了英国的燃眉之急。到1948年9月,英国接受了12.63亿美元的援助,这对英国经济的复苏起到 定的作用。

财政命脉受制于美国,致使英国对美国的远东政策、包括对日政策难以进行有力的牵制。实际上至二战结束时,英国对于战后远东事务的安排,并没有一个经过内阁议决的方案。其原因如下:

1. 二战中,英美实行的都是先欧洲后亚洲的政策。但与美国不同的是,英国的国力在战争中遭到严重破坏,而美国由于本土远离战场,经济迅猛发展,国力不断增强。因此,英国从人力、财力、物力上都无法"关注"远东。英国重欧轻亚的政策也使得在相关职能部门,如外交部中,主掌欧美事务的官员的"地位"要高于主掌远东事务的官员。而战时英国的领导人丘吉尔本人就是一个露骨的种族主义者,远东对他而言是片"野蛮的土地"。[11]

2. 在英国的政治体系中,涉及远东和太平洋的部门众多:1939年以前有外交部、自治领部、殖民地部、印度部、缅甸部等,在战时又加上经济战争部、战时运输部等。各个部门各自为政,缺乏统一合作。[12]

英国也曾计划协助美国进攻日本本土,但日本在1945年8月中旬投降使英国的计划落空。因此,当二战结束时,英国在打败日本上所发挥的作用并不大。亚太地区大致可分为三个战区,分别是中太平洋、西南太平洋和中缅印,英军只能在中缅印战区"徘徊",无力收复新马、中国香港等殖民地,更遑论帮助澳大利亚、新西兰等英联邦国家。在日本战败上起决定作用的是美国。海军上将尼米兹将军报了珍珠港被袭之仇,麦克阿瑟也回到了菲律宾。而英国只能重新占领缅甸,丢失新加坡和马来亚是英国的奇耻大辱,但它却无力雪耻。

直到1945年5月联邦德国战败,英国才有精力来筹划远东事务。在对日作战即将获胜的前夕,英国外交部远东司司长贝奈特(J. C. Sterndale Bennett)、英国驻美大使馆的日本问题专家桑塞姆(Sir George Sansom)、盟军东南亚战区总司令蒙巴顿的政治顾问德宁(Esler Dening)等人认为,日本应废除恶法、解散政治结社、改革教育、言论和宗教自由。但是他们都主张应避免长期、全面地占领日本,认为以某种形式对另一个国家的国民进行大规模的强制性再教育是不现实的。对于日本的经济,英国外交部初期的设想是,拆除日本重工业设施、没收全部商船以充当赔偿。如桑塞姆认为,如果完全摧毁日本的重工业,其所带来的失业和饥饿问题将在大城市蔓延,这不利于建立民主政府。理智的做法是恢复日本的工业实力,但速度不能过快。对于天皇制,丘吉尔和贝文都认为,不应让天皇退位,因为天皇制是日本人在任何情况下都服从于唯一权威的制度,应该加以利用。[13]

另外,对于如何与盟国共同处理日本问题,英国构想的两条原则是:1. 大国合作对日本进行控制。所谓的大国,是指美、英、苏,但不包括中国。2. 在对日本的国际控制中,英国发挥英联邦领导者的作用。[14]这两条原则显然是继续维护欧美强国支配世界的老思路,拒绝承认二战后国际格局的新变动。老牌的殖民帝国只能在国际格局的传统架构中显现其现实价值,继续维护并突出其传统的地位。英国忽视中国在惨烈的抗日斗争中的贡献,也不愿意看到它恢复大国地位;英国忽视澳大利亚、新西兰、印度等国在对日作战中的贡献及其在战争中的成长,继续强调英国在英联邦国家中唯我独尊的地位,表现了这个老牌殖民帝国的愚钝与傲慢。

英国上述排斥中国的大国原则当然不会受到中国的欢迎。实际上,即使在英联邦内部,强调英国地位至上的原则,立即遭到来自澳大利亚的挑战。澳大利亚虽然是英联邦的成员国,但在战后,它更渴望作为独立的力量登上国际舞台,发挥应有的作用。例如在处理日本问题的国际场合,扮演一个更独立的角色。澳大利亚的挑战姿态令艾德礼政府有些始料未及,但分析起来,却又是事出有因。概括起来说,其一,太平洋战争促使澳大利亚对外政策转向疏英亲美。二战期间,英伦三岛的战局成为决定大英帝国生死存亡的关键,英国举全国之力保卫本土而无力东顾。在太平洋战争初期,英国的远东军队不堪一击,接连将经营多年的殖民地香港、缅甸、马来半岛和新加坡丢给了日本,数万军队被日军击溃或被俘,残部败退至印度。澳大利亚和新西兰暴露在日军海陆空立体打击的进攻锋芒之下,只能各自为战或与美军并肩作战,转而成为美军在西南太平洋抵抗日军进攻并进行反攻的基地。1942 年 8 月至 12 月美军与日军展开瓜达尔卡纳尔争夺战、以及围绕瓜岛拉锯战展开的三次所罗门海战和激烈的空战,美军击败日军并摧毁其战区的海空军力量,有效地守卫了澳大利亚的门户,阻止日军登陆澳洲、新西兰,保证了澳、新两国的安全。事实表明,美军成了澳大利亚和新西兰的救星,亲美、崇美的情感渗透到当地社会和国家生活之中。结果,自然造成澳大利亚、新西兰与英国离心离德,转而向美国靠拢。

其二,太平洋战争期间,澳大利亚与日本结下深仇大恨。横扫东亚的日军,将进攻锋芒指向澳洲,直接受威胁澳大利亚本土的安全。1942 年日军进占当时澳大利亚的属地新几内亚,又在澳大利亚东北部的岛屿反复进行拉锯战,造成大量的人员伤亡。被俘的澳大利亚官兵,在战俘营中受尽日军非人的虐待,无辜的澳大利亚妇女沦为日军的“慰安妇”,惨遭摧残。日本的侵略造成澳大利亚对日本的深仇大恨,战后要求惩罚和控制日本的强烈程度,远超英国。

其三,战争改变了英澳之间的实力对比。二战期间,英伦三岛化为战场,大英帝国的心脏地带备受打击。德军在欧洲大陆击溃英军,对英伦三岛实施的轰炸、封锁,在北非战场的较量等战争行动,给英国国力造成巨大破坏。但澳大利亚和美国一样,将日本的进攻被阻挡住本土之外。国内的制造业,特别是军火工业随着战争的进行而蓬勃发展。在英澳的国力相对消长过程中,澳大利亚的自信心大为增强。上述情况,造成澳大利亚在战后初期,更愿意作为一个独立国家而不是作为英联邦的普通一员登上国际舞台。

总之,疏英亲美、憎恨日本、国力不断增长而日益桀骜不驯的澳大利亚,在对日事务的处理过程中,提出与英国相左的看法,也或多或少地牵制了英国的外交行动。英国为了避免英联邦分裂,在一定程度上对澳大利亚采取了迁就的态度。在由美、英联邦(包括英国、澳大利亚、新西兰、印度)、苏、中代表组成的对日理事会"中,英联邦的代表为澳大利亚人波尔(W. MacMahon Ball),他听命于澳大利亚更甚于听命于英国。此外,1946 年初开始进驻日本的英联邦占领军的总司令也由澳大利亚人担任,在有形与无形中在英国的对日政策中,添加了澳大利亚因素。

战后初期,英国在日本谋求与在德国相近地位的努力,由于受到美、澳的双重夹击而收效不大。美国通过中止日本的外交职能等手段"切断"了日本与外界的联系,又通过禁止其他国家的人进入"盟总"及其下属机构等手段,实现自己独占日本的目的。英国对此有抱怨、有摩擦,但总体上还是与美国合作,以维护自己在远东的利益。在天皇的处置问题上,表现了英国的无力与无奈。在促使日本投降的过程中,美国实际上对是否保留天皇制作出了让步。对日本实施单独占领的初期,日本天皇裕仁对"盟总"司令官麦克阿瑟的竭力逢迎,更坚定了美国政府主流意见保留天皇制的立场。美国的立场,对英国政府在天皇制问题上的立场不无影响。战后初期,在英国国会出现了反对保留天皇的意见。在批评政府的后座议员中,[15]包括刚当选为议员的卡拉汉(James Callaghan),[16]他说,天皇是反对民主国家的化身,因而必须除掉他。后座议员贝尔切(Frank Belcher)想追问在国际会议上把天皇当作战犯起诉的可能性,但是英国外交部劝他撤回这个意见。1945 年 10 月,外交部远东司官员德拉梅尔(de la Mare)总结了外交部的态度:"天皇是最大的财产,我们利用他控制日本。日本投降并不是由原子弹轰炸引起的,而是天皇诏令他们这样做的。"英国政府的策略是拖延时间以使问题冷却。[17]到了 1945 年冬,英国和美国公众对天皇命运的兴趣迅速冷却。英国国民更关注克服他们国内的困难。1946 年,英国国会中对政府的批评从天皇问题和对国际控制安排不足,转到寻求更积极的对日经济政策上。[18]

苏联、澳大利亚、新西兰、菲律宾等国强烈反对保留天皇,要求追究天皇的战争责任。在美国政府内,起初废黜天皇的呼声也很强烈。但是美军占领日本后,情况有了变化。美国副国务卿艾奇逊于 1946 年 1 月 4 给总统杜鲁门写信,提到:"由于我们解除动员,军力下降……在这种状况下,我们要改造日本就必须利用日本政府,这种场合,保留天皇无疑是极其有利的,(因为)官员和国民一般都服从天皇,天皇也真诚地表明了愿助我们达成所有目标。"[19]另一方面,"盟总"也劝告美国政府说,任何对天皇的审判都将激烈地改变占领的性质,并需要新的军事供应安排和增加 100 万陆海军。[20]在美国坚持保留天皇制,英国给予支持的情况下,苏联、澳大利亚等要求惩处天皇的主张逐渐被淡化,美英的意见占据上风。关于天皇的处置,最终按照美国的意图循序进行。

第二节　英国占领军的进驻与撤出

一、英军参与占领日本

1945 年 8 月,英国、澳大利亚、加拿大等英联邦国家一致同意派出远征军,随同美军一起参加 1945 年 10 月至 1946 年初执行的代号为"奥林匹克"和"皇冠"作战行动,攻占日本本土。但是,日本的战争机器在盟军的联合打击并敦促接受《波茨坦公告》的外交攻势下,突然停转。

对于美国来说,是否让其他盟国军队参加对日本的占领,始终是个颇感棘手的微妙问题。一方面,最高决策集团决定牢牢地掌握对日本的主导权,避免像德国一样分区占领而由美国实施单独占领;另一方面,具体作战指挥部门负责人又过高地估计了日本军队的抵抗意志和战斗力,错误地得出了攻占日本需要 80 万以上的兵力的结论,因此期待盟国共同采取对日本进行打击的联合行动。这样,在占领日本的方式上,一度意见分歧。1945 年 8 月底 9 月初,美军参谋长联席会议(JCS)下属联合战争计划委员会(JWPC)完成了分区占领日本的"JWPC—385"文件。文件的主要内容是:由美、英、中、苏四国对日本进行分区占领,苏联占领北海道、东北地区;美国占领关东、信越、东海、北陆、近畿地区;英国占领中国、九州地区;中国占领四国地区;东京由美、英、苏、中国共同管理;大阪地区由美、中两国共同管理。该计划提出之时,美国第 6、第 8军已经成建制地进驻日本,造成美国单独占领的现实,加之早已确定了单独占领日本的方针,因此,这个四大国分区占领日本的计划立即遭到杜鲁门和麦克阿瑟的反对而成为废纸。但是,由于对日战争结束,急于同家人团聚的美军官兵归心似箭,对杜鲁门政府构成压力;加上为节省军费开支,美国计划将第 6 军尽快撤出日本。因此,在不妨碍单独占领日本和美国对日政策的前提下,美国在断然拒绝苏联参与日本占领要求的同时,邀请中国和英国派遣军队,参与对日占领。[21]蒋介石政府对派出军队参与占领日木的热情,远不如调兵遣将抢占东三省、控制京津沪等沿海大城市、准备内战高涨。原计划派往日本的陆军第 76 师和在云南演练中的 2 个步兵师不久就被派往"剿共"前线。最后只派出了一个由 13 个人组成的驻日代表团前往东京，参与对日管制工作，成了纯粹的象征性行动。

　　1945 年 7 月，英国工党在大选中获胜。7 月 26 日，新首相克莱门特·艾德礼组成首次在下院取得多数席位的工党政府。日本投降之后，英国政府急需解决的问题是：1. 收复二战中被日军占领的殖民地的重要地域以确保日本投降，并解除日军武装；2. 尽快释放被日军关押的英军、盟军战俘以及其他被拘押的英国侨民；3. 英联邦参与占领日本；4. 维护英国在中国的利益。关于英联邦军队参与占领日本问题，在 8 月 13 日致澳大利亚总理奇夫利（Joseph Benedict Chifley）的电报中，艾德礼建议澳大利亚、英国、英印军、加拿大、新西兰各派一个旅参加（后来加拿大没有参加）。[22]英国之所以拉上其他英联邦国家参与占领日本，是为了壮大自己的声势，英国在英联邦占领军中应居于当然的领导地位，这是英国帝国思维的延续。同时，英国政府打算派往日本的英联邦军队对美军保持相对独立。

　　但是，出乎预料的是澳大利亚并不愿唯英国马首是瞻，后者的守旧的思维很快受到来自前者的挑战。8 月 17 日，澳大利亚政府发表声明，宣称澳大利亚将参与处理日本投降事务。声明提到，英国政府曾告知澳方可以参与占领日本，并协助英国控制西南太平洋地区，但澳大利亚政府强调，它将不是作为一个附属国，而是作为一个重要的太平洋国家做出这些贡献。[23]同日，澳大利亚政府告知英国政府，要求派往日本的澳军的行动能够军独立于英联邦军队。8 月 18 日，澳大利亚总理奇夫利宣称，澳大利亚将提供一支混合部队参与占领日本，他强调，他的政府希望澳大利亚作为独立的交战国,进占日本的澳军只听命于澳军司令,而澳军司令只听命于麦克阿瑟。[24]

面对有强烈"独立"意识的澳大利亚政府,艾德礼赶忙对其进行抚慰。在 8 月 25 日致奇夫利的电报中,艾德礼表示理解澳大利亚参与太平洋和世界事务的渴望和权利,他强调过去以来一直尽可能地和澳方商量事情。因此,为了英澳双方的友好关系,他希望双方保持克制并避免公开论战。[25]接着,在 9 月 1 日致奇夫利的电报中,艾德礼强调,一支联合的军队能有效地显示英联邦在共同关心的事务上有实质性的统一,同时也是将来在防务上合作的好兆头。艾德礼同时指出,在与美军以及其他盟军的接触中,由一名高级军官指挥的统一的军队比二名低级军官指挥的小军队更有分量。艾德礼还建议,这支统一的英联邦军队可以由澳军军官指挥,并且澳军在司令部中居于主要地位。[26]

英国之所以能"容忍"澳大利亚的挑战并对其做出让步,是因为:

1. 战后英国一方面面临着裁减军队,把重心转向国内经济建设的问题,另一方面又要派军队占领联邦德国、奥地利、日本等国,在远东还要收复被日本占据的殖民地,在人力、物力、财力上确有捉襟见肘之虞。因此,在对战败国的处理问题上不得不依靠和借重其他英联邦国家,特别是在收复东南亚殖民地和在西南太平洋接受日军投降等问题上急需澳大利亚帮助。

2. 和战时一样,英国处理战后问题的方针还是重欧洲轻亚洲。在亚洲,也以收复新加坡、马来西亚、香港等殖民地,恢复在华利益为要务。处理日本问题虽重,但对于英国来说,主要涉及的是帝国的荣誉,能有　支统一的英联邦军队进驻日本,本身就是作为英联邦心脏的英国强大的表现,在这一前提下,某些问题是可以商量、可以让步的。因此,借助于有地利之便的澳大利亚,维护英联邦的统一,也是退而求其次的选择。

面对英国摆出的缓和姿态,澳大利亚也就"借坡下驴",与英国就英联邦占领军的细节展开磋商。英国同意让澳军中将诺思科特(Sir John Northcott)担任英联邦占领军总司令。澳军和英军参谋与"盟总"共同安排指挥体制和军队驻防地区。1945 年 12 月 18 日,诺思科特和麦克阿瑟就英联邦占领军进驻日本达成协议。

1 月 31 日,澳大利亚总理奇夫利公布了美国政府接受的英联邦占领军计划,其中包括:1."澳大利亚政府代表英联邦政府";2."澳大利亚提供英联邦占领军总司令和司令部的大部分人员";3."诺思科特将军负责英联邦占领军的管理,在政策上直接与麦克阿瑟将军联系"。[27]来自英国、澳大利亚、新西兰、印度的英联邦军队归诺思科特节制。其陆军由美军第八军军长艾克尔伯格(Robert Lawrence Eichelberger)指挥,其少量的空军和海军也纳入美军指挥。为协调指挥,英联邦占领军在东京设立与"盟总"的联络处,并驻有少量军队。

英联邦占领军陆军序列见表 1,[28]指挥系统见图 1。[29]

表 1—2—1 英联邦占领军陆军序列(进驻日本时)

英联邦占领军,总司令澳军中将诺思科特		澳军第三十四步兵旅	旅长尼莫(R. H. Nimmo)
		新西兰第九步兵旅	旅长斯图尔特(K. L. Stewart)
	英印师,师长少将考恩(Tennant Cowan)	英军第二师第五旅	旅长麦克诺特(R. S. McNaught)
		印度第二六八旅	旅长西马亚(K. S. Thimayya)

代表英联邦占领
相关国家政府

澳大利亚政府　　　　　　　　麦克阿瑟

设在墨尔本，以澳
大利亚参谋长委员
会为主体，加相关
国家代表组成。在
相关国家达成一致
意见后，以澳大利
亚政府的名义发布
命令。

联合参谋长本部　　　　直接联系　　美军第八军军长　　　控制日本全境

指挥　　　　　　　　　　　　　指挥

英联邦占领军总司令　　由澳大利亚人担任

指　挥

澳新军队　　　　　　　　英印师

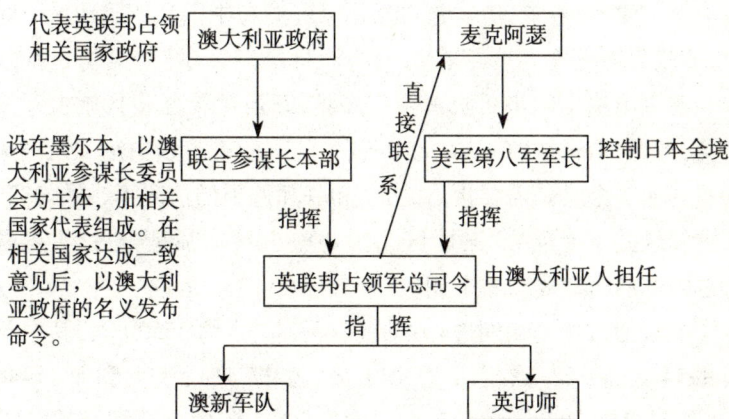

图1—2—1　英联邦占领军指挥系统

　　每名高级指挥官都提名自己的代表参加位于墨尔本的联合参谋本部，在达成一致意见后，以澳政府的名义向在日本的英联邦占领军总司令发布命令。所有的指挥官都有直接与本国国防部联系的权力，而无需征询英联邦占领军总司令的意见，这不利于英联邦占领区的管理，相反，这导致英联邦占领军实际上发展成几支小的、独立的军队，这也是其最大的弱点。

　　1946年2月，以澳军第三十四步兵旅登陆吴港，并建立临时司令部为开端，英联邦占领军开始接管美军的防区。英联邦占领区里有一些大的工业中心，但受到美军空袭的沉重打击，基础设施被严重破坏，为占领军的进驻增加了困难。在占领之初的头3个月里，共有3万多名士兵在吴港登陆，有34万吨物质（包括6000台车辆）卸货，而该港被严重损坏，完全不能进行起卸工作。多亏占领军官兵巧妙的主意和艰苦的工作，物质才能不间断地进入日本。[30]

　　至 1946 年春末,英联邦占领军已经遍布中国和四国地区。此时,英联邦占领军司令部在江田岛原日本海军学院,吴仍是基地港。澳军第三十四步兵旅占领广岛县,新西兰第九步兵旅占领山口县,考恩(Tennant Cowan)少将领导的英印军占领中国和四国地区的其他 7 个县。需要指出的是,和联邦德国的情况不一样,英联邦占领区并不能视为"某国区",因为整个日本都是美占区,英联邦占领军的行动受美军节制。

　　英联邦占领军初期进驻人员(含海陆空)约 35500 人,其中英国 9954 人,占 28.1%;印度 9611 人,占 27.1%;澳大利亚 11446 人,占 32.3%;新西兰 4425 人,占 12.5%。各国大致按其军队人数承担军费开支,英国、印度、澳大利亚各承担 30%,新西兰承担 10%。[31]

　　在进驻日本之初,英国就希望能占领大阪和神户。[32]艾德礼驻"盟总"私人代表盖尔德纳将军(Charles Gairdner)和英国外交部都认为,英联邦军队与其占领广大的农村地区,还不如占领靠近心脏地带的合适的港口或商业中心城市。1946 年 8 月,盖尔德纳将军写信给艾德礼说,无论如何,像英国这样的海洋大国没有占领商业港口是可笑的,他觉得神户是最合适的港口。但是英国劝说美国让出神户的行动没有成功。[33]

　　1946 年 4 月,澳军中将罗伯逊(Sir Horace Robertson)接替诺思科特任英联邦占领军司令。6 月,澳大利亚有报道指英国抱怨澳大利亚人在英联邦占领军享有优先权,英国人很难进入司令部任职。1946 年 6 月 19 日,澳大利亚总理奇夫利发表声明,强调澳大利亚积极在太平洋地区寻求发挥更大的作用。[34]

　　英联邦占领军主要职责如下:[35]

　　1. 保卫盟军军事设施和待去军事化的日军军事设施。除英联邦占领区内的基地外,还有一支部队保卫东京许多重要的建筑。

2. 对日本军事设施和设备进行控制、处理和去军事化。如,英联邦占领军发现了位于广岛县大久野岛的日军化学武器工厂,并对其进行清理。

3. 对英联邦占领区进行军事控制,但不包括参与"盟总"及其下属机构。

英联邦占领军的其他职责有:[36]

1. 建立了遣返中心,处理从各战区返回的日本人。从1946年3月到10月,约有66.4万名日本军人通过英联邦占领区的遣返中心回国,另有5.6万名朝鲜人、中国人、琉球人被遣返。此项工作主要由澳大利亚和新西兰军队承担。

2. 在英联邦占领区建立军事法庭,对所有冒犯占领军的日本人进行审判。宪兵队监视日本的示威,并准备应付可能出现的混乱状态。

3. 对日本学校是否使用旧的历史教科书和鼓吹军国主义的课本、文章进行审察。由英联邦占领军中的日语专家组成一个情报机构,定期对中学和大学的教材进行审查。

4. 阻止朝鲜半岛人非法进入日本。以吴港为基地的海军驱逐舰在空军的帮助下定时巡逻,搜寻可疑船只。这些非法入境的朝鲜人主要有二类:一类是走私贩,他们主要从事走私和黑市交易;一类是共产主义者,他们来日本的目的是鼓动劳动者进行运动。许多朝鲜人借着茫茫的夜色在人迹罕至的海滩下船,进入英联邦占领区。他们中的大部分很快被逮捕,并通过遣返中心遣送回国。

5. 参加交通系统重建。日本的交通系统破坏严重,铁路、公路都需要重建。在恢复受损建筑和提供必需的信号方面,英联邦占领军的工程师和信号部门承担了大量的工作。在英联邦占领军工程师的指导下,日本的承包商有条不紊地推进重建工作。

6.英联邦占领军还和美第八军合作,为 1946—1947 年日本大选派出观察员。

此外,基于国家经济和与日本距离远近的考量,澳大利亚被选定承担整个部队的主要供应之责,除了石油和其他特殊的物品之外。同时,派出占领军的相关政府保留为自己的军队承担特殊义务之责。

二、美国对日政策的转换与英国的应对

战后初期,日本政府在"盟总"的指导下,进行了制定新宪法,改革天皇制、议会制、司法制度,惩办战犯和整肃,解散财阀和瓦解寄生地主土地所有制等一系列改革。总的来说,在放宽对日经济限制、帮助日本实现经济自立以减轻美国占领负担的问题上,"盟总"和华盛顿之间并没有什么不同。但是对于要把日本建成一个怎样的社会,如何确保日本留在西方阵营以及怎样实现日本经济复兴等具体问题,麦克阿瑟和华盛顿之间存在分歧。

身在东京"盟总"的麦克阿瑟在思考日本问题的视野相对狭窄。他认为,要把对日本社会民主化非军事化改革进行到底,并认为日本只有彻底铲除军国主义滋生的经济土壤,排除经济生活中的垄断集中,才能有效"抑制共产主义的渗透"。但是,处于冷战最高指挥部的华盛顿却从美国世界战略和远东战略的高度来思考日本问题。杜鲁门政府认为,由于苏联的扩张以及中国面临全面"共产化"的危险,遏制苏联共产主义扩散并确保日本留在西方阵营的重要性与紧迫性,已远远超出对日本进行民主改革的必要。因此,华盛顿认为"盟总"对日本进行的"新政"式的民主改革实验应该结束,对日占领政策应服务于美国对苏遏制战略的新需要。

在政治上,美国应该帮助日本重新成为亚洲经济的龙头,应该依靠而非继续破坏日本传统的经济结构。总之,华盛顿认为,美国对日本政策的目标已不应是民主化和非军事化,而应是首先确保日本政治经济的稳定并留在西方阵营。只有这样,才能利用日本的地缘政治价值,以制衡苏联,确保美国在东亚的安全。[37]

1948 年 2 月底,美国政策设计委员会主席凯南访问日本,与麦克阿瑟商谈转变对日占领政策问题。凯南回国后,在 3 月 25 日向国务卿马歇尔提出了一份报告。报告认为:在日本存在被“共产化”的危险,因此应采取强硬的政策,在全球抗衡苏联,在日本防止“共产化”。凯南的这个报告,后来成为美国转变对日占领政策的主导性意见。在中国,当中共中央发起对国民党军队的战略决战以后,美国援助的国民党军队节节败退。在这种情况下,美国国家安全委员会把日本问题和中国问题一并研究,于 10 月 9 日终于通过转变对日占领政策的“NSC—13/2”文件,1949 年 5 月又通过了“NSC—13/3”号文件,这两个文件的内容,大致与凯南的 1948 年 3 月 25 日报告相同。[38]

1948 年 1 月,美国陆军部长罗亚尔在旧金山考门维尔斯俱乐部的演说中,向舆论界公开了转换对日政策的信息。罗亚尔说,实现日本投降初期美国对日政策的两个目标,是为了“防止日本的侵略”,直接的防止的手段是解除日本的武装,间接的防止手段则是建立勿使侵略战争精神再度滋生的政府。他强调:由于出现了“新形势”,“产生了世界政治、经济问题和人道主义问题”,因此,“在确定今后的道路时,必须充分考虑目前和此后发生的变化,上述趋势在对日初期方针确定之后出现了,”结果,“在最初实行广泛范围内非军事化的构想与建立自立国家的新目标之间,不可避免地产生了摩擦。”罗亚尔肯定了农地改革的成绩,但对解散财阀提出质疑,他说:"在某个阶段实行的极端排除产业集中,在进而削弱战争能力的同时,也损害了日本产业的制造能力,从而推迟了日本自立时期的到来……我们进退两难,显然,与日本作为纯粹农业国则无法生存一样,也不可能作为商人和小工匠的国家而自立。"作为政策的调整,罗亚尔强调:"那些积极建立并运营日本军事上和产业上的战争机构的人们,也往往是日本最有能力和最成功的企业领导人。在许多场合,他们的协助将有利于日本经济的复兴。"最后,他呼吁国务院和陆军部充分考虑占领初期以来在政治、军事、经济方面的变化,重新思考对日政策,复兴经济,使日本作为在东亚"发挥防止极权主义威胁作用的自立自足的民主国家"而重新让它站起来,成为抗阻共产主义的"防波堤"。[39]在此背景下,以复兴日本经济为中心的"稳定经济九原则"、"道奇路线"和"肖普税制改革建议"等举措接连推出。1949 年 5 月美国国家安全委员会的 13/3 号文件索性宣布终止拆迁日本工厂的中间赔偿计划,保留了日本的工业力量。

转换对日占领政策,完全是美国根据自身需要进行调整的结果。由于这种转换涉及对敌国日本未来发展的重新定位,在国际社会引起强烈反应。苏联对此给予激烈的指责;饱受日本侵略之苦的中国心存疑虑;参与对日作战的澳大利亚、新西兰、印度等国也表示不满。作为美国的主要盟友的英国,尽管没有表示公开的反对和抗议,但其适应并接受美国对日占领转变的事实,则经历了一个痛苦的过程。[40]

对于美国转变对日占领政策,英国首先想到了经济问题。战后,英国政府为了恢复和发展经济,对传统的东亚市场寄予厚望。因此,英国政府必须把握住两个基本点,一是确保英国在美国和东亚,包括东南亚的出口市场;二是阻止日本过快恢复竞争力并在美国和东亚市场上和英国竞争。占领初期日本的对外贸易主要是对美贸易,但接着对东南亚贸易也开始恢复。因此,罗亚尔鼓吹转变对日占领政策并复兴日本经济的公开讲话,令艾德礼政府感到紧张。英国驻远东委员会代表格雷夫斯(Hubert Graves)向英国外交部报告说,远东委员会被忽视,而日本人受到鼓励提出设想,日本工业发展实际上将不受到限制。这一点正是英国所担心的,同时这也意味着美国将推迟媾和。[41]

1948年3月,英国驻日联络代表处负责人盖斯康因建议负责远东事务的外务次官助理德宁(Esler Dening,1952年日本恢复主权后任驻日大使),在美国在政府层面改变对日政策之前,进行一次英美非正式会谈,以进一步了解美国的真正意图。德宁接受了盖斯康因的建议,准备抢在美国政府正式公布决策之前,在华盛顿举行美英及英联邦国家加拿大、澳大利亚、新西兰三国参加的五国远东会议,力图由英联邦的上述四个国家联合行动,围绕美国的对日新政策,对远东问题进行全面的讨论。[42]同月,英国制订出有条件支持日本经济复兴的方针。这些条件包括:将来应加大对日索赔的力度,日本的工业资产、海运、剩余造船能力、盟国掌管的日本黄金储存和海外资产都应当用来充当赔偿,并禁止日本在战前的贸易竞争中的不良行为、低工资和低劣的劳动环境。[43]显然,英国是从继续削弱日本的制造能力和日本商品竞争力的两个方面,来打击日本,严防日本重新成为英国的一个强有力的竞争对手。

1948年5月初,德宁开始了对澳大利亚、新西兰、美国的访问。艾德礼内阁期待通过这位主管远东事务的高级官员的多国之行,使前述有条件支持日本经济复兴的方针得到出访国的理解和支持。具体来说,希望劝说澳大利亚支持英国的方针,防止美国未来对日本的经济政策过于宽大;访问美国的预订目标包括:讨论召

开五国会议、敦促美国重新考虑对日媾和、力图对美国新对日政策
有所影响等。[44]但是,德宁在出访的第一站就碰了钉子,澳大利亚
政府在谈判中表明对美英两国均保持中立的态度,并未对英国加
大对日索赔力度、遏制日本在国际市场竞争力的两点主张给予明
确的支持。在出访第二站新西兰,德宁同样在双方谈判中不得要
领,因为新西兰不打算发表与澳大利亚政府意见相左的看法。并
未得到澳大利亚和新西兰有力支持的德宁,尚未抵达华盛顿,就已
经被美国拒之于谈判桌之外。5 月 26 日,德宁到达美国前一天,
美国国务院已经决定把经济增长和政治安定置于早日媾和及社会
改革之上的"NSC13/1"文件,正式提交给杜鲁门和国家安全委员
会。在这种情况下,德宁带来的英国政府关于有条件支持日本经
济复兴的方针构想,显然已经不合时宜。德宁对美国的访问,因而
彻底泡了汤。[45]

　　到了 1948 年夏天,由于认识到影响美国对日政策几乎是奢
望,英国外交部不得不适应美国政策的转变。但是,对于艾德礼内
阁以及英国工商业界而言,适应这种变化,接受美国新对日目标,
将日本经济扶植到远远超过英国或其他国家认为不必要的程度,
仍然很难,尤其是在涉及英国东南亚殖民地的贸易问题之时。[46]

　　经济利益导致英国在美国转换对日政策的问题上首鼠两端,
但这并非英美关系的全部。在政治利益上,随着欧洲冷战对峙的
加剧,靠拢美国、力争美国支持和援助,成了英国外交的基调。
1948 年 1 月,将英美"特殊关系"视为英国外交基石的外相贝文,
向内阁提交了一份严防苏联扩张的报告。在这份文件中,贝文认
为:苏联全面控制东欧国家态势越来越明显,美国和英国的利益和
影响正在被逐步清除;苏联这种挖墙脚的手法正图谋运用到法国、
意大利和希腊,甚至包括北非和中东地区。贝文强调:"苏联扩张

计划的成功显然将威胁英联邦防务中的三个主要因素：联合王国的安全、海洋通道的控制，以及中东的防卫"；强烈主张西欧国家联合起来对抗苏联。[47]艾德礼内阁通过了这份报告，并在 1 月 13 日采用备忘录的方式，以最快的速度送交美国国务卿马歇尔，得到美国政府的支持。同年 1 月 22 日，贝文在下院的外交政策演说中，反复强调"西欧联合的时机已经成熟"，"西欧的自由国家必须紧密地团结起来"，法国、荷兰、比利时、卢森堡、意大利等国家都是贝文从英法联合起步，逐渐扩大到"西欧联合计划"的对象国。[48]

由英国发起的西欧联合对抗苏联的行动，得到美国的有力支持。1948 年 3 月 17 日，英国与法国、荷兰、比利时、卢森堡等四国经过频繁的谈判，缔结了《布鲁塞尔条约》。英国的外交努力，适应了美国对抗苏联全球战略的需要。美国投桃报李，给予英国最大的援助。1948 年 7 月，英国依据与美国签订的《英美经济合作协定》，在 1948—1952 年间，获得马歇尔计划给予的 26.88 亿美元的援助。[49]1949 年 4 月，英国派出代表前往华盛顿，与美、加拿大、法、荷、比、卢森堡、意、葡、丹、挪、冰岛等国签订了"集体防卫"苏联扩张威胁的《北大西洋条约》。随着该条约于同年 8 月 24 日生效，英国成为北大西洋条约组织中最为美国看重的成员国。

执政的工党政府唯美国马首是瞻，在野的保守党更加不甘寂寞。1946 年 3 月出访美国的下野首相丘吉尔，在富尔顿发表那篇鼓吹美英联手、对抗苏联的"铁幕演说"，吹响了冷战的号角，说出了杜鲁门想说但不便说出的话，因而受到美国强硬派的赞赏。1948 年 10 月，丘吉尔在保守党年会上，进而提出英国"三环外交"的主张，其基本思路与贝文不谋而合。丘吉尔认为，在与苏联为首的"极权"政权对峙的关键时刻，"自由民主国家"需要建构阻遏苏联扩张的三个强有力的环："第一个环当然是英联邦和英帝国及其所包括的一切。第二个环生包括我国、加拿大及其他英联邦自治领在内,以及美国起着如此重大作用的英语世界。最后一个环是联合起来的欧洲。这三个大环同时并存,一旦它们连接在一起,就没有任何力量或力量的结合足以推翻它们,或敢于向它们挑战"。在丘吉尔看来,大英帝国"在这三个环中的每一个环里都占有重要地位的唯一国家",他强调英伦三岛"正处在三环间的连接点上",因为它是"海运的中心,或者还是空运线的中心"。[50] 不难看出,丘吉尔的"三环外交"在发起西欧国家联合、对抗苏联等方面,与贝文的"西欧联合计划"别无二致。只是在突出英国与美国的合作,增强英国在美国全球战略中的重要性方面,做出了更加形象而令人印象深刻的强调而已。英国对美政策的基本立场,对英日关系的发展产生了深远的影响。

三、英联邦军队撤离日本

随着时间的推移,英国政府对占领军的态度日益消极。1946年10月,英国内阁国防委员会作出了从日本撤军的决定。二战后,英国向海外派出了太多的军队,使英国军队出现了7万兵员缺口。为此,英国外相贝文主张,到1947年底英国不仅从日本撤军,而且也从意大利、希腊撤军。艾德礼政府在考虑了全球的军力分布之后,决定把驻日本的军队减少一半。1946年11月9日,英国外相贝文通知美国国务卿贝尔纳斯,基于人力紧张和驻外兵员缺乏的考量,英国将从日本撤出部分军队。11月19日,艾德礼驻"盟总"私人代表盖尔德纳也将撤军的决定通知了麦克阿瑟,麦克阿瑟担心其他英联邦国家把英军从日本撤军看成是大规模撤军的信号。[51]

从根本上说,国家财政、军费支出能力决定了曾经驻军全球的英国,能否继续维持住往昔"日不落帝国"架势。由于国家财政在战后几近崩溃,心有余而力不足的英国政府,只能根据形势发展的需要,对驻守在苏伊士运河以东的军队进行大调动。1947年2月,驻新加坡的英军撤出,调往埃及,替换从埃及调往德国占领区的英军。驻守日本的英联邦军队随即开始陆续撤离日本。1947年2月,英军第五步兵旅率先撤离日本,调往马来半岛,前去镇压马共领导的游击队。1947年8月,印度独立后,驻日印度军队撤回了印度。1948年,驻日新西兰部队撤军回国。到同年12月,英联邦占领军的人数急剧减少,致使英军索性将原来占领区的管辖权交还美军。至此,澳大利亚部队成了驻日英联邦军队的主力,驻守在广岛县和山口县交界的岩国基地。[52]上述麦克阿瑟的担心果然成了事实。

英国之所以从日本撤军,其主要原因是:

1. 战后的英国与战时一样,其战略的核心地区是在西欧以及大西洋地区,也就是重欧洲轻亚洲。在战后经济不振,人力、财力、物力全面紧张的情况下,虽然英国政府有到处驻军、重振帝国的雄心,无奈实力不济,不得不转向战略收缩。在亚洲,维持在作为帝国经济命脉的殖民地的军事存在是要务,而展示帝国荣誉的对日本的形式上占领却难以为继。

2. 由于日本政府从中央到地方皆在美军控制之中,即使在英联邦占领区,英联邦占领军被剥夺了参与"盟总"及其下属机构的机会。在这个区域里,大约有100名美国官员通过日本官员管理英联邦占领区约1100万日本人的事务。英联邦占领军只有9名代表以个人名义和上述100名美国官员一起工作。英联邦占领军拥有许多有能力的管理者,他们能对区域内的管理施加影响,从而成为"盟总"及其下属机构的有益的补充,他们希望参与城镇计划、公共卫生计划以及经济重建,但除了微不足道的几个人以个人名义参加"盟总"及其下属机构之外,大部分人被阻止在其外。[53]由于这个原因,英联邦占领军在日本重建和民主化上贡献很小。一些日本人将英联邦占领军视为压迫者,而将美国人视为解放者。英联邦占领军的非军事目标是增强和维持英国在日本的威信和影响,同时为日本人民展现民主生活之路,显然这些目标没有达到,英国的宣传在此不起作用。

3. 由于英联邦国家财政困难,英联邦占领军的条件很艰苦,营房、设备和休闲活动均无法和美国相比。在部队进驻之初,大多数军队生活在原日军的兵营,这些兵营并不适合欧洲人使用,并且在寒冷的冬天也没有供暖设备。由于后勤供应的速度跟不上,急需的医用设备也不能及时到位。英国的信件到达日本也是异常地缓慢,通常要花费 3 个月。此外,报纸、杂志和书也很少,教育设施也不完备。[54]

4. 美军和美国人被允许自由地接触日本社会。但英联邦官兵与日本人的非正式接触保持在最低程度,并禁止进入日本人家庭和参与日本人的家庭生活,这是第一任英联邦占领军总司令诺思科特中将的命令。这项命令的出发点是:英联邦占领军官兵具有军人和英联邦国家代表的双重身份,因此,其行为应该正式和正确。[55]但此项命令造成了不好的后果,它限止了英联邦占领军士兵与日本人进行真正的接触,减少了英联邦军队对日本人的影响。

5. 英联邦占领军的驻扎之地为日本西南广大农村地区,远离商业中心城市和神户等港口,没有潜在的经济利益。

在上述因素综合作用下,驻守日本的英军官兵士气低落,甚至发出了"我们为何来日本"的苦闷之声。而英国政府对派驻占领军热情渐失,这从一些外交官态度的变化也反映出来。英国外交部负责远东事务的外务次官助理德宁起初激烈反对从日本撤军，认为把撤军不过是军方制造兵员紧张的舆论、以便趁机扩军的借口。但不久，德宁就改变了看法，认为"英国驻日军队在为无用的目的服务"，理由是"他们未能加入盟军总司令部，他们没有增强英国的威信……另一方面，日本人也看到我们在管控日本上没有作用，这对提高我们的威信无益"。他的结论是，在英国当前的经济和财政危机下，在日本驻军是在白白消耗英国的人力和资源，又不能为实际利益服务，这是荒谬的。[56]在这样的认识下，本来不过是"点缀"美国单独占领日本的英联邦占领军终于走到了尽头，逐步分批撤离日本。

在英联邦占领军中，澳大利亚部队成了英军撤军后继续驻扎在日本的最后一支成建制的军队。朝鲜战争爆发前一个月，1950年5月26日，澳大利亚总理孟席斯宣布澳军将撤离日本。正当澳军官兵打点行装，准备返回故乡的时候，6月25日爆发的朝鲜战争改变了他们的命运。6月27日，在美国一手操纵、苏联代表缺席的情况下，联合国大会通过美国提出的议案，决定武力援助韩国，制止来自北方的进攻。7月7日，组成联合国军。8日，杜鲁门任命美国驻远东军司令麦克阿瑟为联合国军最高司令官，指挥由美国、英国、加拿大、澳大利亚、新西兰、荷兰、法国、土耳其、泰国、菲律宾、希腊、比利时、哥伦比亚、埃塞俄比亚、南非、卢森堡等16个国家军队组成的联合国军，介入朝鲜半岛事务。剩下的澳大利亚占领军也因此而摇身一变，成了前往朝鲜半岛的联合国军的一部分，直接投入朝鲜战争。1952年4月28日，《旧金山对日和约》生效，所剩无几的英联邦占领军解散。其遗留机构改头换面，成为继续支持英联邦军队在朝鲜半岛采取战争行动的辅助性机构，不再介入日本事务。

二战爆发之初,远东的英军被日军打得大败,大片的殖民地被日军占领,大英帝国的影响力在远东式微。日本战败后,英国设想以率领英联邦占领军进驻日本为契机,在远东重振帝国的荣耀,并伺机进一步谋求经济利益。但英国的美好计划,受到来自美国和澳大利亚的“双重挤压”。

对于美国来说,战后也面临着军队大量复员回国的问题,英联邦占领军进驻日本,既在一定程度了分担了美军人力紧张的压力;又可掩饰美军对日本的独占行为。由于美军控制日本政府,并切断日本与他国的外交关系,英联邦占领军不能与日本政府发生官方联系,也不能参与美军控制下的“盟总”及其下属机构,因而无法在战后控制日本问题上发挥实质性的作用。并且英联邦占领军占领的是广袤的西南农村,没占领一个像样的大城市,既无法展现帝国荣耀,也无法谋求经济利益,成为点缀美军控制日本的“花瓶”。

二战时英国本土受到德军攻击,无力东顾,在远东又被日本打得一败涂地。对于澳大利亚来说,接近美国是一种必然的选择。战时澳大利亚本土受到日本的威胁,加之澳军战俘被日军虐待等问题,使澳大利亚在战后处理日本问题上,比英国更坚决、更强硬。并且,澳国的经济实力在二战中有所上升。以上这些因素综合起来,使澳大利亚想作为一个独立的力量登上战后的国际舞台,而不是作为英联邦的一员。英国为了避免英联邦发生发裂,把对日理事会的英联邦代表和英联邦占领军的总司令都让给澳大利亚人担任。

在美澳两国的“夹击”下,更由于战后英国经济不振,危机不断,无力支撑海外驻军“庞大的摊子”,收缩兵力成了无奈的选择。英国占领军从日本的撤出,也显现了英帝国衰退的一个侧面。

第三节　美国对日媾和与英日两国的对应

一、美国坚持片面的对日媾和方针

1949 年 12 月,毛泽东主席前往苏联访问,与斯大林就发展相互关系、建构东亚战略格局达成共识。1950 年 2 月,《中苏友好同盟互助条约》签订,宣布中苏两国密切合作的战略目的是:"共同防止日本帝国主义之再起及日本或其他用任何形式在侵略行为上与日本相勾结的国家之重新侵略"。条约共计 6 条,主要规定:1."缔约国双方保证共同尽力采取一切必要的措施",制止日本及与其相勾结的任何国家重新侵略;2."一旦缔约国任何一方受到日本或与日本同盟的国家之侵袭因而处于战争状态时,缔约国另一方即尽其全力给予军事及其他援助";3.双方"同意与第二次世界战争时期其他盟国于尽可能短期内共同取得对日和约的缔结";4.双方"均不缔结反对对方的任何同盟",对于有关"两国共同利益的一切重大国际问题,均将进行彼此协商",以及发展经济、文化关系,条约的有效期为 30 年等。[57]同时签订的《中苏两国关于中国长春铁路、旅顺口及大连的协定》则规定:"一俟对日和约缔结","中国长春铁路的一切权利以及属于该路的全部财产无偿地移交中华人民共和国政府",苏军"自共同使用的旅顺口海军根据地撤退",但"一旦缔约国任何一方受到日本或其他与日本相勾结的任何国家之侵略",两国"可共同使用旅顺口海军根据地,以利共同对侵略者作战。"[58]通过上述条约和协定,形成中苏两国共同对付美日两国的军事同盟。

毛泽东访问莫斯科期间,美国密切关注着事态的进展。美国对中共的民族主义立场继续抱有不切实际的期待,试图将台湾问题作为离间中苏关系的一个楔子,准备抛弃占据台湾的蒋介石政权,避免与新中国过分结怨,伺机改善中美关系。1950 年 1 月 5 日,杜鲁门发表了针对台湾海峡局势的声明。杜鲁门重申了《开罗宣言》、《波茨坦公告》有关将台湾、澎湖归还中国的条款,强调"美国无意攫取台湾或任何其他中国领土","也无意使用武装力量干预目前的局势","美国政府将不会采取导致卷入中国内部冲突的方针"。虽然继续给予蒋介石政权经济援助,但表示美国不打算介入台湾事务。[59]1 月 12 日,国务卿艾奇逊重申美国在东亚的防御圈,只包括阿留申群岛、日本列岛和琉球群岛,台湾地区和朝鲜半岛被美国排除在防御范围之外。中国军队乘机加紧解放台湾的军事训练,准备对蒋介石集团实行最后的一击,实现海峡两岸的统一。金日成更加热心地开展平壤与莫斯科之间的秘密外交,恳请斯大林支持他武力统一朝鲜半岛。

　　1950 年 6 月 25 日,朝鲜战争爆发,解放台湾的有利形势急转直下。6 月 26 日,杜鲁门召集美国军政要员举行紧急会议,随即采取了 3 项应急措施,包括出动空军支援韩国、第七舰队进入台湾海峡等。27 日,杜鲁门发表《总统声明》,宣布已派遣美军支援韩国政府,出动第七舰队阻止对台湾的任何攻击,加强驻扎在菲律宾的美军,加紧援助在印度支那的法国军队,派遣军事使团等。[60]同日,在苏联代表缺席的情况下,美国召集联合国安理会,通过了援助韩国的决议。原本是朝鲜半岛南北双方的国内统一战争,变成了东西方两大阵营对抗的国际战争。特别是在《总统声明》中,杜鲁门居心叵测抛出了"台湾地位未确定论",声称台湾"未来地位的决定,必须等待太平洋安全的恢复、对日本的和平解决;或联合国的审议"。[61]中国对此作出强烈反应,6 月 28 日,周恩来外长发表声明,7月6日又致电联合国秘书长赖伊,对杜鲁门的《总统声明》和第七舰队封锁台湾海峡提出强烈抗议。周恩来在声明中强调美国的行为"是彻底破坏联合国宪章关于任何会员国不得使用武力侵略任何其他国家之领土完整或政治独立的原则的公开侵略";痛斥杜鲁门的"台湾地位未决定论",重申"台湾属于中国的事实,永远不能改变",强调中国人民必将"为从美国侵略者手中解放台湾而奋斗到底"。[62]

杜鲁门政府对朝鲜半岛和台湾海峡双管齐下的方针,急剧激化了中美矛盾,两国关系顿时势同水火。1950 年 8 月 1 日,美国宣布将中国台湾、澎湖纳入美国的东亚战略防御圈并与蒋介石政权缔结《美台条约》。9 月 15 日美军仁川登陆成功后,美国飞机袭击中朝边境地区中国城镇的行动有增无减。9 月 25 日,《人民日报》发表社论,强调"美帝国主义已经公开地成为中华人民共和国的最大仇敌"。[63]9 月 30 日,周恩来在政协国庆大会上的讲话中,指出"中国人民密切地关心着朝鲜被美国侵略后的形势","中国人民决不能容忍外国的侵略,也不能听任帝国主义对自己的邻人肆意侵略而置之不理"。[64]10 月 3 日,周恩来警告美国:"美军企图越过三八线,我们要管,这是美国政府造成的严重情况。"[65]10 月 7日,美军第一骑兵师、步兵第 24 师越过三八线,大举北上。在此期间,朝鲜政府多次请求中国出兵援助。10 月 19 日,志愿军第 13兵团所辖 4 个军、3 个炮兵师兵分三路渡过鸭绿江。在彭德怀的直接指挥下,志愿军发起攻势,重创美军并将联合国军驱赶到三八线以南,初步稳定了战局。

朝鲜战争爆发加快了业经多次酝酿的对日媾和步伐,中美在朝鲜半岛的激烈交战,美国确定将中国排除在对日媾和过程之外。1950 年 9 月 8 日,杜鲁门任命杜勒斯为对日媾和缔约的特别顾问。15 日,杜勒斯在记者新闻发布会上,宣布美国对日本重新武装不加任何限制,给予日本最大限度的经济和通商的自由,促进日本加入联合国并加入反共同盟;由于在远东发生了"侵略",允许美军驻扎日本并保卫之,[66]把美国的对日媾和方针公布于世。11月 24 日,美国国务院终于公布了《对日媾和七原则》全文并附加了 11 月 20 日苏联政府回复美国的备忘录,点燃了东西方两大阵营激烈争论的导火线。《对日媾和七原则》的主要内容如下:[67]

1. 缔约国:凡参加对日战争之任何或全体国家,其愿依此处所建议,并经获致同意之基础而媾和者,均得参加缔约。

2. 联合国:日本之会员资格将予以考虑。

3. 领土问题:日本将:(甲)承认韩国独立;(乙)同意将琉球及小笠原群岛交联合国托管,并以美国为管理当局;及(丙)接受英、苏、中、美四国将来对于台湾、澎湖列岛、南库页岛及千岛群岛地位之决定,倘于和约生效后一年内尚无决定,联合国大会将作决定。日本在中国之特权及利益将予放弃。

4. 安全:和约中将提及在未有其他圆满安全办法,如由联合国担负切实责任之前,日本区域之国际和平与安全,将由日本供给便利与美国军队,或美国暨其他军队,以继续合作之责任维持之。

5. 政治与商务办法:日本将同意加入关于麻醉药品及渔业之多边条约。战前之双边条约得由相互同意予以恢复。在新商约未缔订前,除正常例外之情况外,日本将给予最惠国待遇。

6. 赔偿要求:各缔约国将放弃 1945 年 9 月 2 日以前因战争行为而引起之赔偿要求,但(甲)各盟国就一般而论,将保持其领土内之日本资产;及(乙)日本应将盟国资产归还或在不能完整归还时,以日元补偿其业经同意部分之损失价值。

7. 争端:补偿要求之争端,将由国际法院院长组织,特设中立法庭裁决之。其他争端将由外交途径或提交国际法院外理。

《对日媾和七原则》规定对日媾和的缔约国只能是赞成美国方案的对日作战国家,将台湾、澎湖、南库页岛和千岛群岛均置于地位未定状态,赋予美军长期驻留日本的权力并为日本重新武装预留了空间,取消了盟国对日索赔的权利等,是典型的霸王条款,引发来自各方面不同意见乃至抗议。苏联在11月20日回复备美国的忘录中,对美国的《对日媾和七原则》逐条加以批驳。苏联强调,美国的媾和原则违背了1942年1月《联合国家宣言》所规定的"不得与敌国单独媾和"的精神,属于片面媾和行为;美国将台湾、澎湖、南库页岛和千岛群岛划入"地位未确定"的圈子里,违背了盟国签订的《开罗宣言》、《波茨坦公告》;苏联还强调指出:中国曾长期蒙受日本军国主义侵略之苦,与对日媾和有着特殊的利害关系,但是美国没有采取听取中华人民共和国政府意见的措施等。[68]12月4日,周恩来外长发表声明,坚决支持苏联政府的立场,强调"对日和约的准备、拟制与签订,我中华人民共和国必须参加,乃属当然之事",蒋介石"绝对没有资格代表中国人民",没有新中国参加的对日和约,"无论其内容与结果如何,中央人民政府一概认为是非法的,因而也是无效的"。[69]

在西方阵营,美国的《对日媾和七原则》,也引起了不小的波澜。菲律宾、缅甸等国反对取消对日本军备的限制,蒋介石反对放弃战争赔偿。在英联邦国家中,澳大利亚、新西兰反对美国取消对日本重新武装的限制和放弃赔偿;加拿大、印度和巴基斯坦等对美国过于优待日本不满,英国对中国代表权的抉择另有考虑。只有法国和荷兰,基本赞成美国对日媾和原则。在这种情况下,杜勒斯往来穿梭于华盛顿—伦敦—东京之间,对英联邦国家又打又拉,对蒋介石施加压力,迫使其改变立场,对中苏等国的抗议置若罔闻,执意把美国主导下的片面媾和道路走到底。

二、英国和日本对美国媾和原则的对应

英国之所以对中国代表权问题另有考虑,是因为1950年1月5日,英国宣布取消对国民党政权的承认,但保留了淡水领事馆。6日,留驻北京的英国总领事格雷厄姆(Graham)递交了外交大臣贝文致政务院总理兼外交部长周恩来的照会,宣布英国正式承认中华人民共和国,并派胡阶森(Hutchinson)为驻华临时代办。这样,英国成为第一个承认新中国的西方国家。[70]

英国之所以承认中华人民共和国的基本原因,在于维护其巨大的在华经济利益。英国是最早将不平等条约强加给中国,率先获取在华商贸利益并割走了香港的西方国家。至1949年10月,已经在中国经营了百余年,留下了巨大资产。时值中国国共两党政权更替,如何维持在华利益,成了艾德礼政府的当务之急。10月20日,英国外交部远东司负责人德宁为内阁会议决策提交了备忘录,列举了英国承认新中国五点理由:1.英国的"在华利益比其他国家大得多,因而不必受他国的约束,但应尽可能地得到他国尤其是英联邦国家的同意。"2."国民党曾是我们的盟友,但现在只能代表他们自己,继续承认他们,无助于英国的利益。"3."目前中共政权是唯一可替代国民党的政府,过久拖延承认只能使他们敌视我们,增强已有的亲苏倾向,并勒紧裤带拒绝西方的经济援助。"4."我们的商业利益只有通过尽早地正式承认才能得到保护。"5."在中共牢固地控制了大片国土和国民党前景暗淡的情况下,承认中共政权为合法政府符合国际法原则。"[71]10月27日,艾德礼内阁会议采纳了德宁的政策建议,开始了承认新中国的各项协调交涉活动,包括取得美国和西欧邻国的理解和支持。英国在

华投资不仅仍居各国之首,在新中国建国之初,英国在华资产约为3亿英镑。与美国在华企业的总部远在美国不同,英国的在华企业的总部和分店均在中国大陆或毗邻广东的香港。1949年10月14日,广州解放,英国唯恐中国军队开进香港而失掉获取在华利益的最大基地。从维护在华利益的考虑出发,英国率先对毛泽东在开国大典上发表的关于中华人民共和国外交方针作出了回应,并在1950年1月断绝了与蒋介石政权的外交关系,转而承认新中国。

英国主张早日对日媾和,并不乐见美国延长对日占领。英美之间在对日媾和问题上的主要分歧是:1.英国反对日本重新成为亚洲贸易大国,希望对日本的经济活动进行限制;而美国为了使日本成为东亚冷战的桥头堡,恰恰要加强日本的经济实力。2.1949年新中国成立后,美国继续承认逃到台湾的蒋介石集团,英国则于1950年1月承认了中华人民共和国,中国代表权问题成为美英在对日媾和问题上的主要障碍。

英国倾向于日本对中国和蒋介石集团采取等距离外交,这是出于政治和经济两方面的原因。在政治方面,英国希望中国政府和日本发展关系能促进中国疏离苏联,并且中日成为在远东与苏联对抗的力量;[72]在经济方面,由于战前,英国在东南亚的传统市场为日本所占领,使英国的产业特别是纺织业受到巨大的打击,因此英国担心如果日本承认蒋介石集团,那么将会妨碍日本与中国重建贸易关系,在这种情况下,为了填补失去与中国贸易的损失,日本可能会在美国的支持下,进入英国传统的市场——东南亚,这是英国所不愿看到的。

英国的担忧并不是空穴来风。1951年5月17日,美国国家安全委员会通过的"NSC48/5"文件和6月27日美国向日本提出的《美日经济合作计划》两个文件,标志着"日本、东南亚、美国"这种构想已经成为美国政府确定不移的基本国策。美国对日政策的中心目标在于"使日本对远东的安全保障和稳定作出贡献",在对日媾和中、媾和后都要援助日本的经济复兴,使其能够从事对美国和亚洲非共产党国家地区的稳定所需要的商品生产和劳役。《美日经济合作计划》更明确地确定了在以美国为中心的西方阵营共同防务生产体制中日本与东南亚的关系,这意味着在美国对日经济复兴政策中彻底排除了中国大陆,限定了日本与中国大陆关系的范围,日本若想尽快实现经济复兴,就必须在东南亚开辟新市场,协助美国孤立中国、遏制中国的行动。[73]

　　1951 年 6 月,美国总统特使杜勒斯赴英与英国政府交涉。6 月 6 日,杜勒斯和英国外相莫里森(Herbert Morrison) 就以下内容达成一致意见:预定于 9 月召开的对日媾和会议,既不邀请中国政府也不邀请蒋介石集团参加;日本在对日和约生效之后,与中国或蒋介石集团,按与《对日和约》实质相同的条件,缔结双边和平条约。6 月 7 日,英国内阁会议讨论但未通过莫里森与杜勒斯达成的协议。杜勒斯闻讯大为光火,立即威胁英方,若不接受这个协议就停止谈判。在杜勒斯的压力下,6 月 11 日,英国内阁会议接受了上述协议。6 月 19 日,美英双方签署了"杜勒斯——莫里森协议"。这个协议的主要内容为:通过不邀请中国和蒋介石集团代表出席媾和会议的方式,解决中国代表权的分歧;日本将来对中国的态度必须由其行使根据和约规定的主权和独立的地位来决定。英国实际上接受了美国的主张,美国可以按照其安排,加快旧金山对日媾和会议的各项准备。

　　除中国代表权问题之外,杜勒斯还与英国就举行旧金山对日和会需要解决的其他问题展开交涉,结果,英国对美国作出妥协:

让日本保留琉球和小笠原群岛主权,不再要求限制日本的再军备,不再要求以日本的黄金储备作为赔偿。美国也同意英国将日本在中立国和前敌国的资产移交国际红十字会,由其分配给在集中营遭受过日军折磨的盟军战俘,让日本退出国际清算银行,放弃在1919年《刚果盆地条约》中所取得的各项权利等。总的看来,举行旧金山和会的关键问题之一,是中国的代表权问题。因此可以说,英国在英美交涉中作出的让步最为关键。对于英国来讲,在这一关键点上做出让步,实际上是再次无奈地承认英国地位的衰落、对美国远东政策的追随以及英国对日政策的失败。[74]

值得注意的是,在决定日本国家主权或迟或早以及或多或少的恢复过程中,日本政府采取了灵活的对应立场。经验老到的吉田茂抓住一切机会,通过密切与美国的合作,获取所有能够拿到的利益。不期而至的朝鲜战争,成为吉田内阁趋利避害的"天佑"良机。朝鲜战争促使美国加快了对日媾和的步骤。1950年9月。杜鲁门和杜勒斯发表谈话,表明了美国政府的立场。日本政府闻风而动,以外务省条约局长西村熊雄为首的专业班子立即开始了研讨。10月4日,完成将包括形势判断、美国草约设想、对应方针和对美陈述在内的"A作业",并于翌日提交给吉田。至10月11日,经政界、财界、学术界、舆论界的精英和军事专家的讨论,吉田予以批准。随后,又根据中国人民志愿军入朝作战,迫使联合国军南撤等中美兵戎相见以及日本的战略地位凸现的新形势,在12月27日形成新方案的"D作业"。此后,该方案经过多次修改,至1951年1月19日"D作业"完成修订,并在次日将其要点报告吉田。

这个文件的主要内容是:1."日本与对抗共产主义势力的民主国家合作,共同维护世界的和平与稳定;为了强化作为民主阵营一员的日本,必须完全恢复日本的自主性;为此而采取的途径,首先是按照美国的宗旨来缔结和平条约。"2. "在美国的努力未能奏效因而需要相当时日的情况下,先与美国一国缔结和平条约。"3. "如果说到美国的提案,最感欣慰的是七项原则没有在政治、经济上对日本加以特别的限制。安全保障是平等伙伴的合作关系,应在和平条约之外另行订立,根据美国军事上的需要来准备";"希望冲绳、小笠原群岛留在日本","千岛群岛的最终地位由联合国大会决定,倍感欣慰"。4. "不希望日本重新武装","目前的当务之急是经济自立和民生稳定",理由是"重新武装会加重负担,反倒会在内部造成危害国家安全的危险,引起各邻国对日本再侵略的恐惧","但应保有足以独力维持国内治安的手段"。5. "设立增进由联合国给予一般安全保障的合作机构"等。[75]纵观"D作业",说明吉田内阁一方面确定了日本在国际舞台上对美"一边倒"的基本外交方针,并借助朝鲜战争战局的变化,加快实现媾和,乘机恢复国家的主权地位。另一方面,坚持经济复兴首位,有限再军备的立国方针。循此方针,吉田在应对1月25日来访的杜勒斯时,主要以"D作业"类似的理由婉拒杜勒斯对日本重新武装的要求,但以同意订立《日美安全条约》防止谈判出现僵局。4月16日,杜勒斯再次访日时,吉田接受了美国参谋长联席会议的"远东条款",即美军"为维护远东的和平与安全,可以使用日本本土的军事基地",并将其列入《日美安全条约》。[76]至此,美日间的媾和道路畅通,直待和会举行了。总之,吉田在美日媾和协商过程中确立的对美"一边倒"方针,为日本的发展营造了最佳国际环境。他所坚持的经济首位方针,则为日本作为经济大国而重新崛起开辟了道路。

三、旧金山对日和会与日美安保体制的建立

1951 年 9 月 4 日(旧金山时间),由美国一手把持的对日和会在旧金山举行。美国、英国、苏联、法国、日本等 52 个国家的代表出席会议,中国被美国无理排除在外,印度、缅甸和南斯拉夫等国拒绝出席。9 月 5 日,苏联代表葛罗米柯提议要求邀请中国出席和会,建议对和约草案加以若干修改,例如日本承认中国对东北、台湾和澎湖以及苏联对南库页岛和千岛群岛的主权,琉球、小笠原群岛等岛屿的主权属于日本,美国占领军撤离日本,日本向被其侵略的国家赔偿等。[77] 在和会主席、美国国务卿艾奇逊的操纵下,苏联的提案被否决。9 月 7 日,日本代表团团长吉田茂发表了接受美国和约的演说。吉田强调日本必须与美国为首的西方阵营合作,并在此基础上加入联合国。在对无中国代表出席会议表示了"遗憾"之后,吉田把攻击的矛头指向新中国,声称:"伴随着共产主义的压迫与专制,阴谋势力在远东扩大不安和混乱,其到处公开发动的侵略,正日益逼近日本"。因此,"面对这种集团侵略",日本"唯有自由国家集体保护之一途",并将其解释为日本缔结《日美安全条约》的理由。[78]

9 月 8 日,在苏联、波兰和捷克斯洛伐克拒绝签字的情况下,美英法等 48 个国家与日本签订了《旧金山对日和约》。和约共 6 章 27 条,主要规定如下:[79]

1. 和平条款。日本与每一盟国之间的战争状态,"在和约生效之日起,即告终止";"各盟国承认日本人民对于日本及其领海有完全的主权"。

2. 领土条款。"日本承认朝鲜独立,放弃对朝鲜包括济州岛、巨文岛及郁陵岛在内的一切权利、权利根据与要求";"放弃对台

湾、澎湖列岛的一切权利、权利根据与要求"、"放弃南威岛和西沙群岛的一切权利、权利根据与要求";"放弃对千岛群岛以及根据《朴次茅斯条约》所获得主权之库页岛一部分部及其附近岛屿之一切权利、权利根据与要求";同意将琉球群岛、大东群岛、小笠原群岛、西之岛、硫磺群岛、冲之鸟岛、南鸟岛等置于联合国托管之下,并以美国为唯一管理当局。

3. 安全条款。日本"应以和平方法解决国际争端,避免危及国际和平、安全及正义";"在其国际关系不得使用威胁或武力,或以与联合国宗旨不符之其他任何方法,侵害任何国家之领土完整或政治独立";"各盟国承认日本以一个主权国家资格,具有联合国宪章第 51 条所提及的单独或集体自卫之自然权利,并得自愿加入集体安全协定";"各盟国所有占领军应于本条约生效后尽早撤离日本",但"并不妨碍外国武装部队依照或由于一个或二个以上的盟国与日本业已缔结或将缔结之双边或多边协定,而在日本领土上驻扎或留驻"。

4. 政治及经济条款。"日本承认盟国现在或今后为结束自 1939 年 9 月 1 日开始之战争状态而缔结之一切条约以及盟国为恢复和平而订之任何其他协定之完全效力";放弃在《圣日耳曼公约》、《蒙得娄海峡协定》、《洛桑土耳其和约》等国际条约或协定中得到的一切权力和利益;"放弃在中国之一切特权与利益,包括由于 1901 年 9 月 7 日在北京签订之最后议定书及其所有附件、补充照会与文件所产生之一切利益与特权","该议定书及其所有附件、照会与文件概行作废";"日本接受远东国际军事法庭与其他在日本境内或境外之盟国战罪法庭之判决,并将执行各该法庭所科予现被监禁于日本境内之日本国民之处刑"等。

5. 要求及财产条款。"日本应对其在战争中所引起的损害及痛苦给盟国以赔偿","如欲维持可以生存的经济,则日本的资源目前不足以全部赔偿此种损害及痛苦,并同时履行其他业务",因此"日本愿尽速与曾被日军占领或曾遭受日本损害的盟国进行谈判,以求将日本人民在制造上、打捞上及其他工作上的服务供各盟国利用,作为协助赔偿各该国修复其所受损害的费用"等;"此项办法应避免以增加的负担加诸其他盟国";"当需要制造原料时,应由各该盟国供给,借免以任何外汇上的负担加诸日本";"日本放弃日本及其国民因战争状态之存在所采行动而发生的一切要求",等。

6. 争端之解决条款。倘若本条约之任何一方发生争端时,提交国际法院裁决之。

7. 最后条款。"本条约应由包括日本在内的签字国批准,并自批准之日起生效;所有批准书应交存美国政府,并由其通知所有签字国";"本条约所称盟国应为曾与日本作战之国家",对于盟国之外的任何国家,不给予任何权利、权利根据及利益;本条约应存放于美国政府档案库,美国政府将条约的一份副本送致每个签字国。

在签订了《旧金山对日和约》5个小时后,艾奇逊、杜勒斯和吉田茂等随即在旧金山军人俱乐部签订了《日美安全条约》。条约共5条,规定:1."在和约和本条约生效之日,由日本授予、并由美利坚合众国接受在日本国内及周围驻扎盟国陆、空、海军之权利。此种军队得用以维持远东的国际和平与安全和日本免受外来武装进攻之安全,包括根据日本政府的明确要求,为镇压由于一个或几个外国之煽动和干涉在日本引起的大规模暴动和骚乱所给予的援助。"2."在第一条所述之权利被行使期间,未经美利坚合众国事先同意,日本不得将任何基地给予任何第三国,亦不得将基地上或与基地有关之任何权利、权力或权限,或陆、空、海军驻防、演习或过境之权利给予任何第三国。"3."美利坚合众国之武装部队驻扎日本国内及周围的条件应由两国政府之间的行政协定决定之。"4."美利坚合众国和日本政府一经认为已有联合国之办法或其他单独或集体安全的布置,本条约即应停止生效。"5."本条约应由美利坚合众国和日本批准,在两国于华盛顿互换本条约之批准书以后开始生效。"[80]《旧金山对日和约》和《日美安全条约》,是美日两国政府在朝鲜战争期间特定条件下相互合作的产物,更是冷战初期美国转换东北亚战略依托对象,日本政府密切配合的结果。

1951 年 10 月,英国保守党上台,丘吉尔再次担任英国首相,但是英国政府还继续着承认中国的政策。11 月 14 日,美国副助理国务卿默钱特(Livingston Merchant)赴英,劝英方同意日本在《旧金山对日和约》生效之前开始和蒋介石集团谈判,并至少在《旧金山对日和约》生效后达成一个有限的和平条约。杜勒斯相信这将促使美国国会通过《旧金山对日和约》,但英国外相艾登拒绝了这个建议。[81]杜勒斯认为,英国之所以拒绝美国的建议,是丘吉尔的计谋,他想以此要挟美国对英多提供些经济援助和原材料供应。丘吉尔的计谋将影响到美国参议院对《旧金山对日和约》的批准,杜勒斯决不允许英国反对他的计划。[82]

12 月 10 日,杜勒斯再赴日本,对日本首相吉田茂进行最后一轮游说。在 12 月 12 日与吉田茂的会谈中,杜勒斯表达他对日中关系的看法,他说,蒋介石集团被美国和联合国大多数国家看作是合法政府,更之,台湾控制了岛链上一个重要的位置,日本也是这个岛链的一部分,从战略和安全的立场来看,日本和蒋介石集团是互相依赖的,两者有必要合作;并且中国大陆被联合国视为"侵略者",并正在增加驻朝鲜的军队,这威胁到日本。基于这种状况,日本政府应该与蒋介石集团谈判,并且在《旧金山对日和约》生效之后,日蒋双边协定也应该生效。

吉田茂认为,中国有几千年的文化,自称中华、中国,自尊心很强,他们的排外情绪很高,一直轻视别国国民,因此,他们不会长期甘受苏联的驱使。中国一定会察觉到和苏联长期合作的不利,如果有办法使共产党中国的人们理解这些道理和实际利害,使中国和苏联分离也许格外容易。最理解中国这种民族心态的,就是多年来为中国问题"备尝辛苦"的英国人和日本人,而美国还没有达到真正了解中国的程度。[83]他把中国看做一个重要的潜在的市场,因此他倾向于英国的对中国和蒋介石集团等距的政策。

因此,对于杜勒斯的提议,虽然吉田茂表示原则上不反对,但是他强调,中国问题不可能用武力解决,"自由国家"应当增加与中国的接触,给予在共产党控制下的人民接触自由的机会。基于文化和种族相近的因素,日本比美英更能承担这项工作。请相信日本能带领"自由国家"扩大与中国的合作。造成目前中国这种情况的原因可以追溯到大国在中国合作的取消,解决中国问题有必要恢复这个合作,或者至少在中国问题上提出一个完整的英美协议。简而言之,就是日本能在促使中国脱离苏联的控制的过程中发挥重要作用。但是,杜勒斯没时间听吉田茂的辩辞,他下定决心强迫吉田茂接受自己对中国问题的指示。[84]

杜勒斯在劝说吉田茂的同时,也对英国驻日联络代表处负责人德宁进行劝说工作。12月13日,杜勒斯给德宁看了一份给吉田茂的备忘录,里面建议日本按照《旧金山对日和约》的精神与蒋介石集团达成一个和平协定,德宁表示这离英国外相的想法太远。不久,艾登指示英国驻美大使弗兰克斯(Oliver Franks)请美国国务卿艾奇逊在《旧金山对日和约》生效之前,不要逼迫日本采取行动承认蒋介石集团。[85]

12 月 18 日,杜勒斯在与吉田茂会谈时给吉田茂一封书信草案,要求吉田茂签字并返回给杜勒斯,草案中提到:日本政府准备尽快与蒋介石集团按照《旧金山对日和约》的精神建交,此条约适用于日本和蒋介石集团现在和以后实际控制的领土范围,吉田茂保证日本政府没有与中国大陆缔结双边条约的意图。这就是第一次"吉田书简"的原形,杜勒斯试图通过这个来约束吉田茂。12 月 24 日,吉田茂在书信上签字,1952 年 1 月 7 日,杜勒斯收到了这封信。杜勒斯的这次日本之行给德宁和英国政府一个错误的印象,即在日本对中国问题上什么也没决定。

1952 年 1 月的第 2 周,英国首相丘吉尔和外相艾登访问美国。此时,美方交给英国驻美大使弗兰克斯近来英美双方对换的备忘录的总结,其中提到一封来自吉田茂的信表明日本想承认中国,但并没有提到它的内容,美方也没有通知英方将公布这封信。[86]美国国务院把英国首相和外相的访问看成是在日中关系问题上让英国跟随美国的最后的机会,但艾登重复强调在《旧金山对日和约》生效之前,不希望日本与蒋介石集团有瓜葛。[87]

1 月 16 日,"吉田书简"在东京和华盛顿同时发表,这给艾登巨大的冲击。因为艾登本人既没有看到"吉田书简",也没有被告知"吉田书简"将在他刚离开美国就发表,但结果却给公众一种印象,即艾登同意"吉田书简"并放弃"杜勒斯——莫里森协议",这使得他在国内容易受到反对党的攻击。艾登感到异常愤怒,感到自己陷入一场骗局,并更厌恶杜勒斯。[88]

英国外交部就"吉田书简"正式向艾奇逊抗议,艾奇逊向英方表示遗憾,并主张美方没有搞出这些事来的意图。但是英国外交部相信这种解释的人少之又少。英国外交部认定"吉田书简"公布的时间和内容都是杜勒斯巧妙的安排,明显是美方口述的。德宁认为,"从('吉田书简')束缚自己,激怒中国的程度来看,不是日本人起草的。"[89]2月1日,吉田茂在国会预算委员会表示,他没有被告知英国在承认中国问题上的看法,也完全没被告知英国反对。实际可能是从美方得到英国不反对"吉田书简"的内容的印象。[90]

3月20日美国参议院以66票对10票的压倒多数通过了《旧金山对日和约》。另一方面,2月17日日本代表团抵达台北,和台湾当局进行谈判,双方于4月28日签订《日华和平条约》(即"日台条约")。6月7日、7月5日,日本众议院和参议院先后通过这个条约,由此构筑了长时期阻滞中日邦交正常化进程的巨大障碍。

四、日英外交关系的恢复

战前日本最后一任驻英国大使是重光葵,他于1941年6月29日离开英国。战前英国最后一任驻日本大使是克莱琪(Sir Robert Craigie),1941年12月7日本挑起太平洋战争时,他被日方扣留,1942年乘外交官交换船回国,日英外交关系中断。

1945年10月25日,"盟总"向日本政府发出了关于移交外交及领事机关财产、文件的指令,命令日本政府关闭驻外使领馆,召回外交官。10月30日,"盟总"又指令日本驻外使领馆,停止外交活动。从1945年12月开始,日本驻外使节及外交代表陆续回国,到1946年12月2日,除"盟总"外,日本政府与各盟国驻日代表的直接交往也被禁止。日本政府的外交职能全面终止。日本与外国的交往,全部通过"盟总"进行,外交权由"盟总"代为行使。

英联邦军队进驻日本后,设立驻日联络代表处(UKLIM),负责人是盖尔德纳中将,他同时是英国首相联络麦克阿瑟的私人代表。盖尔德纳站战时曾担任过丘吉尔联络麦克阿瑟的私人代表，他的双重身份引起了英国外相贝文和外交部的不安。1946 年 3 月 27 日，贝文写信给艾德礼指出，"尽管盖尔德纳对我负责"，但这是有名无实的，因此要尽早结束这种状态。艾德礼同意更换，同年由盖斯康因取代盖尔德纳任英国驻日联络代表处负责人。[91] 盖斯康因与麦克阿瑟建立了良好的关系，任内曾经与麦克阿瑟会见多达到 128 次。[92] 这是由于，麦克阿瑟手握管理日本的重权，英国如果想在日本得到利益的话，就必须和麦克阿瑟建立良好的关系；另一方面，在关于日本的事务上，麦克阿瑟有时和美国政府部门有不同的意见，为了得到英国的支持，麦克阿瑟也需要和盖斯康因建立良好的关系。

　　1951 年 8 月 24 日，德宁接替盖斯康因成为英国驻日联络代表处负责人。德宁在战时曾是盟军东南亚战区总司令蒙巴顿的政治顾问，战后曾任负责远东事务的外务次官助理。他是英国的日本问题权威，深得贝文的信赖。贝文希望通过德宁的学识和手段，为英国政府谋利。[93] 德宁在 1952 年 4 月 28 日日本恢复独立后，出任英国驻日大使。但是 20 世纪 50 年代，日英关系比较低迷，德宁在日本难有建树。

　　1951 年前后，日本开始逐步恢复与外国的外交关系。1951 年 8 月底，日本政府驻英在外事务所建立，朝海浩一郎任所长。朝海在 1929—1931 年间曾在爱丁堡大学留学，战后任终战联络事务局的课长，他可以和美国人直接联系，并向"盟总"转达日本政府的观点，或作为观察员参加盟国对日理事会的会议，在占领时期的对外交涉中有重要地位。1949 年，时任官房长官的佐藤荣作对记者宣读了朝海与"盟总"官员谈话的记录，激怒了"盟总"，朝海因此而被解职，并不为吉田茂所赏识。吉田茂想把其瞩意的亲信白洲次郎外派为驻英在外事务所所长，白洲曾于 20 世纪 20 年代在剑桥大学留学。但是相对白洲，英国政府更愿意接受朝海，于是朝海成为战后日本驻英国外交机构的首位长官。[94]

英国公众对日本外交官的态度冷淡且不乏敌意，而英国政府的态度也并不明朗。朝海的面前面临着一大堆的难题和建立日英良好关系的重任，他的心情一点也不轻松。1951 年 12 月，日本驻英在外事务所曾向英国政府请求使用密码和外交邮袋的权利，英国政府同意撤销某些限制日本驻英在外事务所的措施，同时建议日方就此事与英国各相关部门协商。但此时，其他一些国家，如美国、法国、加拿大、荷兰、意大利等国均先于英国给予日本上述外交特权。1952 年 2 月 26 日，英王乔治六世逝世，日本皇室指示朝海代表皇室前往吊唁。但是，当朝海乘车来到白金汉宫的时候，却被告知这辆车禁止入内。后经交涉，才解决了这个在外交场合不该发生的问题。由此可见，在某些特定时刻和场合，日本外交人员在英国的处境是很尴尬的。

1952 年 4 月 28 日，日本恢复独立后，朝海任临时代理大使、参赞，5 月 3 日任临时代理大使、特命全权公使。在 4 月 28 日之前，朝海提请英国政府同意松本俊一任日本驻英大使。松本俊一曾于 1944 年派往越南，协助日军占领河内，为法国所忌恨。战时曾官至外务次官，战后被解除公职。1952 年大选时，在广岛参选（改进党）。当时，吉田茂所钟爱的池田勇人（自由党）也要在广岛参选，双方协调的结果是松本退出议员竞选，转而出任驻英大使。对于松本出任驻英大使一事，英国外交部征询了很多驻外机构的意见，当时法国对松本还很不友好，但英国驻日大使德宁认为对松本的批评是不公正的。英国外交部最后认定，"一些日本外交官在战时忠实地执行政府的命令，而给与他所接触的西方国家的代表以坏的印象。"基于这样的认识,英国政府认为,没有足够的理由拖延对松本任命的确认,这将对恢复和提高日英关系起阻碍作用,因而同意了对松本的任命。[95]1952 年 6 月 8 日,松本俊一被任命驻英大使,并于当月赴任,他是自 1941 年日英外交关系破裂后11 年后,日本派往英国的首任大使。

结　语

对于日英关系而言,1945—1952 年是一个相当特殊的时期。这种特殊性主要表现在二战前曾经雄踞于欧亚大陆东西两端的大英帝国和大日本帝国由于一场惨烈的世界大战而面目全非。大英帝国因战争的重创而从战前的世界一流强国坠落为二流世界强国,但作为战胜国派遣占领军进驻日本;曾经不可一世的大日本帝国则在玩火自毙,在反法西斯盟国的联合打击下战败投降,土崩瓦解,在被占领的状态下被迫接受非军国主义化的改造。占领时期出现在日英两国的这种态势,对两国关系的发展,产生了广泛而深远的影响。

美国因素对占领时期英日关系的互动,具有强烈的制约作用。在第一次世界大战过程中,美国作为新兴的世界级强国崛起。在第二次世界大战期间,美国进一步膨胀为主导资本主义世界的霸权国,拥有最强大的军事力量、最雄厚的金融资本和最具诱惑力的价值观和生活方式,堪称世界第一强国。在美国的种种优势面前,昔日的"日不落帝国"英国自叹弗如,甚至不得不仰仗美国的援助渡过国家财政的困境,俯仰由人。当年气焰嚣张的日本帝国也气息奄奄,任由美国瓦解、改造,易弦更张。在这个过程中,利用冷战对峙,包括不期而至的朝鲜战争,英日两国通过各种方式密切与美国的关系,纷纷缔约结盟,成为以美国为首的西方阵营中的重要成员国,形成发展英日关系的政治纽带。这是战后英日政治关系稳定,并因此带动其他关系逐步发展的一个基本原因。也是冷战结束后,英日两国成为美国全球战略依托据点的原因之一。

　　二战前积累的日英经济矛盾并未在占领时期得到解决,对1952年以后的日英关系产生多种影响。二战前和平时期日本经济、经贸实力的快速发展和增强,包括不正当竞争手段的频繁采取,对英国在华或东南亚的利益形成越来越强有力的挑战,给英国政府和产业界、金融界、贸易界留下了深刻印象。太平洋战争期间,日本采用武力,粗暴践踏英国在远东的利益,夺取英国殖民权益的暴举,更令英国朝野刻骨铭心。但由于美国单独占领日本,推行以美国国家利益为核心的对日政策,英国无法说出想说的话,无法采取符合本国利益的行动;也由于日英两国被战争摧残的国民经济均处于恢复时期,大规模的景气来临尚待时日。因此,二战前存在的经济摩擦和矛盾几乎原封不动地被保留下来,并被带入1952年两国外交关系正常化之后,成为研究此后英日关系的一个重要问题。这些问题,将在以下章节中进一步探讨。

注　　释

1　《战后世界历史长编 1945·5—1945·12》第 1 编,第 1 分册,第 244—245 页。

2　3　4　杜鲁门著,李石译:《杜鲁门回忆录》上卷,第 398—399、398、409 页。

5　《战后世界历史长编 1945·5—1945·12》第 1 编,第 1 分册,第 245 页。

6　王绳祖:《国际关系史》第 7 卷,世界知识出版社 1995 年版。

7　克里斯托弗·索恩著,麻田贞雄译:《イギリスの戦後極東構想1941—1945》,《日英関係史1917—1949》,东京大学出版会 1982 年,第 202—235 页。

8　9　48　49　50　陈乐民:《战后英国外交史》,世界知识出版社 1994 年版,第 22、23、28、29、27、62 页。

10　阿伦·斯克德、克里斯·库克著,王子珍、秦新民译:《战后英国政治史》,第52页。

11　12　13　Christopher G. Thorne 著、麻田贞雄译:《イギリスの戦後構想 1941—1945》,《日英関係史　1917—1949》,第212、215、219页。

14　17　18　20　33　51　52　56　91　Roger Buckley, *Occupation Diplomacy: Britain, the United States and Japan* 1945—1952, Cambridge University Press, 1982, pp. 19—21、60—61、61—62、91—92、98—101、106—107.

15　英国议会下院中坐在后排议席的普通议员。按英国下议院的惯例,执政党议会党团领袖、在政府中任职的议员以及反对党影子内阁的成员等重要议员坐在前排,普通议员则坐在后排,故称。

16　工党议员,1976—1979 任英国首相。

19　石丸和人:《戦後日本外交史　I米国支配下の日本》,三省堂1983年,第16页。

21　竹前荣治:《占領戦後史》,岩波书店1980年,第41—42页;五百旗头真编、吴万虹译:《战后日本外交史(1945—2005)》,世界知识出版社2007年,第21页。

22　20th Conclusions, 10 August 1945, CAB/128/1; Attlee to Chifley, 13 August 1945, AA: A1066.

23　Report for the month of August 1945 for the Dominions, India, Burma and the colonies and mandated territories, 2 October 1945, CAB/129/2.

24　Wants Australia principal power, *The Courier—Mail*, 18 August 1945.

25　Attlee to Chifley, 25 August 1945, AA: A3195.

26　Attlee to Chifley, 1 September 1945, AA: A816, 52/301/222.

27　Role for British in Japan, *The Sydney Morning Heral*, 1 February 1946.

28　Role for British in Japan, *The Sydney Morning Heral*, 1 February 1946; Troops for Japan Contingent From India Inspected, *The Times*, 16 January 1946.

29　31　32　Report by Joint Chiefs of Staff in Australia, 10 April 1946, AA: A5954.

30　British troops in Japan, *The Times*, 1 January 1947.

34　Australia's role in Pacific defence, *The Argus*, 20 June 1946.

35　Report by Joint Chiefs of Staff in Australia, 10 April 1946, AA: A5954; British troops in Japan, *The Times*, 1 January 1947.

36　British troops in Japan, *The Times*, 1 January 1947.

37　40　44　45　王蕾:《旧金山媾和与中国》,世界知识出版社2009年,第115、140—

141 页。

38　吴廷璆:《日本史》,南开大学出版社 2000 年,第 847—849 页。

39　历史学研究会编:《日本史史料 5》现代卷,第 213—215 页。

41　Graves,January 11,1948,F8427/4/23 ,FO371/69809,转引自王蕾:《旧金山媾和与中国》,第 138 页。

42　Wilson D. Miscamble,George F. Kennan and the Making of American Foreign Policy, 1947—1950,p. 164,转引自王蕾:《旧金山媾和与中国》,第 139 页。

43　Peter Lowe,Uneasy Readjustment,1945—58,Ian Nish,Yoichi Kibata(eds),*The History of Anglo—Japanese Relations* 1600—2000 *Volume II: the Political—Diplomatic Dimension*,1931—2000,Macmillan Press LTD,2000,pp. 179—180.

46　Draft Memorandum for FE(O)C and ORC Approved by Attlee,July 8,1948,F8887/4/23,FO371/69810,转引自王蕾:《旧金山媾和与中国》,第 143 页。

47　奥文达尔:《英语国家联盟》,伦敦 1979 年版,转引自陈乐民:《战后英国外交史》,第 28 页。

53　54　Occupation of Japan British Forces,*The Times*,5 January 1947.

55　Report by Joint Chiefs of Staff in Australia,10 April 1946, AA:A5954.

57　58　《新华月报》,1952 年 3 月号,第 1085—1086、1086—1087 页。

59　李元烨:《中美两国的朝鲜半岛政策演进历程研究》,香港社会科学出版社 2003 年,第 37—38 页。

60　61　杜鲁门:《杜鲁门回忆录》下卷,世界知识出版社 1965 年版,第 48、359 页。

62　64　刘金质:《中国对朝鲜和韩国政策文件汇编(1949—1994)》第 1 册,中国社科出版社 1994 年,第 7—12、42 页。

63　1950 年 9 月 25 日《人民日报》。

65　《周恩来外交文选》,中央文献出版社 1990 年,第 25 页。

66　68　75　西村熊雄:《旧金山和约》,鹿岛研究所出版会 1971 年,第 64—65、69—70、84—85 页。

67　"中华民国外交问题研究会"编:《中日外交史料丛编》8《旧金山和约与中日和约的关系》,1966 年,第 10—11 页。

69　《对日和约问题史料》,世界知识出版社 1955 年版,第 67—71 页。

70　1954 年 6 月 17 日,中英相互建立代办级外交关系。至 1972 年 3 月 13 日,相互升格为大使级外交关系。

71　金光耀:《1949—1950 年英国对新中国的承认》,《历史研究》1994 年第 5 期。

72　84　88　　Chihiro Hosoya, Japan, China, the United States and the United Kingdom,
1951—2:The Case of the ' Yoshida Letter', *International Affairs*, Vol 60, No, 2(Spring,
1984), pp. 247—259.

73　NSC48/5, United States Objectives, Policies and Courses of Action in Asia, 17 May
1951, FRUS, 1951, Vol 6, PP. 33—66;崔丕:《美国的冷战战略与巴黎统筹委员会、
中国委员会(1945—1994)》,第 293—294 页。

74　Frdrick S. Dunn, Peace—Making and the Settlement with Japan, pp. 144—171, 转引自
王蕾:《旧金山媾和与中国》,第 240 页。

76　渡边昭夫:《戦後日本の对外政策 : 国際関係の変容と日本の役割》,有斐阁 1985
年版,第 47—48 页。

77　A·C·阿尼金:《外交史》第 5 卷上册,三联书店 1983 年版,第 383 页。

78　小岛正固、竹内雄:《吉田内閣》,吉田内阁刊行会 1954 年,第 419—420 页。

79　80　《国际条约集》(1950—1952),世界知识出版社 1961 年版,第 333—347、393—
394 页。

81　Recognition of China by Japan, Relations between Sir E. Dening and Mr. Dulles, No-
vember 1952, FO371/99402/FJ1026/3.

82　87　89　　Howard B. Schonberger 著、宫崎章译:《占領 1945—1952——戦後日本を
つくりあげた8 人のアメリカ人》,时事通信社 1994 年,第 331、333 页。

83　吉田茂著、韩润棠等译:《十年回忆》第 1 卷,世界知识出版社 1963 年版,第 177—
178 页。

85　86　90　　Recognition of China by Japan, Relations between Sir E. Dening and Mr. Dul-
les, November 1952, FO371/99402/FJ1026/3.

92　93　Hugh Cortazzi, *British Envoys in Japan* 1859—1972, Global Oriental, 2004, p. 163、
173—174.

94　95　Ian Nish, *Japanese Envoys in Britain*, 1862—1964, Global Oriental, 2007, pp. 199—
201、208—209.

第 二 章

负重前行的双边关系(1952—1956)

　　1952 年日本恢复国家主权和外交机能,日英两国重建外交关系后,发展两国关系的障碍并未消除。日本为了提升日欧关系,采取派出皇太子明仁访欧、首相吉田茂访问欧美等行动,英国兰开斯特公爵郡大臣薛尔克回访日本,双方开始了交往。由于战时日军虐待英军战俘等残酷行为和战前日本商品在英国传统的东南亚市场的倾销行为仍保留在人们的记忆中,英国国内反日氛围强烈。战前和战时的遗留问题,成为战后日英关系发展进程中的沉重历史包袱。与此同时,为了各自的国家利益,也为了冷战对抗条件下阵营内的共同利益,日英双方迈出了跨越障碍的步伐,负重前行。

第一节　政治外交关系

一、英日相互政策的出发点

(一)英国对日政策的出发点

日英恢复外交关系后,英国对日政策遇到的一个不易解决的现实问题是,朝野对日本的态度。一方面,丘吉尔、英国驻日大使德宁和保守党下院议员尼克尔森等议员从英国国家利益需要和冷战期间日本在东西方两大阵营对抗中的角色作用出发,主张对日友好,加强两国关系。例如,德宁认为英日必须友好的理由是:1.日本人对英国的文化、政治社会制度一直怀有好感;2.若英国不和日本搞好关系,则会与美国的对日政策相背离,使英美关系受到影响;3.若日本站在英美的对立面,则西方在东南亚难以站稳脚跟。同时,德宁主张英国应该掌握对日关系的主动权,其原因是:战后英国在日本和中国问题上放弃自主而追随美国,由于美国政策的摇摆和不确定,造成"自由世界"失去中国。随着英军从日本撤出,英国很难在日本的事务上施加影响;随着日本恢复外交活动,英国在与日本政府和机构接触的过程中,有发挥作用的机会。日本希望走自己的路,希望英国在战后国际事务中能成为一支明智的、稳定的力量。[1]此外,日本国内在占领时期产生了反美情绪,日本恢复独立后,国内民族主义将增强,这会成为日美关系中不和谐的因素,而英国可以成为日美关系的调整者,消除日美关系中的不和谐因素,并获得对日本的影响力。

尼克尔森曾率领议员团于1954年11月下旬至12月初访问

日本,他在结束访问回国之后,就英国对日政策提出了几点看法。尼科尔森认为:"日本钦慕英国,拒绝日本伸出的友谊之手是愚蠢的。"尼克尔森特看重日本的地缘政治价值,他强调:"日本处于平衡东西方力量对比的关键位置上,日本有8千万有活力而聪明的人民,因此忽视日本是不明智的,如果日本加入共产主义阵营,那将破坏共产主义和自由主义在亚洲的平衡。"尼科尔森强调:"友谊之手不可能总是保持伸出的状态,英国必须当机立断,迅速抓住它。"在尼科尔森看来,"即使辛苦劳动和精耕细作,日本只能养活其80%的人口,靠对外贸易来维持目前的生活标准。日本已经失去了中国市场,被抛向国际市场,特别是东南亚市场。如果英国希望日本留在西方世界,则必须允许它适度地进入非共产主义市场。"[2]

但是,在当时英国社会中,反日情绪依旧很强烈。其原因主要来自两方面:一是英国人对日军残暴的记忆,特别是太平洋战争时期数万英军战俘饱受日军虐待,令英国人愤恨难平,深感耻辱。二是太平洋战争之前,日本对东南亚、南亚市场倾销商品等行为,使英国工商业受到严重的打击,英国工商界担心日本会故伎重演,对英国的市场造成冲击。英国民众对日本的印象是:一个为残酷剥削工人的、没有良知的、与军国主义分子结盟的垄断资本家所控制的低生活水平的国家,一个不公正的竞争者,用廉价产品占领市场,并且还是一个恶劣的顾客,购买商品只是为了仿制并廉价出售。[3]

上述主张对日友好和反日感情强烈等两种状况同时存在,直接影响了英国对日政策的制定。换言之,英国朝野的日本观充满"矛盾",由此不难看出英国对日政策的几个出发点:

一方面,在冷战的背景下,在政治外交上英国需要与日本接近。英国政府在对华关系上的变迁,也反映到对日关系上。[4] 在对日媾和时,英国承认中国大陆的共产党政权,美国承认台湾蒋介石政权,这使吉田茂在选择与哪个政权建交的问题上陷入了两难的境地。英国支持日本承认中国,这样的话,日本也就可以与中国进行贸易,从而减少日本产品对英国传统的东南亚市场的冲击。[5] 但在美国的压力下,吉田茂选择承认蒋介石政权。《旧金山对日和约》的签订时间是 1951 年 9 月,而就在 10 月下旬,艾德礼的工党政府下台,让位于极端反共的丘吉尔保守党政府。此后,在中国问题上,英国对日政策发生了变化。

至 1953 年,英国政府认为:中国对日本有很大的吸引力,中日两国有地理的、文化的和经济的联系,并且日本人基本上不敌视共产主义。日本没有所需的原料和工业资源,如果日本倒向中国,日本的技术、设备和中国的劳动力结合,能成为巨大的同盟并影响到世界势力均衡。1954 年 2 月英国形成了对日三政策:1. 阻止日中结盟,把日本留在西方阵营;2. 为避免日本经济危机(这将促进共产主义),促进日本与英镑区的贸易;3. 利用一切机会缓和反日情绪。[6]

同时,英国的政策也并非完全呈现要求对日友好的一面,特别是在经济问题上。英国不希望日本经济过快地恢复和增长,并在东南亚和南亚等英国传统的市场上与自己竞争。因此,在日本加入关贸总协定的问题上,英国屡次给日本设置障碍,不让后者顺利地加入,最后虽然同意日本入关,却又对日发动第 35 条,意即两国之间不适用关贸总协定,以便歧视日本商品,并为其他 13 个国家所仿效。英国之所以这样做,一是因为阻止日本经济过快地恢复和增长符合英国的国家利益,二是因为受到国内战俘组织和工商团体等的强大压力。

(二)日本对英政策的出发点

相形之下,日本对英政策的出发点,也受到多种因素的制约:

战后英国的实力与美国、苏联相比差距悬殊,但仍不失为一个世界性的强国。虽然是战胜国,曾被誉为"日不落帝国"的英国饱受战争创伤,正处在衰退中。印度、巴基斯坦等殖民地相继宣告独立,马来亚、新加坡要求独立的呼声日益强烈。但是在 20 世纪 50 年代初,相较于法国、联邦德国、意大利、日本这些战前的强国,英国的实力仍在其上。战后英国主张对美国、英联邦、西欧国家的三环外交,这个三环外交的三环,正反映了英国在世界(特别是西方)的特殊地位。英国的这种特殊地位,正是战后日本发展经济、重新跻身发达国家之列需要借重和利用的地方:即可以利用英美特殊关系影响美国对日政策,利用英国在英联邦的核心地位及在西欧的重要地位来影响日本和英联邦、西欧国家的关系。另一方面,由于英国在对社会主义国家外交上有一定的自主性,日本也希望在对社会主义国家外交方面借重英国的力量。因此英国在日本政府的外交版图中占有重要地位。

日本首相吉田茂认为,从"9·18"事变到太平洋战争,日本对英美关系"只是一时的反常,不是日本的本来面目,必须遵循明治以来以亲英美为中心的路线"。[7]因此,虽然面对英国对日不友好的氛围,吉田还是极力促进日英友好。恢复日英之间的友好关系,成了恢复主权之后日本的当务之急。在日本将要恢复主权之前的 1952 年 2 月 12 日,吉田在会见英国驻日联络代表处官员克拉顿(Geroge Clutton)时表示,他此生最后的抱负就是把日英关系恢复到早年他作为年轻人进入外务省时就存在的日英同盟的状态,为了这个目标而不惜竭尽全力。[8]

恢复日英友好关系,对吉田政府来说,具有多重意义:可以显示西方阵营接受日本的,显示日本是"自由世界"里平等的伙伴,淡化日本是一个有罪的战败国,改善自身的国际形象;利用英美特殊关系来影响美国的贸易政策,推进对华接触政策,力图打开中国市场,甚至把中国从社会主义阵营分裂出去;显示吉田外交政策的自立性,避开政敌指责的锋芒,以利稳固自己的政权。

在鸠山一郎内阁时期,其主要使命就是实现对苏关系正常化。在日苏复交谈判中,日本希望与英国密切接触,以求在领土等问题上取得英国的支持。因此,尽管自由党的吉田茂和民主党的鸠山一郎互为政敌,但由于都在发展对英关系上各有图谋,结果形成两届政府均成为推动日英关系发展的推手。

二、密切日英关系的互访

(一)日本皇太子明仁访英

1952 年 2 月 6 日,英王乔治六世辞世。同日,伊丽莎白公主继位为英王,即伊丽莎白女王二世,这是英国时隔 51 年再立女王。英国决定 1953 年 6 月举行英王加冕典礼。9 月中旬,英国政府邀请日本皇室成员出席伊丽莎白女王的加冕典礼的邀请函通过日本外务省到达宫内厅。日本内阁官房、外务省和宫内厅官员商量后,决定派皇太子明仁代表天皇出席伊丽莎白女王加冕典礼,费用由国库支出,[9] 并在 11 月 7 日的内阁会议中通过。

吉田内阁决定由皇太子明仁代替天皇出席伊丽莎白女王加冕典礼一事,在日本引起了争议。在 1952 年 12 月 3 日的众议院外务委员会会议上,并木芳雄委员(改进党)就皇太子明仁出席伊丽莎白女王加冕典礼一事向宫内厅次长宇佐美毅提问。并木称,宪法第 7 条与天皇的国事相关,但从第 1 到第 10 项,皇太子明仁出席伊丽莎白女王加冕典礼均与之不符。如果勉强说的话,第 10 项有"举行仪式"的内容,但这是指天皇举行仪式,外国举行仪式,天皇正式接受邀请并参加与之不符。宇佐美毅回答说,这个不应该从天皇个人的立场上去理解,这次派遣皇太子代表天皇出席伊丽莎白女王加冕典礼,不是个人的交际,而应看成是作为一国的象征的行为。[10]2 月 14 日的众议院外务委员会会议上,中山玛莎委员(名为音译,女,自由党)问外相冈崎胜男如何区分天皇私事与国事,冈崎回答说,这似乎是皇室的事,但是在英国是当作国事,除了加冕典礼之外,还有各种各样的活动。考虑到英国的这些情况,宫内厅和政府应当一起商量的事项当然很多。同时,皇太子赴英有益于改善日英关系和加深相互理解,从这方面来说,宫内厅和政府应该十分小心从事。[11]

1953 年 1 月 20 日,日本内阁会议正式决定皇太子旅欧预算为 1.1 亿日元,再次在日本国民中引起争议。有人向《读卖新闻》投稿说:"战败 7 年来,平民的生活着实很惨,因生活困苦而一家自杀的事件频繁发生,伤兵和未亡人流落街头者亦有之,置此种苦难之现状于不顾,而携随员外游,对日本来说是可喜的事吗?"[12]与此相反,也有人投稿《读卖新闻》赞成皇太子外游,他说,"皇太子旅欧预算为 1.1 亿日元,平摊到 8 千万国民头上不过是人均 1.3 日元。作为日本国象征的皇太子趁参加加冕典礼的机会访问民主国家,学习其文化与和平,实现国民的幸福生活和建设高度文明的祖国。"[13]

1953 年 3 月 30 日皇太子明仁乘船从横滨港出发,经美国、加拿大,搭乘伊丽莎白女王号邮轮横渡大西洋,于 4 月 27 日到达英国南汉普顿港。4 月 28 日上午,明仁乘火车到达滑铁卢站。英女王代表薛尔克勋爵、英外相艾登的代表——外交部典仪次长切克、日英协会会长克劳、原驻日大使克莱琪到站迎接明仁。薛尔克致欢迎辞，之后，明仁乘车前往日本大使官邸。

4 月 30 日上午，明仁参观大英博物馆。中午，丘吉尔首相在唐宁街 10 号首相官邸为明仁接风。丘吉尔对明仁说："我们是过去的人，皇太子是未来，而且是幸福的未来。……日本即使没有军舰，也是伟大的文明国家。你还年轻，好好在英国看看再回去，请为日本的将来而努力！"丘吉尔还邀请了前工党首相艾德礼和英国知名报纸的负责人与明仁见面。当日晚，明仁参观泰晤士报社。[14]英国民众有很多反对明仁的到来，特别是原英军战俘。丘吉尔安排明仁与英国大报社的负责人见面并参观泰晤士报社，是为了密切明仁与相关媒体的关系，让相关媒体不要刊发反对明仁访问的新闻。

丘吉尔对明仁的优遇并没有感染纽卡斯尔市的民众。明仁原定于 5 月 12 日访问纽卡斯尔市，但遭到原英军战俘、当地工会和工党的抗议，该市市长格兰瑟姆女士宣布明仁的行程不包括纽卡斯尔市。另外由于 5 月 1 日是劳动节，为避免发生在伦敦发生不利于明仁的事件，他在这天离开伦敦，访问赫特福德郡。[15]当时英国的报纸都报道了纽卡斯尔的决定，而《每日快报》更是把"明仁中止访问战俘之城"当做头版头条，而关于丘吉尔宴请明仁的短新闻被挤到小角落。丘吉尔首相为此召集新闻界的代表，告诫他们不要忘记和蔼地接待外国使节是英国人的传统礼仪，此后英国的部分媒体报道明仁访英的态度由抵制转为善意。

5 月 5 日明仁前往白金汉宫谒见伊丽莎白女王二世，两人约聊了 20 分钟，主要谈体育和旅游等。当日晚，明仁乘火车前往爱丁堡，对北英格兰和苏格兰进行约 12 天的访问。之后还参观了牛津大学,并在牛津大学手植一棵樱树。明仁的访问行程中本来包括考文垂,但遭到当地工会的强烈反对,他们向英国外交部、日本驻英大使馆和考文垂市市长递送了要求撤销明仁访问考文垂的抗议书。明仁的考文垂之行没有成行,据报道是因为他有轻微发热,回伦敦休息几天后,访问了剑桥大学。

6月2日,伊丽莎白女王二世的加冕典礼在威斯敏斯特大教堂举行,明仁参加了这一盛大仪式,他坐在外国代表席的最前排第4位,左边是伊拉克代表,右边是尼泊尔王子及王妃。

6月4日晚,伊丽莎白女王二世在白金汉宫宴请参加加冕典礼的各国来宾。5日上午,各国来宾到白金汉宫向女王辞别。下午,坎特伯雷大主教夫妇举行游园会。晚上,丘吉尔夫妇举行晚宴,之后,伊丽莎白女王二世在白金汉宫举办招待会。以上活动,明仁都参加了。此外,6月6日,明仁还和伊丽莎白女王二世、爱丁堡公爵(女王丈夫)以及其他王室成员一起观看了赛马比赛。

明仁于6月9日下午离英,随后又访问了法国、西班牙、意大利、比利时、荷兰、联邦德国、丹麦、挪威、瑞士等国,10月12日回国。

总体看来,英国王室和政府对明仁还是相当地优遇。伊丽莎白女王和丘吉尔首相在各种场合与明仁会见,对于部分国民和媒体的反日、反明仁的态度起到软化的作用。而明仁在英国滞留达1个多月,在各地游历,参观了学校、工厂、博物馆、国会等机构,既深入了解了英国的风土人情,又受到英国王室和政府的热情招待,对于加深日英两国以及两国王室的友谊是大有裨益的。

吉田政府决定让明仁参加伊丽莎白二世的加冕典礼并访问欧美诸国,可谓老谋深算之举。当时,英国社会对日本的敌对情绪仍然很浓,特别是二战时被日军俘虏的战俘的幸存者组织和工商界。派出明仁,可以使那些在二战中深受日本之害的人的抗议多少变得有些名不正言不顺,因为 1945 年二战结束时,明仁年方 12 岁,谈不上战争责任问题。与此同时,明仁的出访,还有助于增进欧美各国对日本的亲近感。正如皇太子的随员所报告的那样,"除少数人的继续反感外,虽然大多数英国国民起初反应冷淡,但随着报纸每天登载年轻皇太子的照片而好感日渐增加。报纸杂志的大多数读者来信和报道充满善意,当皇太子在街上散步时,路人也往往投以友善的目光。"[16]

明仁出国访问是吉田茂在国会演说中的一个话题。在出国之前,他说"我相信太子殿下在这次旅行中将增广识见,并且给我国同友好各国之间的国交上带来很好的影响,实在令人不胜预祝";在明仁参加了伊丽莎白二世的加冕典礼后,吉田宣扬说:"皇太子殿下于本月 2 日代表天皇陛下参加了英国女王陛下的加冕典礼,顺利地完成了这个任务,的确值得我们祝贺。我和各位国民共同预祝皇太子今后访问欧美各国时获得辉煌成果,平安归来。"[17]在吉田政府精心安排和丘吉尔内阁的积极回应下,皇太子明仁的"皇室外交",虽然既未签署一个协定,也未解决日英之间任何政治问题,类似一次修学旅行。但是,从西欧国家,包括英国报刊登反应来看,通过明仁参加伊丽莎白二世的加冕典礼并访问西欧 10 国,还是达到了吉田内阁事先设定的目标,即淡化了西欧社会特别是英国社会厌恶乃至憎恨日本情绪的效果。在这个意义上说,吉田和丘吉尔获得了双赢,明仁本人也在国际舞台上亮相成功。日本以"素人(非职业外交官)外交"方式,松动了因战争创伤而锈住的日欧关系,其中包括日英关系。

(二)日本首相吉田茂出访英国

1954 年 9 月 26 日至 11 月 17 日,日本首相吉田茂访问了加拿大、法国、联邦德国、意大利、英国、美国等国。10月21—28日,吉田访问英国。10月25日上午,吉田会见了英国钢铁委员会总裁福布斯等财经人士。当天中午,与《泰晤士报》社长威廉·哈莱进行了短暂的会谈。之后,日本驻英大使馆为吉田举办午宴,英国外相艾登和贸易相桑尼克罗夫特出席了宴会。当天傍晚,艾登为吉田茂举行欢迎宴。

10月26日中午,吉田拜会英国女王伊丽莎白二世。当天下午,吉田在英国下院发表演说,其主旨如下:[18]

日本现在在困难的状况和巨大的重荷下努力开创自己的命运,希望英国理解这种困境。《旧金山对日和约》生效以来,日英关系并没有像期望的那样改善,主要的障碍是英国忧虑日本在贸易方面的竞争。从日本经济的实际情况来看,忧虑来自日本的过度的挑战是没有道理的。日英贸易关系未必是竞争对手,只要相互理解,还有很大的进行合作的余地。吉田感谢英国为日本加入科伦坡计划而做出的努力,东南亚地区的充分开发不仅能排除"共产主义渗透"的危险,而且能为世界其他国家提供市场。东南亚是日英两国合作的沃土,关于这一点,吉田希望英国支持日本加入关贸总协定。吉田在承认抹平战争中苦难的记忆是件困难的事,同时,日本政府决定履行《旧金山对日和约》的义务,对英军战俘支付赔偿,同时期待英国特赦日本战犯的日子会来得快些。

10月27日上午,吉田与艾登举行会谈。下午与远东俘虏联盟代表、原新加坡卫戍司令珀西瓦尔中将,珀西瓦尔要求日本迅速履行《旧金山对日和约》第16条规定的义务,即对战时俘虏所受的痛苦予以赔偿。对此,吉田答复日本政府决心支付。[19]晚上,丘吉尔为吉田举办晚宴。10月28日,吉田乘船离英赴美。

此次吉田访英的主要目的有两个,一是中国问题,一是日本战

犯问题,以下分别论述:

1. 中国问题

当时日本的对外贸易版图中,西欧及澳洲诸国对日本实行歧视性贸易,韩国和东南亚诸国因赔偿等问题一时尚难以打开外交局面,而对战前最大的市场——中国的贸易又受到美国的压制。所以,吉田认为,要打开中国市场,一方面要说服美英,另一方面要对中国进行"和平攻势"。

吉田认为:美日英应采取一致的对中国政策。1952 年 2 月 19 日,吉田会见英国驻日外交官克拉顿时,提出他关于日本充当中国与西方桥梁的构想,并把日本比作"民主的第五纵队"。[20]

1954 年,吉田设想对亚洲的共产主义发动"和平攻势(Peace Offensive)",这需要西方国家一致放松对中国的限制和进行中国人民能接触到的宣传战役。吉田想利用东南亚的华人社团来实现此目标,由于新加坡有许多海外华人,他们有和中国沟通的渠道,[21]中国人本来就喜欢做买卖,东南亚的华侨只要认识到共产主义制度下不能赚钱、在资本主义制度下才能赚钱,决不会心甘情愿地拥护共产主义,通过这些人对共产党中国的国民产生影响,而且有必要从内部使共产党中国的国民知道世界上还有更好的地方。[22]因此吉田设想在新加坡设立反共宣传中心,[23]由英国驻东南亚总专员麦克唐纳(Malcolm MacDonald)驻新加坡,由日、英、美、法、荷等国指供人力或物力,展开一个规模巨大而且行之有效的反共攻势,日本以技术经验参加,[24]并可派遣专家。

吉田在此时推出"和平攻势",有其国际和国内的原因:国际方面,斯大林逝世后,中苏两国对西方政策有所缓和;国内方面,1954 年 3 月日本渔船"第五福龙丸"的船员受美国氢弹试验放射性物质伤害的事件导致反美中立主义高涨,自由党 1953 年 3 月分裂和政府官员贪污频发,[25]以及朝鲜战争结束后日本出口锐减。吉田急需在外交上有所作为,打开对华市场,以期稳定政权。为此,他利用访问欧美的机会和英美进行协调。

中国问题是此次吉田访英想与英方协商的主要问题之一。在10月27日与英国首相丘吉尔共进晚餐时,吉田认为在共产主义者的领导下,中国有了很大的进步,腐败得到铲除,犯罪减少,在各个领域有效施政,并且他怀疑丘吉尔提到的中国的共产主义者已杀了200万人民的观点。吉田说,日本和联邦德国是共产主义和平攻势的两个主要的目标,在日本共产主义者试图制造混乱,而中国和苏联并不是天然的朋友,日英政府的目标是必须促使中国脱离苏联。关于如何使中国与苏联分离,吉田认为通过开放的中国与西方世界进行贸易能达到这个目标。他将要和美国政府讨论这个计划,因此希望能得到英国政府的支持。丘吉尔对此仅表示同情。[26]

同一天上午,吉田还与英国外相艾登举行了会谈。吉田说,他希望有朝一日能把中国从社会主义阵营分裂出来的,他认为日英携手把中国拉回来是很重要的,他希望英美能采取行动去做并重新打开中国市场。他说艾德礼(英国前首相、工党领袖,同年8月刚访华)等认为当前中国有了很大的发展,腐败减少,并变得比从前更通情达理。他曾在渥太华遇见英国驻东南亚总专员麦克唐纳,麦克唐纳答应向本国政府转达他的观点。当麦克唐纳回到新加坡,吉田希望英国政府能同意他派日本前驻英公使朝海去新加坡和麦克唐纳就中国对策进行会谈。吉田打算在下周与杜勒斯会见时将此事告诉他,并将会谈进展状况反馈给艾登,吉田希望当他会见杜勒斯时能得到英国驻美大使的策应。

艾登同意将中国从社会主义阵营分裂出来是很重要的,他相信美国人也这样想,但是这个目标恐怕不容易达到。目前对中国的贸易政策不尽完美,并促使中国倒向苏联。艾登曾和杜勒斯讨论过,并发现杜勒斯理解并且准备讨论放松对中国的贸易制裁。艾登认为中国根本不好对付,特别是在贸易问题上,并且在很多问题上,英国希望和美国保持步调一致。艾登承诺和麦克唐纳联系,并训令驻美大使配合吉田。[27]

1954年11月初,吉田想派原驻英公使朝海浩一郎出使新加坡,而实际上朝海本人和驻英大使松本俊一都对这样的建议感到吃惊和为难。当朝海与英国外交部远东司司长艾伦(Denis Allen)会见时,艾伦表示赞同将中国从苏联分离作为长期目标,但这是个循序渐进的过程,无论如何,第一步应由美国作出,而英日应和美国保持步调。又以新加坡本身有日本总领馆为由,没有同意朝海出使新加坡。同时,英国外交国务大臣瑞汀(Lord Reading)致电麦克唐纳,让他阻止吉田派朝海或其他官员访问新加坡。[28]

当吉田访问美国与国务院官员讨论时,杜勒斯没有答应考虑这些想法,而主管远东事务的助理国务卿瓦特·罗伯逊(Walter Robertson)等其他官员也强烈反对加强对华接触。[29]

英国实际上阻止了吉田的"和平攻势",英国之所以这样做,一方面是由于无意与美国起冲突;另一方面英国在对日本与中国的关系问题上已经有了变化,在对日和平谈判时,英国希望日本承认中国大陆,而到了1953年,英国担忧日本的技术和中国的劳动力相结合,形成力量巨大的联盟,从而导致世界格局的变化,因而实行阻止日本向中国靠拢,把日本留在西方阵营的政策。吉田访问欧美回国后不久就下台了,他对中国的"和平攻势"的构想也无从实现。

2. 战犯问题

至 1954 年 9 月 15 日为止,在东京巢鸭监狱服刑的日本战犯中有 95 名是被英国课刑。[30]日本政府基于"人道主义立场",希望能给予这些人机会,让他们回到社会担当"有益的角色"。因此,日本请求英国政府考虑将他们释放、减刑或假释。美国、菲律宾和中国在各自的司法下已采取了很多宽宏大量的行动,荷兰政府也于 9 月 3 日宣布假释 15 名战犯。

战犯问题是 1954 年吉田茂访英想与英方商议的主要问题之一。他不仅在与英国外相艾登会谈时和在议会演说时提出希望英方特赦战犯,而且,日方还向伊丽莎白女王二世提出赦免乙、丙级战犯请愿书。对此,英方的答复是,将会考虑,但不承诺减刑。

吉田茂之所以如此关心战犯问题,首先是因为关心日本人是日本首相当然的职责;其次是当时吉田的政治地位很不稳定,而被关押的战犯原来大都在政界、军界有一定的影响力,如果能请英国等国家特赦或减刑,将有利于巩固吉田的政治地位;再次是如果英国特赦战犯,将会为澳大利亚等国树立一个榜样,促使澳大利亚采取类似的行动,而澳大利亚的司法对这些战犯是不利的。

(三)英国兰开斯特公爵郡大臣薛尔克访日

至 1956 年 2 月,英国还没有一位大臣访问过战后的日本。然而就英联邦而言,加拿大和锡兰(斯里兰卡旧称)总理已经访问过日本,新西兰总理将于 5 月 30 日至 6 月 6 日访日,澳大利亚和巴基斯坦总理的访日行程正在考虑中,尼赫鲁对访日未置可否,而南非对于地球另一端的日本没有特殊的兴趣,因此在英联邦的国家中,只有英国的领导人坚持将日本排除在行程之外。鉴于这种情况,英国驻日大使德宁 2 月发电给外交部,敦请政府派一位大臣访日。[31]

　　1956 年 9 月底 10 初,英国内阁成员兰开斯公爵郡大臣薛尔克访问日本、韩国。薛尔克于 9 月 24 日晚到日本,从这天到 10 月 1 日,他是日本政府的贵宾,10 月 1 日至 5 日,他访问韩国,之后回到日本,并于 10 月 8 日离日返国。由于薛尔克是战后首位访日的英国内阁成员,因此受到媒体的高度关注。薛尔克是第 15 代汉密尔顿伯爵,时年 50 岁,学法律出身,曾是知名的律师。他参加过二战,曾获得过英帝国军官勋章(OBE),军衔至大校。1945 年当选为上院议员,1953 年进入丘吉尔内阁,1955 年 12 月任艾登内阁的兰开斯公爵郡大臣。兰开斯特公爵郡大臣名义上负责在兰开夏郡的王室土地——兰开斯特王室直辖领地的内阁大臣的官衔,但所辖部门的任务很少或根本没事干,相当于不管部长,因此,他可以执行首相交托的任何特别任务。薛尔克当时是艾登首相在上院的财政、运输、燃料、能源、抚恤、国民保险、内务等事务上的发言人。外交方面,薛尔克曾作为英国的代表出席过联合国经济社会理事会、欧洲内陆运输会议、联合国教科文组织的会议。1953 年日本皇太子明仁参加伊丽莎白女王的加冕典礼时,薛尔克曾代表女王接待明仁。[32]

　　薛尔克并非重量级的内阁成员,日本政府对此相当失望。但这毕竟是英国的内阁大臣首次访问日本,鸠山内阁还是尽最大努力,将失望掩盖在殷勤接待的背后,日程安排得周到而细致,务求强作欢颜,获取外交的最大收效。9 月 25 日上午 11 点半,薛尔克拜会日本首相鸠山,转交了英国首相艾登的亲笔信,艾登在信中对日本接待英国政府的友好使节薛尔克表示感谢之意,鸠山则请薛尔克转达对艾登的问候。双方进行了约 40 分钟的会谈。其间,薛尔克问到日本经济的前景,特别是关于对华贸易的前景。鸠山回答说,日本经济年年好转,特别是因"巴统"出口限制缓和,日中贸易也许会增长。鸠山提到如果他到莫斯科参加日苏复交谈判,回国时希望顺访英国,与艾登首相见面。[33]

同日下午,薛尔克访问日本外务省,和日本外相重光举行了会谈,会谈主要涉及以下问题:[34]

1. 日本加入联合国的问题

薛尔克在会谈中表示:"自 1952 年日本政府第一次申请加入联合国以来,英国政府就一直支持,在去年联合国第 10 次大会期间,英国和英联邦国家在安理会积极推进日本入联。此外,在英联邦总理会议上,承诺所有成员国共同支持日本入联。"重光表示,日本政府和人民非常感激英国和其他英联邦国家给予日本善意的支持,并希望在以后英国也一如既往地支持日本。薛尔克表示,英国政府正在计划提出一项支持日本的动议。

2. 战犯问题

战犯问题是英日关系的一个难点。虽然英国法庭宣判有罪的在押日本战犯人数在持续减少,至 1955 年在巢鸭监狱关押的英国管理下战犯人数已由 93 名降到 30 名,但到 1956 年 4 月,仍有 15 名在押。到了薛尔克访日时,英国监管下的日本战犯只剩 6 名。其中,2 名将于年底前释放,2 名将于 1957 年 4 月释放,余下的 2 名将继续关押。重光表示,他本人就曾是战犯,日本政府感谢英国政府在日本战犯问题上有益的决定,日本政府热切地请求英国政府更善意地考虑在年内释放这 6 名战犯。

3. 经济问题

在日本申请加入 GATT 的时候,英国援用了第 35 条,意即与日本之间不适用 GATT 条款。重光表示,英国教给日本自由贸易的重要性,但在实践中又拒绝给日本自由贸易的条件。薛尔克认为，英国实际上给了日本一个广阔的市场，特别是英国的殖民地。实际上，英国对于来自日本的所有本应课以进口税的产品给予了最惠国待遇，在贸易的方式变得更清晰之前，英国不得不采取防卫措施以保护自己的位置。重光强调日本非常愿意对其向英联邦范围的出口采取自愿限制，就像已经向美国承诺的那样。

在会谈之后举行的记者会上，薛尔克说，战争的不幸结果之一就是人们的疏离，战后，英国民众没有意识到英日关系的重要性。他表示自己来日本不是为交涉特定问题，而是为了考察和总结英日关系，[35]促进英日友好。薛尔克说，在他与鸠山首相会见之际，首相表达了想访问伦敦的意向，鸠山首相对战前访英有很好的记忆，如果能在伦敦与鸠山首相相会也是很高兴的事。英国科德霍尔（Calder Hall）核发电所将于下月举行开所典礼，英国本想邀请日本原子能委员会委员长、国务大臣正力松太郎参加，但日方仅派出了原子能委员会委员石川一郎。薛尔克借此机会向日本推销英国的核技术，他说，在和平利用核能方面，英国援助能源很少的日本有重要意义。当有记者问道，日英间的贸易问题是否会成为两国友好的阻碍时，薛尔克回答说："在与日本的竞争中，英国的棉纺织业者有倒闭的，因此，棉纺织业界要求对日本的产品课以高关税，英国政府压制了这些要求。另外，英国的海外殖民当局对进口日本棉纺织产品采取更开放的态度。"[36]

9月26日上午10点，薛尔克在驻日大使德宁的陪同下去皇宫，谒见天皇裕仁。天皇对于薛尔克带来的伊丽莎白女王的问候感到非常愉快，和薛尔克会晤了半个多小时。会晤结束后，主管典仪的宫内厅式部长官松平设宴款待了薛尔克等。

访日期间，薛尔克还出席了由财界、企业界在东京和大阪举办的宴会。日本商工会所、日本经济团体联合会、日本管理学会、日本经营者团体联盟等有实力的团体竞相接待,众多的工商界领袖出席了宴会,寻找机会和薛尔克单独交谈。英国驻日大使德宁也在使馆为薛尔克举行宴会,鸠山内阁成员几乎全员出动,出席了宴会。尽管当天台风大作,行动不便的首相鸠山也派其夫人代表自己赴宴。访日期间,薛尔克还参观了国会、国际基督教大学以及很多公司和工厂,如日本钢管制作会社、尼康相机工厂、日立造船株式会社樱岛造船工厂、松下电气株式会社等,他对经济起飞的日本印象深刻。

由于薛尔克并非重量级的内阁成员,日本政府对此相当的失望,并通过一些细微的手段把失望显示出来,但这些手段多针对节目的主办者。尽管如此,薛尔克还是为日本人的友好和殷勤所感动,以至于驻日大使德宁担心他返英后接受采访时,如果把日本和日本人说得什么都好会招致《每日电讯报》和《每日镜报》的攻击。[37]

回国后,薛尔克向外交大臣劳埃德(Selwyn Lloyd)提交备忘录,在这个文件中,薛尔克汇报了此次日本之行,并谈到对日本和亚洲的看法。薛尔克认为:"在过去具有快速改变演进方向的非凡能力的日本,现在在经济和总体的政治和社会结构上却不稳定。美国暂时未必愿意撤销对日本的援助,因为日本是美国的维修基地,维修从韩国到菲律宾的军事设备,美国深深地依赖日本。任何美国在日本地位的减弱,都会使美国更坚定地关注太平洋,并且使美国不理睬欧洲。因此美国人暂时待在日本对英国来说是重要的,在这种情况下,当日本人厌烦美国的影响时,英国就成为其可以选择的朋友。如果日本的经济陷于困境,或失去美国给予的经济援助,任何人都能想象这个国家会转向那个方向。最坏的结果就是日本与中国结成紧密的联盟,那会是中国的数亿人口和日本的技术和狡诈的结盟,它将会支配东南亚和西太平洋,这意味着苏联在太平洋影响的终结,澳大利亚和新西兰将受到严重的影响。"[38]薛尔克认为,应该鼓励日本与英镑区之间的相互贸易,鼓励英国民众忘记对日本的战争记忆,就像对联邦德国做的那样,还应该对日本人多宣传英国对日本的帮助。但是这些不可能做得很快,一个好的方法是文化和教育上宣传和促进英日关系。[39]

《泰晤士报》也报道了薛尔克提交给内阁一份报告的内容,其中提到,"日本不仅是一个竞争者也是一个有潜力的市场。英国商人也没有完全利用日本所提供的商业机会,看来,很多日本人不知道英国为帮助日本加入科伦坡计划和联合国所采取的措施。"[40]可以看出薛尔克报告的基调比较客观,即在看到日本是英国"竞争者"的同时,也注意到日本是英国的"一个有潜力的市场";敦促英国商人要"利用日本所提供的商业机会",进军日本市场,从而在无形之中密切英国和日本的经贸关系。报告还对发展英日政治关系给予支持,让日本人明白英国对日本重返国际社会的积极态度。在战后初期,当日英关系还处于逐渐恢复的过程中,英国舆论界的领军报刊《泰晤士报》对薛尔克报告的报道,显然有利于日英关系的进一步发展。

第二节　日本加入关贸总协定与英国

一、日本入关的意义和占领时期日本与关贸总协定的联系

(一)关贸总协定(GATT)的建立

第二次世界大战的爆发使除美国之外的交战各国均深受其

害。无论是战胜国还是战败国,在人力、物力、财力都受到极大的损失。然而美国却因二战而繁荣,战后初期,美国经济在世界经济中占有绝对优势。因此,二战结束后,为适应经济上对外扩张的要求,美国在实行保护政策的同时,又积极推行贸易自由化。同时,战争使各国认识到国家间经济贸易矛盾尖锐化所导致的惨痛后果,所以,战争尚未结束时,盟国已经开始探讨设立一个调节国家间经济贸易关系、促进战后经济振兴的国际经济组织。1944 年 7 月,美英等 44 国在美国新罕布什尔州的布雷顿森林召开会议,建立了以稳定国际金融、间接促进世界贸易为目标的国际货币基金组织(IMF)和国际复兴开发银行(IBRD,通称世界银行),并在这次会议上酝酿设立一个处理国际贸易与关税问题的国际组织,与国际货币基金组织和国际复兴开发银行一起,形成调节世界贸易关系的体系。

根据美国的建议,联合国经济及社会理事会于 1946 年召开联合国贸易与就业会议,由美英等 19 个国家组成筹备委员会,起草了《联合国国际贸易组织宪章》,并拟举行世界范围的关税减让谈判。1947 年 4—10 月,筹备委员会在日内瓦召开第 2 次会议,通过了美国倡导的《成立国际贸易组织的决议》及《联合国国际贸易组织宪章》。在此期间,美国邀请了 23 个与会国进行减让关税的多边谈判,签订了《关税与贸易总协定》。1947 年 11 月在哈瓦那举行的联合国贸易与就业会议,通过了《国际贸易组织宪章》。国际贸易组织由于没有获得多数与会国的批准而夭折。但关贸总协定却作为一种临时性协定,开始部分地担当起原来规划的国际贸易组织职能,长期存在并发展起来。

(二)日本入关的意义

日本的资源非常少,战后国力凋敝,国内市场有限,因此日本必须依靠进口原材料、出口产品来发展经济并养活 8 千万人口。因此日本不仅需要原材料来源地和产品市场,也需要对外贸易中对自己有利的贸易规则。当时的日本失去了中国这样一个大的原材料来源地和产品市场,因此,除美国之外,东南亚、非洲以及西欧市场对日本非常重要。当时英国对东南亚还有很强的控制力和影响力。由于英国害怕重现二战前日本在东南亚和非洲的倾销本国产品、驱逐英国产品的现象,以及由于战时日军虐待盟军战俘等问题导致英国和澳大利亚等国家有很强的反日情绪,导致以英国为首的西欧国家和英联邦白人政权国家歧视日本产品。而关贸总协定待遇制度的核心为非歧视原则,即贸易伙伴之间不歧视。该原则也是整个关贸总协定体系的基石,它包括两项法律条款:最惠国待遇条款和国民待遇条款。[41]因此加入关贸总协定能消除上述国家对日本产品的歧视,为日本对外贸易创造良好的外部条件。

此外,日本加入国际组织,也是洗刷战败国形象,融入国际社会的捷径。至 1952 年 10 月,日本已经加入联合国教科文组织(UNESCO)、世界卫生组织(WHO)、国际电信组织(ITU),在经济领域,日本已加入国际捕鲸委员会(IWC)、国际小麦理事会(IWC)、联合国粮农组织(FAO)、国际货币基金组织(IMF)、国际复兴开发银行(IBRD)。[42]进一步加入世界经贸领域最重要的关贸总协定对于日本融入国际经济秩序有重要作用。

(三)占领时期的日本与关贸总协定

占领时期的日本外交职能被终止,无法与各国交涉关税,但是盟总(GHQ)非常积极。1947 年 8 月,在日内瓦进行的宪章草案审议和第 1 次关税交涉上,盟军总司令部经济科学局的官员就作为日本的利益代表参加,对全部参加国通过关税谈判而降低时,要求日本的出口产品也适用于降低关税,这种要求没有被允许。1948年第 1 次关贸总协定缔约国全体大会上,否决了给予日本最惠国待遇的提案。[43] 1949 年 8 月,在法国安锡举行的第 3 次缔约国全体大会上,美国代表提出了《对占领地区最惠国待遇》的提案想解决日本的待遇问题,但因英国、澳大利亚的反对而否决。1950 年日内瓦第 4 次缔约国全体大会上,美国代表再次提出"为使日本经济自立,应恢复对外贸易,通过互惠贸易、健全的经济通行来发展日本的贸易,由此全面扩大世界贸易,规避由经济、政治摩擦而产生的歧视待遇,相信这对于美国和其他各国都是有利的"。因此,美国提请大会慎重考虑保证给对日贸易最惠国待遇。[44] 1951 年在英国托圭举行关税谈判之际,美国又向其他国家试探是否可以邀请日本参加当年 9 月召开的第 6 次缔约方大会,受到英国的强烈反对。同年 9 月,《旧金山对日和约》签订,日本将恢复独立,日本政府申请向当月召开的第 6 次缔约方大会派遣观察员,起初英国还是反对,但后来以不作为正式加盟的前提同意日本派遣观察员。在此次缔约方大会上,通过了美国提出《简易加入手续》的提案。[45]

二、日本以简易手续入关的失败与英国

(一)简易入关申请的提出

1952 年,日本接受关贸总协定总干事怀特(Eric Wyndham White)的建议,准备通过简易加入手续入关。

所谓的简易加入手续的规则主要如下:[46]

1. 希望加入关贸总协定的政府在通报秘书处的同时,向希望进行谈判的缔约国明示,并以电报的方式通告各缔约国。接到这个通告后,各缔约国在 30 天以内,或者,如果希望与所有的缔约国进行谈判的时候,各缔约国在 60 天以对以下选项表明态度。①是否反对该政府基于简易加入手续进行入关谈判?②如果进行谈判,是否愿意参加?

2. 若有三个以上国家反对前项规定时,则入关请求交由下次缔约国全体大会处理。但是,在紧急、必要的情况下,也可以根据愿意与该政府进行谈判的所有缔约国的要求,召开特别缔约国大会处理之。

3. 若无三个以上的国家反对时,秘书处与该政府以及参加谈判的缔约国协商,决定谈判场所、交换关税减让表的日期和实际开始谈判的日期。

4. 谈判结束后,把附有关税减让表的加入议定书及基于第 33 条的加入决定案向下次缔约国全体大会提交。如果交涉完成与下次缔约国全体大会时间相差较大,秘书处可根据参加政府的要求,传阅议定书和决定,根据第 33 条的规定,当决定投赞成票的缔约国占总数的 2/3 以上时,议定书开放签字。

简易加入手续实际上是在缔约国全体大会间隔期间入关的手续。由上可知,在没有三个以上的国家反对的情况下,秘书处与该政府以及参加缔约国协商决定谈判场所、交换关税减让要求表的日期和实际开始谈判的日期。而正常的加入手续是:1. 加入关贸总协定必须在这一政府提出加入申请书,经关贸总协定理事会接受后,一般要建立申请国的工作小组,审查该国递交的本国经济、外贸体制的报告,拟定加入议定书,议定书内容规定该国在总协定中享受权利和承担义务的具体内容;2. 在加入议定书的审查取得一致意见后,必须在这一政府与缔约国全体所议定的条件下才能提交大会讨论。[47]

1952 年 7 月 15 日,日本内阁会议决定向关贸总协定总干事提出基于简易手续的开始关税谈判申请书,作为谈判的对象,日本选定数个项目的产品年出口额超过 5 万美元的 28 个国家:澳大利亚、比利时、巴西、缅甸、加拿大、锡兰、智利、古巴、芬兰、法国、联邦德国、印度、印尼、意大利、利比里亚(后因其退出关贸总协定,删除)、卢森堡、荷兰、新西兰、挪威、巴基斯坦、秘鲁、南非、南罗德西亚、瑞典、英国、美国以及事实上适用关贸总协定规则的韩国和菲律宾。[48]

日本是否能采取简易手续入关,关键在于英法的态度。法国的对日通商政策为战争记忆而引发的反日情感以及对日本竞争的恐惧心理所左右,但日本的竞争对于法国的危害是有限的,法国的政策主要还是被动地追随英国的政策。[49]日本的申请让英国政府感到为难,因为英国国内反对给予日本最惠国待遇的情绪还很强,并且此时英国正在重新考虑长期商业政策。[50]由于保守党重掌政权不久,还有脱离关贸总协定、恢复一部分帝国特惠制的呼声。英国认为简易手续不适于日本和任何主要贸易国,并和许多缔约国联系,希望他们也能尽可能地投票反对日本适用简易手续或采取相似的行动,同时要求外交人员秘密行动,不要给日本人造成欧洲国家联合起来反对日本的印象。[51]

对日本加入申请书的回答结果是:英国、澳大利亚、新西兰反对,法国、比利时、卢森堡、挪威主张在第 7 次缔约国全体大会上审议,因此,日本入关的问题交给第 7 次缔约国全体大会。[52]

(二)英国贸易部与外交部的分歧

至 1952 年,日本对英国产业的威胁已经增长,由于席卷世界的原材料价格上涨,使得日本出口产品的价格也水涨船高,并抵消了日本由于低工资带来的竞争优势,但是其产量在增加,英国产业界所担心的是:随着设备的改良,日本不久将能夺取英国的出口市场,特别是东南亚市场。因此,产业界和工会都希望英国政府继续保留歧视日本出口的自由。[53]

一方面,英国对日本出口的恐惧来自历史和现实两方面:从历史上来说,20 世纪 30 年代,日本对亚洲的出口急速扩大,其产品出口特别是纺织品出口存在社会倾销。[54]其纺织品进入英国在东南亚殖民地的市场,对依赖这一市场的英国兰开夏纺织业造成沉重的打击,在兰开夏,"日本"几成失业的同义语,因此英国产业界对日本出口有根深蒂固的恐惧。这种感情和对战时日本残暴的印象交织在一起,形成英国的反日情绪。从现实上说,日本出口还存在侵犯英国产品的知识产权和倾销等问题,特别是战前的社会倾销问题依旧存在。[55]英国对日本出口的恐惧对英国贸易部的对日政策造成很大的压力。

另一方面,日本入关将在英联邦引起特殊的问题。在关贸总协定"没有新的特惠制的原则"下,如果没有对英国产品提高税率,英联邦国家不能自由地对从外国进口的相应的产品提高关税。比如,当澳大利亚给予日本关贸总协定的待遇,如果想提高关税以保护自己的纺织业不受日本纺织业竞争的影响,不仅要对来自英联邦之外的所有国家的进口纺织品提高关税,而且根据"没有新的特惠制的原则",还必须将针对英国和其他英联邦国家的纺织品的特惠制关税提高到相应的水平。因此,根据"没有新的特惠制的原则",兰开夏不能在英联邦国家和殖民地依靠无限制的、持续的配额限制来作为针对日本竞争的保护方法。英国将陷入这样的窘境:在整个的英联邦被束手束脚,不能对廉价的日本产品提高关税,这将严重地损害英联邦内部贸易,特别是英国对英联邦市场的出口贸易。[56]

因此,贸易大臣桑尼克罗夫特(Peter Thorneycroft)的首要目标是推迟日本入关,他希望尽早与美国接触,向美国解释英国的特殊困难,并表示日本应该通过正常的程序入关,同时希望美国合作,把日本入关问题至少推迟到第 8 次缔约国全体大会时。若英国政府对日本入关投赞成票无疑会被解释成英国赞成日本入关,并很可能在英国国内激起反对日本、反对关贸总协定的骚动,特别是在情绪高涨的兰开夏。因此桑尼克罗夫特主张在未来的缔约国全体大会上,英国代表只有对有益于日本的决议投弃权票。[57]

外交国务大臣塞尔温·劳埃德(Selwyn Lloyd)认为:过去英国的态度被美日和其他国家当成是英国不信任日本的证据,并且英国希望推迟日本入关,如果有可能的话阻止日本入关,这将严重打击战后日本的地位,将招致美国的不满,并诱使日本诉诸战前不公平的贸易手段,与其他国家相比,这对英国更不利。

外交部设想以弃权为代表的消极政策的后果如下:[58]

1. 无助于阻止日本入关,将被日本看成是徒劳无益,并凸显英国的脆弱。

2. 无助于英国产业与日本竞争,也无助于实现有效的经济目标。英国与日本的竞争,主要不在两国的国内市场,而是在东南亚、非洲和美洲市场,双方也都从某些国家获取重要的原料供应。目前英国从日本进口的产品,在日本入关后将没有不同。迄今为止,英国用于歧视日本以保护国内某些产业(比如人造丝纺织品、金属器皿、陶瓷、照相机、电子仪器）的有限的力量,不能在国外市场上减轻日本的竞争。因此,即使日本的竞争变得严重,对日本向英国和其他一两个国家出口的歧视行动既不能严重地损害日本,也不能显著地保护英国的产业。

3. 将招致日本的不满,增加与日本的谈判的困难,特别是处理英联邦在韩国的军队的问题和重订英镑区支付协定问题上;并且使英国在日本制定商业政策的过程中无法施加影响,无法保证日本出口以对英国伤害最小的方式发展。

4. 这将加深日本与英联邦之间的对抗,在商业方面,将使日本加倍努力在英国政府没有直接控制的、有重要价值的市场上铲除和驱逐英国的出口产品。

5. 美国为使日本成为远东反共防波堤而重建其政治经济,希望日本尽快成为有活力的经济体,尽管英国政府明白日本必需靠出口来养活自己,并且日本的出口将在广泛的领域里与英国产业竞争,但在原则上不得不支持这项政策。以弃权为代表的消极政策在战略上是危险的,这使得英国与美国相对抗,并使两国在远东的分歧加深。在政治上将打击那些赞成与西方合作的日本人,是给在日本的共产主义宣传送上了一个礼物。因为除非日本能出口,否则就不能恢复活力。除非日本能恢复活力,否则:或者还继续依靠美国的宽容,结果耗尽西方的资源并有很强的远离英镑区的趋势;或者西方阵营将失去日本,并且社会主义阵营被极大地增强。

6. 英国希望美国认识到,美国必须从能处置的诸如棉花和钢铁之类的原材料中给英国一个公平的份额。但是只要英国阻碍美国帮助日本恢复活力并使其成为"自由世界"温顺的伙伴,美国政府就不太愿帮助英国。

7. 长久以来英国认识到,廉价的日本出口产品对于刺激生产和提高殖民地人民生活标准是有益的,而关于殖民地人民的福利英国政府是有责任的,今后英国不应更多地要求殖民地政府歧视日本出口商品。

8. 日本拥有与西方完全不同的语言、生活方式和行为准则,因此其总是有单枪匹马地做事的固有趋势。日本不断增加的人口以及对其他国家的商业威胁都促使其孤立主义趋向变得有竞争性和对抗性,这对英国和英联邦来说是危险的。如果日本能被带进国际组织,并且在国际事务中能和西方国家一样扮演平等的角色,就能阻止日本孤立的趋势。日本入关将是被特别期待的,因为关贸总协定含有一些针对不法贸易行为有益的保护条款。

因此,外交部建议训令英国驻日内瓦代表:①投票赞成欢迎日本入关的决议并声明日本原则上在经过关税谈判之后有资格成为缔约方;②解释英国正重新考虑对关贸总协定的态度,在重新考虑的过程中,如果有新的申请者入关,英国政府将不能进行谈判并被迫援用第35条,[59]这保留了英国采取行动在与日本的竞争中保护本国产业的自由。[60]

在9月18日的英国内阁会议决定由外交国务大臣塞尔温·劳埃德根据贸易大臣桑尼克罗夫特建议的内容负责立即和美国联系,[61]向美国解释英国的特殊困难,并表示日本应该通过正常的程序入关,同时希望美国合作,把日本入关的问题至少推迟到第8次缔约方大会时。

(三)第7次缔约国全体大会

美国本不支持日本在美国总统大选的重要时刻申请入关,并强烈劝日本政府推迟申请。尽管美国阻拦,日本政府还是提出了申请,以便在第 7 次关贸总协定缔约国全体大会上进行讨论。尽管美国早先希望日本推迟申请,但是最近美国国务院又通知英国驻美大使馆,依据他们的政策,美国将支持日本的申请,这将被许多认为给日本最惠国待遇不会损害本国利益的缔约方所追随。但美国并没有焦急地或确实地加快与日本的关税谈判的进程,更何况由于《互惠贸易法》的复杂性,他们不能与日本进行单独的关税谈判,他们清楚在与日本进行有效的谈判之前将需要 12—15 个月。

9 月 22 日,美国主管经济事务的助理国务卿索普(Willard Thorp)在会见英国驻美公使斯蒂尔(Christopher Steel)时表示,美国希望形成一个表明日本的申请正按常规处理的决议,并且欢迎在决议中表明各缔约国原则上欢迎日本入关。但美国尚未决定在决议中如何遣词造句,因此也希望听听英国的意见。美国认为这个问题应该提交给常务委员会(Intersessional Committee),并要求返回在能进行关税谈判和能正式考虑日本的申请之前应该采取何种步骤的报告。[62]之后,美英双方多次接触,协商关于日本申请加入关的决议草案,这个草案是在表面愿意接受日本入关的前提下,实质上推迟日本申请进入关税谈判。

10 月 10 日,第 7 次缔约国全体大会在日内瓦召开。14 日,通过了由美国代表、助理国务卿索普提出的决议案。决议指出:缔约国全体认识到日本渴望与世界上其他贸易国家合作,并且日本应该在贸易国家的社会中取得合适的地位,最终应被允许进入合适的国际组织。缔约国全体同意:为了进一步考虑日本申请被允许的条件和时机,一个常务委员会将研讨这些申请并做出报告。[63]关于日本入关问题的实质性讨论,被延至预定于 1953 年 2 月召开的常务委员会上。

三、日本临时入关与英国

(一)1953 年 2 月常务委员会会议

当时英国正面临着重大的选择:一是消减关贸总协定的不歧视原则,强化英联邦,如果失败就退出关贸总协定;一是断然实施自由化措施,并对产业进行重组。1952 年 11 月 27 日至 12 月 11 日,英联邦总理会议在伦敦召开,英国提出了英联邦不适用关贸总协定禁止新设特惠的提案,遭到南非和亚洲各国的反对,英联邦优先主义遭到失败。[64]

英联邦各国和殖民地是英国对外贸易的主要目标;对这些国家和地区的进出口,约占英国进出口总额的一半。对于英联邦各国,特别是对于殖民地来说,英国是最主要的商品供应者和最重要的市场。英国为了维护自己的利益,尽量阻止美国等国家的商品进入英国的势力范围,同时阻止竞争者(首先是美国)从其势力范围取得原材料。[65]但是战后英联邦各国对英国的向心力逐渐减弱,英国影响英联邦甚至是殖民地的能力也变得越来越有限。首先,由于英国国力的衰弱并且国内市场不大,对于英联邦的资源出口国来说,美国比英国具有更大的魅力,美国对这些国家的影响越来越大;其次,英联邦的亚洲国家愿与日本通商,日本的低价产品在那受欢迎,因此从日本的进口符合这些国家的利益。

英国渐渐认识到阻止日本入关已不可能。在 1953 年 1 月 16 日外交大臣艾登和贸易大臣桑尼克罗夫特的备忘录指出:"在 2 月的常务委员会上,我们应准备发挥重大的、建设性的作用以形成我们能同意日本入关的条款,"英国寻求允许英国和英联邦在日本的竞争威胁到英国国内生产和其他英联邦国家出口时采取紧急行动的自由,其实质是想拥有对日本采取歧视行动的自由。[66]

1952 年 11 月 5 日,美国总统选举选出艾森豪威尔为第 34 任总统,并于 1953 年 1 月 20 日就任。艾森豪威尔上任伊始,其政府对于关贸总协定常务委员会会议的对策正在形成中。更为重要的是,当时国会正在讨论《互惠贸易法》,虽然艾森豪威尔在竞选总统时强调要实施自由的对外经济政策,但这受到在国会中占据要职的共和党少数贸易保护主义者的反对,因此尽管美国政府倾向于日本入关,但不能迅速地接受日本的申请。

1953 年 2 月讨论日本入关的条件和时间的关贸总协定常务委员会会议在日内瓦召开,在会议上,英国代表反复指责日本的倾销和不正当竞争行为,并指出日本入关将导致世界贸易结构激变,如果不采取保护措施,缔约国可能会对进一步削减关税持消极态度。因此英国、法国和澳大利亚主张有必要在紧急情况下采取保护措施。常务委员会决定成立工作组,审议是否对明显破坏国际市场的行为规定适当的保护和援助措施。

工作组主要讨论了关贸总协定第 19 条和第 23 条。第 19 条是针对特定的产品进口剧增的情况的紧急措施,[67]第 23 条是在缔约国利益丧失或受损害时可以采取的措施。[68]工作组确定根据第 19 条采取的紧急措施无区别地适用于每个缔约国,这招致英国等国的不满。为了对英国等国的不满做出妥协,工作组就第 23 条做出解释:“特定国家的出口异常增加,超过正常范围或者有妨碍实现关贸总协定的目标等的紧急状态,相关缔约国在缔约国全体大会进行审查后,可以采取有条件地、暂时地采取救助措施。”并将把这个解释向缔约国全体大会进行劝告。但由于美国担心援用这个解释的国家会太多,最终没有向缔约国全体大会进行劝告。[69]

关于关税谈判的时机,工作组决定建议尽快举行缔约国全体特别大会。但是由于美国的《互惠通商法》在 1953 年 6 月到期，在此之前，上台不久的艾森豪威尔政府无法确立新的经济政策，也无法不经彻底的修订就将《互惠通商法》长期延长，因此艾森豪威尔政府寻求把《互惠通商法》不经大的修订延长一年，其结果是美国在今后的一年间不能进行大规模的关税谈判，因此阻碍了就日本入关问题进行谈判。7 月美国国会决定将《互惠通商法》延长一年。[70]

(二) 日本临时入关

为了打开局面，关贸总协定总干事怀特和日本驻瑞士公使获原彻商议，日本通过临时加入方式入关。虽然入关以关税谈判为前提，但关贸总协定第 33 条并没有绝对排除不经过关税谈判而临时加入。[71]临时加入就是为日本设置的，除一部分权利外，其他待遇与正式缔约国相同。其内容是：约定冻结一定项目的关税，作为其补偿，参加缔约国全体大会并能自由发言，此外，从议定书签字国获得最惠国待遇。但是，因为临时加入没有直接进行关税谈判，临时加入国不能要求缔约国降低或冻结关税，也不设减让表。[72]临时加入需缔约国全体 2/3 以上同意。

此时，英国政府内部又出现了分歧。贸易大臣桑尼克罗夫特认为：1. 日本入关无疑将损害英国的出口贸易，因此出于英国自身的利益，要求将日本继续排除在关贸总协定之外；2. 如果英国在采取保护措施的前提下支持日本入关，这将使政府陷于困境；3. 支持日本入关将促使英国各强有力的组织联合组成反日阵线，它将破坏英日关系。[73]

外交国务大臣劳埃德认为：一个非共产主义的日本对于英国在远东的形势是很重要的，因此，日本应被允许生活在"自由世

界",并公平地加入市场。日本正处于一个十字路口,英国应希望
其走上国际合作的道路,日本的入关申请就是向正确的方向努力
的明证。贸易大臣桑尼克罗夫特提出的在关于日本临时入关的投
票中弃权的决定将导致:1. 违反国际贸易将更自由的原则,这将授
美国的贸易保护主义者以口实,对美国政府造成压力,使其难以远
离贸易保护主义;2. 将直接违反英国已同意的增加英镑区与日本
贸易的协定和增加日本对英镑的信任并使用英镑的政策。3. 还有
可能出现上文提及的劳埃德在 1952 年 8 月 26 日备忘录中指出的
情况。劳埃德同时指出,即使英国原则上同意日本通过公开关税
谈判最终入关,到谈判成功之前也将经月累年,并且美国不大可能
在 1954 年中期之前与日本谈判。因此,他认为原则应该在常务委
员会建议的条件下接受日本入关。[74]

　　财政大臣巴特勒(R. A. Butler)同意外交国务大臣劳埃德的看
法。同时,他感到英国在经济事务上没有稳定的对日政策,因此他
建议成立工作组研究英国对日经济政策,包括日本入关的问题。[75]
在 5 月 14 日的内阁会议上,成立了以巴特勒为首,包括英联邦事
务大臣、殖民地事务大臣、贸易大臣、财政部主计长、外交国务大臣
在内的委员会,研究上述问题。[76]

　　7 月 27 日的财政大臣备忘录指出:在经济和政治上卷入日本
入关显然不利英国。日本竞争的增强,加上在广泛区域的关税上
升的可能性,使英国某种产业特别是纺织业面临着严重的问题。
产业界本身也意识到这个问题,他们害怕日本入关,无论是过去还
是现在,他们都对日本都有强烈的情绪反应。但是日本最终将入
关,英国的主要问题是如何才能推迟日本入关并使英国可能受到
的伤害降到最低。英国害怕日本的低价竞争,并寻求保护,反对这
种竞争。但是英国不能长期以平衡支付为借口为这种保护辩护,

也不能长期否定英联邦国家按自己意愿购买日本商品的权利。继续反对日本入关,将导致以下不利情况:1.与解决贸易和支付整个方案相矛盾;2.将恶化英国在远东的地位和英美关系;3.将得不到英联邦和殖民地的支持。[77]

在7月30日的内阁会议上,贸易大臣桑尼克罗夫特建议在9月份的缔约国全体大会上寻求将这个议题推迟一段时间,财政大臣巴特勒同意这个建议,这无损于政府最终选择用关贸总协定第23条来保护还是援用第35条的自由。内阁会议决定在即将到来的缔约国全体大会上避免支持日本入关。[78]

7月中旬,关贸总协定总干事怀特飞往华盛顿与美国政府商量日本临时加入关贸总协定的问题,7月底得到了杜勒斯原则上的支持。8月,作为以非正常程序入关的补偿,日本向缔约国提供了其关税的实际数额,并且作出以下让步:1.日本临时加入不与永久入关挂钩;2.日本表示在其加入议定书中准备接受第23条的保护措施;3.日本表示愿意预先谈判,减让互惠关税,最终把它们写入减让表。最后,日本还高调表示,美国政府支持日本临时加入。[79]

在8月25日英国内阁会议上,贸易大臣桑尼克罗夫特指出:不管日本以何种方式接近关贸总协定,都不可避免地导致日本永久加入。因此,他认为英国应尽力联合澳大利亚、新西兰、南非,可能的话还包括法国,在对日本临时加入问题投票时弃权。财政大臣巴特勒认为,日本可能会临时加入,并且澳、新、南非在投票的同时,可能不会反对这样的加入。因此,他主张英国政府不应因反对日本临时加入而与日本对抗,而应该利用关贸总协定第23条和35条的保护。英联邦事务大臣斯温顿子爵(Viscount Swinton)认为,英国政府和澳、新步调一致是非常重要的,没有迹象表明澳大利亚会放弃反对任何形式的日本入关,因此,他同意贸易大臣的看法。但是,如果事情的发展与预期的相反,那么英国可能在减少参与日本临时入关的问题上失去其他英联邦国家的支持。此次内阁会议决定授权贸易大臣在即将到来的缔约国全体大会上寻求与其他英联邦国家合作投弃权票,并避免表露英国参与此事。[80]

在第 8 次缔约国全体大会前一周,英联邦代表会议召开。此次会议暴露了英联邦国家的分歧:锡兰和印度支持日本临时入关;而澳大利亚和新西兰反对;巴基斯坦和南非代表尚不明白各自政府的政策。英国深刻地认识到缺乏来自英联邦国家的支持,其对英联邦国家的影响力在缩小。[81]

1953 年 9 月第 8 次缔约国全体大会在日内瓦召开,会议期间,英国和日美都在拉票。英国劝说澳、新等国投弃权票,但澳大利亚一直主张投反对票,最后在美国的压力下投了弃权票。另一方面,日本也在努力对各缔约国进行拉票,由于此时是日本有求于别国之时,不得不对各国的要求作出让步。如放弃对加拿大产品特别是农产品的歧视以缔结《日加通商协定》,取得加拿大的支持;接受对比属刚果的纺织品出口限制以换取比利时的支持等等。[82]

10 月 23 日,缔约国全体大会对日本临时加入进行表决,以 26 票赞成、7 票弃权通过了临时加入申请,日本临时加入关贸总协定。

四、日本正式入关与英国

1954 年 1 月,美国兰德尔委员会建议推进贸易自由化和低关税政策,[83]并给予总统 15% 的关税减让权力。6 月,美国国会没有采纳这个建议。并且在审议延长《互惠通商法》之际,有众议员提出,以取消总统在关税交涉中削减关税的权力为条件延长该法。这遭到政府的反对,因为该法在对日关税谈判上有重要作用,为此杜勒斯专门写信给这名众议员强调这点,该法最终又被延长1年。[84]

7月召开的关贸总协定常务委员会会议建议缔约国全体大会为日本入关开始关税谈判,第9次缔约国全体大会于10月29日接受这个建议,英国、法国、澳大利亚、南非、罗德西亚等5国投了弃权票,包括日本在内有27个国家投赞成票,另有3国缺席,[85]大会同时决定于1955年2月在日内瓦开始谈判。

在此之前,10月20日英国内阁会议讨论了日本入关的问题。在讨论中,贸易大臣桑尼克罗夫特指出,如果日本入关,除非英国的贸易受到保护,不为日本竞争所扰,否则英国政府会受到广泛的反对。内阁以前曾同意寻求改进关贸总协定,以同意缔约国在接受新的成员时遵守双边协定,这种协定可以凌驾于某些关贸总协定的条款之上。如果日本和英国谈判,签订一个让英国满意的协定,那么英国可以支持日本入关。如果英国政府因日本入关而受到反对,那么政府要显示和日本的协议允许英国在必要时采取紧急行动限制来自日本的进口,同时保护英国贸易在澳大利亚和其他英联邦国家的优惠待遇要高于日本。如果双边谈判时日本不受这些条件,那么英国没有选择,只有援用关贸总协定第35条。外交国务大臣瑞丁(Lord Reading)对此表示反对,他不希望把这些加诸日本,因为这些近似于最后通牒。日本首相吉田茂将对英国进行友好访问,这么做只能违反英国的利益,并削弱吉田茂在日本的政治地位,而他的后继者看来不会像他一样加强日本和西方的关系。内阁会议最后同意将对日双边贸易协定与日本入关挂钩。[86]

10 月 23 日,也就是日本首相吉田茂访英期间,英方给日方一份备忘录,指出:在现有的关贸总协定的条款下,当一个新的成员加入时,已有的缔约国或是接受关贸总协定下与新成员所有的权利和义务,或是援用第 35 条,不接受任何权利和义务,不存在中间道路。但应该寻找一条中间道路,能使英国支持日本入关和对其承担关贸总协定的责任,因此英国政府建议修改关贸总协定,并规定一个已存在的缔约国可以选择与新成员谈判达成一个可以在某些方面凌驾于关贸总协定之上的双边协定,那些方面不同于关贸总协定,包括在适当的情况下保持现有的歧视的权利。如果日本接受这种条件,则英国政府将准备与其谈判。[87]24、25 日,日本驻英大使松本、驻瑞士公使获原、外务省经济局长朝海商量后认为:如果接受英方的建议,首先要修改关贸总协定,之后进行双边谈判,谈判结束之后,英国才支持日本入关,即使按照这种程序进展顺利,到英国支持日本入关之前也将耗费很长的时间。若其他国家也参照这种程序的话,那将无法预见何时能实现日本入关。如果英国由于国内的政治原因不支持日本入关,而援用第 35 条的话,日本只有努力不让英国的态度影响到其他国家对自己的支持,先入关再与英国协商。[88]11 月 30 日,日方给英方一个备忘录,指出日本不能同意英国的修改关贸总协定的建议,这将导致对新成员的歧视,迫使其与所有已存在的缔约国进行双边协定谈判;并且,在关贸总协定的条款中对申请加入的限制有悖于它的精神和目标。[89]

12 月 14 日,英国内阁会议决定,由贸易大臣桑尼克罗夫特召集财政部、外交部、英联邦关系部、殖民地事务部和贸易部的官员商量如何应对日本入关。[90]1955 年 1 月 31 日的英国内阁会议上,贸易大臣桑尼克罗夫特、外交大臣麦克米伦(Harole Macmillan)等重量级大臣都已同意对日援用关贸总协定第35条,但公布这个决定的时间应该在2月27日日本大选之后,此次会议同时决定由贸易大臣桑尼克罗夫特非正式地与澳大利亚、新西兰的首相谈论英国的意图,并试探这两国政府的想法。[91]

接下的两个月,英国政府一直在讨论何时公布对日援用第35条的适当的日期,这个日期不至于与日美的重要事件相冲突而影响到英日和英美关系。而3月联合国亚洲和远东经济委员会(ECAFE)会议将在日本召开,届时将有苏联和中国的代表参加;而3月中旬,美国国务卿杜勒斯将出席参议院财政委员会(Senate Finance Committee)的听证会,这是美国政府在为延长《互惠贸易法》而努力。[92]4月19日,英国政府发表声明将对日援用第35条。

1955的2月21日于日内瓦成立为日本入关谈判而设置的关税谈判委员会。共有19个国家表明原意和日本进行关税谈判,[93]其中,加拿大、意大利、挪威、瑞典、芬兰、丹麦等6国以美国为中介进行"三角谈判"。[94]5月下旬谈判大体结束,6月7日作成《关于日本国加入关贸总协定的议定书》(以下称《议定书》),开放签字;同时作成《同意日本国加入关贸总协定的缔约国的决定》(以下称《决定》),此《决定》若至8月11日前有缔约国全体2/3以上投赞成票即实现日本入关,《议定书》于9月10日生效。《议定书》之所以和《决议》分离,是因为:英国打算援用第35条,但是如果在《议定书》上签字的话,就不能援用第35条。只有把《议定书》和《决议》分离,英国才可能既援用第35条,和日本之间不适用关贸总协定,但又支持日本入关。[95]

英国政府对于日本入关的基本态度是援用第35条的同时,支持日本入关。但贸易大臣桑尼克罗夫特认为,为了不招致国内的批评和突然引起对修改关贸协定的争论,应该推迟作出决定,他的意见在 6 月 30 日英国内阁会议上得到支持。[96]在 7 月 26 日的英国内阁会议决定将于 8 月 8 日表明支持日本入关,并让英联邦关系大臣霍姆(Home)将此决定通知其他英联邦国家,并让这些国家采取相似的行动。[97]

到了 8 月 11 日,所有的缔约国都对日本入关投赞成票,9 月 10 日,日本成为关贸总协定第 35 个成员。但是,有 14 个缔约国对日本援用第 35 条,[98]即这些国家与日本之间不适用关贸总协定,使这些国家保留了对日本出口产品采取歧视措施的权利。日本与这些国家的贸易占其海外贸易的 40%,这使得日本入关的效果大打折扣。

日本入关与西方国家的关系问题实际上反映了冷战格局下西方国家的整合和矛盾。首先,美国强调让日本成为有活力的经济体对远东反共的重要性,英国也感觉到只有接近日本才能对其政策产生影响,也希望日本保留在西方阵营。从这个意义上说,日本入关正是西方阵营经济上的整合,符合冷战时期西方的整体利益。但是,由于各国都有自己的利益,彼此之间还存在一定的矛盾,因此在整合过程中,会产生各种各样的问题,即使是西方阵营的霸主——美国,也不是全天候地支持日本入关,更何况与日本之间存在历史问题和经济冲突的英国等国。因此,有必要在作为目的的整合和现实存在的矛盾之间达到一个平衡点。英国等国对日本每一个入关的步骤,都是在整合和矛盾中寻找平衡,特别是在日本正式入关时,以英国为首的西欧国家和英联邦国家既赞成日本入关又援用第 35 条正是在整合与矛盾中寻找平衡的典型。

第三节　日苏复交谈判与英国

一、日苏决定开始复交谈判和英国的态度

1951 年 9 月签订的《旧金山对日和约》于次年 4 月 28 日生效,标志着日本结束被占领并恢复国家独立。当时的日本外交还有很多难题需要解决,其当务之急,就是与苏联恢复外交关系。由于苏联拒绝在《旧金山对日和约》上签字,一方面,从法理说,当时的日本和苏联还处于战争状态。由此产生了一系列问题:1. 加入联合国问题。在当时,日本加入联合国不仅可以提高国际地位,彻底摆脱战败国地位,而且也是经济发展的需要。而苏联正是拥有否决权的常任理事国,可以并曾经否决过日本的入联申请。2. 日本和苏联之间还存在库页岛和北方四岛等领土纠纷。3. 遣返被俘人员问题。苏联境内或控制区内,还有 60 万日军战俘和平民从事强迫性劳动,一方面,日本政府政府面临着国内舆论巨大的压力;另一方面,它又担心在苏联接受共产主义教育的战俘成为反政府力量,因此希望与苏联谈判尽快遣返全部滞留于苏联的日方人员。4. 北太平洋渔业权问题。位于北太平洋地区的千岛群岛,自古以来便是有名的渔场,对于喜食鱼类的日本人来说,北太平洋渔场是须臾难离的鱼盆。由于千岛群岛为苏军所占并垄断北太平洋渔场,日本在北太平洋的鱼获量急剧下降,直接影响到国计民生。

虽然日本有必要和苏联复交,但是日苏复交却受到外部来自美国和内部来自吉田派的阻力。1947 年冷战开始后,特别是 1950 年朝鲜战争爆发后,美国向日本倾注各种援助,意图把日本建成对抗苏联、中国的前沿阵地。并通过签订《旧金山对日和约》、《日美

安全条约》,把日本牢牢地束缚在遏制战略体系之中,为其所用。日本恢复独立后,美国愈加设法密切日美关系,操纵其对外政策,防止日本因急欲加入联合国或追逐经济利益而超越美国所设定的行动范围。在日本政府内部,五次组阁、执政长达 7 年余的吉田茂培植了人数众多,忠实执行向美一边倒、反共反苏的政治派别,即吉田派。吉田派凭借其长期执政的主流派地位,竭力扩大其亲美反苏方针的影响,阻挠日苏接近,有意为日苏复交谈判设置障碍,从而构成政府内部反对日苏复交的压力集团。[99]

　　1954 年 12 月 7 日,被"造船疑狱"案搞得声名狼藉的吉田内阁总辞职。[100]10 日以民主党总裁鸠山一郎为首相的新内阁成立。1955 年 1 月 4 日民主党通过《自主和平外交政策》,提出三项基本主张:1. 充实安全保障,维持和平体制,包括坚持日美合作路线,努力缓和国际紧张局势,与苏联结束战争状态,实现日苏邦交正常化,争取加入联合国;2. 确立独立体制,收复原来属于日本的领土;3. 推进经济外交,包括迅速解决战争赔偿问题,与东南亚各国建立正式外交关系,发展经济关系,促进对苏、对华贸易等。[101]可以看出,上述三项基本主张,皆与苏联有关,特别是前两项。日本处于东西冷战的前沿,鸠山认识到,如果冷战扩大为热战,日本有被卷入的可能,因此在当时东西冷战缓和的大局下,鸠山想通过与苏联复交,对东西关系的缓和尽一份日本的贡献。[102]同月 10 日,鸠山向新闻记者们表明了以实现日苏邦交正常化为执政最大使命的决心。

　　苏联政府迅速反应。16 日苏联外长莫洛托夫发明声明,"苏联表示准备同所有国家恢复关系。苏联这一政策同样也适用于对日关系。"25 日,派驻日代表团临时首席代表多姆尼茨基密访鸠山,递交了"随时准备开始谈判"的函件。1955 年 2 月 4 日,鸠山内阁决定开始对苏谈判。

2 月以后,日苏两国间为选择谈判地点交换意见。最初日本政府、特别是外相重光提议把谈判地定在纽约。他们认为由于纽约是世界和平活动的中心——联合国总部所在的地方,并且两国在那都有官方代表,因此是能成功谈判的最适当和方便的地方。[103]再者,把地点选在美国,也有助于缓解美国的担心。但是苏联不同意在纽约谈判,而提出在东京或莫斯科。日本外务省认为:如果在东京进行谈判,那就间接承认了本不承认的苏联驻日代表团,如果在莫斯科进行,日本在那还没有外交机构。之后,日方考虑在日内瓦或巴黎谈判,而苏联提出在日内瓦或伦敦。日本倾向于在伦敦,因为日本在日内瓦只有总领馆,而在伦敦有大使馆,日本外相重光葵和众议院议员松本俊一等经商议后同意在伦敦谈判,向鸠山报告后,鸠山也没有异议。对于日本来说,与东京和纽约相比,在伦敦谈判可以远离日本国内的舆论和政治压力以及来自美国的压力,[104]日苏谈判可以安静地开始;而苏联提出在伦敦谈判的理由是苏联打算将与日本谈判经验最丰富的马立克调任驻英大使。并且英国并不像美国那样强硬反苏,在某些问题上愿意与苏联谈判(比如两国曾共同主持过 1954 年日内瓦会议)并保持经济关系,这一点苏联能接受,而日本也可以听取英方的意见。

4 月 19 日,已经被任命为日苏谈判全权代表的松本俊一拜访英国驻日大使德宁(Esler Dening),就在伦敦进行日苏谈判一事求得英方的理解。在当时,日英关系不是很好,如英国因担心日本的不正当贸易而反对其加入关贸总协定,日本对此相当失望和不满。但德宁相信:若日苏复交谈判在伦敦进行,则英国可以帮助日本人,日本人知道英国不会放弃日本,相对于美国,他们将更靠近英国,听取英国的意见。[105]德宁对美国的外交是持怀疑和挑战的态度的,他认为,虽然英国在远东的影响力在下降,但是仍有作为日美两国的调解人,调整日美关系的余地。日苏复交谈判在伦敦进行的话,英国外交部很容易从日本代表团收集情报,并介入日本对美国的交涉。这样的话,英国对日的影响力将加强。因此英国同意谈判在伦敦举行。[106]

至4月下旬,日苏双方都同意将谈判地点定在伦敦。

英国认为:日本现在处于不稳定和困难的氛围中。他们试着去忘记被占领并摸索着将日本恢复为世界上独立的大国。日本为苏中所"哄诱",如果要维持日本与西方的联盟,就应小心地处理与它的关系。日本"歇斯底里"的民族主义氛围看来会继续直到能适应环境。在日本有很强的与苏中建交的压力,主要是为了允许发展与中国的贸易,日本将中国视为天然的市场。因此,新外相重光上任伊始就于1954年12月11日声明日本政府将在不损害与"自由国家"基本合作的条件下与苏中恢复关系是不奇怪的。苏中立刻抓住这个机会,发表了愿意与日本恢复正常关系的声明。可以预见苏中将继续具体地表现良好的愿望,以便试着使日本疏离西方。实际上在这些声明之后,已经有政党受邀赴北京讨论贸易和渔业事宜。尽管鸠山不是亲美派,他本人还曾被麦克阿瑟整肃,看起来他不会作出切割日美紧密联系的举动,因为他显然懂得日本得依靠美国,但是,如果日本遭受严重的经济危机,日本的整个宪政体制将会受到打击,日本可能会走向共产主义。[107]

英国认识到,日本急切地想去除美军占领的痕迹,他们自觉并急切地想在世界上再次扮演领导的角色,因此,他们对不把日本当作国际社会平等的伙伴的企图特别敏感,并且他们可能愿意接受社会主义阵营的建议,后者想唤起他们的亚洲感情和他们在行为上独立的渴望。因此在这个紧要关头西方国家平等地对待日本并照顾到它的情感特别重要。[108]

　　由此可见，英国对日本与苏中的接近是相当敏感的，它害怕日本倒向社会主义阵营。当然英国并不打算直接阻止日苏接近，因为在恢复独立后的日本民族主义高涨，反美情绪强烈。并且日本国内有日苏接近的压力，如果英国去阻止日苏接近，就有可能步美国的后尘，成为日本民族主义仇视的对象，从而使日英关系受损。相反地，若能平等地对待日本，改善日英关系，就能部分地抵消日苏的接近的效果。英国还意识到，它应当协助美国把日本留在西方阵营。

二、英美对日本第一次探询的反应

　　1955 年 6 月 1 日，日本代表松本与苏联代表马立克在苏联驻英国大使馆举行非正式会谈，双方就谈判的日程及方法达成一致，决定谈判每周两次轮流在两国大使馆进行(但后按日本外相重光的要求改为每周一次)，正式会谈于 6 月 3 日开始。在日苏复交谈判中，与英国关系最深的是领土问题，因为英国是《开罗宣言》、《雅尔塔协定》、《波茨坦公告》的签字国，《旧金山对日和约》的起草国。日本驻英公使黄田常向英国外交部官员通报日苏复交谈判的情况，并寻求英国的支持。

　　在领土问题上，日本认为齿舞群岛和色丹是北海道的自然延伸，从历史统治沿革上也是日本本土北海道的一部分，而择捉和国后是南千岛群岛，它们不是千岛群岛的组成部分，也是日本的固有领土。关于千岛群岛，从历史上看也是日本的领土。而库页岛南部也不是日本出于贪婪用武力夺得的领土。由于 7 月 18 日美苏英法四国首脑要在日内瓦举行国际会议，日本期待这次会议能使世界形势步入和平，为领土问题的解决创造一个好的环境。而 7

月 2 日苏联代表马立克因准备出席四国首脑会议而被招回莫斯科,所以原定 7 月 5 日举行的第七轮正式谈判延期,伦敦谈判暂时休会。此时日本方面为在领土问题上得到西方大国的支持,于 6 月底到 7 月中旬就有关千岛群岛及库页岛南部的归属问题询问美、英、法三国,询问的主要内容是:[109]

1.《波茨坦公告》第八条的规定是否可以认为是指《雅尔塔协定》?[110]

2. 苏联根据《波茨坦公告》第八条的规定,能否单方面独自决定库页岛南部和千岛群岛为本国领土?

美国政府于 7 月初对此正式表示了如下意见:[111]

1. 从地理上、历史上、法律上来说,齿舞和色丹都是北海道的一个不可分割的组成部分,而不是千岛群岛的组成部分。

2.《雅尔塔协定》系阐明签约盟国领导人的共同目的之协定,其本身并不具有最终的效力。日本所接受的《波茨坦公告》中并没有提到《雅尔塔协定》,因此不能以该协定的条款约束日本。《雅尔塔协定》的缔结早于《波茨坦公告》,所以不能以此作为《波茨坦公告》第八条的规定。

3.《波茨坦公告》明确表示,日本领土的最后决定将根据宣言签字国以后如何考虑而定,所以苏联不得单方面作出上述决定。

4. 盟军第一号通令、盟军最高统帅部第六七七号训令以及《旧金山对日和约》第二条都没有决定领土的最后归属。[112]

5. 库页岛南部和千岛群岛的最终处理尚未决定,将按国际协商来决定此问题。

由上观之,表面上美国只支持齿舞和色丹应属于日本。但对于千岛群岛和库页岛南部,美国认为其状态是未定,不承认归属于苏联,并留下以后通过国际协商来决定的"尾巴"。这是一种暧昧的表达方法:一方面不让苏联心安理得无占有千岛群岛和库页岛南部,另一方面又给日本继续追讨千岛群岛和库页岛南部的依据(因为可以通过国际协商来决定)。这样看来,在千岛群岛和库页岛南部问题上,美国的回答间接支持了日本领土要求。

但实际上也许并不完全如此。在对待日苏复交谈判的问题上,美国是不希望日苏复交谈判能成功。因为一方面,如果日苏复交谈判成功的话,那么共产主义在日本的影响将增大,并且日中建交谈判也将顺理成章地浮出水面,这对美国的冷战遏制战略是直接的打击。另一方面,如果苏联把千岛群岛和库页岛南部返还日本,那么美国就不能继续占领冲绳。杜勒斯本人也曾讲过:"如果出现苏联方面把千岛群岛的重要部分返还给日本,日本就会施加压力要求收回冲绳,苏联如果把这些领土返还日本,那么日美之间关系就会变得紧张。"

但实际上苏联把千岛群岛和库页岛南部都还给日本的可能性极小。首先,苏联本身就有扩张性。且不说历史上沙俄的扩张,就在二战结束后,苏联占领了部分原属波兰的领土,并向土耳其和伊朗渗透,并在中国东北享有特殊权益。向日本归还千岛群岛和库页岛南部,会引起苏联和其他国家的领土问题。日本战败时,斯大林不满足于占领千岛群岛和库页岛南部,还曾想占领北海道的北部,在1945年8月16日给杜鲁门的一封信中,他说:"(占领北海道北部)对俄国的舆论特别重要。人们知道,在1919—1921年,日本占领了苏联的整个远东地区。如果俄国军队在日本本土的任何部分没有占领区,俄国舆论就会大哗。"[113]斯大林的要求为杜鲁门拒绝。其次,千岛群岛有丰富的渔业资源,并且战略意义重大,控制它,苏联的舰队就可自由地出入太平洋,并且千岛群岛和库页岛南部,是苏联和作为西方国家的日本之间的缓冲区。

由于苏联把千岛群岛和库页岛南部都归还给日本的可能性极小，因此美国间接支持日本对于库页岛南部和千岛群岛的领土要求，实际是增加日苏复交谈判的难度，同时，也使美国有长期占领冲绳的借口。

英国的态度和美国是不一样的。早在1951年起草《旧金山对日和平条约》的草案时，英美就在千岛群岛和库页岛南部的归属问题上尖锐对立。当时，英国主张条约中应写明千岛群岛和库页岛南部归属苏联。但是美国不同意，只同意在条约中写明日本放弃这些岛屿，但又没有规定这些放弃的领土归属哪个国家，也没有规定"千岛群岛"地理范围，这为将来日苏两国关系的发展埋下了祸根。

英国政府对日苏复交谈判采取了不介入的方针。在回答日本的问题的时候，英国采取了非正式的口头方式。美国允许日本在对苏谈判中引用本国的书面回复，而英国采取口头的方式，不允许日本在对苏谈判中引用本国的回答，尽可能将回答的影响降到最低。[114]据日方的材料，英国的回答是：[115]

1. 不能认为《雅尔塔协定》就是《波茨坦公告》第八条中所写的盟军决定。

2. 苏联不能单方面决定取得库页岛南部和千岛群岛。

但据田中孝彦考证，英国回答的第二条未必尽如上述所示，很可能含有不利于日本的内容。[116]

英国之所以这样做，是由英国的国家利益决定的：

一方面，英国不想得罪苏联。对于英国来说，与苏联关系是事关英国安全的重要问题，与苏联缓和是英国外交的重要课题。丘吉尔曾是掌握着东西关系正常化的主动权的英国首相，他在野时发表了"铁幕"演说，提出为了对付苏联的威胁有加强西方军事的必要;但他又认为斯大林不会对西方发动战争,并认识到东西间还有交涉的余地,因此他既反共又认识到有与敌对者共存的必要。作为与苏联交涉的前提,他强烈要求欧洲联合,这是通过与苏联交涉结束冷战的宏伟构想的一环。实际上,在他再任首相后,渐渐将西方联合和与苏联交涉的"双重战略"具体化。[117]1953 年 3 月 5 日斯大林逝世后,苏联对西方政策出现缓和的苗头,比如苏联促进了《朝鲜停战协定》的达成和《奥地利国家条约》的签订。另一方面,英国不可能跟上核军备竞赛。曾任外相和续任首相的艾登担心:一旦核军备竞赛到达饱和点,西方的反应力量和政治团结将有可能下降,他也渴望为英国在世界上发挥重要作用探索有前途的道路,并且展示他个人的外交才能,他谨慎地将英国对外政策的重点由军事转向外交,并推动了东西领导人交流的恢复。[118]当时,正是四国首脑会议召开的时候,英国没必要在这个时候节外生枝。

另一方面,英国希望远东保持稳定。二战后,由于英国的国力渐衰,有世界上的影响力逐渐下降,英国已无力在远东采取"进取"的政策,而基本采取"守成"的态度,不轻易挑衅社会主义国家,并且在某种程度上还愿意与社会主义国家"和平"共处,以维护自己在远东的利益。比如,新中国成立之初,英国就于 1950 年1 月承认中国;在对日媾和时,也希望日本承认中国,并曾主张条约中应写明千岛群岛和库页岛南部归属苏联;1954 年 3 月,美国国务卿杜勒斯曾提议美英武力介入印支半岛,英国没有同意;在东南亚条约组织成立之前,艾登曾建议建立按照《洛迦诺公约》[119]的形式建立一个由中华人民共和国和"科伦坡计划"国家参加的相互保障体系。由上可以看出英国的远东政策与美国存在一定的分歧。1954 年 4 月 30 日的美国杂志《美国新闻与世界报道》提出:"在英国,反美情绪日益增长。事实证明,许多英国人对于美国领导丧失了信心,证明英国人不愿意追随美国的政策,证明在许多情况下英国人害怕美国而不是俄国会把他们拖入毁灭性的第三次世界大战。"[120]

不仅如此,在英国对苏政策和远东政策当中,对苏政策具有更重要的地位,因为对苏政策直接关系到英国本土的安全。因此,在日苏复交谈判中,英国不能冒着与苏联关系恶化的危险支持日本的领土要求。

三、英美对日本第二次探询的反应

1955 年 7 月 15 日,日苏重开第七轮伦敦正式谈判。九次谈判后,双方在遣返日本人、北方领土问题和军事同盟问题上分歧还很大。为了缓和谈判的气氛,松本于 8 月 4 日在日本大使馆设午餐会招待以马立克为首的苏联谈判代表团。在午餐会后,马立克向松本试探日本在领土问题上的最终要求。松本回答说:"日本国民认为,齿舞、色丹是北海道的组成部分。千岛、库页岛南部从历史关系来说,终究也不能撤销要求吧。"8 月 5 日在日本大使馆草坪上饮茶时,马立克突然非常含混地说:"我想,如果其他问题全部解决,苏联方面也可答应日本方面的要求,将齿舞、色丹移交日本。如果《日美安全条约》的性质如你所说的,是纯粹防御性质的条约,那么,其他问题一经解决,禁止军事同盟条款也可以收回。"[121]

8 月 9 日,第十次正式谈判中,马立克暗示,苏联方面有意放弃齿舞、色丹以及取消禁止军事同盟的条款,以求本条约的谈判取得协议。苏联认为齿舞、色丹在经济、军事上重要性不大,因而有意放弃以便谈判的取得进展。松本发电报向国内报告了苏联在领土问题上的新动向。8 月 27 日,日本政府给松本发出了补充训令,训令中关于领土问题的部分是:①在可能的范围内归还国后、择捉并无条件归还齿舞、色丹;②要取得北千岛、库页岛南部将由有关国家召开国际会议决定其归属之谅解。日本之所以此时提出追加领土要求的补充训令,主要是由于:

1.追加训令所提到的领土要求,本来就是日本的最大领土目标。现在在苏联作出一定的让步的情况下,日本方面当然要进一步追加要求;

2.当时日本政界中,自由、民主两个保守党合并逐渐进入具体化阶段。以自由党内的吉田派反对日苏谈判,并且民主党内外相重光也持慎重的态度;

3.美国国务卿杜勒斯对鸠山内阁促进日苏谈判感到不满,尤其在领土问题上竭力阻止日本同苏联妥协,这对访美的日本外相重光等人起了牵制作用,重光还于8月30日在华盛顿全国新闻记者俱乐部所作的演说中说"日本不打算同苏联亲密结交",这引起了苏联方面的强烈不满。

在8月30日的第十三次谈判上,松本提出了含有补充训令内容的条文,这立刻受到马立克的谴责。在9月6日的第十四次谈判上,马立克提出归还齿舞、色丹的条件是不能使其成为军事基地,同时强烈主张库页岛南部和千岛问题已经解决,坚决拒绝将领土问题提交国际会议讨论。之后日苏谈判陷入危机。马立克要出席联合国裁军大会,将于9月15日赴纽约,另外预计将出席10月在日内瓦美、英、法、苏日国外长会议,于是日苏谈判在9月13日第十五轮谈判后中断,松本也回国。

日本政府于10月份,再次向美、英、法等国探询意见,内容如下:[122]

1.参加雅尔塔会谈的盟国首脑,在《雅尔塔协定》中使用"Kurile islands(千岛群岛)"一词时是否知道如下历史事实:即直接靠近北海道的国后、择捉两岛是由日本人独自居住的日本固有领土,过去从未受任何外国人的统治,并且在1875年《日俄条约》中,把国后、择捉两岛除外,只以到得抚岛为止的十八个岛屿定名为"千岛群岛"。

2. 在起草《旧金山对日和约》中起主要作用的美国(英国)政府是否了解,当时该条约第二条丙项中所称的"Kurile islands(千岛群岛)"并不包括国后、择捉两岛。

美国国务院针对以上两点询问作了如下的答复:[123]

1. 在雅尔塔会谈中未曾对千岛群岛下过地理上的定义,而且也未讨论过千岛的历史。《雅尔塔协定》既不以让与领土权为目的,也不具有让与的效力。完全没有记录说《雅尔塔协定》的签字国图谋把以前不属于俄国领土的任何领土归苏联占有。

2. 不论是《旧金山对日和约》,还是旧金山会议的记录都不能对千岛下定义。美国认为:有关"千岛群岛"的任何争端都可以按和约第二十二条规定提交国际法院裁决。

3. "将来的国际决定"才可以成为库页岛南部和千岛的最后处理。因为有关这些地理名称所应包括的领土,在引起争端时,都可以由国际法院裁决。

此外,关于千岛的地理名称问题日本不向国际法院提出诉讼,而另采取一个方案即以择捉、国后不属于千岛群岛为由请求苏联归还两岛,美国对此是绝不反对的。但从苏联就齿舞、色丹问题已表明的立场来考虑,这个意图恐无成功之望。如果失败,日本也可按照和约的条文向苏联建议双方共同将千岛的范围问题提交国际法院。同时,美国也不反对采取另一方案,即以国后、择捉不是千岛的一个组成部分为理由,日本在日苏和约上以确认放弃千岛和库页岛南部的领土主权来同苏联就国后、择捉归还日本问题达成协议。

如上所示,美国政府认为《旧金山对日和约》未对千岛下定义,间接支持了日本的《旧金山对日和约》未把国后、择捉两岛隶属千岛群岛的主张,美国政府实质上支持日本对其曾经领有的齿舞、色丹和国后、择捉的领土要求,并表示其他问题也可在有美国参加的国际会议上达成协议。

但是英国政府的观点和美国不一样,特别是在关于《雅尔塔协定》的宗旨上。英国实际上主张库页岛南部和千岛群岛在法律上和实质上属于苏联。英国政府的这种态度,与9月21日英国驻日大使德宁给英国外相麦克米伦(Harold Macmillan)的电报的观点是一致的。在电报中,德宁阐述了自己对日美在最近日苏复交谈判中的动向的看法,他的看法主要有两点:[124]

1. 不应纵容日本挑战英美的战时责任

"日本最近与苏联谈判中,在提出要苏联归还齿舞和色丹之外,还要求归还千岛群岛最南的两个岛——国后和择捉,并把千岛群岛其他部分和库页岛南部交由相关国家通过国际会议讨论决定。日本的建议一见即知是难以理解和幼稚的,其难以理解之处在于他们建议相关国家举行国际会议,却没有进一步指明相关国家并与之协商;其幼稚之处在于,认为考虑到《旧金山对日和约》和《雅尔塔协定》,苏联会发现这个建议可接受。其真实的背景是日本渴望归还千岛群岛和库页岛南部,在他们的争论背后的原因是,日本认为千岛本不该被拿走。我怀疑日本建议举行国际会议来讨论这些领土的未来是否是为了显示日本是无罪的。或许他们希望通过这种方式使《开罗宣言》、《雅尔塔协定》、《波茨坦公告》和《旧金山对日和约》涉及的所有领土问题再次浮现。"

德宁认为：《雅尔塔协定》明记有："将库页岛南部及其全部毗连岛屿归还苏联"；"千岛群岛交给苏联"；"三大国政府首脑同意，苏联的这些要求应在战败日本后毫无条件地予以满足"。这是不容被忽视的。"美国不愿意增强苏联对千岛群岛的合法主张是一回事，寻求增强日本挑战美英战时责任的主张是另一回事。"

2. 在此关键时刻卷入日苏复交谈判是不明智的

"看起来美国害怕日苏达成协议，他们确实对目前在千岛群岛和库页岛问题上的胶着状态感到满意，我们怀疑无论如何他们将被使事情有利于日本的渴望所驱使，如果他们在这个方向上冒险，他们将使我们都卷入可预想的麻烦中。

"我个人并没有像美国国务院一样害怕日苏复交，并认为美国企图阻止日苏建交而对日本施加影响一定会引起不利于美国的反应。1951 年杜勒斯迫使日本与蒋介石集团建交已经对日美关系产生了负面的影响。现在美国阻止日苏建交只能刺激反美情绪。我认为如果日苏打算做出足够的让步以达到协议，英国应该接受它，阻止日本与一个强大的邻国保持正常关系没什么好处。"

德宁的意见可能影响了英国外交部的决定，也有可能是他的意见和英国外交部的主流意见一致，所以英国外交部最终作出了上述回答。

英国对日本与苏中接近是相当敏感的，它认为日本有转向中立主义和"共产化"的趋势。当然英国并不打算直接阻止日苏接近，因为在恢复独立后的日本民族主义高涨，反美情绪强烈。并且日本国内有日苏接近的压力，如果英国去阻止日苏接近，它有可能步美国的后尘，成为日本民族主义仇视的对象，从而使日英关系受损。并且，由于英国在日本加入关贸总协定时，援用第 35 条（即英国与日本之间不适用关贸总协定），导致英联邦白人政权国家和西欧国家效仿,日英之间存在对立,日本国内开始出现对英国反感的倾向。在这种状况下,如果英国介入日苏复交谈判并且谈判失败,那么失败的责任就有可能转嫁到英国身上。[125]

总之,对于日苏复交谈判,英国的基本原则是不介入,英国不想成为日本民族主义反对的目标,更不愿得罪苏联,因为对苏政策直接关系到英国本土的安全,所以对于日苏复交谈判中的领土争端,英国的出发点就是维持现状。当然,英国不想纵容日本挑战英美的战时责任,不仅是为了维护与苏联的关系,也是二战中英军战俘受日军虐待和日军的侵略使"大英帝国"在亚洲的根基与形象受到重创等问题而导致当时英国国内反日情绪强烈的必然结果。

第四节　日英之间的其他问题

一、东南亚问题

东南亚问题主要有两方面:集体防御和经济问题。

(一)集体防御

1954年9月8日,美国、英国、法国、澳大利亚、新西兰、泰国、菲律宾和巴基斯坦在马尼拉签订《东南亚集体防御条约》,成立东南亚条约组织。目的是干涉东南业国家的内政,镇压该地区民族解放运动,威胁中国和越南。实际上在东南亚条约组织成立前夕,日本曾向英国试探是否能加入东南亚条约组织。1954年7月21日,讨论朝鲜和印支问题的日内瓦会议刚结束,日本驻英大使松本就会见英国外交国务大臣瑞汀,松本对日内瓦会议的成功举行表示祝贺,并对英国外相在其中斡旋作用表示赞许。松本认为在日内瓦会议之后日英应该采取进一步的行动,通过保证协定的实际实施和组织区域内的防卫措施阻止共产主义的进一步发展。瑞汀说,英方正在考虑这两件事,并且希望在这些事上有尽可能多的区域内国家能联合起来。松本试探说,他知道把日本和一个东南亚防御条约联合起来会有些问题。瑞汀回答说,他听过这样的提法,是由于日本的地理位置完全在区域之外。[126]东南亚条约组织成立的 9 月 8 日,日本外相宣称,由于宪法的限制和经济上的原因,日本可能无法加入东南亚条约组织。

实际上日本可以根据《东南亚集体防御条约》第 7 条加入该组织。[127]英国政府之所以不让其加入,是因为有自己的考量。

1951 年 9 月,《美澳新条约》在旧金山签订,在美、澳、新三国商谈订立这个条约的过程中,英国政府以英国作为一个世界大国在太平洋地区拥有重要利益和责任为由,要求参加这一区域性组织或至少作为该组织的联系国,尽管英国多方施加压力和影响,最后它还是被排除在《美澳新条约》和美澳新理事会之外。为了代替《美澳新条约》和恢复英国在这个地区已经衰落了的影响,同时阻止美国加强对东南亚和远东控制,英国曾经企图在太平洋南部成立一个由英国控制的防御体系,把马来亚、印支、泰国、印尼、英国、荷兰、法国、澳大利亚和新西兰的武装力量置于一个由英国领导的统一的司令部之下。但是由于美国的反对,这个计划并没有实现。最后,英国在美国的压力下,参加了由美国主导的东南亚条约组织。但是,英国企图在这个组织内巩固同澳大利亚、新西兰和巴基斯坦的联系,并竭力想把印尼、锡兰、缅甸拉入这个组织,试图保证在组织中英联邦国家行动的一致性,如能达到这一点就意味着美国、泰国和菲律宾处于少数的地位。也就是说英国竭力利用这个组织来为自己控制东南亚服务,所以它不让美国能控制的中国台湾和韩国参加该组织,因为那将导致美国对该组织的控制加强。[128]同理,英国也不愿让日本参加该组织,以日本的当时状况,若其加入对组织的贡献是微不足道的,反而加重了英国等国的防卫义务。再则,若日本加入,那么就没有拒绝中国台湾和韩国的理由。

(二)经济问题

如果日本丧失与东南亚和南亚国家紧密的贸易关系,日本将难以取得经济的自我发展以及由此带来的政治稳定,因此吉田一直希望日本能以其经验和技术作为手段,渗入到东南亚国家的经济中去。又由于在东南亚和南亚有很多英联邦国家或英国殖民地,因此它必须与英国合作。日本政府深知:自从实现政治独立以来,南亚和东南亚国家在非常努力地谋求经济发展。在努力的过程中,他们希望来自外国的合作,显然如果有外部的全心全意的合作和帮助的话,他们将能更好地达到目标。日本政府认为日本能与它们合作,这样的合作大概可分为两种形式:商业的和官方的。在大多数时候,日本的合作主要采取前一形式,当然,如果南亚和东南亚国家需要,日本政府也准备好提供财政、管理和技术资源。

但是当时日本并不倾向于独自与东南亚国家合作,而是通过某个国际组织,这样可以避免让东南亚国家想起过去日本对他们经济侵略的旧景象,因此吉田政府希望加入科伦坡计划。吉田茂认为:东南亚还没有开发,居民的生活水平还很低,这种地方是最适于共产主义萌芽的温床。东南亚各国天然资源丰富,只要努力开发资源,使当地民族丰衣足食绝不是难事。为了达到这个目的,必须有效地运用美国的"第四点计划",即技术援助落后地区计划和以英国为中心的宗旨相同的科伦坡计划。特别是后者,既然日本作为援助国参加了科伦坡计划,那么日本用经验和技术作出贡献是非常重要的。这就是吉田理想中的日英合作。[129]

对于和日本在东南亚的经济发展上的合作,英国是矛盾的。一方面,它害怕日本抢夺它在东南亚的市场,另一方面,它又害怕过分排挤日本有可能导致日本的中立甚至于向中苏靠拢。并且若能促进东南亚和南亚国家的经济发展和提高当地民众的生活水平,显然有利于西方阵营政治和经济的稳定和抵制中国的"共产主义革命的输出"。

英国在建立科伦坡计划之际,希望借助美国援助的美元的力量,强化以英国为核心的东南亚和英联邦国家内部的团结。但是对美国的期待落空了。1951年7月启动的地区开发6年计划需要近50亿美元的美援,但至1954年6月末的4年间,美国的援助,包括军事援助和进出口银行的借款在内不过7.5亿美元,并且美国的援助不通过科伦坡计划运行的最高机关协商委员会。[130]

让日本加入科伦坡计划,既可以限制日本与中国的贸易,又可以把日本进入东南亚的活动限制在一定的范围内,从而与英国的利益相符合。并且,如果作为亚洲国家的日本能通过扩大与东南亚的贸易而复苏经济并且有充分的能力向科伦坡计划国家提供财政支援的话,英国就能在不提供财政支援的情况下保持在科伦坡国家的影响,并将财政资源用于自身的重建。因此,虽然英国过去拒绝日本加入科伦坡计划,但1954年9月在渥太华召开的科伦坡计划协商委员会了,促成了日本加入科伦坡计划。[131]

二、战俘赔偿问题

在二战时被日军俘虏且受到虐待的英军战俘是英国的强硬仇日团体,是英国反日情绪的源泉之一,他们要求日本对二战中的英军战俘进行赔偿。日本政府本打算用战争时期被同盟国冻结在瑞士银行的存款支付,但瑞士政府表示它是战争时期日本利益的代表国,需要支付它代垫的款项,不同意拨付给同盟国,因而未得解决,仍旧是一个悬案。吉田茂访英期间,会见了远东俘虏联盟代表、原新加坡卫戍司令珀西瓦尔中将,珀西瓦尔要求日本迅速履行对日和约第十六条规定的义务,即对战时俘虏所受的痛苦予以赔偿。对此,吉田答复日本政府决心支付。[132]实际在吉田访英之前,日本政府就打算赔偿 605 万英镑,但在大藏省受阻。在 11 月底,日本政府计划在 1955 年 5 月通过国际红十字会向英军战俘支付450 万英镑。从那时起,战俘问题没有被两国政府提起,但是这样惨痛的问题不会因为赔偿而轻易消失,它在 50 年代剩下的时间里依旧影响着英国的公众意见。[133]

结　语

日本恢复主权后,吉田茂在恢复日欧关系上采取了积极的态度,1953 年,他趁着英国女王伊丽莎白二世举行加冕典礼的机会,派出皇太子明仁访问欧美,以“素人外交”的手段打开外交局面。之后,吉田茂本人也于 1954 年赴欧美访问。吉田茂访问欧美的主要任务之一,就是想向英美“兜售”他的对华“和平攻势”计划。他设想日、美、英、法、荷等国合作,在新加坡设立反共宣传中心,向与中国有千丝万缕联系的东南亚华人宣传反共。同时,希望和英国合作,促使美国放松对华贸易,使中国人民有接触“自由主义”的机会,以促使中国与苏联分离。但是他的计划因遭到英美的反对而失败。

英国保守党重新上台后,政府意识到日本与中国之间地理的、历史的、文化的联系,如果日本的技术与中国的人力和资源结合,那将形成巨大的联盟,破坏冷战以来资本主义阵营和社会主义阵营之间微妙的平衡,所以英国出台了对日友好、阻止中日接近的政策。虽然政府出台了要对日友好的政策,但是由于国内反日气息高涨,英国在改善英日关系上是被动的、滞后的。直到1956年,英国才派出轻量级的大臣——兰开斯特公爵郡大臣薛尔克访日,虽然日本对薛尔克的来访表示欢迎,但仍然显露出对英国没有派重量级大臣访日的不满。

在日本加入关贸总协定的过程中,英国采取了步步阻挠的立场,最终在美国的压力下,同意日本入关,但同时发动第35条,使英日之间不适用关贸总协定,英国的行动为其他13个国家所效仿。在日苏复交谈判时,英国为本国的安全,并不想得罪苏联,所以在日本对英美等国关于领土问题的两次询问中,采取了承认远东领土现状的立场。

注　释

1　Tokyo to Eden,24 March 1953,FO371/105374/FJ1051/21.

2　A letter from Nicholson to Eden,10 January 1955,FO371/115236/FJ1051/2.

3　Angle—Japanese Motes and Beams,*The Economist*,20 October 1956.

4　1951年10月是英国对华政策的一个分界点,在此之前的艾德礼的工党政府,而在此之后是丘吉尔的保守党政府。1950年1月6日,英国外交大臣贝文照会中国政府,宣布承认中华人民共和国中央人民政府,同时表示愿意在平等互利及互相尊重领土主权的基础上与新中国建立外交关系。英国的承认决策是出于自身的利益的考虑,同时也隐含着与苏联争夺中国的意图,在英国看来,西方只有积极发展与新中国的关系,才可能防止中国倒向苏联阵营,进而把中国纳入国际社会。但是1950年朝鲜战争的爆发对中英关系构成了严重冲击。新中国成立之初两国关系中所出现的积极发展前景在朝鲜半岛的战火中为乌有。此时,英国对华的政策出现进退两难的状况:一方面,它追随美国出兵朝鲜,在中国出兵朝鲜后,在美国的压力下对美国在联合国提出谴责中国为"侵略者"的提案投赞成票,并对美国的对华贸易禁运和经济封锁政策给予积极的支持;另一方面,它又竭力阻止战争的进一步扩大,以免影响欧洲的防务。而极端反共的丘吉尔重新上台后,改变了在台湾问题上的态度,积极追随美国的台湾政策。在丘吉尔公开或暗地调整对台政策的情况下,英台关系得到实质性地增强,合作有所发展。参王为民:《百年中英关系史》,世界知识出版社 2006 年,190—232 页。

5　132　Tanaka Takahiko, "Anglo—Japanese Relations in the 1950s: Cooperation, Friction and the Search for State Identity", in Ian Nish, Yoichi Kibata eds. , *The History of Anglo—Japanese Relations*, 1600—2000 *Volume II: The Political—Diplomatic Dimension*, 1931—2000. NewYork: ST. MARTIN'S PRESS, LLC, 2000, p. 229、204—205.

6　Policy towards Japan, 1954, FO371/110413/FJ1051/1, CAB 129/66/C(54)92。

7　18　19　20　22　24　129　132　吉田茂:《十年回忆》第 1 卷,世界知识出版社1965 年版,8—9、144—147、142、177—178、121—122、121、177—178、142 页。

8　20　United Kingdom Liaison Mission in Japan, British Embassy, Tokyo to Foreign Office, 21 February 1952, FO371/99411/FJ1050/10.

9　16　日本外务省外交史料馆记录 L'—0005《皇太子継宮明仁親王殿下御外遊一件・英国エリザベス女王戴冠式》第 34、406 页。

10　《国会会議録　15 一衆一外務委員会一 5 号》,1952 年 12 月 3 日。

11　《国会会議録　15 一衆一外務委員会一 17 号》,1953 年 2 月 14 日。

12　《皇太子の外遊》,《読売新聞(朝刊)》1953 年 2 月 14 日。

13　《外遊費について》,《読売新聞(朝刊)》1953 年 2 月 18 日。

14　《軍艦はなくても日本は立派な文明国　皇太子の幸福祝い英首相》,《読売新聞(夕刊)》1953 年 5 月 1 日;《タイムズをご見学》,《朝日新聞(夕刊)》1953 年 5 月 1 日。

15　《ニューキャッスルの訪問取止め》,《読売新聞(夕刊)》1953 年 5 月 1 日; Prince Akihito's visit to British Museum, *The Times*, 1 May 1953.

17　吉田茂:《十年回忆》第 4 卷,第 184—185 页。

21　23　From Washington to Foreign Office, 11 November 1954, FO371/110418/FJ1075/2.

25　田中孝彦:《吉田外交における自主とイギリス1952—1954 年——吉田ミッショ

ンを中心に》,《一橋論叢》2000 年 1 月号,46 页。

26　Record of discussions at the P. M. s dinner for Mr. Yoshida on October 27 1954, FO371/110498/FJ1631.

27　Conversation between the Secretary of State and the Japanese Prime Minister at the Foreign Office on October 27,1954, FO371/110498/FJ1631.

28　Foreign Office to singapore,4 November 1954, FO371/110418/FJ1075/1.

29　From Washington to Foreign Office,11 November 1954, FO371/110418/FJ1075/2.

30　当时巢鸭监狱中有战犯 755 人左右,其中约 300 人被美国军事法庭课刑,其余被英国、澳大利亚、新西兰课刑。参 John W. Dower 著,大窪愿二译:《吉田茂とその時代・下 1945—1954》,TBSブリタニカ1981 年,251 页。

31　British Embassy,Tokyo to Foreign Office,15 february 1956,FO371/121047/FJ1054/1.

32　《セルカーク伯》,《読売新聞(朝刊)》1956 年 9 月 26 日。

33　《イーデン親書手交　セルカーク卿鳩山首相と懇談》,《読売新聞(夕刊)》1956 年 9 月 25 日。

34　Record by the Earl of Selkirk of his meeting with Mr. Shigemitsu on Tuesday,September 25,1956,FO371/121048.

35　Lord Selkirk on his misson,*The Times*,26 September 1956.

36　《鳩山首相の訪英歓迎　セルカーク卿記者会見談》,《読売新聞(朝刊)》1956 年 9 月 26 日。

37　英国外交档案,《驻日使馆至外交部》,British Embassy,Tokyo to Foreign Office,11 October 1956,FO371/121048/FJ1054/48.

38　39　To the Secretary of State from Lord Selkirk,Annex Memorandum on Japan,20 November 1956,FO371/121049.

40　Relation with Japan,Lord Selkirk's impressions,*The Times*,10 October 1956.

41　根据关贸总协定第 1 条规定,每一缔约国给予其他国家的优惠措施,必须立即无条件地适用于所有其他缔约国。关贸总协定的适用惯例是:为了公平,并使双边协定迅速多边化,各缔约国之间必须提供无条件最惠国待遇,即一个缔约国给予另一缔约国的任何涉及关税和非关税的贸易条件都自动适用于所有缔约方。如果给予某些缔约国更为优惠的待遇,或仅给予非缔约国而不给予缔约国,就违反了关贸总协定的规定,构成贸易歧视。按关贸总协定第 3 条有关"国民待遇"的规定,从任何缔约国进口的产品在税收和其他内部法规方面均享有与国内同类产品的同等待遇。国民待遇是对外国产品和本国产品一视同仁。参见范健、孙南申:《关贸总协定的国际规则与适用惯例》,贵州人民出版社 1994 年,第 11 页。

42　General Agreement on Tariffs and Trade Seventh Session of the Contracting Parties, International Committee to examine certain Aspects of Japan's Application to accede to GATT: Discussion, 13 October 1952, GATT/82, FO371/98988/UEE67/107.

43　赤根谷达雄:《最惠国待遇を求めて》,渡边昭夫编《戦後日本の対外政策》,有斐閣 1985 年,第 113—114 页。

44　46　52　69　72　　日本通商产业省通商产业政策史编纂委员会:《通商産業政策史第 6 卷》,第 229、230、231、232、233 页。

45　49　55　64　70　82　84　　田所昌幸:《戦後日本の国際経済秩序への復帰——日本のGATT 加盟問題——》,《国際法外交雜誌》1993 年第 1 号,第 33、34—35、38—39、41—42、50—51、59—60、63 页。

47　《关贸总协定实用业务全书》编委会:《关贸总协定实用业务全书》,企业管理出版社 1993 年,第 32 页。

48　Outward Telegram from Commonwealth Relations Office, 2 August 1952, FO371/98985/UEE67/22.

50　From Foreign Office to Washington, 18 July 1952, FO371/98985/UEE67/3.

51　From Foreign Office to Oslo, 18 July 1952, FO371/98985/UEE67/16.

53　The case for a commercial treaty with Japan, 26 August 1952, FO371/98986/UEE67/38.

54　所谓社会倾销(Social Dumping),是指出口国利用社会保障设施差,劳动条件恶劣,生产效率与工资水平极不相称,以低价格,向国外销售商品。换言之是以工人的牺牲,贱价向国外市场抛售社会劳动。其前提为工人工资低,劳动时间长,收入难以维持温饱。参见杨树杉:《关贸总协定实用知识手册》,人民出版社 1993 年,第 29 页。

56　Japan's application to accede to the General Agreement on Tariffs and Trade, Memorandum by the President of the Board of Trade, 16 September 1952, CAB/129/55.

57　61　80th Conclusions of the Cabinet, 18 September 1952, CAB/128/25.

58　Japan and the General Agreement on Tariffs and Trade, Memorandum by the Minister of State, 17 September 1952, CAB/129/55; Japan and the GATT, 26 August 1952, FO371/

98986/UEE67/38.

59　第35条规定,如果两个缔约国之间没有进行关税谈判和缔约国的任何一方在另一方成为缔约国时不同意对它实施本协定,则在缔约国之间不适用本协定。参见关贸总协定日内瓦总部著、戴常明译:《关税与贸易总协定概况及全文》,第102页。

60　Japan and the General Agreement on Tariffs and Trade, Memorandum by the Minister of State, 17 September 1952, CAB/129/55.

62　States and discusses the US views as regards Japanese accession to GATT, 22 September 1952, FO371/98987/UEE67/64.

63　General Agreement on Tariffs and Trade Seventh Session of the Contracting Parties, Decision taken by the Contracting Parties concerning the Application of Japan to accede to the GATT, 14 October 1952, GATT/83, FO371/98988/UEE67/108.

65　苏钦科著、忻鼎明译:《战后英美在加拿大的矛盾》,世界知识出版社1957年,第6页。

66　Japan and the General Agreement on Tariffs and Trade, Memorandum by the Secretary of State for Foreign Affairs and the President of the Board of Trade, 16 January 1952, CAB/129/58.

67　主要内容是:(甲)如因意外情况的发展或因一缔约国承担本定义务(包括关税减让在内)而产生的影响,使某一产品输入到这一缔约国领土的数量大为增加,对这一领土内相同产品或与它直接竞争产品的国内生产者造成重大的损害或产生重大威胁时,这一缔约国在防止或纠正这种损害所必需的程度和时间内,可以对上述产品全部或部分地暂停实施其所承担的义务,或者撤销或修改减让。(乙)属于优惠减让对象的某一产品,如在本款(甲)项所述情形下输入到一缔约国领土内的相同产品或与它直接竞争的产品的国内生产者造成重大损害或产生重大威胁时,经过另一缔约国提出请求后,输入这种产品的缔约国可以在防止或纠正这种损害所必需的程度和时间内,全部或部分地对这种产品暂停实施所承担的有关减让,或者撤销或修改减让。参见关贸总协定日内瓦总部著、戴常明译:《关税与贸易总协定概况及全文》,第86—88页。

68　主要内容是:如果一缔约国根据关贸总协定的直接或间接可享受的利益正在丧失或受到损害,或者使本协定规定的目标的实现受到阻碍,则这一缔约国为了使问题能得到满意的调整,可以向其认为有关的缔约国提出书面请求或建议。有关缔约国对提出的请或建议应给予同情的考虑。如有关缔约国在合理期间内尚不能达成满意的调整办法,或者存在任何其他情况,这一问题可以提交缔约国全体处理。缔约国全体应立即进行研究,并应向它所认为的有关缔约国提出适当建议,或者酌情对此问题作出裁决。参见关贸总协定日内瓦总部著、戴常明译:《关税与贸易总协定概况及全文》,第90—91页。

71　第33条内容:不属于本协定缔约国的政府,或代表某个在对外贸易关系和本协定所规定的其它事务的处理方面享有完全自主权的单独关税领土的政府,可以在这一政府与缔约国全体所议定的条件下,代表它本身或代表这一领土加入本协定。缔约国全体接本款作出决定时,应由2/3的多数通过。参见关贸总协定日内瓦总部著、戴常明译:《关税与贸易总协定概况及全文》,第102页。

73　76　31st Conclusions of the Cabinet,14 May 1953,CAB/128/26.

74　Japan and The General Agreement on Tariffs and Trade,Memorandum by the Minister of State,11 May 1953,CAB/129/61.

75　Japan and The General Agreement on Tariffs and Trade,Memorandum by the Chancellor of the Exchequer,11 May 1953,CAB/129/61.

77　Japan and The General Agreement on Tariffs and Trade,Note by the Chancellor of the Exchequer,28 July 1953,CAB/129/26.

78　47th Conclusions of the Cabinet,30 July 1953,CAB/128/26.

79　81　92　Noriko Yokoi,*Japan's Postwar Economic Recovery and Anglo—Japanese Relations 1948—62*,London:RoutledgeCurzon,2003,p.81、p.83、p.113.

80　50th Conclusions of the Cabinet,25 August 1953,CAB/128/26.

83　1953年8月14日,艾森豪威尔总统任命克拉伦茨·兰德尔为对外经济政策委员会主席,负责对战后美国对外经济政策进行细致的评析,并对新政府未来的对外经济政策提出具体的建议。参见刘国柱:《论艾森豪威尔第一届政府对外援助政策的调整》,《南开学报》2007年第5期,第5页。

85　田付驻日内瓦总领事致绪方代理外相电,1954年10月29日,E'0220《関税及び貿易に関する一般協定関係一件·1955年日本加入のため関税交渉関係　第一巻》第100页。

86　68th Conclusions of the Cabinet,20 October 1954,CAB/128/27.

87　松本驻英大使致绪方代理外相电,1954年10月23日,E'0222《関税及び貿易に関

する一般協定関係一件・1955 年日本加人のため関税交渉関係　対英国関係》第
1322 页。

88　松本驻英大使致绪方代理外相电,1954 年 10 月 25 日,E'0222《関税及び貿易に関
する一般協定関係一件・1955 年日本加人のため関税交渉関係　対英国関係》第
1325 页。

89　Aide—Memoire,1954 年 10 月 25 日,E'0222《関税及び貿易に関する一般協定関
係一件・1955 年日本加人のため関税交渉関係　対英国関係》第 1378 页。

90　86th Conclusions of the Cabinet,14 December 1954,CAB/128/27.

91　8th Conclusions of the Cabinet,31 January 1955,CAB/128/28.

93　这 19 个国家是美国、加拿大、联邦德国、意大利、瑞典、挪威、丹麦、芬兰、希腊、秘
鲁、智利、乌拉圭、多米尼加、尼加拉瓜、缅甸、巴基斯坦、印尼、锡兰、土耳其。

94　这是由于:日本为了入关必须和尽可能多的国家谈判,但是有的国家害怕来自日
本的进口,或与日本贸易关系较弱而不关心对日的削减关税,因而不积极与日本
谈判。美国以降低本国的关税来促使这些国家与日本谈判,这是对日本的一种援
助。参见日本通商产业省通商产业政策史编纂委员会:《通商産業政策史第 6
卷》,第 235 页。

95　田付驻日内瓦总领事致重光外相电,1955 年 5 月 6 日,E'0220《関税及び貿易に関
する一般協定関係一件・1955 年日本加人のため関税交渉関係　第三卷》第
537 页。

96　19th Conclusions of the Cabinet,30 June 1955,CAB/128/29.

97　26th Conclusions of the Cabinet,26 July 1955,CAB/128/29.

98　这 14 个国家是:英国、法国、荷兰、比利时、卢森堡、奥地利、澳大利亚、新西兰、古
巴、海地、巴西、印度、南非、罗得西亚。

99　宋成有、李寒梅:《战后日本外交史》,第 173 页。

100　"造船疑狱"事件:1953—1954 年日本国会通过造船融资利息补给法及在计划造
船的融资比例等问题上,海运和造船公司向政府和执政党行贿。1954 年 2 月,自
由党副干事长有田二郎被逮捕,自由党的许多政治家被调查。4 月,最高检察厅
决定向国会要求许可逮捕自由党干事长佐藤荣作等人,但法务大臣犬养健按照
吉田茂的指示,行使了法务大臣对检察总长的指挥权,阻止逮捕佐藤荣作等人。

101　古川万太郎:《日中戦後関係史》,原书房 1988 年,第 76—77 页。

102　104　106　116　125　　田中孝彦:《日ソ国交回復の史的研究》,第 84、94、95、139—143、185—186 页。

103　Note verbale,5 February 1955,FO371/115232.

105　Dening to the Foreign Office,19 April 1955,FO371/115232/FJ10338/20.

107　108　Draft brief for the Commonwealth Prime Ministers' Conference,7 February 1955, FO371/115239.

109　111　115　121　122　123　　吉泽清次郎编、叶冰译:《战后日苏关系》,第 41—42、26—28、43、43—44 页。

110　《波茨坦公告》第八条:开罗宣言之条件必将实施,而日本之主权必将限于本州、北海道、九州、四国及吾人所决定其他小岛之内。参见世界知识出版社:《国际条约集(1945—1947)》,世界知识出版社 1959 年,第 78 页。《雅尔塔协定》与日本领土相关的条款是:苏美英三大国领袖同意,在联邦德国投降及欧洲战争结束后两个月或三个月内苏联将参加同盟国方面对日作战,其条件为:……2. 由日本 1904 年背信弃义进攻所破坏的俄国以前权益须予恢复,即:甲、库页岛南部及邻近一切岛屿须交还苏联;……3. 千岛群岛须交予苏联。参见世界知识出版社:《国际条约集(1945—1947)》,第 3 页。

112　《旧金山对日和约》第二条丙项:日本放弃对千岛群岛及由于 1905 年 9 月 5 日朴茨茅斯条约所获得主权之库页岛一部分及其附近岛屿之一切权利、权利根据与要求。参见世界知识出版社:《国际条约集(1950—1952)》,世界知识出版社 1959 年,第 335 页。

113　王绳祖:《国际关系史资料选编》上册(第二分册),武汉大学出版社 1974 年,第 795—796 页。114　田中孝彦:《日ソ国交回復の史的研究》,第 139 页。

117　斋藤嘉臣:《冷戦変容とイギリス外交》,ミネルヴァー書房 2006 年,第 18—19 页。

118　Joseph Frankel, *British Foreign Policy* 1945—1973,Oxford University Press,1975,p. 200.119　《洛迦诺公约》于 1925 年 12 月 1 日在伦敦正式签字,其主要内容包括:洛迦诺会议最后议定书;德、比、法、意、英《相互保证条约》,又称《莱茵保安公约》,规定德、法、比互相保证德比、德法边界不受侵犯,遵守《凡尔赛和约》关于莱茵区非军事化的规定,英意充当保证国,承担援助被侵略国的义务;德比、德法、德波、德捷之间的《仲裁条约》,规定联邦德国和比、法、波、捷用和平方式解决彼此间的纠纷,每一组缔约国分别设立一个常设调解委员会处理双方间的问题;法波、法捷间的《保障条约》,规定在抵御遭受无端袭击时互相支援。公约保证联邦德国与西部邻国的边界现状,对改善法、德关系,稳定欧洲局势有积极意义,但未给予联邦德国与其东部邻国的边界以保证,即不约束联邦德国向东扩张。

120　128　转引自加里宁著、吕式伦译:《现阶段的英美矛盾》,世界知识出版社 1960年,第 150、143—153 页。

124　Dening to Harold Macmillan,21 September 1955,FO371/115234/FJ10338/76.

126　Record of conversation with the Japanese Ambassador, 21 July 1954,FO371/110413/FJ1051/5.

127　《东南亚集体防卫条约》第 7 条为:任何能促进本条约的目标,并能对本区域的安全有所贡献的其他国家,经各缔约国一致同意,得被邀请参加本条约。如此被邀的任何国家,经向菲律宾政府交存加入书,得成为条约缔约国。菲律宾共和国应将每一此种加入书的交存通知每一个缔约国。参 http://www.ioc.u—tokyo.ac.jp/worldjpn/documents/texts/docs/19540908.T1C.html

130　《コロンボ計画参加の背景》,《読売新聞(朝刊)》1954 年 10 月 7 日。

131　133　Tanaka Takahiko, "Anglo—Japanese Relatios in the 1950s:Cooperation,Friction and the Search for State Identity",in Ian Nish,Yoichi Kibata eds. ,*The History of Anglo—Japanese Relations*,1600—2000 *Volume II:The Political—Diplomatic Dimension*,1931—2000. NewYork:ST. MARTIN'S PRESS,LLC,2000,pp. 204—205、p. 212。

第 三 章

双边关系障碍最终消除(1956—1964)

　　20 世纪 50 年代后期,由于日本首相岸信介曾任东条英机内阁的商工大臣,英国对岸信介内阁比较冷淡,但是美国从中斡旋,促成岸信介访英。在岸内阁时期,日英签订了《日英原子能协定》,日本从英国购入发电用核反应堆,同时日英间开始了《日英通商航海条约》的谈判。经过旷日持久谈判的《日英通商航海条约》终于在池田勇人访英期间签订,同时英方承诺放弃对日援用关贸总协定第 35 条,日英双边关系的障碍最终得以消除。此外,英国还支持日本加入经合组织。

第一节　双边政治关系的发展

一、岸内阁时期的政治关系

(一)岸内阁的外交课题与英国对岸内阁的印象

　　1956 年 11 月,日苏实现复交。12 月,日本加入联合国。同月,为此付出巨大努力的日本首相鸠山一郎引退,石桥湛三在自民党总裁选举中以微弱优势击败岸信介,于 20 日在国会被指名为首相。然而没有多久,石桥就患病,被迫于 1957 年 2 月 22 日宣布辞职,由临时代理首相兼外相岸信介接任。

岸内阁发轫后,就提出了外交三原则:

1. 以联合国为中心。联合国是世界各国对话的场所,是促进国际间的友好合作的发展和增进福祉,阻止战争危险的有效手段。现在正式入联的日本,为发扬联合国的原则,强化其活动,为达成其使命而努力。[1]此后,日本以联合国为中心,展开"亚非外交"。另一方面,由于日本是世界上唯一遭受核弹危害的国家,并且还曾受到核试验的危害,所以日本的反战反核的国际和平主义意识相当强。在这种背景下,政府和国会都受到强大的压力,不得不作出反战反核的势态。岸信介政府除了单独向美、英、苏等国请求停止核试验以外,还以联合国为舞台,积极推动裁军。

2. 与"自由主义各国"协调。虽然国际形势不安定,但是大体上迎来了长期和平的时期,这是"'自由主义各国'团结对待社会主义各国而得来的结果"。如果这种扰乱了这种团结,则有爆发世界战争之虞。因此,"自由主义各国"应认清事态,保持精诚团结,日本作为"自由主义国家",也能担当起团结的责任。[2]岸信介上台后,面临的外交任务之一,就是修复鸠山政府时期,因追求对中苏缓和而受损的日美关系。要求英国等对日本援用关贸总协定第 35 条的国家撤除第 35 条,并且在放松对华贸易限制等问题上谋求英国等国的合作。

3. 坚持作为亚洲一员的立场。作为日本来说,欲保世界之和平,必先保亚洲之和平,因此,在消除威胁亚洲和平的因素的同时,有必要扫除社会内部的不安,为此必须与友邦合作,共创繁荣。为达至目的,日本须竭力有所贡献。首先在亚洲内部,为取得亚洲的共鸣和依赖而坚持作为亚洲一员的立场,在努力提高亚洲各国共同性的同时,日本对亚洲以外,发挥作为"亚洲问题的公正发言者"的作用,在国际社会努力确保提升亚洲的地位和发言权。[3]此时的日本与美国的贸易摩擦显著增加,日本政府有降低对美国市场的依存度,摸索新的市场的必要。这种新市场的方向,就是中国和东南亚。[4]1957年7月10日,岸信介任命藤山爱一郎为外相。展开了重视亚洲和"对美自主"色彩颇浓的外交。岸信介自己后来也曾两访东南亚,并谋求美英的合作建立东南亚发展基金。

1957年1月7日,英国首相艾登因苏伊士运河危机辞职,1月10日,麦克米伦继任首相。麦克米伦上台后,在外交上的首要大事,就是修复在苏伊士运河危机期间受损的英美"特殊关系"。其次,为了建设本国的核威慑力量,争取美国政府废除1946年通过的不向别国提供核能技术的《麦克马洪法》。[5]

关于英日关系,当时英国驻日公使哈法姆(W·Harpham)在1957年9月10日致英国外相劳埃德的一封信中进行了分析:"英日关系友好但不热烈,两国之间有很多问题:地理遥远,语言不通,对于战争的情感,兰开夏对于不公平竞争的积怨,苏伊士运河问题以及对于核武器的骚动等。日本有许多作品宣称东南亚感谢日本把他们从英国殖民统治的奴役中解放出来。他们认为英国是战时被日本击败的大国,它仅仅是为美国所拯救。英国曾在东南亚富有影响,然而这种影响正在消退,而日本人乐于见到这种消退。但他们还有一点嫉妒,因为英国在世界上仍处于可以否定日本的地位。这种态度影响到英国政府制订正确的对日政策。"[6]

基于上述分析,哈法姆(W·Harpham)建议:[7]

1.英国对日政策的基本目标是:"既要防止其转向不友好的中立主义,也要防止其转向共产主义。"

2.具体的实施要点是:①英国应该坚持对美政策的独立性。只有这样,"英国才能为日本所尊重。只有赢得日本的尊重,英国才能施加影响,才能保护自己的利益。"②密切日英关系。"如果英国要在日本事务中发挥影响,就应该主动努力为英日关系创造更热情的平台。这不是因为英国喜欢或相信日本或其领导者,而是因为只有这样做英国才能对日本施加影响。"③明确战争认识。即"英国应该让日本感受到,尽管战争还受关注,但过去的让它过去。英国希望和日本建立更友好的关系,就像英国对其他以前的敌人所做的那样"。

然而,要落实上述政策建议并非易事。岸信介的执政,给英国出了个难题。白厅(英国政府所在地)并不乐见岸信介上台,因为他曾任战时东条英机内阁的商工大臣,战后作为甲级战犯嫌疑人在巢鸭监狱关押3年。英国担心岸信介为了维持自己在国内政治中的地位,为了养活持续增长的人口而与中国接近。[8]因此,英国一方面对日本进行拉拢,防止日本因为经济需要或被其他国家冷落而与中国结盟。英国尽量把日本拉进诸如科伦坡计划之类的国际组织,支持其加入联合国和作为联合国安理会候选国。为了使日本能养活数量巨大的人口,英国还打算促进日本与西方和亚洲"自由国家"的贸易。[9]另一方面英国又对日本实施打压方针,一个现成的制约日本的重要筹码,就是援用关贸总协定第35条,拒绝给日本产品最惠国待遇。其根本目的只有一个,就是维护英国自身的利益。

这一时期,日英关系围绕着日本试图阻止英国核试验、外相藤山爱一郎访英和岸信介访英展开,以下分别论述。

(二)日本试图阻止英国核试验

二战中,英国参与了美国的核弹研制计划。战后虽然英国的亲密伙伴美国拥有核弹,但工党首相艾德礼认为,英国应该拥有核武器,因为英国不能任凭美国摆布。1947年,英国决定独立研制自己的核弹。1952年10月,英国第一颗核弹试爆成功。大约18个月之后,皇家空军就装备了实战型核弹,英国成为世界上第三个核国家。1954年,苏联的氢弹试验成功,英国也制定了研制氢弹的计划。

二战结束前夕,日本广岛、长崎相继遭到美国的核弹轰炸,伤亡惨重。1954年3月,日本远洋渔船第五福龙丸在比基尼岛附近受美国氢弹试爆所产生的高能辐射而导致船员死亡。这一事件引起了日本国民的强烈抗议,要求追究美国的责任。以此为契机,日本民间掀起了反核运动。在这样的背景下,4月上旬,日本众议院通过了《关于原子能国际管理的决议》,参议院于通过了《关于原子能国际管理及禁止核武器的决议》。[10]1956年12月18日(第11次联合国大会期间),日本加入联合国。1957年1月14日,联合国第一委员会开始审议包含核武问题在内的裁军问题,日本代表泽田廉三于1月16日发言,呼吁从速停止核试验,至少也应建立核爆之前向联合国的管理机构通告的制度,使核爆处于国际监管下,对人体绝对安全,对其他国家不造成任何经济损失。[11]此外,日本政府还直接对美、苏、英等国提出停止核试验的劝告。

1956年6月,英国首相艾登发表声明,宣布英国将于1957年上半年进行百万吨级核弹试验。1957年英国政府正式通知日本政府,英国将于3月1日到8月1日在太平洋中部进行核试验,圣诞岛周围水域为危险区域。[12]1月30日,日本政府通过驻英大使西春彦请求英国政府停止核试验。英国政府于 2 月 12 日答复说,核试验在高空进行,不会产生大量的核爆炸散落物,并且已经做好了周密的准备,不会置日本于危险境地,不会污染鱼类。英国政府将持续致力于达成对核武器和常规武器进行有效管理的裁军协定。但是,尽管"自由国家"在不断努力,到现在还没有达成裁军协定,只有核武器才是防止战争的最大的力量,能起到保卫"自由国家"的作用,因此,进行核试验是英国政府的义务,它无意中止核试验。2 月 14 日,日方对英国政府不顾日本国民的希望,仍然打算进行核试验表示遗憾,同时再次要求英国停止核试验。日方认为,如果进行核试验使日本国民遭到损害和损失的话,英国政府当然负有责任,并应进行赔偿。[13] 日方宣称,日本有一条固定的货轮航线通过危险区域,从马卡提岛(Makatea,属于法属波利尼西亚)向日本运送磷酸盐。[14]

3 月 1 日以后即进入了英国所谓的危险时期。日方于 3 月 5 日督促英方对自己 2 月 14 日的请求做出答复,同时,为保证船舶、航空器的安全,要求英方:1. 通报每次试验的预定时期;2. 试验前确认危险区域内是否有日籍船舶,如果有的话,等这些船舶退到安全区再进行试验;3. 掌握危险区域附近船舶的动向,为确保这些船舶的安全,英方应给予它们必要的指示;4. 采取其他所有必要的安全措施。3 月 15 日日本参议院通过《关于禁止原子弹、氢弹的决议》,3 月 18 日,由驻英大使西春彦向英国政府转达,并要求英国政府给予审慎的考虑。[15]

3 月 23 日,英国政府对日本的请求做出回答。英方指出:英国为保卫"自由世界",不考虑停止或推迟核试验。对于试验造成的损害,会认真考虑赔偿,并依据每个案例的具体情况作出决定,英方不主张对故意停留或闯入危险区域的(人或船)进行赔偿。

在安全保障方面,由于气象上原因,试验不可能事先通告,但会采取一切必要措施,确认是否有船舶存在并进行警告。[16]

由于英国无视日本的请求,执意进行核试验,为了让英国真实地了解日本政府和国民在核问题上的热切希望,日本首相岸信介派出特使——立教大学校长松下正寿访问英国。4 月 2 日,英国首相麦克米伦会见松下,松下向麦克米伦递交了岸信介的亲笔信。信的主要内容是,日本国民从自己的经历出发,站在人道主义的立场上,真诚希望禁止核试验、禁止核武器的生产和使用,同时,为人类的福祉,发展和平利用核能。松下访英时,还广泛地会见各界名流,向他们说明日本在核试验问题上的立场。4 月 11 日,麦克米伦再次会见松下,对岸信介的信作出答复。麦克米伦说:"现在世界的和平,依赖于英美拥有强力阻止'侵略'的武器。在通过试验显示所具有的机能之前,不能获得充分的效果,因此试验是有必要的。以日本为首的亚洲各国采取中立的立场是不合理的,亚洲的'自由国家'应和西欧一样接受这个政策带来的保护。此外,英国政府现在仍为在裁军计划的适当阶段禁止核试验而努力,英国政府不会忘记日本国民曾受过核弹的危害,此次试验所产生的放射能的影响是极其微小的,并已采取预防措施保障安全,不会对日本造成危害。"[17]

就在松下访英期间,4 月 5 日,英国发表《国防白皮书》,把国防的重点放在发展独立的核威慑力量上。这是由于英国正处于进退两难的境地,苏伊士危机重创了英国,并且英镑地位脆弱,英国的经济负担已达到极限,而它又无法减少自己承担的义务,因此,英国已不能像以前那样应付国防开支了,这笔费用占国民生产总值的8%,并且以每年6%的速度增长。而法国的国防开支只占国民生产总值的6%,联邦德国的国防开支仅占4%。同时,欧洲大陆各国的出口开始同英国的出口展开竞争。由于英国 24% 的造船工业、14% 的机械制造业的产品都用于国防,使民用工业部门缺乏资金,无力进行现代化。因此英国实行把国防重点放在核威慑力量上,以便削减国防预算,对美国保持独立性,并在国际要求获得超级大国的地位。[18]

1957 年 5 月 15 日,英国在圣诞岛进行了第 1 次氢弹爆炸试验。5 月 17 日,日方再次向英方表达强烈遗憾,[19]当天有上万人在英国驻日本大使馆进行游行示威。[20]英国对上述抗议置若罔闻,5 月 31 日、6 月 19 日又进行了 2 次核试验。直到 7 月 1 日,才解除核试爆危险区域的海上警戒。10 月 26 日,英国政府向联合国通告冬天将在圣诞岛附近进行核试验。日方通过驻英大使西春彦再次对本年年初以来英国无视日本的劝阻,又决定进行核试验表示遗憾,再次请求英方停止核试验。[21]11 月 1 日,英国外交部发表通告指出,11 月 3 日以后,圣诞岛周围为危险区域,已经采取了充分的措施确保区域内的人员、财产安全。

11 月 8 日,英国政府表示已于 11 月 7 日进行了一次核试验。同日,对日本的请求作出回答,同意停止核试验。英方表示,这并不是同意了日方请求,而是作为 8 月 29 日英、美、法、加四国提案的关于裁军的第一阶段的国际协定的一部分,同意停止核试验。在此协定生效之前,为了"自由主义国家"的利益保留进行试验的自由。同时,日方通告英方,声明保留就本国国民的生命财产遭受的损害要求赔偿的权利。11 月 9 日,英国表示 26 日解除危险区域。[22]

二战后日本国内和平主义兴起,加之由于二战末期日本曾经遭受美国的核弹轰炸,以及 1954 年 3 月的第五福龙丸事件,日本国内反核运动高涨。在这种背景下,日本在对美、苏、英、法等有核武器或正在进行核试验的国家的外交中,往往要求对方停止核试验或裁军。日本政府这样做,也算是对民意有个交代,不至于在选举之时失去选票。与之相对,英国奉行核威慑的政策,发展核武器。其原因是:1.拥有核武器是大国的标志,在国际事务上能拥有更多发言权;2.英国发展核武器可以减少其他方面的国防开支,以便削减国防预算;3.对苏联等社会主义国家进行威慑。因而在这个问题上,日本对英国说三道四,颇有对牛弹琴的味道。

(三)藤山爱一郎访英

1957 年夏,美国国务院正式建议英、法两国邀请岸信介访问伦敦和巴黎。英国驻日使馆官员认为这样的邀请还为时尚早,至少在年底之前,不太可能接受岸信介访英。法国对美国的建议也缺乏热情,它在等着看英国是如何回应的。英国驻日使馆官员认为,藤山的访问有助于打开邀请岸信介访问之门。日本外相藤山爱一郎本是个有影响的商人,他是岸信介的密友。岸信介 1948 年从巢鸭监狱释放后,藤山曾安排他在自己经营的公司工作,使他生活有保障。因此岸信介上台后也投桃报李,于 1957 年 7 月 10 日起用藤山为外相,负责开展"经济外交"。英国认为,即使岸信介倒了台,藤山作为实力派,其影响会长期存在。[23]英国邀请藤山访英并不是为了就某项特定的事务进行谈判,而是泛泛交换观点。如果可能的话,希望在战后日本发展的重要时刻影响藤山,进而通过藤山影响岸信介。

9 月 27 日至 10 月 7 日,藤山访问英国。9 月 28 日,藤山爱一郎与英国外相塞尔温·劳埃德(Selwyn Lloyd)举行会谈,会谈的主要问题如下:

1. 中国问题

岸信介起用藤山爱一郎的主要原因就是为了让他推进经济外交。此时的日本与美国的贸易摩擦显著增加,日本政府有降低对美国市场的依存度,摸索新的市场的必要,而中国就这种新市场的方向之一。藤山上任后没几天,7 月 16 日,日本政府就宣布缓和对中国的战略物资出口管制,承认对东欧、苏联出口的项目也向中国出口。

在此之前的 5 月,"巴统"中国委员会(China Committee)审议对华出口问题。在会议上,主张完全废除"中国差别"的国家,与主张在某种程度上缓和、但反对完全废除"中国差别"的国家之间意见对立,无法达成一致。虽然一些国家拒绝对中国提供重要战略物资,但他们对美国的压力感到不满。如英国首相麦克米伦后来在回忆录中表示:"我同意控制武器的供应,同时,我一再表示,促使共产党人垮台的上策是使他们尽可能地富起来,那时,他们将陷入资本主义社会不可避免的、使其力量削弱的各种弊病中。不知为什么,我的美国朋友认为这一道理不能接受。"[24]5 月 30 日,英国外相在议会上发表声明,因为中国委员会没有达成一致意见,所以英国单独把对中国的出口控制缓和到和东欧、苏联一样的标准。英国外相发表声明后,日本政府先静观其变,后来发现相关国家纷纷效仿英国,考虑到与中国贸易的重要性,也终于在 7 月宣布废除"中国差别"。[25]由于英国在对华贸易问题上与美国有分歧,所以日本希望在缓和对华贸易限制问题上得到英国的支持。

当劳埃德问藤山如何看待中苏关系时,藤山说:"由于中国有自己的困难,我怀疑稳定的中苏同盟到底能维持多久。在我看来,大多数中国人目前不愿意接受共产主义制度,可是,共产主义教育能及时地控制人民。因此,我们应该考虑如何在有机可乘的时候,赢得中国从苏联分离。"藤山认为:"如果美国能对中国更友善一些将是有益的,并且这将鼓励他们保持一些'自由思想'。美国对华贸易政策过于生硬。"藤山不相信蒋介石集团有任何反攻大陆的希望。劳埃德说:"我们非常不同意美国对华贸易政策,美国维持这种政策引起了英国的反美情绪,只有废除这种政策,我们才能得到自己该有的位置,并消除刺激英美关系的因素。"[26]

对华更友善、放松对中国的贸易限制来鼓励中国保持一些"自由思想",最终促使中苏分离,这是对吉田茂对华"和平攻势"的继承。而此时的英国首相麦克米伦也对美国过度限制对华贸易表示不满,也认为"促使共产党人垮台的上策是使他们尽可能地富起来",日英双方在这个问题上找到共同语言。这也导致后来岸信介访英时,美国劝诫英国不要有促进日中接近的行为。

2. 核试验问题

在和劳埃德和国防大臣邓肯·桑兹(后来加入会谈)会谈时,藤山都要求英方停止核试验。劳埃德说:"我们相信在核武器的发展上,与西方相比苏联仍处于一个不利的境地,西方在这个领域保持领先是非常重要的,这将导致苏联害怕他们,苏联不会被常规武器吓住。"而邓肯·桑兹反而请日方看清西方与共产主义世界不平衡的危险。[27]实际拒绝了藤山的要求。

3. 关贸总协定第 35 条

藤山指出,按照《日澳贸易协定》,澳大利亚政府已经在重新考虑撤除对日本援用关贸总协定第 35 条。他希望英国政府也重新考虑这个问题,并对日本完全适用关贸总协定,这将对其他国家起到示范作用。劳埃德说:"英方的观点是欲速则不达,扩大双方贸易所带来的持续的效果最有利用双方。如果双方成功地做到这点,就能达到真正的目标,那时撤除第 35 条就是顺理成章的事了。"[28]英国对日援用第 35 条,是为了对日本产品进行歧视,防止日本的不正当竞争行为。当时日本加入关贸总协定才 2 年,双方的经济力量对比和贸易状况还没有发生重大变化,所以英国政府还不打算撤除对日援用第 35 条。

4. 东南亚发展基金

东南亚发展基金是岸信介所提倡的。岸信介认为:"(东南亚国家)为了打好经济基础,必须首先发展经济,但具体做时,缺乏钱和技术。技术可以向先进国家学习,但东南亚国家又付不起费用。因此,应该在各国设立技术训练中心,培养技术人员。东南亚国家没有民族资本,只能向外国求援。向外国求援时,可以向美国、苏联、中国等伸手,但不能不考虑其背后的政治意义。必须离开这些政治,设立纯粹的产业基金,这就是东南亚发展基金。提供这笔钱最多的应该是美国,日本也要出。其经营不采取谁出钱多谁发言权就大的办法,即使不出钱,只要是亚洲国家,就可以派出代表,协商基金的用途。"[29]当时在南亚和东南亚已经有英国主导的科伦坡计划,日本也是科伦坡计划的捐赠国之一。那么日本想另起炉灶,建立东南亚发展基金,表面上的理由是发展东南亚经济,增加东南亚国家的购买力,以对付共产主义的传播。岸信介在预料本国出钱不会很多的情况下,主张其经营不采取谁出钱多谁发言权就大的方针,实际上是想以欧美的金钱,为日企进入东南亚开辟道路。

岸信介 1957 年两次出访东南亚时,岸信介和这些国家谈了这个问题,除了印度总理尼赫鲁、马来亚总理拉赫曼反应比较热烈外,其他国家反应比较冷淡。岸信介两次访问东南亚期间,还去了美国。岸信介曾向杜勒斯大力强调东南亚的现实,但没有得到美国的支持。[30]此次藤山访英,也向英方提出东南亚发展基金的问题。

藤山说:"美国政府对东亚各国的立场没有深刻的理解,但英国政府有,因此强烈希望这个构想能得到英国支持。"对于这个基金,英国外交部认为,不仅英国的资金不宽裕,而且这个构想令人想起"大东亚共荣圈",日本政府这样的行为得不到这些国家的支持。所以,劳埃德表示,英国对这个基金不感兴趣,也不可能在资金上支持日本,因而不参加这个基金。[31] 显然,英国对于日本在东南亚的行动还是抱有戒心,东南亚市场对于英国来说也是极其重要的市场,它对日本强势进入英国传统的东南亚市场感到担心,因而不会支持可能提高日本在东南亚威望的计划。

除外交大臣劳埃德和国防大臣邓肯·桑兹外,藤山还和英国首相麦克米伦、能源部长米尔斯(Lord Mills)等举行会谈。藤山访英并没有与英方达成具体的协议,但是日英双方都认为此次访英都得了成功。英国外交部对和藤山坦率地交换了意见感到满意;[32] 日方也认为,会谈在友好的气氛中进行,两国间紧密的关系得到了回复和发展。[33] 藤山访英是一次试探性访英,是岸信介访英的前奏。

(四)岸信介访英

岸信介计划自1959年7月11日起的一个月里,访问英国、联邦德国、奥地利、意大利、梵蒂冈、法国等欧洲国家以及巴西、阿根廷、智利、秘鲁、墨西哥等美洲国家。对于岸信介的出访,《读卖新闻》7月6日的报道还指出岸信介出访的焦点是英国,其重要问题是与英国协调对社会主义国家,特别是打开对中国的关系问题。[34]

当地时间7月13日凌晨2时21分,岸信介飞抵伦敦,英国外交国务大臣奥姆斯比戈尔(Ormsby – Gore)到机场迎接。岸信介在机场发表声明,他说:"此次访英之际,他将与英国首相麦克和其他政府首脑就最近微妙的国际局势、扩大两国间贸易、促进文化合作以及亚洲的政治、经济稳定等两国共同关心的问题坦诚地交换意见,日英两国继续为保护历史上在亚洲的共同利益而合作。为了两国的福祉,为了包括亚洲在内的各地的和平与繁荣,两国有必要进一步加深相互的理解。不仅他个人,大多数日本国民都对英国抱有根深蒂固的亲密感,这不仅是对过去的留恋,也是由对战后英国国民的努力和成就的尊敬所感发的。"[35]

访英期间,岸信介分别与麦克米伦、财政大臣希思科特—艾默里(Heathcoat Amory)和贸易大臣大卫·埃克尔斯(David Eccles)、外交国务大臣奥姆斯比戈尔(Ormsby - Gore)进行会谈,其主要议题如下:

1. 裁军问题

7月13日上午,岸信介和奥姆斯比戈尔举行会谈,讨论裁军问题。岸信介说:"日本国民对核武器的敏感来源于他们战时的经历和一些国民曾遭受到核试验的影响。他们希望日内瓦谈判能成功,他们相信对某些裁军进行国际监管和视察是有必要的。如果将现在用于发展核武器的资源用于不发达国家的发展,则善莫大焉。"奥姆斯比戈尔说:"英国政府明白日本在这件事上的感受,英方乐于听到日本政府赞成一个平衡计划——全面裁军,考虑到苏联的强大和中国常规武器的数量,单独进行核裁军存在巨大的危险。英方的目标是平衡的裁军,为此,我们希望和苏联达成协议,问题的关键在于安排视察和监控。如果能就核试验达成某种协议,这将不仅对其本身有利,还将证明对于其它领域的视察和监控计划也是有益的先例。"[36]战后日本国内和平运动和反核运动的兴起,迫使日本政府也"积极"参与国际裁军行动,并曾试图阻止美、英、法、苏等国进行核试验和发展核武器。发展核武器是冷战格局下资本主义强国与苏联之间竞争的一个必然的趋势,这些国家根本就不可能接受国力尚弱、十几年前还是"战败国"的日本的劝诫,所以日本在外交场合,就裁军问题与别国进行交涉只不过是一种例行公事,其象征意义大于实际效果。

2. 中国问题

同日中午,岸信介与麦克米伦会见,讨论中国问题。岸信介首先介绍了日本的立场和看法:"在他看来,中国大陆政府虽然有点弱小,但已经牢固地建立政权,并且在可预见的将来不太可能被推翻。在中苏关系中有一些不确定因素,但还看不到有分裂的迹象。有很多日本人希望恢复和发展日中关系,然而,这受困于日台关系。直到去年,日本还和中国保持非官方贸易和其他关系,但中国中断了这种关系,并把日本政府视为敌人。日本政府现在不能承认中国大陆政府,中国坚持将政治和经济联系在一起,而使得后者变得不可能。中国希望日本放弃与台湾的联系以及《日美安保条约》。但是,日本的基本原则是与'自由世界'合作,日本不接受中立主义政策,更之,台湾对于日本的安全很重要,如果它转向共产主义,则会对日本构成重大的威胁。无论是中国大陆还是台湾,都不接受二个中国的政权。"

接着,岸信介询问麦克米伦如何看待英中关系,并且英国的观点与美国有何不同? 麦克米伦首先欢迎岸信介站在"自由世界"的立场,他接着说:"虽然英国政府在 1950 年就承认北京政府,但关于中国的意见是变化的。尽管承认了北京政府,英中关系还是冷淡的,英方坚定地和美国以及其他盟国站在一起。"[37]

岸信介访英之所以能成行,有美国在背后积极斡旋。但是,尽管美国欢迎英国合作带领日本进入"自由世界",但是美方担心英国在岸信介来访时,谈论承认中国和对华贸易问题。美国副国务卿狄龙(Douglas Dillion)曾间接告诉英方劝告岸信介不要与中国发展更紧密的关系,特别是不要承认中国。6月20日,美国国务卿赫脱(Christian Archibald Herter)在日内瓦告诉英国外相劳埃德不要在对华贸易上给日本任何鼓励。[38]英国想确保日本与西方站在一起反对日渐强大的中国,同时缓和日本认为美国对华政策是错误的观点,所以,英方在和岸信介谈中国问题时小心行事,以防止他引用英方的说法去劝美国。当岸信介问麦克米伦,在中国问题上英国的观点与美国有何不同? 实际是想让麦克米伦说出英美在中国问题上分歧,而这种分歧是实际存在的。日本正是想利用这种分歧,利用英国主张对华贸易的立场,来劝美国放松对华贸易限制。由于英国已经受到美国的劝诫,所以当然不可能在中国问题上为日本火中取栗。所以麦克米伦在谈到中国问题时,王顾左右而言他,只是含糊地说"英中关系还是冷淡的,英方坚定地和美国以及其他盟国站在的一起。"

3. 经济问题

同日下午,岸信介与英国财政大臣希思科特—艾默里(Heathcoat Amory)和贸易大臣大卫·埃克尔斯(David Eccles)会谈。这次会谈的焦点是,岸信介要求英方撤除援用关贸总协定第35条,减少对日贸易歧视。岸信介讲话的要点如下:[39]

①岸信介知道英国产业界担心日本产品占领英国的市场。为消除他们的担心,日本政府愿意尽力建立有秩序的市场。岸信介确信日本产业界将愿意进行自我限制,就像最近他们对澳大利亚和新西兰已经做的,以换取通过通商条约给日本最惠国待遇。

②现在印度和巴西已经撤除援用第35条,其他国家也与日本保持正常的关贸总协定关系,日本政府希望英国能为其他还在援

用第 35 条的国家作出表率，这些国家中有些是英联邦国家。

③日本希望在 8 月与英国达成建造发电用核反应堆的合同，但是英国最近对来自美元区的进口实行自由化的时候，日本并没有从中丝毫受益，毫无疑问这给日本在某些项目上自律增加难度。日本希望当英国进一步自由化时，对日本进口应该采取无歧视的政策。

希思科特—艾默里和大卫·埃克尔斯的回答是：英方朝着与日方自由贸易的方向努力，只要岸首相同意英日双方的官员一起商定，在给予日本进口产品最惠国待遇之前，能给英国产业提供怎样的保护措施。[40]岸信介同意两国官员应该研究英国所需要的提供保护措施的方法，以促使给予日本进口产品最惠国待遇并撤除援用第 35 条。

在日本加入关贸总协定之时，英国等国对日援用第 35 条，在经济上日本所受的损失并不是很大，但在外交形象上的损失是巨大的，因为这让日本在国际贸易中像个"二等公民"。所以日本一再努力想促使英国等国放弃援用第 35 条，并且基于英国在欧洲和英联邦国家的影响，如果英国放弃援用第 35 条，能对其他对日援用第 35 条的国家起到良好的示范作用。

但是在英国国内，一方面，给日本最惠国待遇是个政治问题，英国产业界不愿意看到进一步撤除对日本进口的限制措施，所以政府也不敢走在舆论之前。另一方面，日英之间也存在巨大的商机，比如日本想从英国引进发电用核反应堆，如果成功将大大地改善日英的经济关系。因此，英国政府考虑在给英国产业保护措施的前提下给予日本产品最惠国待遇，这也是以后《日英通商航海条约》谈判的一个方向。

7 月 14 日下午，岸信介在日本驻英大使大野胜巳和官房副长官松本俊一的陪同下拜访丘吉尔,双方进行了约 10 分钟的会谈,皇太子明仁在 1953 年访英期间,颇受丘吉尔教诲,因此岸信介在会谈中代明仁向丘吉尔表示感谢。在谈到日英关系时,丘吉尔遗憾地说:"日俄战争之后,废除日英同盟,从今天来看,这是英国外交史上一大败举。废除同盟的虽然是英国,但我仍认为这是错误的决定。如果日英同盟继续存在,其后的亚洲和世界的形势将不同于现在,而且这次战争的形势也将变得非常不同。苏联对亚洲的扩张,也不会像今天这个样子。日英必须结盟,以共同对付苏联。苏联的外交政策,从沙皇时代到现在,其侵略本质并未变化。"[41]

7 月 14 日晚 8 点,麦克米伦在唐宁街 10 号举行晚宴招待岸信介。在晚宴上,麦克米伦致辞说:"我小时候因日本战胜俄罗斯而心情激动,其后英日关系未必很顺畅,我们今天必须再次建立友好的纽带。战后日本建立民主体制,完全作为自由国家的一员而重生。拥有相同理想的日英两国必须相互友好。"岸信介致辞说:"我自己大体和麦克米伦首相年纪相同,也有日俄战争的记忆,日本与英国结成同盟国与俄罗斯作战留在幼时的记忆里。终战后,日本以尊重人权和个人自由为基础建立民主体制,但与英国相比,时日尚浅。现在来到有悠久民主主义历史的国家,要学的东西还很多。今后要促进日英合作,向英国学习。"[42]

在岸信介访英时,双方领导人都强调苏联的威胁,这对于日本来说,是一张很好的向英国等西欧国家靠拢的牌。岸信介紧紧把握"反苏"这一与英国等国的共同语言,可以凸显日本与英国等国相同的"自由主义国家"身份,表明日本与英国等国是"同质"的,而不是"异质"的,以减少英国等国对日本的排斥。

7 月 15 日上午 10 点半,岸信介又与麦克米伦进行了约 30 分钟的会谈,之后发表共同声明,强调有必要加强日英两国的合作,并解决日英两国间的悬案,包括:1.英国同意研究关贸总协定第35条的问题;2.日本政府全力尽早解决日本侵华战争期间英国所受损失的赔偿问题;3.期待尽早缔结日英通商条约;4.商讨缔结日英文化协定。

对于岸信介的此次出访外国,社会党反对,自民党内部也有一部分持反对态度。因为日本国内政治、经济问题堆积如山,如安保条约改定问题、北朝鲜归还(滞留日本的朝鲜半岛人归还北朝鲜)问题等,在有的媒体看来,"岸信介似乎是为了回避这些问题而出访。"[43]实际上岸信介的政治地位不稳,如果他访英能带回贸易协定作为礼物的话,则他在党内派阀斗争中处于有利地位。虽然英国对岸信介的来访给予了"热情"的欢迎,但对于关贸总协定第35条等涉及实际利益的问题还是没有退让。以日本将购入英国的发电用核反应堆为标志,日英经济关系有所发展,所以《日英通商航海条约》也被提上了议事日程,两国朝着解决问题的方向努力。

二、池田内阁时期的日英政治关系

(一)池田上台时英日相互的看法

1960年11月,岸信介辞职,池田勇人继任自民党总裁和首相。在同月20日举行的大选中,自民党获胜,席位有所增加。相对于岸信介,池田勇人更受人们欢迎,日本将迎来一个稳定的时期。同时,在日本有转向中立主义和与中国建立更紧密经济联系的趋势。和中国增加贸易的可能性吸引了许多日本人,日本认为美国的对华经济政策是错误的,但他们自己不做什么,只是期待英国能说服美国改变对华经济政策。连美国人也相信中立主义意味着美国将失去基地,这样的损失将严重损坏美国在太平洋地区的战略地位。

自从日本加入联合国以来,日本总体上和西方保持友好。日本是科伦坡计划的捐赠国,最近又宣称将增加捐赠额。在与西方的合作上,在东南亚的经济发展上,日本适合用工业和经济实力去扮演重要的角色。英国认为鼓励日本这样做符合西方的政治利益,如果没有西方的鼓励,日本很可能倒向中国。

日本人非常仰慕英国,他们认为与英国相比美国是花哨和肤浅的。自从战后日本就处于美国的影响之下,这使得日本人有夸大美国与英国的不同的趋向。尽管知道日英同盟的老一辈的人正在减少,新的趋势是,即使在年轻一辈中,也有人认为日英同盟的那段时间,是日本在世界上比较重要并且受到尊敬的时期。与之相对,日本近来与美国的同盟伴随着精神的迷失和国际地位的下降。[44]

日本认为英国太顺从于美国,它或多或少已远离涉及日本的问题,并谨慎地减少与日本的接触。如果能实现大臣级访问,特别是首相访日,将极大地修复以上的偏差。但提升英日关系并不能一蹴而就,英方需要更多地关注日本,不是偶然的,而是作为长远的、稳定的政策。日本人似乎认为他们和美国靠得太近,和英国紧密结盟将使他们和"自由世界"的关系变得更健康、更平衡。美国人也在促进日英接近,国务院和其他部门的美国官员一再劝告英国对日本的态度不需要太冷淡,为了增强"自由世界"在远东的利益,美国将欢迎英国和日本建立更紧密的联系。

英国和日本在贸易和商业问题上有分歧,日本非常怨恨英国拒绝撤消援用关贸总协定第 35 条,实际上日本从这所受的损害小于它所认定的。这是一个心理因素,日本感到大失颜面,这使它非常恼怒。但现在英国经济政策委员会（EPC）已经建议，只要有适当的保护措施，英国应该撤销对日本援用第 35 条，因此，和日本缔结一个通商协定的前景变得明朗。如果双方能缔结这样一个协定，并且英国在确定的保护措施下撤销援用第 35 条，则日本对英国的怨恨将有望消除。[45]

出于经济等方面的原因，日本对东南亚经济发展非常有兴趣。日本前总理岸信介，在 1957 年曾提出日本和美国以及其他西方国家在此问题上合作，建立东南亚发展基金，但没有成功。尽管事实上美国和英国一样怀疑岸信介的建议，但日本似乎倾向于把计划失败的责任全部归咎于英国，而不是美国。日本认为，是英国提出岸信介的建议是企图恢复臭名昭著的"大东亚同荣圈"，英国不愿认识到世界形式已经变化，日本不可能再把它的意志强加于东南亚国家。日本指责英国提起可怕的"共荣圈"，是为阻挠日本合法、和平地与英国及其他国家合作以提高其他亚洲国家生活水平的愿望。

池田上台后，通过驻英大使正式邀请英国首相访日，英国外相霍姆在 12 月 12 日写给首相麦克米伦的备忘录中希望首相能接受邀请，因为日本非常渴望提升与英国的关系，并且美国也一再催促英国将此事提上日程，霍姆相信英日关系的提升既有利于双方也有利西方。同时霍姆建议，英方无需立即给出确定的日期，但可以告诉日本大使，英方原则上接受邀请，而日期可以容后再议。[46]

12 月 13 日，麦克米伦和霍姆谈论了后者 12 日的备忘录。他们认为，向日本回答即将访问的是错误的，英方向它说的任何事情都可能被泄露，当麦克米伦访问日本之事被公布，那么他在下院将受到要他访问中国的强大压力。把政府暴露的这种压力下是不明智的，特别是在美国新总统即将就职的时候。最终英国在谢谢日本的邀请的同时婉拒了它。[47]

(二)池田政府的外交动向

　　1960 年 1 月 19 日,《日美共同合作和安全保障条约》及《行政协定》在华盛顿签字。7 月 15 日,岸信介在风起云涌的"安保及三池斗争"中辞职。7 月 19 日,池田勇人出任首相。池田年轻时曾患过重病,从死亡边缘挣扎过来。他是出身大藏省的官僚,他的政治生涯始于战后,因"盟总"整肃战犯而得到飞升,是"吉田学校"的高才生。池田全然没有日本社会精英所特有的老成持重的性格,经常口出狂言。在吉田内阁任通产大臣时,曾因失言讲了"倒闭一两个中小企业算不了什么"而被罢官。"安保及三池斗争"结束后,经济界及一般国民希望改变对立型政治的呼声越来越大,池田首相提出了以"宽容和忍耐"为宗旨的低姿态的政治。

　　虽然政治身段放低,池田的内外政策并不低调。对内池田提出了"收入倍增计划",所谓收入倍增计划,就是在 10 年内将国民收入翻一番,此外,还提出实现充分就业、促进国际经济合作、提高个人能力和振兴科学技术、消除双重结构等,实现以经济增长为支柱的国家目标。为实现收入倍增计划,池田经过反复试算,得出了只要达到 7.2%,最高不超过 9% 的名义增长率即可成功的结论。为此国际舆论把池田称为"百分之九先生",并以惊奇的眼光看待这一近乎癫狂的增长数字。

　　在外交上,池田提出的目标,是日本"既得到自由阵营的信任,也使共产阵营的敬畏"。[48]在日美关系方面,肯尼迪政府对亚非地区的局势以及美元危机所困扰,需要日本的合作,以协助美国的远东战略,保证低关税和自由贸易。因此,肯尼迪总统亲自提出了日美伙伴关系这个比较平等的说法,并满足日本的经济目的。这样,出现了池田能在经济增长和国际贸易扩大两方面,寻求美国给予支持的机会。[49]因此,为了加强两国的经济贸易合作,双方决定设立有关贸易和经济问题的日美联合部长委员会,同时设立有关扩大文化、教育及科学技术的研究委员会。1961 年 11 月,日美贸易经济联合部长委员会第一次会议在日本箱根举行。

　　战后以来,在美、日、欧三边关系中,一直是美日、美欧比较强,而日欧的联系比较弱,这有其历史原因:一是由于占领时期美军独占日本,并且日本实行"向美一边倒"的政策。二是由于日本在战前对东南亚国家的倾销和战时对盟军战俘的虐待等行为引起了以英、法、荷为首的西欧国家的反日情绪;英、法、荷在远东殖民帝国的没落和日本发动的太平洋战争存在着逻辑关系。因此,战后这些国家的对日政策都有一定的敌视性,日欧间关系比较冷淡。为了改变这种局面,池田政府采取了向欧洲接近的政策。这是由于:

　　1.局部调整对美政策的需要。日本在经济上、战略上、军事上均需依靠美国,与跨越太平洋的巨人相比,时常感到相形见绌。对于日本人来说,就像参加一个合办企业,别人已经提供了所有的资本,自己不过是个听人吆喝的小伙计。他们愿意有某个其他力量支持自己,打破这种偏轻偏重的关系格局。这并不是一方反对一方,而是摆脱地位卑微的处境。[50]对于池田政府来说,岸信介在修改日美安保条约后下台乃是前车之鉴,有必要对"向美一边倒"的政策进行修正,加强与西欧的联系。

　　2.西欧国家地位上升。战后十余年间,西欧各国的经济已经得到恢复和发展,随着经济实力的增强,在国际政治上的发言权也得到加强。在国际事务中,越来越难以忽视西欧国家的意见。加之 50 年代末 60 年代初第 2 次柏林危机以及古巴导弹危机的爆发,使国际局势进一步紧张,日本感到有必要和其他资本主义国家加强关系。在保持日美紧密同盟关系的同时,密切和西欧国家的联系,最符合日本的国家利益。

3. 拓展西欧市场的需求。池田勇人的国民收入倍增计划意味着对外贸易的增加,当时的日本对外贸易片面依靠美国和东南亚,与欧洲的经济联系还不强。其中很重要的一个原因是以英、法为首的西欧国家对日本援用关贸总协定第 35 条,对日本施行贸易歧视政策。因此有必要改善与西欧国家的关系,使其放弃对日援用第 35 条。

4. 提升日本国际地位的考量。日本对欧洲经济共同体非常关注,特派驻比利时大使兼驻欧洲经济共同体代表,以随时保持必要的联系。1961 至 1963 年间,英国首次申请加入欧洲经济共同体(EEC),这标志着欧洲经济一体化的趋势正在增强。日本担心扩大后欧洲经济共同体将越来越排外,因此,日本一方面希望英国加入欧洲经济共同体后能缓和后者排外的趋势,另一方面千方百计加入发源于欧洲的经合组织。

在池田政府对欧接近的过程中,西欧英、法、联邦德国等三大国中,联邦德国和日本一样也曾是战败国,在国际政治上没有多大的发言权。法国对日本并不是很友好,池田访欧时,法国总统戴高乐戏称池田称为"半导体推销员",并传闻法国总统戴高乐讽刺池田说:"日本的位置越来越高了,能看到很远的地平线,对欧洲也关心起来……只有像我这样高的人才能看得很远。"[51]而英国在战后有从世界大国收缩回欧洲的趋势,但对西欧国家和英联邦国家仍有很大影响,所以英国是池田实施对欧接近政策,谋求加入经合组织主要争取的对象。

（三）日本外相小坂善太郎访英

1961 年 7 月 4 日至 17 日，日本外相小坂善太郎对英国、法国、意大利、梵蒂冈、联邦德国进行访问。7 月 5 日至 8 日，小坂访问英国。访英期间，小坂和英国首相麦克米伦、外相霍姆、财政大臣劳埃德、贸易大臣莫德林等进行了会谈。

7 月 5 日中午，小坂善太郎与英国首相麦克米伦举行会谈。麦克米伦首先对自己不能访问日本深表歉意。小坂说日本政府希望麦克米伦首相能尽快访日，当然日方理解英国首相有其他事务缠身，小坂向麦克米伦递交了日本首相池田勇人致英国首相的信。[52]

小坂强调说："日本是亚洲仅有的发达国家，日本人感到自己生活在和其他发达国家不同的环境里，因此我们希望和西方建立紧密的联系。池田首相在不久前和美国总统肯尼迪会谈时提到，他希望和英国建立与日美关系一样紧密的关系，肯尼迪总统对此表示欢迎。"小坂强调，他本人正是怀着这样的希望访问英国。小坂说："长久以来，英国对亚洲很感兴趣，现在重要的是英国和日本一起合作。日本在战后奇迹般地恢复了，并且为过去的罪行忏悔，现在是致力于和平的民主国家，日本希望英国持续关注亚洲并依靠日本。"麦克米伦他回顾了英日源远流长的友谊，并指出两国的问题非常相像，所以两国间有自然的亲近感。

除与麦克米伦会议外，小坂还于 7 月 5 日与英国外相霍姆、贸易大臣莫德林(Reginauld Maudling)，7 月 6 日与财政大臣劳埃德分别举行会谈。小坂与英国领导人会谈的一个重点就是经济问题。

小坂与英方在经济方面的会谈有两个目的：一是改善日本的

外贸环境。由于池田政府制定出国民收入倍增计划,可以预见日本的经济将飞速增长,那么对外贸易也会急带扩大。因而日方希望在《日英通商航海条约》谈判中,能得到有利于自己的条件,也希望英方能帮助日本开拓非洲市场,并希望能通过高层互访增进了解,消除歧视和误解。二是加强与英国乃至西欧的经济联系。此时日本已经在寻求与经合组织更紧密的联系,希望成为观察员,并把这当作成为正式成员的第一步,并寻求英国的支持。

在小坂与英国领导人会谈中,他强调日本是孤立于亚洲的发达国家,并且受到来自共产主义阵营的影响和压力,希望和其他发达资本主义国家建立多方的经济联系,如果日本不能获得一个"自由世界"成员应有的利益,那么,这将为共产主义阵营向日本的宣传打开了大门。显然,小坂希望通过强调来自共产主义阵营的威胁来迫使英国乃至西欧加强与日本的联系,消除对日本的歧视和成见。

可以发现小坂的发言平和而自信,并稍带着强硬。小坂的这种表现,有出于急于向西方靠拢的目的,同时和日本经济上升而英国经济下降、国力相对衰落不无关系。小坂访英前后,英国财政预算正发生问题,英国的国际收支出现了2.58亿英镑的赤字。财政大臣劳埃德被迫出来应付英镑危机,将银行利率提高到7%,向国际货币基金组织和一些国家的中央银行商借大笔贷款,同时宣布暂时冻结工资。

小坂和英国领导人会谈的另一个重要的问题是中国在联合国的席位问题。

在和英国外相霍姆会谈时,小坂首先介绍了最近日本首相池田勇人和美国总统肯尼迪商谈中国入联问题的情况,他说肯尼迪和池田都不相信"延期讨论"能维持下去。小坂也介绍了自己和美国国务卿腊斯克单独举行会谈时，两人都认为美、日、英应该共同行动，但是他们也感到，无法说服蒋介石放弃对大陆的主权主张。[53]所谓让蒋介石放弃对大陆的主权主张，是为了让台湾作为一个独立国家加入联合国。

英国外相霍姆说："我同意'延期讨论'无法继续下去，让中国入联是有益的，当然，如果可能的话，台湾也应当保留在联合国。问题在于如何说服蒋介石（放弃对大陆的主权主张）。"小坂说，早前他曾建议让加拿大和澳大利亚对蒋介石施加影响，但是他认为，只有美国才对蒋介石有足够的影响。小坂认为，避免（对是否让蒋介石集团保留在联合国）直接的表决是很重要的，他害怕美英在此问题上表现出不同的态度。[54]

霍姆说："美国想让台湾保留在联大和安理会的席位，然后默认中国大陆仅拥有联大的席位，在当前这是不可能实现的，英国不得不试着把安理会席位当作单独的问题来处理。"霍姆赞成小坂所建议的英日应该紧密工作，联合美国和其他"自由世界"国家在此问题上团结一致。[55]

中国问题一直是英日两国关心的问题。至1961年，所谓中国问题的内容和过去相比有了变化。此前英国担心日本受到中国影响而中立化或"共产化"，日本的技术与中国的人力和资源结合，将会使世界的格局产生重大改变，因而不希望日本过多地与中国接触；而日本希望英国能劝美国放松对中国的贸易限制。现在英中关系有缓和的趋向，如英国二战中的英雄蒙哥马利元帅于1960年5月访问中国。随着中国在国际外交舞台日益活跃，恢复中国在联合国的合法席位问题越来越引人关注。美、英、日都认为以"延期讨论"的手段阻止中国入联不可能永远有效，[56]日本十分担心台湾在联合国的地位问题，因为台湾对于日本有巨大的地缘战略意义,如果台湾被驱逐出联合国,对日本将是巨大的打击。所以日本非常在意英国的态度,希望英中接近不会危及台湾在联合国的席位。

在当年举行的联合国大会,英国第一次投票赞成恢复中华人民共和国合法席位的提案。同时,英国又投票赞成将中国在联合国的代表权问题列为"重要问题",需给联合国大会 2/3 的多数票才能获得通过的美国提案,对中国席位问题持骑墙态度。同年 9 月,74 岁高龄的蒙哥马利元帅再次访华,由于英国害怕得罪美国,并且,中印边界纠纷对中英关系产生了不利影响。因此,中英关系未能像中法关系那样在 60 年代初取得突破性进展。[57]

小坂访日被日本媒体显著报道并得到好评,被认为有利于日英关系的发展。并且有报纸指出英国政府超规格接待小坂,其规格要高于 1957 年访英的日本外相藤山爱一郎。[58]但英国外相霍姆在总结时认为,尽管英国已经极大地转变了战后以来对日本的怀疑和憎恨,提升英日关系的过程还是一个渐进的过程,不能拔苗助长。霍姆感到在与小坂会谈时,小坂非常担心日本受到中国和苏联的宣传的影响,作为一个反制方法,日本把加强与"自由世界"的联系当做当务之急。但是英日关系不可能一蹴而就,应该稳定地发展。[59]

(四)首相池田勇人访英

1962 年 11 月 4 日,日本首相池田勇人偕夫人满枝和女儿纪子动身赴欧,对联邦德国、法、英、比利时、意大利、荷兰等 7 国进行访问。

11 月 12 日上午,池田在访问联邦德国和法国之后,飞抵欧洲之行的第 3 站——伦敦,英国首相麦克米伦和外相霍姆到机场迎接。11 月 12 日下午,麦克米伦、外相霍姆与池田会谈。麦克米伦对两次被迫推迟访日表示遗憾,他表示自己非常想访问日本,但是不愿意(到时又不能成行)再次让池田失望。因此,是否可以在保持他出访日本的可能性的同时,安排一次重量级阁员访日。池田保证对麦克米伦的邀请始终有效,他说,日本国民非常期待有位英国大臣近期访问本国,日本政府非常希望英国外相访日。[60]此次池田勇人访英的主要目的有两个:一是签订《日英通商航海条约》;二是劝英国支持日本加入经合组织。以下分别论述:

1.《日英通商航海条约》的签订

在 13 日池田与英国财政大臣莫德林和贸易大臣埃罗尔会谈中,池田说,《日英通商航海条约》谈判能顺利的进展是贸易大臣埃罗尔访日的结果,他强调,两国人员交流很有意义。埃罗尔说:"池田首相的来访也加深了我对日本的认识,和过去不一样,对日本有了新的认识。英国也在通商关系上对日本存在偏见,今后将尽力消除偏见。因此,有必要恢复战前的相关事业,进而通过建立新的企业关系,深化避免倾销等不正当商业手段的意识,全力消除误解。"对此,池田回答说:"如果日本有不正当竞争的话是自己的责任,今后也会加以注意,杜绝这种情况的发生。"这表明,随着《日英通商航海条约》即将签订,日英双方在贸易问题上更加理性和成熟,双方都愿意为建立良好的经济关系去努力或做出让步。

池田也借着来英签订《日英通商航海条约》的机会,在记者会上向西欧国家呼吁撤销对日歧视。池田出席外国人记者会于 11 月 13 日下午主办的午宴上致辞说:"在日本和美国之间已经存在对等的合作关系,但是遗憾的是,在日本和西欧各国之间还未必如此,今后要进一步强化……西欧一些国家现在还对日本援用关贸总协定 35 条,或者实行其他歧视性限制措施,由此看来,西欧国家对与日本发展贸易关系还很犹豫。现在我们在推进彻底的贸易自由化,与此相关联,作为多年悬案的《日英通商航海条约》终于将于明天签订,英国将撤除对日援用第 35 条,这是两国真诚努力的结晶,我相信日英关系将划时代地向前发展。"接着池田又指出西欧还保留对日贸易歧视的重要原因之一,就是害怕日本由低工资而导致商品低价格,进而席卷欧洲各国市场,池田解释说:"实际上日本的工资水平与欧洲接近,日本商品便宜的原因,在很多情况下是生产合理化和技术提高的结果。日本政府和业者都为有秩序的出口而努力,美国、加拿大、澳大利亚已经对日本商品打开大门,强烈希望西欧各国也充分认识到我们现实的贸易政策,早日撤除对日歧视。"

11 月 14 日上午 10 点 45 分,日英双方签订《日英通商航海条约》,该条约由日本驻英大使大野胜巳和英国外相霍姆、贸易相埃罗尔签订,池田勇人和麦克米伦见证了签订仪式。在签订《日英通商航海条约》的同时,英方还承诺将放弃对日援用关贸总协定第 35 条,这为其他国家撤除对日援用第 35 条,减少对日歧视,发展友好的贸易关系建立了榜样,为日本加强与欧洲的经济关系建立了"桥头堡"。"在日本国民看来,其意义可与《旧金山对日和约》相比。它将梳理和提升日英贸易,但它还有更大的意义,它标志着日英合作和伙伴关系的新时代的开始。"[61]

2.寻求加入经合组织

池田在与麦克米伦和莫德林会谈时,都提出日本加入经合组织的问题,并希望得到英方的支持。

在与麦克米伦会谈时,池田提出日本应该加入经合组织的 3 点理由:

①"尽管日本是开发援助委员会(DAC)的成员,去年拿出 3.8

亿美元援助不发达国家,但还不是经合组织的完全的成员。"[62]意思是说只让日本出钱援助,而不让其成为经合组织的正式成员是不合理的。

②"我知道经合组织起源有其地域基础,但是现在它不合时宜地将'自由世界'划分为大西洋和太平洋,而'自由世界'只有一个,是不可分的。"[63]意思是说,在冷战的格局下,资本主义阵营应该团结,所以日本不应被排除在经合组织之外。

③"日本特别渴望在经合组织经济政策委员会(EPC)发出自己的声音,它是(资本主义世界)世界上第5大工业国,一个国家有能力、有意愿为经济发展作出贡献,那么它在制定政策的过程中发生自己的声音是理所当然的事情。"[64]意思是说,既然日本已经成为世界第5大工业国,那么应该拥有与其经济实力相应的参与制定国际经济游戏规则的权利。

池田又指出"联邦德国总理阿登纳和法国总统戴高乐都承诺支持日本完全加入经合组织,肯尼迪总统和加拿大总理迪芬贝克(Diefenbaker)已经对他保证赞同",所以池田希望麦克米伦总理能做作这几位领导人一样的事情。对此,麦克米伦表示英国当然支持日本的申请。[65]

然而,对于日本谋求加入经合组织,英国内阁内部的意见并不统一。在池田与财政大臣莫德林会谈时,莫德林就对日本谋求加入经合组织表示了异议。莫德林表示:"由于经合组织来源于欧洲经合组织,原来是纯粹的地域性经济机构,如果日本加入经合组织,将会改变经合组织的地域属性。如果日本加入,就无法拒绝澳大利亚、以色列、阿根廷等国的加入申请。"莫德林担心扩大了的经合组织将太笨重而变得不好运转。莫德林还说:"现在世界经济中,以美加、西欧、英联邦、以日本为中心的亚洲等四个集团相互接近,世界贸易的模式不断变化,并且联邦德国对日本加入经合组织还没有坦率的意见……如果英国加入欧洲经济共同体的话,贸易模式将越发变化,现在还在变化的过程中,变化结束后,想法也许会改变".[66]由此看出,莫德林对日本加入经合组织持谨慎态度,对于他来说,英国加入欧洲经济共同体比日本加入经合组织更重要,所以日本加入经济组织应当等英国加入欧洲经济共同体的事情已经尘埃落定后再加以考虑。

虽然英国内阁意见有分歧,但是麦克米伦还是对日本谋求加入经合组织表示支持。在 11 月 14 日中午发表共同声明中,强调"英国积极支持日本加入经合组织,日英两国在金融方面将紧密合作。"实际上英国也不是白支持日本谋求加入经合组织,作为池田访英的礼物,日本在英格兰银行存款 1 千万英镑,[67]而此前在1961 年,英镑曾遭挤兑,并且经济不景气,国际收支出现赤字。因此英国需要日本的帮助,以维持其金融稳定,而日本需要英国支持其加入经合组织,两者相互利用。

此次池田访英是一次成功的访问,首先在接待规格上,他受到比前首相岸信介更高的礼遇,比如英国首相麦克米伦和外相霍姆曾亲自到机场迎接他;其次,池田此次访英签订了《日英通商航海条约》,并且,英方还承诺将放弃对日援用关贸总协定第 35 条,这为其他国家撤除对日援用第 35 条,减少对日歧视,发展友好的贸易关系建立了榜样,为日本加强与欧洲的经济关系建立了"桥头堡";再次,日本在加入经合组织问题上,获得了英国的支持。

访问欧洲后,池田提出了"三根支柱说",他认为,"从经济角度看,自由阵营正在分成北美、欧洲、日本这三根支柱,这三根支柱必须相互竞争、相互合作。无论是阿登纳、戴高乐、麦克米伦、还是范范尼,尽管各有细微的差别,但他们的想法基本上是一样的……

美国、欧洲、日本这三根支柱必须从无意识的合作向有意识的合作前进。"[68]池田的"三根支柱说"主要有两层涵义:一是加强日欧合作。因为当时美日、美欧的合作是很强的,唯独日欧间的合作比较弱。对于日本来说,加强日欧合作,在政治上是冷战背景下资本主义阵营间的团结;在经济上是加强日欧经济交流与合作,避免因为欧洲一体化的趋势加强,而被排除在欧洲经济圈之外。二是战后日本经过近20年的发展,终于作为一支重要的力量重新登上世界的舞台。

(四)霍姆访日

1963年3月27日,英国外相霍姆与夫人离英,对日本进行为期一周的访问,这是英国外相对日本的首次正式访问。

3月28日晚9点,霍姆夫妻所乘坐的日航班机抵达东京羽田机场。日本外相大平正芳夫妇、首相池田勇人之女纪子、原外相小坂善太郎、英国驻日大使莫兰德等到机场迎接。

3月29日上午10点,霍姆在英国驻日大使莫兰德的陪同下,拜会日本首相池田勇人,双方进行了约30分钟的会谈。霍姆首先就英国首相不能访日向日方表达歉意。池田强调广大的国民和国会都支持日本与英国建立紧密的关系,国民曾为他赴英签订《日英通商航海条约》感到高兴。他说,除共产主义者以外,各方都支持他接近英国的政策。自从与英国进行通商条约的谈判后,日本按照相似的谈判路线在与荷兰、比利时、卢森堡、澳大利亚、加拿大、法国的谈判中取得进展,他感到,这是日英关系接近的直接结果。霍姆表示,英国与法国的区别就是不拖沓,因此,可以期待日本与英国的紧密关系迟早会带来日方所期待的在欧洲其他国家的反响。霍姆感到,日本与其他国家已经建立和将要建立的政治经济关系对自由世界是非常有利的。霍姆提到英国支持日本加入经合组织,池田对此表示感谢。

之后霍姆前往参议院,在那里他受到热烈的欢迎,并且亲眼目睹了参议院批准《日英通商航海条约》的过程。[69]当天下午,霍姆飞往大阪,并出席了由大阪府、市商工会议所及关西日英协会共同组织的招待会。3月30日,霍姆参观了奈良和京都,还参观了松下电气的一个月产10万台电视的工厂。霍姆原本预定于3月31日下午赴箱根,但由于感冒没有成行,而是就地休息。

4月2日,日本内阁会议批准《日本通商航海条约》。同日上午10点半,霍姆谒见了天皇。访日期间,霍姆分别与池田首相和大平外相进行了会谈,双方主要讨论了以下问题:

1. 东西方贸易问题

在与池田首相的会谈中,双方讨论了东西方贸易问题。霍姆说:"社会主义国家相互的思想和政治立场不同,我认为英国增加与苏联、中国贸易是正确的。美国人认为社会主义国家繁荣的增长,会使他们在全世界实现目标上占有优势地位。相反,英国政府对于社会主义国家的基本原则是:越让人民感受安稳,他们就越不愿保留共产主义。因此,英国倾向于在合理的范围内发展与社会主义国家的贸易。"池田说,日本在对华贸易上的观点和英国完全一样。但池田也认为在美国负担着"维护和平"的重担之时,其他国家应该小心不要走太远,主要的领导国家如美英法日,应该坦诚地交换意见,避免相互的误会。[70]

在东西贸易问题上,英国一直有很大的自主性,它主张与社会主义国家进行"巴统"贸易限制清单以外的贸易。而日本在这个问题上,特别是对华贸易问题上,受到来自美国的限制。因此一直想依靠和效仿英国放松在东西贸易问题上的限制。但是在这个问题上,以往英国都没有给日本支持,此次英国外相不仅在首脑会谈中主张与社会主义国家进行贸易,并且在公开场合也这样主张,这是东西方贸易问题上对日本的支持,也是希望和日本建立更密切关系的表现。

2. 关于定期会谈问题

在与大平的会谈中,霍姆表示英方支持增加信息和情报的交换。英国驻非洲和亚洲的代表已经被告知与日本同行尽可能地保持紧密接触,同时霍姆也希望大野和他的职员能无拘束地在任何时候访问英国外交部。除这种临时的信息讨论之外,霍姆还提议举行定期的正式会议。[71]霍姆提出这样的建议,无疑是想和日本建立更密切的关系,其原因主要有二:一是随着日本经济实力的增强,它在国际事务特别是亚洲事务中的作用必然相应地增强,并且已经发展到英国无法忽视的地步。二是由于英国第1次申请加入欧洲经济共同体失败,它希望寻找新的朋友,以平衡被拒绝的失落。

对于英方的建议,日方并没有贸然地接受。大平对这个建议表示感谢,他表示不想损害现已存在的非正式接触,并且还需要些时间去考虑这个建议。[72]

3. 池田计划

在与霍姆的会谈出,大平提出了池田计划,其内容是:"日美英应该彼此紧密地协商维护东南亚稳定的方法,特别是关于马来亚、印度、巴基斯坦和泰国。在东京建立某种形式的代表机构,并在新加坡和香港建立分支机构将是非常有益的。"霍姆说他将考虑这个建议。[73]池田计划反映出池田本人对东南亚事务积极进取的姿态。这首先是因为东南亚在日本的对外经贸中占有重要地位,东南亚局势的稳定是日本外贸能顺利发展的条件之一。再之,随着日本经济的快速发展,池田政府已不再满足于单纯地追求经济利益,而是开始谋求在地区政治事务中发挥主导作用。

池田的这种抱负,必然和在东南亚有巨大既得利益的英国发生冲突。在 4 月 3 日下午霍姆与池田的会谈中再次谈到这个问题。霍姆说:"我完全同意池田的对局势的分析,即印度、巴基斯坦、马来西亚、泰国的稳定对整个亚洲的稳定有决定性,如果英日能就对他们的政策进行协商是有益的。但是我怀疑建立新的机构是否是贯彻协商的正确方法,在这个区域已经有很多机构,如科伦坡计划、英联邦,而美国经常喜欢在两国间作这类事情。"[74]英国婉拒了日本的提议,实际上不希望日本在地区政治中发挥太大的作用。

4. 日英关系

关于日英关系,双方一致同意在《日英通商航海条约》生效之后,促进民间企业家的交流、改善两国贸易关系。日方对英方一再支持日本加入经合组织表示感谢,双方同意在经合组织和联合国等场合加强合作。

4 月 3 日中午,日英协会举行午宴招待霍姆。霍姆致辞说:日英两国是高度发达的民主主义工业国,两国是人口多、资源少、面积小的岛国。英国国民对日本在与英国相似的条件下极大地提高生产力和国民生活水平深感叹服。霍姆在强调了"共产主义的威胁"之后又说,如果"自由阵营的主要国家"——美国、欧洲、英联邦各国以及日本这样的太平洋地区的发达国家不共同拿出各自的财富、能力和政治经验,就不能解决堆积如山的国际问题。

1963 年 4 月 4 日上午 10 点 15 分,日本外相大平正芳和英国外相霍姆在日本外务省接见室交换《日英通商航海条约》批准书,该条约于当年 5 月 4 日生效,日英在相隔约 20 年后又再次有了双边的"经济宪章"。大平在交换仪式的致辞中说:"该条约生效的同时,日英关系进入了一个新时代,在已往缔结的文化和经济方面的诸条约、协定之后缔结的该条约,不仅带来通商上的利益,也是日英两国国民相互理解和强化协调的重要基石。"霍姆在致辞中说:"该条约将刺激日英贸易和经济合作的扩大,两国的经济界应该最大限度地利用该条约提供的机会。"[75]

11 点 35 分,双方发表共同声明,声明强调:①由于《日英通商航海条约》的生效,双方确信日英两国将扩大贸易和强化政治经济关系;②为促进两国人员接触和技术交流而努力;③两国政府维持和深化在一切领域的接触和合作;④英国政府确认全面支持日本政府加入经合组织;⑤两国政府为亚洲的稳定继续尽最大努力。[76]

1963 年 1 月 14 日,法国总统戴高乐在记者会上明确拒绝英国加入欧洲经济共同体。1 月 25—29 日的欧共体外长会议上,法国正式否决了英国的申请。霍姆访日正是在这种背景下进行,由于英国受到欧洲经济共同体的冷落,霍姆对日本——资本主义世界第 5 大经济体明显表现出接近的意图。这主要表现在:

①寻求扩大政治领域的合作。"这是霍姆访日的第一个结果。霍姆建议日英在多个层次建立会谈机制,看起来有点像最近缔结的《法德条约》建立的框架。如果英国内阁接受政治会谈的原则,那么霍姆的访问将达到比预期更大的成果。"[77]英国与日本的接近,出于两方面的原因:一是日本的经济发展已经取得并且还在不断发展,它在国际事务中的作用越来越大,这使得英国越来越难以忽视日本,因此,扩大与日本在政治领域的合作,对英国的有利的。二是,英国被欧洲经济共同体排斥在外,希望寻找新的朋友,以弥补其失落。

②英国支持日本申请加入经合组织。英国这样做,既能把日本留在资本主义阵营,又能得到日本的感激。

③支持日本扩大与中国的贸易。不仅在和日本首脑的会谈中,就是在记者会上,霍姆也公开说:"英国感到只要不在战略控制清单里,对共产主义国家出口商品就是自由的。"对此,4 月 3 日的英国《金融时报》评论说,就对中国贸易而言,英国与美国有很大的不同。而借款的大部分和对外贸易的约 1/3 都依存于美国的日本,由于受到美国的压力而把对华贸易压至最小,霍姆外相访日极大地强化了池田首相对美折冲的立场。[78]《读卖新闻》的报道也认为在推行封锁中国的美国和通过促进与社会主义国家的贸易而与之共存的英国中间,日本稍稍靠近英国,想推行独立的政策。[79]

第二节　经济关系的发展之一:
《日英原子能协定》的签订

一、使用核电的必要性和日本引入核电技术的原因

(一)使用核电的必要性

20 世纪 50 年代后期,世界的核能和平利用技术迅速发展,核能发电已进入实用阶段。日本作为世界上唯一受到过原子弹轰炸的国家,由于预计到能源的短缺,开始迫切地发展和引进核电设备和技术。这一时期与英国签订《日英原子能一般协定》(以下称协定),引进的气冷式反应堆发电所,开启日本核能发电之滥觞。时至今日,日本已成为核技术利用的先进国家,总电能中有大约 1/3来自核电。

　　产业的发展伴随着人口的增加、生活水平的提高,日本的能源的需要在将来有渐增的趋势。因此水力、煤、石油等天然能源的供需状况未来不容乐观。1957 年 6 月日本经济企划厅计划部、科学技术厅原子局、通产省共同制作了《长期电力供需和对核能发电的期待》的报告,根据此报告,1970 年度日本总能源需求量以煤计达到约 24000 万吨,那时国内产煤量比现在增加 2000 万吨达到6500 万吨,水力为 1900 万千瓦,就算加上其他燃料的增产,能源缺口占总能源需求量的 40%,以煤计约 1 亿吨,这部分不得不依赖于原油等能源的输入。[80]加之由于国产煤、输入原油等开发的深入化和全球性的需求增加,能源的价格很难下降。

　　为了应对将来能源需求增加的倾向,应考虑核能发电。[81]核能的优点是能量密度大,功率高,与此相应,安全装置集中,燃料的储存占地不大。使用核能的国家比使用其他能源的国家能更好地控制能源价格。[82]另一方面,最近国外核能发电的技术显著进步,从目前掌握的情报来看,核能发电的价格已与非产煤国的火力发电相近,而且今后技术改进的余地还很大。为了应对这样的形势,维持能源需求供给的平衡,改善外汇收支,以核能发电替换从 1965年度至 1970 年度间预备建设的火力发电设备。[83]

　　战前日本的核物理学水平较高,但战后 10 年处于空白状态。20 世纪 50 年代,世界核能和平利用技术迅速发展,日本也强力推进核能研究开发。1956 年成立隶属于总理府的原子能委员会,是核能政策的最高决策机关。该委员会委员长同时任国务大臣,象三木武夫、佐藤荣作、中曾根康弘这些后来成为日本首相的人都曾担任过该委员会的委会长。此时的日本的核能技术与国外相比开始已失先机,若单凭日本之力开发到能建成实用发电核反应堆还尚需时日。因此立即导入国外已开发的可靠性极高的实用发电炉,对提高日本的核能技术,促进核能开发,缓解能源的供给是大有裨益的。就此,日本原子力委员会决定:1. 由九电力会社、电力开发株式会社等合作成立(核能)新会社;2. 今后主要以国家预算推进以日本原子能研究所为中心的核能技术研究。同时,积极利用民间资金来建设新会社及耗费数百亿日元的实用发电反应堆;3. 以原子能研究所为中心的核能研究开发机关对建设实用发电核反应堆的新会社进行必要的援助,并推进发电核反应堆的国产化。

　　1957 年 9 月 13 日,接受核反应堆的新会社设立准备委员会召开第二次会议,作出以下重要决定:1. 新会社的社名暂定为"日本原子能发电株式会社";2. 股份出资比率为电力开发会社 20%,民间 80%(其中,九电力会社 42%,原子能产业集团 20%,新会社设立准备委员会 5%,其余 13%私募)。同年 11 月 1 日,日本原子能发电株式会社正式成立,日本原子能研究所理事长安川第五郎担当第一任社长。

(二)日本引入英国发电核反应堆的原因

　　20 世纪 50 年代,核能利用较先进的国家是美国、英国、法国、加拿大、苏联,日本在核能方面与美、英、加加强联系。1957 年,日本与美、英、加进行核合作的交涉:与美国进行引进研究用核反应堆的交涉;与英国进行引进发电核反应堆的交涉;与加拿大进行引进核燃料和核原料物质的交涉。同时积极参与国际原子能机构的建立。

　　这一时期,日本与国外核能方面的人物来往比较频繁。日本于 1956 年 10 月派出以原子能委员会委员石川为首的访英原子能发电调查团,此调查团的部分成员在归途中顺访美、加,考察两国的核能状况。1957 年 6 月,日本国务大臣、原子能委员会委员长宇田耕一赴挪威、瑞典、法国、联邦德国、英国、美国等国考察核能设施。这两次考察的结论都是引进英国的核能设施比较妥当。这是因为:

1. 在核能发电领域,英国以天然铀石墨气冷式反应堆为原型进行研究,1956 年 10 月在科德霍尔(Calder Hall)开始世界上首次使用核能发电,装机容量能达到 9 万千瓦。英国在此领域的研究和发电计划的开始,充分考虑了有效利用人力物力资源和国家的能源需要,天然铀石墨气冷式反应堆实现最高度的安全性和经济性。当时英国正在建装机容量 30 万千瓦的改进的气冷式反应堆商业用发电站,预定于 1960 年完成,其发电成本每千瓦 0.6 至 0.7 便士(2.4 至 2.8 日元)。日本若输入改进型气冷堆,因利息和知识产权的缘故,发电成本比英国高,但商业适用性还是得到专家的一致首肯。[84]

与此相反,美国在不考虑预算的前提下进行各种研究。在当时已开发出的压水式(PWR)、沸水式(WBR)等数种反应堆,但还未达到实用化。压水式和沸水式反应堆的商业适用性还要在数年后才能实现。[85]另外,1954 年到 1957 年间,美国民用核电工业发生过数次小事故。保险业估测的民用核电站重大事故责任风险金额过高,不愿为民用核电工业保险,造成民用核电力工业有失去保险的危机。[86]

2. 日本于 1955 年正式加入关贸总协定(GATT)。以英法为首的 14 个国家对日本援用第 35 条,即日本与这 14 个国家不适用关贸总协定,日本在对外贸易上有可能受到这些国家的歧视性待遇。从日英两国贸易扩大均衡的观点来看,通过从英国进口核反应堆和燃料,扩大日本对英国及英镑区的出口,并期待英国撤销援用第 35 条。由于英国在英联邦和西欧国家的特殊地位,若英国撤销援用第 35 条,将对其他英联邦和西欧国家起到示范作用。

二、《日英原子能协定》交涉过程中的问题

　　1957 年 9 月下旬,《协定》的交涉在伦敦展开。协定主要规定日英两国为促进和平利用核能、特别是核能发电的合作关系,两国尽可能交换公开情报、提供设备、材料以及技术援助。同时,作为确保提供的设备、材料等不用于军事目的的保障措施,协定还规定两国的检查权、副产品钚的处理。日方的交涉原则是(原子能委员会 1957 年 9 月 13 日决定):

　　1. 不接受秘密的情报;2.《协定》的内容尽量采用国际原子能机构的规定;3. 采取措施确保引进的反应堆的燃料供给;4. 作为副产品的钚将来要在日本和平利用;5. 使用后的燃料产生钚,日本不能使用而向对方引渡时,在对方也只能用于和平目的。6. 燃料的再处理将来日本也要能进行。[87]

　　日英双方关于《协定》的争执主要在三个方面:

1. 保障措施实施的主体

　　所谓保障措施,即为确认由《协定》提供的物质和设备是否用于军事目的,而对使用这些物质等的设施进行审查,派遣监察员对其使用和贮藏场所进行测量,要求保持、提交操作记录。根据《协定草案》,英国政府有保障措施的实施权,其范围不仅包括《协定》提供的材料和设备,甚至包括数次反应之后的副产品。日本担心这些的规定有可能对将来核能开发造成障碍。另一方面,日本也加盟了 1956 年 10 月创立的国际原子能机构。国际原子能机构的《宪章》第 12 条中也规定:机构在向加盟国提供物质、设备时或受加盟国请求时可实施保障措施。但该机构对保障措施对象规定的范围尚未十分明确。

尽管如此，在交涉中日方提出《协定》的保障措施应由国际原子能机构进行。对于"向该机构提出请求"是否明文化，日方基于国内的原因（害怕核能开发的自主性受到侵害），屡次向英提出"立即请求"的重要性。对此，英方对保障措施将来由国际原子能机构实施完全没有异议。但英方认为该机构何时能有效地实施保障措施尚未明确，加之在多大程度上适用该机构《宪章》第 12 条的保障措施也不明确，因此反对日方主张的"现在立即且无条件请求"，向该机构提出请求的前提是日英双方进行协商。日方后来也考虑到由于国际原子能机构实施有效的保障措施尚待时日，且其范围是渐次扩大，因此跳过日英双方的协商阶段立即且无条件向该机构提出请求似为不妥，因而接受了日英双方协商后向国际原子能机构提出请求的要求，并且在保障措施移交给该机构之前，由英国实施。[88]

2. 副产品（钚）的和平利用

日本是世界上唯一的受过原子弹轰炸的国家，1954 年，美国在太平洋马绍尔群岛附近试验氢弹时，又使日本渔船"第五福龙丸"的 23 名船员受到放射性物质的伤害，因此，日本国民有强烈的反核情绪，这种情绪对政府也有影响。1957 年，日本政府就曾要求英国政府停止在中太平洋圣诞岛的核试验。

因此在《协定》的交涉中，对于设备、材料使用中产生的钚等副产品的和平利用，是双向的要求。一方面，英方要求日方和平使用；另一方面，对于剩余的副产品，英国有购回的优先权，日方要求《协定》中要明记英方购回的钚等副产品只能用于和平目的。

但具讽刺的是，几乎在《协定》签订同一时期（1958 年 6 月中旬），英国国防部宣布考虑到将来（60 年代）国防上的必要性，现在在建中的英国四所核发电所中的建设较慢、还有改造余地的两所核发电所(核反应堆与日本引进的相同)也用于生产武器级钚。

3. 免责条款

在《协定》即将进入最终阶段的 1957 年 12 月下旬,英国提出在《协定》中插入免责条款。所谓免责条款,是指对于根据《协定》提供的燃料在生产、加工而产生的损害的责任,特别是对第三者损害的责任,在燃料引渡后日本政府免除英国政府和英国原子能公社(Atomic Energy Authority)的责任,且不得使后者受损害。

鉴于一旦发生核能灾害,其损害波及的范围将是大规模的,英方主张日本政府有必要负担责任。英国当时正在考虑对核能灾害进行国内立法。此立法的原则是:发生核能灾害时,要查明核反应堆的设计、建设还是燃料等的原因是极其困难的,因此,全部责任由核反应堆所有者一方承担。英国国内的立法当然不能施之于在日本的核反应堆所有者。[89]且日本引进发电核反应堆的是民间会社,并不是日本政府。

英方提出免责条款的真实意图是:接受核能发电设备的日本会社的资产可能不能弥补灾害造成的损害,此时,若日本政府负有赔偿的最终责任的话,将不会累及作为燃料供应者的英国原子能公社。日方认为,并非燃料供应契约当事者的日本政府,要承担不特定且无限制的损害赔偿责任是个很大的负担,无论是政策方面还是法律方面都是不能容忍的。

免责条款的提出使日方陷入了进退两难的境地。若接受免责条款,将受到来自在野党和舆论的压力,在国会也很难通过。以至于在 1958 年 2 月 14 日,原子能委员会委员长、国务大臣正力松太郎曾说同意拒绝免责条款,但第二天又改口。若不接受免责条款,则《协定》难以达成,则引进核电成为泡影。最后日方以英方在设备、材料的供给上做最完善的努力和日本政府在接受前有检查燃料的权利为前提接受免责条款。

三、《日英原子能协定》的主要内容

(一)《协定》的主要内容

1958 年 6 月 16 日,《协定》在伦敦签订。同年 10 月在第 30 次临时国会上提出,11 月 1 日在众议院本会议上通过后于 12 月 1 日生效。《协定》的主要内容如下:

第 1 条　两国政府(英国主要是英国原子能公社)在两国间情报交换、日本引入反应堆、对日本的燃料出售、使用完燃料的再处理、技术援助、两国材料设备的取得、接受日本的训练生等方面相互合作。

第 2 条　日本国政府及英国公社相互提供研究情报,具有商业价值的情报的交换按协议好的时期和方法进行。此外,情报的使用以及向第三者通报应按照情报提供者的特许权进行。

第 3 条　为保证日本从英国购买的反应堆的有效地、持续地运转,英国公社向日本国政府或民间人士出售必要的燃料,或者帮助从英国购买。此燃料的出售按使用反应堆的限制、出售量的限定、再处理者的指定、再处理前的燃料形状及内容的保全、操作记录的保持等条件进行。

第 4 条　为将此协定上的保障措施的实施移交给国际原子能机构,日英两国政府就移交的范围进行协议。

第 5 条　在保障措施移交至国际原子能机构之前,英国政府有商讨、批准设备及设施(反应堆等)的设计的权利及向日本派遣监察员的权利。日本国政府为使英方能行使这些权利,约定保持关于核分裂性生产物的操作记录。

第6条　使用由英国供给的材料和设备产生的特殊核物质委托日方处理，日本国政府只能用于和平目的并至国际原子能机构实施保障措施时为止。此特殊核物质的多余部分委托保管在英国公社指定的贮藏所；日本国政府希望处理的时候，英国公社有将其购入的优先权；英国公社不购入的时候，可以移交给两国政府一致同意的其他国家或国际机关。

第7条　日本国政府确保遵守以下规定：和平利用英国供给的材料、设备，阻止此材料、设备及其使用产生的原料物质向管辖外转移，来自英国的燃料保管在指定贮藏所以及第6条规定的关于特殊核物质的规定。

第8条　除契约中的保证决定的情况以外，此协定的规定不可理解为：两国政府和英国公社负有情报的正确性和完整性、情报、材料及设备的使用的结果以及特定的使用、应用的适合性相关的责任。对于与来自英国燃料的生产和加工引起的、其引渡之后产生的损害相关的第三者的责任，日本国政府免除英国政府和公社的责任。

第9条　关于由此协定的适用产生的问题（包括对"材料"及"设备"的定义的解释），两国政府随时协议。

第10条　协定中使用的"材料"、"设备"及其他用语的定义。

第11条　此协定自英国政府收到日本国批准的通告之日起生效，有效期间10年。日本国政府违反保障措施等的规定，又不执行纠正措施时，英国政府有废除协定的权力。再者，关于第4条协议和第9条中定义的解释的协议没有达成妥协时，日英任何一方政府可以单方面废除协定。协定被废除时，英国政府可以要求废除契约及返还供给的燃料。[90]

(二)东海发电厂的命运

1959 年 12 月 22 日,日本原子能株式会社和英国 GEC 集团(General Electric—Simon Carves Atomic Energy Group)签订购入东海发电厂的合同。1960 年 1 月 16 日,位于茨城县那珂郡东海村的东海发电厂建筑工事开工。1966 年 7 月 25 日,东海发电厂开始营业运行,装机容量 16.6 万千瓦。东海发电厂的建设为日本开发核能积累了技术和经验。但是,气冷式反应堆的输出功率较小,与后来技术成熟的轻水反应堆相比发电单价较高,因此东海发电厂成为日本唯一使用气冷式反应堆的电站,其维护费用和燃料循环成本较高。因此,1998 年 3 月 31 日,东海发电厂停止营业运行,计划于 2011 年开始拆除反应堆。而世界首个核电厂——英国的科德霍尔核电厂于 2007 年 9 月 29 日被爆破拆除。

第三节 经济关系发展之二:
《日英通商航海条约》的签订

一、日英贸易协定的签订和改订

(一)1957 年协定

根据 1952 年 4 月 28 日生效的《旧金山对日和约》第 12 条,日英两国相互给予最惠国待遇,[91] 有效期为 4 年,即至 1956 年 4 月 28 日失效。因此自 1956 年 10 月 1 日起近 5 个月间,日英两国举行关于支付和贸易问题的会谈。至 1957 年 2 月 26 日双方达成新贸易协定,该协定的有效期自 1956 年 10 月至 1957 年 9 月。日本与英镑区的贸易额约占其贸易总额的 30% ,贸易收支不平衡。
1955 年,日本的英镑储备达到 1 亿,但后来日本有明显的入超,到
1957 年,英镑储备锐减至 4500 万。以前日本和英国谈判时,英国
强烈要求日本扩大来自英镑区的进口,日本在某种程度上接受了
这种要求。此次与英国谈判时,日本因国内旺盛的投资需要进口
增加,因此出口不大可能超过进口,因此日本打算强烈要求英国扩
大从日本的进口。[92]

　　然而,苏伊士运河事件导致英国的紧急状态不仅有政治方面
也有经济方面的,1956 年 11 月 6 日之后一星期内,英国的黄金储
备减少了 1 亿英镑,人们纷纷挤兑英镑。英国只有在美国的支持
下,才能得到国际货币基金组织的贷款,[93]英国从国际货币基金组
织提款 4 亿 6 千万美元,接受贷款 7 亿 3 千万美元,从美国进出口
银行贷款 5 亿美元,力图把事件对经济的影响降至最低。这种状
态对日英贸易谈判影响很大,英国很难回应日本要求英国增大从
日本进口的要求,也使谈判困难增加。[94]

　　谈判时,日本代表首先强烈要求英国本国和殖民地废除对日
本产品的歧视待遇,给予日本和其他国家一样的进口制度上的方
便。对此,英国代表说,日本在英国的进口制度上是进口缓和国,
某些日本产品竞争力太大,英国从保护国内和殖民地产业的立场
出发难以答应日方的要求。但是由于日本代表长期的说服工作,
英国也逐渐同意在某种程度上缓和对来自日本的进口产品的限
制。如果日本承认进口英国关心的产品项目的话,与之相应,英国
也考虑在某种程度上缓和对日进口限制。[95]谈判的结果,英国同意
对 600 个项目(包括冷冻鱼、养殖珍珠、鱼肝油、象牙制品、漆器
等)适用公开一般许可证制度。[96]

　　日方原来认为日英贸易协定不仅对英国本土,对于英镑区各

国也能有某种程度的限制。但是在这次谈判中,英国表明了不能对英镑区各国和殖民地进行充分限制的立场,因此,今后的贸易协定谈判主要以日本和英国本土之间进出口配额的减让为中心。通过此次谈判,日本获得了英国进口制度上的进口缓和国的待遇,取得了小小的进步,但是,若想获得和西欧各国一样的待遇还得要相当长的时间。[97]

(二)1958 年协定

1957 年达成的贸易协定至同年 9 月失效,同年 10 月进行若干项目的修订后延长半年,至 1958 年 3 月失效。因此从 1958 年 2 月 17 日开始,日英双方在伦敦进行更新协定的谈判,4 月 25 日,双方签订新贸易协定,该协定的有效期从 1958 年 4 月至 1959 年 3 月。

此次日本首先想让英国扩大对日公开一般许可证项目,英国听取了每个项目的情况后,只让问题较少的鱼子酱、玻璃器皿等十几种成为公开一般许可证项目。其次,由于日本的需求状况发生了变化,削减旧贸易协定中来自英国的车用安全玻璃、丙酮、炭黑等项目的进口,同时以增加摩托、威士忌酒等其他项目的进口。再次,由于日本近年渔业丰产,日本对英国的鲑鱼、鳟鱼罐头出口增加 100 万英镑,达年出口 600 万英镑。[98]

(三)1960 年协定

1959 年 3 月,日英贸易协定单纯延长一年。1960 年 2 月至 7 月,日英双方又进行了贸易协定的谈判。

1959 年至 1960 年,英国进行了数次大规模的进口自由化,1959 年 6 月对欧洲经合组织各国缓和进口限制,同年 11 月,对美元区大规模解除进口限制。但是英国对日本却没有类似的缓和进口限制的举动,因此,与欧美国家相比对日本的进口限制程度加深。日本想通过改订日英贸易协定的谈判,促使英国对第三国实行的自由化项目也公平地施于日本,以消除歧视,至少要促使英国在没有给予日本自由化待遇的项目上,给予能使日本满足的很高的配额。另一方面,以1959年关贸总协定缔约国全体大会在东京召开为契机,日本也确立了推进自由化的政策,那日本是否给予英国新的优惠待遇,如果给予英国优惠待遇的话,日本又应该从英方得到怎样的补偿?[99]

谈判的结果是:在日本的出口方面,过去日本出口英国的受歧视性限制的62个项目中,养殖珍珠、摩托、电器、鲑鱼罐头等日本期待增加出口的约40个项目给予自由化。日本出口英国有数量限制的其他项目中,相机、收音机、玩具、塑料材料、水果罐头、成衣等日方强烈关心的出口项目也大幅给予了以前几倍至几十倍的配额。英属殖民地对来自日本的自由进口商品由占从日本进口额的10%提高到25%。在日本的进口方面,日本的进口自由化对英国和英属殖民地一视同仁,原则上由英国做出一定的补偿,但英属殖民地不必做出补偿。[100]

(四)1961年协定

1960年日英贸易协定将于1961年9月失效。1961年8月末,日英贸易协定改订谈判在东京举行。此次谈判由于日本正在进行大规模进口自由化,谈判比预期要长。11月中旬,谈判移至伦敦举行,12月22日缔结协议,有效期至1962年9月底。

1960年10月和12月,日本进行二次大规模自由化,结果自由化率达成70%。并且在新近自由化的项目中,含有燕麦、咖喱粉等各种食品,毛线等纺织品,各种机械,工具等很多英国关心的项目,这种利益对英国是一视同仁的,因此日方必然要求英方大幅度缓和对日进口的歧视行为。[101]

谈判的结果是:在日本出口方面,过去英国按照大分类对日本的 38 个项目的出口施以歧视性的进口限制,此次谈判中,英国同意相机、船舶、水果罐头、塑料材料,仿制珍珠等进口自由化,歧视性项目减少到 20 多个,并且收音机、各种纺织品、玩具、缝纫机等对英出口大幅增加。在日本进口方面,除了二次进口自由化的利益对英国一视同仁外,在未自由化的项目中,英国关心的毛纺织品、汽车、拖拉机、糕点、麻等扩大进口。[102]

这种每年度的贸易协定,实际是贸易关系不完全正常时期的过渡措施,想要发展稳定的贸易关系,还是得通过谈判,签订通商条约。因此,在贸易谈判进行的同时,通商航海条约的谈判也在时断时续地进行。

二、《日英通商航海条约》的谈判

(一)谈判的背景

1955 年日本加入关贸总协定时,英国通过对日援用关贸总协定第 35 条,使英日之间不适用关贸总协定,以便不给予日本最惠国待遇,因而可以对日本的产品进行歧视性的数量限制。英国在 1955 年底就准备和日本进行通商条约的谈判,自 1956 至 1959 年,日英双方努力通过对比双方的国内体制、交换意见和情报加强谈判的基础,表明双方的立场。但一个重要的困难是,英国要求在给予日本最惠国待遇的同时,必须保留单方面对日本进口实施歧视待遇的权利。日本首相岸信介 1959 年访英时曾提起撤除第 35

条的问题,他被告知,在制订充分的保护措施保护英国产业不受破坏性的竞争影响之前,英国在政治上是不可能撤除第 35 条的。

进入 60 年代,英国意识到美国在维持日本留在西方阵营上发挥了巨大的作用,无限期地保持这种歧视将导致与美国等其他盟国关系恶化,并招致日本的商业报复。撤销对日本的歧视有助于英美关系的保持良性关系,并促使美国减少对来自英联邦国家进口的限制,有助于避免日本对英国出口的报复性限制。[103]而日本正是当时世界上经济增长最快的国家,英国也想从它的快速发展中捞杯羹,使英国产业得到平等的打进日本市场的机会。另外,当时英国正打算申请加入欧洲经济共同体(EEC),如果英国加入欧洲经济共同体,那么它与日本的经济关系势必受到欧洲经济共同体的限制,因此英国想在加入欧洲经济共同体之前,与日本缔结双边的通商条约。[104]

当然,英国贸易部认为:应该仔细考虑哪些产业需要继续保护,也需要检验在殖民地是否有敏感产业应该保护。从商业的观点来看,撤除对日歧视的效果将受保护措施限制,能在一个长时段里达到公平的平衡;从政治的考虑来看,应该恢复与日本的通商条约谈判,取消歧视性的数量限制但实行保护英国产业的必要的措施。如果能缔结一个满意的协定,如果能确保对英国产业的保护有优先地位,则英国政府可以考虑撤除援用第 35 条。[105]

英国内阁的顾虑主要是:面对来自外国生产的低成本,以及英联邦和殖民地不断发展的制造业,英国产业如何提升应对竞争的能力? 有些产业,例如纺织业,很可能需要在一个不确定的时期内保护它不受日本竞争之扰。关于其他产业,英国可以启动"危险点"程序以便在进口达到预设的水平时自动激活数量限制。

基于以上考虑,特别是出于国际政治的考虑,英国希望和日本开始谈判,寻求在令人满意的保护措施的条件下达成通商协定。麦克米伦同意谈判最好在日本举行,但在 1960 年 4 月复活节假期之前不发表公开声明,[106]以便减少英国国内对政府的压力。

3 月中旬,英国贸易部官员休斯(W. Hughes)致信日本驻英公使中川融,表示英国愿与日本重开通商条约的谈判,信中提到,英方将与日方一起探寻原则上给予最惠国待遇的条款,但同时有必要实施某种保护措施。考虑到英国制造业的利益和英国对殖民地的责任,这种保护措施应该是:1.保持对某些在英国市场的竞争容易引起(英国的)特殊困难的日本进口产品的限制;2.当任何项目的日本产品威胁或损害到英国本国产业或殖民地在英国市场的利益时,英国保有发动或再发动对这类产品的进口数量限制的权利。[107]

3 月下旬,中川融作出答复。日方欢迎重开通商条约的谈判,但是,一方面由于昭和天皇的生日在 4 月 29 日,因此希望英国在此之后公布恢复通商条约谈判的消息。另一方面如果英国是为了避免不适当的媒体宣传的话,那么在东京谈判比英国更糟。日本政府认识到谈判的最主要的目标将是最惠国条款,当然,为了尽可能缩小双方的分歧,日本也愿意讨论悬而未决的其他问题。[108]

(二)1960 年谈判

5 月 9 日,日英双方开始在日本进行通商条约的谈判。在此之前,英国经济政策委员会研究出一份敏感项目清单,列出英国将继续保护的项目。英国想让日本明白它将继续保护这些项目,甚至把这些当作通商条约的一部分。一方面,如果日本不同意把这些当作通商条约的条款,那么英国将希望在其他的项目上保留限制。日本这些项目的出口占其总出口的一半,英国预料到这显然会招致日本的不满,因此,也打算以后做出某些让步,在某些条件下、在一段时间之后减少或放弃限制。另一方面,经济政策委员会也准备了另外一份清单,列出在达成协议后,将撤销进口控制的项目。该委员会认为,在谈判困难时,或需要表明那些产品将保留限制时,可以首先向日方表明这份清单。[109]

日本在 1960 年 1 月的促进自由化内阁会议上,确定了推进自由化的方针。之后自由化取得快速进展。日本推进自由化的目的之一就是通过寻求各国改善对日待遇,优化本国的出口环境。但是随着日本自由化的进展,它与对日采取歧视待遇的国家之间,失去了互为自由化的平衡。日本认为,随着日本自由化的推进,其他国家也理所当然应改善对日待遇,因此于 6 月制定的《计划大纲》中,强烈要求对日本产品实行歧视性进口限制的国家取消歧视待遇。[110]

在实行自由化的背景下,对于日本来说,英国想无限期地保留自行对日本进口施加限制的权利在政治上是不可接受的,因此,日本寻求首先被接受为正常的贸易伙伴,并且对日本出口限制应该在关贸总协定的框架内。日本于 7 月向英国提出两个选项:1. 选项 A:英国给予日本最惠国待遇和完全的关贸总协定权利。尽管存在关贸总协定的条款,日本还是同意,任一政府都有权在本国制造商受到严重损害时,采取行动限制另一国的产品。如果采取了这样的行动,受到影响的政府可以要求举行双边谈判,在有必要时还可将案例提交关贸总协定缔约国全体大会。如果后者对此案例作出裁定或劝告,那么这种裁定或劝告比通商条约具有更高的优先权。2. 选项 B:英国不给予日本完全的关贸总协定权利,但是给予最惠国待遇。如果受到损害或受到威胁,可以采取和选项 A 一样的行动。[111]但是保护措施有效期为 3 年,以后每年更新,直到日本能解决英国关心的扰乱市场问题。

7月底,英国外交事务次官助理戈尔布什(P. Gore – Booth)致信贸易部官员鲍威尔(R. Powell),建议为了缓和日本问题,英国应该把扰乱市场问题放在关贸总协定工作组去处理并谨慎地应用关贸总协定第23条。在鲍威尔给戈尔布什的回信中,拒绝了后者的建议。鲍威尔说,不能接受第23条的解决方法,因为那将把最后的决定权交给缔约国全体大会,而不是英国。[112]

谈判持续了2个月之后,暂时中止。到12月14日才重开谈判之前,日本已经接受原则上接受英国在给予它最惠国待遇的同时,保留对某些敏感项目的限制和必要时对其他项目施加限制的权利。对于英国来说,下一步是如何把这些落到实处。贸易大臣认为,英国可以继续对日援用第35条,以便对日本产品实施歧视性数量限制,但如果是这样的话,给予双方的最惠国待遇将是短期的。更好的办法是达成一个长期的协定,在这个协定下,英国撤除援用第35条,但可以保持对敏感项目的限制,并且当英国断定有进口扰乱市场时可以施加限制。这个协定将保持到双方同意时终止或者到达成接受在关贸总协定解决扰乱市场问题时为止。[113]

总的来说,英国撤除对日援用第35条在政治上是有利的,并且英国产品可以在持续扩张的日本市场上获得永久最惠国待遇。但是由于英国当时的敏感项目表覆盖了日本一半的出口贸易,因此英方有必要做出进一步的让步,英国打算减少一部分敏感项目,如贵金属打火机、某些不精确相机、望远镜、非半导体收音机和电视机、时钟和机械计时设备、船舶,基于相互的理解,日本将在条约生效时将这些项目自由化。同时英方打算接受对某些其他摄影设备和半导体收音机和电视机保持5年限制,但拒绝从敏感项目表中删除纺织品、玩具、陶器、餐具。[114]

当重开谈判时,英方把将撤除第 35 条的立场告知了日方,日方代表感到惊讶。但是担心无限期的保护措施引起困难,因为这与市场自由化背道而施。同时日方也对排除关贸总协定仲裁的保护措施感到担心。谈判在年底结束,但是在 1961 年上半年没有立即重开。英方希望在谈判上最得进展,但是日方一直没有回应。[115]

(三)小坂访英与 1961 年谈判

转机发生在日本外相小坂善太郎 1961 年 7 月访英时。7 月 5 日,小坂和英国贸易大臣莫德林(Reginauld Maudling)会谈。小坂首先提到《通商航海条约》,他说:"日方乐见于英方准备撤除对日援用第 35 条,但是,永久的保护措施却有很大的限制性,以至于给日方的最惠国待遇形同虚设,这对于日方来说是不可接受的。此外,在一个有时间限制的条约里如何写进一个永久性的保护措施条款? 因此,日方建议一个折中的方法,即关于保护措施条款的时效和条约同步,条约时效为 5 年,以后每年自动延长,直到有一方提出异议为止。那时可能已不再需要保护措施条款,双方可能都同意把它从条约中删除。"[116]小坂提出的建议的实际意图是,5 年后如果日方对英方的保护措施不满意,则可单方面拒绝延长协定,这样就为己方赢得了一定的主动性,将来在国会讨论时也容易通过。

当然,他安慰莫德林说,日方是不愿意这样做的,因为这有损于日本的国际声誉,他希望英方能以日方的建议为基础进入谈判。小坂强调说,如果日本不能获得一个"自由世界"成员应有的利益,那么,这将为共产主义阵营向日本的宣传打开了大门。莫德林说:"英方完全认识到日本的经济力量和政治重要性,他对谈判耗时很长感到遗憾。他不能即席回应小坂的建议,因为他还需要和同事讨论。"但他指出,如果缔结一个没有充分、正当的保护措施的协定,那么大量的日本产品会涌进英国,那将极大地损害两国的关系。[117]

小坂说继续提议两国派遣最高级别的经济互访团,以便增进相互的了解,特别是让英国的产业界了解到日本经济正在迅速发展,日本不仅是一个竞争者,也是一个很好的市场。诺曼·基平爵士(Norman Kipping,英国工业联合公会主席)今年将要访问日本,小坂建议莫德林也可以这样做。莫德林也欢迎经济互访团的想法,但他认为这首先得由产业界去做,政府在适当的时候给予支持。[118]

另一方面,对于英国主张的对扰乱市场行动的保护措施不服从关贸总协定的仲裁,日本表示能接受,但是也提出改进意见,主张在处理扰乱市场事件的行动中,应该有一个与关贸总协定协商的程序,并有接受关贸总协定的劝告的可能。英国经济政策委员会认为可以接受日方的改进意见。同时,贸易大臣考虑在条约中加入让日本自我规制出口的程序,并且尽可能把实施敏感项目清单限制的时间延长到至少7年。[119]8月3日的英国内阁会议支持上述想法,同意重开谈判,也同意英日双方都有对扰乱市场行为发动或再发动限制的权利。[120]

当时英国国内对日本(特别是对日本产品)的不信任感还很强,因此英国贸易大臣莫德林和日本驻英大使大野胜巳促使英国有名望的产业家访日,报告日本的实际情况,以便打破对日本的偏见。在这种背景下,英国工业联合公会主席诺曼·基平爵士于10月访日。诺曼·基平对日本经济的现状感慨颇多,回国前在箱根写下报告书送回伦敦。这份报告书在英国被广泛阅读,给政府、议会、媒体、产业界等各领域的人士留下深刻的印象。诺曼·基平本人还对媒体的反日论调进行反驳,向议员和经济界人士出具实证以证明日本产品的可信性。这为通商条约谈判的进展创造了良好的条件。[121]

进入 1961 年后,日本的自由化得到进一步推动,与实行对日歧视的国家之间相互待遇的不平衡也进一步扩大。通产省在慎重研究各国的对日待遇后,确定对以英国、法国、意大利为首的 10 个国家,1961 年 10 月的自由化不采取无条件给予的方针,具体而言是:1. 今后日本的自由化,原则上依据当事国对日待遇的程度给予;2. 把原定于 1961 年度下半年实行自由化的项目中的约 170 个项目开始自由化的时间对所有地区推迟到 12 月 1 日,在此之前强力推进改善对日待遇的谈判;3. 若谈判没有成果,则当事国不适用 12 月的自由化;4. 谈判的对象为英国、法国、意大利、澳大利亚。这一方针在 9 月 30 日的内阁审议会上通过,10 月初日本政府发表保留项目及其意图。[122]

日英通商条约谈判在 11 月恢复,谈判者几乎完全将他们的精力集中在敏感项目清单和保护措施上。谈判进展很慢,因为在保护措施的遣词造句上,日方希望能插入一些提及有可能将问题转交给关贸总协定的短语。双方为草案中行动与关贸总协定相关联而斗争,并且寻找关贸总协定的某个条款能接受这种关联。当时日本驻伦敦大使馆没有关贸总协定的专家,因此双方决定结束当年的谈判,并约定来年恢复谈判。

(四)埃罗尔访日与 1962 年上半年谈判

1962 年 4 月下旬,英国贸易大臣埃罗尔(Frederick Erroll)访问日本。在 4 月 26 日与日本首相池田勇人的会谈中,双方都表达了要尽快就通商条约达成一致的意愿。池田说,应该着手解决谈判中的还存在的问题,如果双方能拿出诚意、相互让步,谈判就终究能成功。埃罗尔表示,由于对两次大战间日本大量出口的手段的记忆,英国存在对可能达成的通商条约的担心。埃罗尔说,他本人并不赞同这种担心,但是,作为政治家必须考虑到这种担心,当然这种担心应该被阻止,可能的话应该完全消除。埃罗尔相信,作为访日的成果,他会比以前做得更好。[123]

同日,埃罗尔与日本外相小坂善太郎也举行了会谈。小坂提到日本在很多项目上实行自主规制,他希望英国官员能看看日本的出口控制是如何运作的。在过去某些产品可能被允许大量出口,但是日本政府决心将来不再让这一幕重演。小坂个人希望谈判应该在2、3个月内完成。埃罗尔表示,双方都希望达成满意的条约,双方都还有对自己重要的事情,这需要耗费时间。小坂担心条约的价值会随着英国加入欧洲经济共同体而降低,他希望当加入的形势变得更明朗时,日英能有机会商讨。埃罗尔强调希望尽快谈成条约以避免欧洲经济共同体的规则,否则英国也必须和6国商量并提交条约以征得他们的同意。在5月4日的另一次会谈中,埃罗尔表示,除一部分关税需要调整外,在英国加入欧洲经济共同体之前签订的通商条约的其他所有条款都应该继续有效。[124]

小坂表示日本政府很担心条约的权利扩展到香港,这有个安全方面的问题,日方担心个人由香港自由进入日本的权利将导致中国大陆通过香港向日本渗透,就目前日中关系的现状而言,这将给日本带来政治困难。埃罗尔提到日本对出口业者的特别援助措施时指出,英国的业者认为,如果英日签订通商条约,日企能继续享有这些人为的援助直到1964年,这对英国的业者来说是不公平的,在英国国会和企业界有人强烈建议在日本放弃这些援助措施之前不与它达成条约。埃罗尔虽不赞成这个建议,但他希望日本在 1964 年 3 月之前终止这些援助措施。小坂在 5 月 4 日的会谈中回答了这个问题,他说,他将慎重考虑这个问题,并与通产大臣、大藏大臣讨论这个问题,但日本不可能立刻终止援助,这将有损于它在亚洲和美国的市场。在 5 月 4 日的会谈中,双方还讨论了条约的期限。小坂主张条约和保护措施的期限为 5 年,这是可能为日本国会所能接受的最长的时间;而埃罗尔主张 7 年,低于 7 年可能不为英国国会所接受。[125]

同日,埃罗尔还和大藏大臣水田三喜男、通产大臣佐藤荣作举行了会谈,佐藤荣作在会谈时表示,如果能尽快缔结日英通商条约,那将有利于日法和日意谈判。[126]

1962 年 2 月双方恢复谈判后,达成妥协:如果英方放弃坚持关贸总协定不适用于保护措施,作为交换,日方放弃与关贸总协定相关联。双方交换秘密备忘录强化如下协议:双方不依赖关贸总协定作为与敏感项目清单相关的事件的仲裁者。[127] 由于英国要准备英苏谈判,谈判在 5 月中旬再次中断。而自 9 月起英国的大臣将致力于加入欧洲经济共同体一事,而日方又希望在条约的签字仪式能在 11 月日本首相池田勇人访英时举行。埃罗尔访日时,日方曾建议敏感项目清单谈判在日本举行,日方认为让英方谈判人员来日本能让他们亲眼目睹日本采取的自主规制措施,这有利于加快谈判,埃罗尔认为改变谈判地点将拖延谈判。[128] 日本驻英大使大野于 6 月再次向英方提出在日本举行敏感项目清单的谈判,但被英方婉拒,作为妥协,英方答应派人赴日于 7 月 16 日至 8 月 16 日进行未决条款的谈判,敏感项目清单和保护措施的谈判依旧在英国举行。[129]

(五)1962年下半年的谈判

7月18日,第二次池田内阁进行改组,大平正芳继小坂善太郎任外交大臣,田中角荣继水田三喜男任大藏大臣,福田一继佐藤荣作任通产大臣。英方研判日方在通商条约问题上将更加强硬,因此谈判拖的时间越长,就越可能出现新的问题,而英方任何强硬的态度都可能导致谈判延长。英国贸易部的建议是说服日本接受在谈判中已达成的妥协并同意尽早缔结条约。[130]

7、8月间在东京举行的条约谈判中,双方关注的主要问题如下:[131]

日本法律中有很多支持本国公司、反对在日本的外国公司的例外规定,此类规定也涉及到英国公司。英国谈判代表指出,在实际操作当中,日方所谓的国民待遇有很多例外;另一方面,在英国的日本公司实际上已经受到很多非常慷慨的待遇,就像英国给予在英美国公司的待遇一样,因此,只有在双方最终接受最惠国待遇方案的前提下才能较快的达成条约。这个方案最终被接受,日方也答应不再坚持把主要股东非英国国民的英国公司排除在条约的利益之外。

有关航运条款的主要问题是,英方企图确保日本不以外汇短缺为借口阻止向英国航运公司支付英镑或可自由兑换的货币,并因此把业务给日本航运公司、排斥英国航运业者。日方还不愿承认英方所主张的航运汇款应当不包括在国际货币基金组织所允许的货币控制措施之内。在一个秘密的协议中,日方同意,国际货币基金组织所允许的此类控制措施应尽可能不与航运领域自由竞争的原则相冲突。

在英属殖民地的贸易问题上,日本最关注的是香港。此时,日本和英国对香港的进口额大致相等,但香港对日出口额仅为是日本对港出口额的 1/5。在第三方市场上,香港的某些纺织品是日本产品有力竞争者,并且在其他一些轻工业上对日本也存在这类似的威胁,特别是金属器皿,半导体收音机。日英双方决定,香港不能自动加入条约,但是可以由香港、日本、英国三方谈判来决定。日本同意除香港之外,其他英属殖民地允许加入条约,并无需要修改,当然,这些殖民地也应撤除对日援用第 35 条。

由于条约的期限与敏感项目清单、保护措施的期限相等,因此,对于英国来说,为了尽可能地延长后者的期限,所以提出一个长的条约期限;对于日本来说,为了尽可能地缩短后者的期限,所以提出一个短的条约期限。在东京谈判中,日方逼英国保证在加入欧洲经济共同体或者实行欧洲经济共同体的政策后日英通商条约的施行不受影响。考虑到当前英国与共同体国家谈判的棘手性,英国也不想把日英通商条约的时限超过 1969 年。但是,考虑到英国纺织业对日本的担心,一个太短的时限在英国会产生政治问题,因此,英方主张条约的期限为 7 年,日方坚持期限为 5 年,这轮谈判中期限还未最后决定。

在东京谈判的过程中,日方明显受到与法国和意大利等欧洲经济共同体国家将在同年秋举行谈判的计划的影响。法国对日援用第 35 条,并拒绝进口 280 项日本产品;意大利没有对日援用 35 条,但拒绝进口 70 至 80 项日本产品。与日本外务省相反,有影响的通产省希望在 1962 年 10 月的自由化计划中,对于继续对日援用第 35 条的国家或者歧视日本出口产品的国家,拒绝给予某些利益。通产省迫切希望英国能接受某些日本对英国产品的歧视性待遇,以便在日本和其他欧洲国家谈判时可以援引这个先例。当然,对于英方来说,这种歧视性的自由化是完全不可接受的,如果日方坚持这样做,则英方能否接受条约都很难说。另一方面,日方也非常担心英方被迫服从欧洲经济共同体的共同经济政策,背弃与日方达成的条约所给予的自由化。虽然很不愿意,英方还是建议如果出现后一种情况,日本可以报复英国。最后双方同意,如果某一方要加入关税同盟或类似的组织,应该顾及另一方的利益。

此次谈判解决了除敏感项目清单、保护措施和条约期限之外的所有问题。取得了双方都满意的成果。至 10 月底,双方终于解决了敏感项目清单和保护措施。

《日英通商航海条约》,自 1956 年以来经过 7 年的交涉,终于于 1962 年 11 月 14 日在伦敦由英国外相霍姆、贸易大臣埃罗尔(Frederick Erroll)和日本驻英大使大野胜已签订,英国首相麦克米伦和日本首相池田勇人出席了签字仪式。

三、《日英通商航海条约》的主要内容和意义

(一)条约构成

条约由条约本体和附属的署名议定书、关于贸易的第一议定书和第二议定书构成。

条约本体由前文和正文 33 条组成,其有效期是 6 年,之后,如果没有一于 12 个月之前预告废除的话则自动延长。条约保障相互的国民、公司、及船舶等的待遇:1.国民出入境、国民及公司的事业活动、产品的进出口等原则上给予最惠国待遇;2.人身财产的保护、关税、海运等,原则上相互给予国民待遇和最惠国待遇;3.规定关贸总协定、国际货币基金组织和该条约的关系;4.确定英属殖民地加入该条约的手续;5.作为保障条约上的待遇的例外,基于日方对冲绳的特惠、关税同盟或自由贸易区等的规定英方给予冲绳

的特惠。

署名议定书由 16 项构成,是对于条约的补充和保留的规定。其内容是:1. 对于冲绳地区和居民的处理;2. 英国国民的范围;3. 关于关税特例的保留;4. 征收反倾销税和反补贴税的条件;5. 加入关税同盟或者自由贸易区之际与对方的事前协商及加入后提供情报的义务等。

关于贸易的第一议定书,规定由于特定产品进口剧增等而扰乱市场的对策,即规定保护措施的文书,其内容主要有:1. 发生扰乱市场的情况时,两国协商对策,在达不成协议时,或者在不得不采取紧急措施时,可单方采取限制进口措施;2. 采取此种措施的进口国对出口国进行补偿,或者出口国可对进口国采取相当的对抗措施;3. 这些权利的规定是双边的,若两国政府同意此议定书随时可废除,此外,若条约本体废止则同时废止。

关于贸易的第二议定书,1. 对于特定的产品持续以前的进口限制,只限于预见到如果突然撤销这种限制则会导致来自对方的进口剧增,对国内产业造成沉重的打击的情况。该议定书是作为条约上的最惠国待遇的例外,在一定过渡期间继续进口限制的谅解文书。2. 此议定书只规定基本的谅解,其具体的项目及限制的持续期间,由其他交换文件规定。此外,作为原则,每年应重新讨论该协定的实施。3. 本次双方同意的英国对日进口限制项目(即敏感项目清单),有打火机、金属西餐具、家用缝纫机、钓具、双筒望远镜、显微镜、玩具、家用陶瓷具等 8 项。4. 此议定书在条约废止时同时废止。

上述以外的项目,英国在条约生效时完全自由化,但是,其中像一部分纺织品、半导体收音机、电视等英国竞争力弱的产业,日本为了谋求维持出口秩序的同时,使出口顺利增长,自主规制对英出口。

（二）缔约的意义

1963 年 4 月 11 日，英国政府通知关贸总协定秘书处，撤除对日援用第 35 条（但殖民地如何行动，还需要商量），5 月 4 日，《日本通商航海条约》生效。缔结此条约的意义在于：

首先，该条约的缔结谈判耗时 7 年，谈判期间日英双方相互加深理解，彼此更加信赖。随着条约的生效和实施，这种理解和依赖会日渐深化。

其次，作为该条约的直接效果，一方面，日英贸易今后将进一步扩大。对于日本来说，英国已经是其在欧洲的最大出口市场，根据该条约，英国原则上撤除对日的歧视待遇，并且给日本国民和公司稳定的待遇和保障，这使他们进入英国的机会增加，同时，可以预期日本对英出口也将进一步增大。另一方面，由于日本推进进口自由化和保障英对日贸易的无歧视待遇，英国对日出口也将增加。

再次，该条约是同为世界主要贸易国的日英两国在平等互惠的基础上缔结的广泛的通商条约，同时，对还未撤除对日援用第 35 条的西欧国家和英联邦国家将产生重大影响，促使他们改善与日本的关系。

第四节　日本加入经合组织

1960 年 7 月 19 日，池田勇人出任首相后提出了《国民收入倍增计划》，这意味着日本在进入经济飞速增长期的同时，对外贸易也将飞速发展。一方面，过去日本的对外贸易过度依赖于美国和

东南亚市场,而与西欧的经济关系不强,因此有必要增强日欧经济
关系。另一方面,1961 至 1963 年间,英国正在申请加入欧洲经济
共同体(EEC),欧洲国家经济一体化的趋势增强,日本害怕扩大
后欧洲经济共同体将越来越排外。因此,池田政府要求对日本援
用关贸总协定第 35 条的欧洲国家撤除第 35 条,千方百计加入发
源于欧洲的经合组织。

一、日本加入经合组织的过程

经济合作组织(OECD)是由欧洲经济合作组织(OEEC)演化
而来。欧洲经济合作组织是战后为实施美国援助欧洲重建的马歇
尔计划、分配援助资金而建立的组织(1948—1952),包括 18 个欧
洲国家(奥地利、比利时、丹麦、法国、联邦德国、希腊、冰岛、爱尔
兰、意大利、卢森堡、荷兰、挪威、葡萄牙、西班牙、瑞典、瑞士、土耳
其和英国)和两个非正式成员国(加拿大和美国)。在美国援助停
止以后,欧洲经济合作组织继续在使成员国之间的贸易自由化和
建立一个多边的国际支付机构的过程中发挥重要的作用。后来,
美国因为国际收支不平衡,有必要和欧洲国家在经济政策上进行
全盘的合作和调整,另外,为了和其他发达西方国家分担援助不发
达国家的负担,呼吁欧洲国家,建立起处理经济问题的新机构——
经济合作组织。经合组织建立的三大目的是促进经济增长、援助
不发达国家、扩大世界贸易,它以经济政策委员会(EPC)、开发援
助委员会(DAC)、贸易委员会(TC)为中心展开活动。同时,也有
从欧洲经济合作组织继承而来的财政、货币、旅游、工业、农业、渔
业、科学、能源、海洋等覆盖多个领域的 30 多个专门委员会,以成
员国的国情研究和政策调整为中心开展有益的活动,并且,通过工
会咨询委员会(TUAC)和工商咨询委员会(BIAC)尽量与民间紧

密接触。经济组织的初始成员国包括欧洲经济合作组织的 18 个
成员国和美国、加拿大等 20 个国家。

在经合组织成立之前,日本就是开发援助集团(DAG)的成员
国,1961 年 9 月 30 日,经合组织成立后,开发援助集团转化为经
合组织下设开发援助委员会(DAC),日本作为其成员国参与援助
不发达国家的活动。同时,日本也强烈希望参加经合组织其他领
域的活动,它通过参加经合组织财政委员会和开发中心的活动,努
力为全面加入经合组织开辟道路。若想加入经合组织,对其中的
西欧大国——英、法、德进行游说是有必要的,每次日本政府领导
人访问西欧都要不失时机地进行游说。

1961 年 7 月,日本外相小坂善太郎访欧。在与英国总麦克米
伦会谈时,小坂说,日本是亚洲仅有的发达国家,日本人感到自己
生活在和其他发达国家不同的环境里,因此他们希望和西方建立
紧密的联系。[132]小坂和财政大臣劳埃德会谈时说:"增长问题对于
亚洲唯一的工业国家——日本来说是个很重要的问题,在精神和
其他方面,日本常受到来自共产主义邻居的压力,所以它需要坚固
的经济基础。日本把自己成为'自由世界'的一员作为最大目标,
《日美安保条约》并没有完全充分地联系起日本和其他工业国家
的关系,日本希望能建立多方经济联系。"当然,小坂也知道经合
组织的地域性,日本成为经合组织成员的确存在困难。所以他希
望作为取得完全成员资格的第一步,首先在经合组织理事会的讨
论与日本的利益相关时,让日本成为的观察员。劳埃德答应将考
虑小坂的建议。[133]小坂对法国和联邦德国领导人也提到此事,联邦
德国表示同意为使日本能更紧密地和经合组织合作而努力。[134]

同年 7 月开发援助集团(DAG)东京会议上,日方向就此事向
欧洲经合组织秘书长克里斯滕森(Thorkil Kristensen)等人试探,但

是,欧洲各国对日认识不足,一部分成员国认为经合组织也应该保持地域性。其后,美国和联邦德国表示支持日本通过开发援助委员会的活动逐渐向经合组织全面接近。10月底,日本驻法大使获原彻和经合组织秘书长克里斯滕森交换了信件,根据此信件,日本可以参加经合组织部长理事会中与开发援助委员会有关的讨论。[135]11 月 16 日、17 日,第 1 届经合组织部长理事会在巴黎召开,日本经济企划厅长官藤山爱一郎参加与开发援助委员会有关的讨论。[136]

1962 年 9 月,日本外相大平正芳访欧时,对法国、联邦德国、比利时等国的领导人表达了日本希望加入经合组织之意,大平强调,日本是世界上第 5 位的援助供应国,并且正在一步步实施贸易、汇兑自由化,日本应该被看作名实兼具的发达工业国家的一员。[137]对此,各国大体上给以善意的回应。

11 月 5 日至 24 日,日本首相池田访欧。此次池田访欧的重头戏就是到英国签署《日英通商航海协定》,因此他也想趁着这个日英关系改善的机会,敦促对日本援用关贸总协定的 35 条的西欧国家撤销援用,并且游说西欧国家支持日本加入经合组织。池田首先访问联邦德国和法国。联邦德国表示积极支持日本加入经合组织,法国也没有否定,但是传闻法国总统戴高乐讽刺池田说:"日本的位置越来越高了,能看到很远的地平线,对欧洲也关心起来……只有像我这样高的人才能看得很远。"[138]

之后,池田访问英国。在和英国首相麦克米伦会谈时,池田指出,阿登纳总理和戴高乐总统都承诺支持日本完全加入经合组织,肯尼迪总统和加拿大总理迪芬贝克(Diefenbaker)已经向池田保证赞同,他希望麦克米伦首相能做作这几位领导人一样的事情。麦克米伦表示,英国当然支持日本的申请。[139]

　　之后,池田还访问了比利时、意大利、荷兰等国,这些国家承诺对日本加入经合组织问题进行善意的考虑。[140]在池田访欧的同时,日本驻经合组织成员国的大使向驻在国政府请求支持日本加入经合组织,这些成员国大体表示赞成日本加入经合组织。

　　11 月 27、28 日,第 2 届经合组织部长理事会在巴黎召开,美英代表在会上表明日本有完全参加经合组织活动的必要。日本经济企划厅长官宫泽喜一作为观察员出席了与开发援助委员会有关的会议,他在会上表明日本希望更紧密地参加经合组织的活动。该理事会决定把这个问题交给首席代表会议去讨论。[141]1962 年 12 月召开的第二次日美贸易经济共同委员会以及 1963 年召开的第一次日加部长委员会的公报中,都再次重申了支持日本加入经合组织。

　　1963 年 1 月 29 日,英国中断申请加入欧共体的谈判,受此事影响,经合组织内部对日本加入问题的审议也稍稍延迟。3 月 27 日,经合组织首席代表会议再次召开,审议日本加入问题。28 日,经合组织秘书处发表声明:"经合组织各国代表为确认日本政府是否打算向秘书长承诺加入经合组织的各项义务,邀请在巴黎的日本政府代表开始会谈。除和经合组织达成协议的例外之外,日本政府打算接受经合组织义务的话,经合组织理事会根据《经合组织条约》第 16 条,正式邀请日本政府加入经合组织。日本在通过国会的手续之后,如果把加入书交给法国政府的话,则正式成为经合组织成员。"[142]

　　根据《经合组织条约》第 16 条,发出邀请加入的要件是,日本在承诺接受关于经合组织运营及基本目的(经济增长、扩大贸易、援助不发达国家)的重要决议、决定、劝告等的同时,承诺接受两自由化规约(关于经常无形交易自由化的规约、关于资本转移自

由化的规约），并且就保留事项和经合组织之间达到一致。对于
两自由化规约，经合组织方面非常关心技术援助、直接投资和海运
的项目。[143]

　　5月9日至19日，日本驻英公使森率6名相关各省官员赴巴
黎进行调查、事前协商和听取经合组织方面的意见。6月3日至
14日，经合组织派出调查团赴日，主要就两自由化规约和日方进
行详细讨论。6月20日，日方向经合组织提出关于两自由化规约
的保留要求和今后的自由化方针。7月3日至14日，日本驻英公
使森再度率员赴巴黎，和经合组织进行最后的谈判，双方基本达成
一致。此后数日，双方就海运问题达成妥协。

　　7月26日，日本方面阁议决定在关于加入经合组织的谅解备
忘录上签字，同日，经合组织理事会全会一致决定邀请日本加入。
稍后，日本驻法大使荻原彻和经合组织秘书长克里斯滕森在谅解
备忘录上签字。1964年4月24日，日本国会承认日本加入经合
组织。28日，日本把加入书交给法国政府，日本正式成为经合组
织的成员国。[144]

二、日本加入经合组织的意义和责任

（一）日本加入经合组织意义

　　参加作为发达工业国的合作体制的经合组织，是日本经济飞
跃的契机，通过经合组织所能得到的各种情报，对日本颇有裨益。
同时通过经合组织，能加深各国对日本的国情和政策的理解，消除
由于误解和不信任而采取不利于日本的措施。特别在撤销对日本
产品的歧视政策的问题上，经合组织是除在关贸总协定交涉和双
边交涉之外，又提供了一个重要的多边交涉的平台。[145]

　　由于经合组织是讨论对世界产生重要的影响的所有经济问题的机构,其讨论往往在联合国、关贸总协定、国际货币基金的会议以及其它国际会议之前,在西方各发达国家之间预先进行意见的交换和调整。更之,以经济政策委员会为中心进行关于货币金融政策的讨论,以贸易委员会为中心进行关于工业品放松进口限制、促进购买不发达国家产品、关贸总协定总体关税下降谈判的讨论都是对世界有很大影响的问题,因此,作为对外贸易依存度颇高的日本,直接参加此类讨论、随时采取合适的措施促并使经合组织成员国考虑日本的利益是极其重要的。[146]

　　由于战后日本向美一边倒,与欧洲的联系较弱。加入带有欧洲地域性的经合组织,可以加强日欧之间的联系,平衡美、欧、日三者的关系,促进西方世界的团结。西方各国经济方面合作的发展,必将促进政治方面的进一步合作。并且经合组织是与北约组织相对应的经济领域的机构,加入经合组织,对为巩固日本的国际地位,深化日本与美加以及西欧各国的合作关系和"对抗社会主义阵营"有重要意义。

　　(二)日本加入经合组织后的责任

　　1960 年 6 月,日本才发表贸易汇兑自由化政策,首次开始自由化,而此时西欧早就走在前面。日本加入经合组织后,负有自由化的义务。经合组织的自由化规定等各种规定是西欧各国长期发展起来的政策和习惯的成果,作为日本想一举适应还有困难。另外,在自由化的过程中,加强产业基础、整顿经济环境、建立开放体制等各种适应自由化的体制也是当务之急。[147]

　　加入经合组织后,日本政府还有进一步广泛地协调政策的责任,其中,以协调增长政策和对外金融政策最为重要。日本的预期经济增长率高于经合组织其他国家的目标,对照经合组织的基本目标,日本在这方面可能不会受到掣肘。但是,日本的增长目标和政策手段应该妥当,不能破坏国际协调的原则。日本因自身的实力而使经济高速增长的后果,是可能导致本国的经济大变动、国际贸易和金融等领域极大的不安定,从而在经合组织招致非难。

第五节　日英关系的其他发展与需要解决的问题

一、《日英文化协定》的签订

1957 年,日本驻英国大使非正式地向英国提出两国谈判签订《文化协定》。1959 年,日本首相岸信介访英,在与英国首相麦克米伦会谈时,就两国将来进行文化合作达成一致,在共同声明中表明了要尽早缔结《文化协定》之意。同年 10 月,英国正式向日本提出以过去和其他国家缔结的《文化协定》为蓝本的草案。12 月,日方向英方提出与过去和其他国家缔结的《文化协定》几乎一样的草案。1960 年,英方同意以日方的草案为蓝本进行协商。11月,双方达成一致意见。12 月 3 日,日本外相小坂善太郎和英国驻日大使莫兰德(Oscar Morland)在东京签署《日英文化协定》。[148]

《日英文化协定》是将日英两国间存在的传统的文化关系长期化和固定化,并为将来进一步发展奠定基础。该协定含前文和本书 15 条,另规定了两国在《关于英国文化振兴会的交换文件》中提到的文化交流的各个领域的相互合作。由于该《协定》的签订,两国文化交流日益加深。[149]

二、日本对侵华战争时期英国受损的赔偿

在日本侵华战争时期,英国的法人公司和侨民受到损害。战后英国政府根据《旧金山对日和约》第18条(a)项的规定,向日本提出总额99万英镑的赔偿要求(约20亿日元,包含财产上的损失的利息约10亿日元)。以1959年日本首相岸信介访英为契机,日英双方加快了该问题的解决速度,[150]同意将赔偿金额定为50万英镑。日方认为所有对英国的战前赔偿,应该毕其功于一役。因此为确保将来免责,继续与英方协商,最终获得了英方的认可。其结果是:英国对日战前赔偿(包含日本侵华战争时期)要求全部解决,日本国政府最终完全免责。[151]

作为以上处理的附属结果,日英间交换书简:在日本侵华战争期间,①用于担保中国政府发行英镑债券的中国国有铁道和其他中国政府收入的源泉被日本军队支配,②英国的矿业权存在的地域被日本军队支配,英国政府保留对①的利息和②的受损权利的要求赔偿的权利,但是,英国政府不对日本国政府提起这种赔偿的要求,同时约定当事者也不提起,确认日方不对这些赔偿负有责任。日英之间重要的悬案由此得以解决。1960年10月7日,日本外务大臣小坂和英国驻日大使莫兰德签署以上处理方案,并于即日生效。11月10日,日方将赔偿金50万英镑支付给英国政府。[152]

结　语

如果说1952—1972年是当代日英关系由走出战后到建立全面的稳定关系的一个大的过渡阶段,那么本章涉及到这个时期,是

这个大过渡阶段的一个关键阶段。在这个阶段,日英之间签订了形成双方关系框架的几个重要的条约,日本加入经合组织则确定了在世界经济社会的地位。其中,《日英原子能条约》保证日本引入原子反应堆后,英国对日本出售核燃料,提供使用完燃料的再处理技术援助,日本政府及英国公司相互提供研究情报等,由此开始了日英之间的核电合作。这种合作不仅开辟了日英合作的新领域,而且在日本引入核电技术具有特别的意义。二战末期日本曾遭受原子弹轰炸,以及1954年的第5福龙丸事件,使日本国内反核运动高涨。在这种情况下,日英进行核电合作,不仅需要勇气,更需要有长远的眼光,即和平利用核电技术,解决日本经济开发的重大问题,即能源问题。经过旷日持久谈判的《日英通商航海条约》终于在1962年底池田勇人访英时签订,同时英国承诺将放弃对日援用第35条,这是以日本对一些项目进行自主规制,同时英国对敏感项目清单的进口进行限制为条件的。尽管如此,《日英通商航海条约》的签订大大扫除了日英关系上障碍,为提升日英关系打开了局面。并且也为其他对日援助第35条的国家所效仿。另外,在这一时期,日本谋求加入经合组织的外交目标,也在美英国等国的支持,得以实现。日本加入经合组织,是国际地位提升的一个标志性事件,至今仍然如此。

高层互访有所突破。与吉田等战前的亲英美派首相不同,接受岸信介前来进行国事访问,是日英跨越历史遗留问题的一次考验。由于岸信介战时曾任东条英机内阁的商工大臣,英国并不欢迎岸的来访。经美国从中斡旋,促成英、法接受岸信介访问。作为缓冲,英国首先于1957年邀请日本外相藤山爱一郎访问,再于1959年邀请岸信介访问。英国对岸信介的来访礼仪周正,但在妨碍两国经济关系的关贸总协定第35条的问题上,没有让步。池田内阁时期,日本保持日美"平等伙伴"关系的同时,出现了明显的向欧洲接近的趋势。这是对战后以来"向美一边倒"政策的调整,英国对池田的访问给予了热情接待,并将签订《日英通商航海条约》的荣誉送给了池田。至于霍姆访问日本,也体现了英国对日本的好意。造成日英高层互访在这一时期相对频繁的原因主要有:第2次柏林危机和古巴导弹危机的爆发,使东西方两大阵营之间的对抗加剧,迫使日本"更紧密"地与美国和西欧国家站在一起;英国加入欧洲经济共同体,欧洲经济一体化进一步发展,日本担心扩大后的欧洲经济共同体更加封闭,因此对英国外交注入更多的热情;与此同时,英国对经济不断发展的日本有所倚重,两国经济关系日益密切。

注　释

1　2　3　日本外务省:《わが外交の近况(第1号)》,1957年,第7—8页。

4　8　31　田中孝彦:《冷战初期における国家アイデンテイテイーの模索》,木畑洋一等编《日英交流史1600—2000・2政治・外交Ⅱ》,东京大学出版会2000年,第250、251、255页。

5　陈乐民等:《战后英国外交史》,世界知识出版社1994年,第108页。

6　7　United Kingdom relations with Japan, September 10 1957, FO371/127532/FJ1012/4.

9　Visit of the Japanese Foreign Minister, Appendix A: The international position of Japan and United Kingdom realtions with her, September 25 1957, FO371/127532/FJ1022/54.

10　日本外务省:《〈わが外交の近况〉特集三・国连第十二総会における軍缩ならびに核实験問題》,1957年,第40页。

11　13　16　17　19　25　92　94　95　97　日本外务省:《わが外交の近况(第1号)》,1957年,第125—127、133—134、135、114—117、100—102页。

12　由于地埋坏境限制,英国的核试验都是在外国进行的。大气层试验分别在澳大利亚的蒙特贝洛岛、武麦拉、马拉林和太平洋的圣诞岛进行,地下核试验则全部在美国内华达试验场实施。参见卢辉:《核化生武器的历史与未来》,军事科学出版社

1991 年,第 93 页。

14 Background notes for the call by the Japanese Ambassador on the Minister of State on February on February 25 , FO371/127543.

15 21 149 151 鹿岛平和研究所:《日本外交史 29 · 講和後の外交(I)对列国関係(下)》,鹿岛研究所出版会 1973 年版,第 372、373、375、374 页。

18 93 阿伦·斯克德、克里斯·库克著,王子珍、秦新民译《战后英国政治史》,世界知识出版社 1985 年,第 123—124、115—119 页。

20 Hugh Cortazzi(eds) , *British Envoys in Japan* 1859—1972 , Global Oriental ,2004 , P334.

22 33 日本外务省:《わが外交の近況(第 2 号)》,1958 年,第 126、77 页。

23 Visit of the Japanese Foreign Minister ; Appendix B : The political situation in Japan , September 25 1957 ; Appendix C : Mr. Fujiyama , FO371/127532/FJ1022/54.

24 麦克米伦著、余航等译:《麦克米伦回忆录 4 乘风破浪》,商务印书馆 1982 年,第 532 页。

26 Record of conversation between the Secretary of State and the Japanese Foreign Minister of September 28 ,1957 , FO371/127533/FJ1022/76.

27 Record of conversation between the Secretary of State and the Japanese Foreign Minister of September 28 ,1957 , FO371/127533/FJ1022/77.

28 Record of conversation between the Secretary of State and the Japanese Foreign Minister of September 28 ,1957 , FO371/127533/FJ1022/79.

29 30 岸信介等著、周斌译:《官场政界六十年——岸信介回忆录——》,商务印书馆 1981 年,第 111—116 页。

32 Morland to Lascelles , October 3 1957 , FO371/127532.

34 《首相外遊 · 英に焦点》,《読売新聞(朝刊)》1959 年 7 月 6 日。

35 《岸首相ロンドン入り マ首相と会談へ "両国の友好強める"空港で声明》,《読売新聞(夕刊)》1959 年 7 月 13 日。

36 Record of conversation between the Minister of state and the Japanese Prime Minister on July 13 ,1959 , FO371/141439/FJ1051/91.

37 Record of conversation between the Prime Minister and the Prime Minister of Japan at 10. Dowing Street at 11. 30 a. m. on July 13 ,1959 , FO371/141439/FJ1051/92.

38 Visit of the Japanese Prime Minister , July 1959 , FO371/141437.

39 40 Note of Discussion hold in the Chanceller's Room in the Treasury, 3.0 p. m. Monday, 13 July 1959, FO371/141439/FJ1051/96.

41 岸信介著、王泰平译:《二十世纪的领袖们》,世界知识出版社1986年,第37页。

42 《友好を強調 両首相 なごやかに夕食会》,《読売新聞(夕刊)》1959年7月15日。

43 《社説 外遊する岸首相に望む》,《読売新聞(朝刊)》1959年7月10日。

44 45 Japan: Proposed visit by the Prime Minister, Dec 9 1960, FO371/150581/FK105; Japanese attitude towards the United Kingdom, Jan 26 1961, FO371/158491/FJ1051/6.

46 Japan: Proposed visit by Prime Minister, Dec 12 1960, PM/60/133.

47 From Philip to Samuel, Dec 13 1960, FO371/150581/FJ1051/41.

48 伊藤昌哉著、李季安、王振仁译:《池田勇人的生和死》,新华出版社1986年,第139页。

49 Frank C. Langdon著、福田茂夫译:《戦後の日本外交》,ミネルヴァ書房1976年,第91页。

50 How the Japanese see England, The Times, July 3 1959.

51 68 138 安原和雄、山本剛士:《戦後日本外交史IV 先進国への道程》,三省堂1984年,第194—197、204、194—197页。

52 Record of a meeting at Admiralty House at 12.45 p. m. on Wednesday, July 5 1961, FO371/158497.

53 54 55 Record of a conversation between the Secretary of State and the Japanese Foreign Minister, Mr Kosaka at the Foreign Office at 3 p. m. on July 5, 1961, FO371/158497.

56 1949年中华人民共和国成立后,要求恢复在联合国的合法席位,驱逐蒋介石集团的代表,但为美国等国所阻。从1951到1960年,每届联合国大会都要讨论中国的代表权问题。但是,美国每次都提议"延期讨论"这一问题而加以否决。

57 萨本仁、潘兴明:《20世纪的中英关系》,上海人民出版社1996年,第374—375页。

58 Mayall to De la Mare, July 11 1961, FO371/158497/FJ1051/102.

59 Visit of the Japanese Foreign Minister, Mr. Kosaka, July 19 1961, FO371/158497/FJ1051/103.

60 61 62 63 64 65 Record of conversation between the Prime Minister and the

Prime Minister of Japan at Admiralty House at 3 p. m. on November 12,1962,FO371/164976/FJ1052.

66 Record of a conversation between the Chancellor of the Exchequer,the President of the Board of Trade and the Prime Minister of Japan at the House of Commons of November 13,1962,FO371/164976/FJ1052.

67 日本外务省外交记录 A1.3.1.1—4—3—2《日本·英国間外交、日英定期協議関係 第三回関係 事務レベル会談》《ポンド却下のわが国に对する影響》第 1—17 页。

69 Record of the Foreign Secretary's courtesy call on the Japanese Prime Minister,Mr. Ikeda,on March 29,1963,FO371/170759.

70 Record of a conversation between the foreign secretary and the Japanese Minister on April 2,1963,at the Prime Minister's office,FO371/170759.

71 72 73 Record of a conversation between the Foreign Secretary and the Japanese Foreign Minister, Mr. Ohira, on April 3, 1963, in the Ministry of foreign affairs. FO371/170759.

74 Record of a conversation between the Foreign Secretary and the Japanese Prime Minister after dinner on April 3,1963,at the British Embassy,FO371/170759.

75 《日英通商航海条約批准書を交換》,《読売新聞(夕刊)》1963 年 4 月 4 日。

76 《OECD 加盟を全面支持 日英共同声明》,《読売新聞(夕刊)》1963 年 4 月 4 日。

77 Closer relations with Japan in Prospect,*The Times*,5 April 1963.

78 《中国貿易、日本の立場を強化 ヒューム訪日で英紙論評》,《読売新聞(朝刊)》1963 年 4 月 4 日。

79 《微妙な共産圏貿易拡大 池田·ヒューム会談の波紋 米英の中間の線》,《読売新聞(朝刊)》1963 年 4 月 4 日。

80 81 83 84 85 88 日本外务省外交史料馆记录 B'5.1.0.J/1《日英原子力一般协定关系第 1 卷》003 第 143、144、161、236 页。

82 [法]贝尔兰·阿莫兰著,严文魁、李恒腾译:《新能源和关于核电站的争论》第 41 页,原子能出版社,1986 年。

86 闫政:《美国核法律与国家能源政策》第 116 页,北京大学出版社,2006 年。

87 日本原子力委员会:《原子力白皮书 1957》,1958 年,http://www.aec.go.jp/jicst/

NC/about/hakusho/wp1957/sb1020101. htm。

89　90　日本外务省外交史料馆记录 B'5.1.0. J/1《日英原子力一般协定关系第4卷》005 第 29、75—77 页。

91　《旧金山对日和约》第 12 条丙项规定:日本所给予某一盟国之国民待遇或最惠国待遇应仅以该有关盟国关于同一事项所给予日本之国民待遇或最惠国待遇之程度为限。参见世界知识出版社:《国际条约集(1950—1952)》,世界知识出版社 1959 年,第 339 页。

96　98　日本外务省:《わが外交の近況(第 3 号)》,1959 年,第 139、140 页。公开一般许可证(OGL)又称“公开进口许可证”或“自动进口许可证”,它对进口国别或地区没有限制,凡列明属于公开一般许可证的商品,进口商只要填写公开一般许可证后,即可获准进口,因此这类商品实际上是“自由进口”的商品。

99　100　148　152　日本外务省:《わが外交の近況(第 5 号)》,1961 年,第 174—176、132—133 页。

101　102　134　136　日本外务省:《わが外交の近況(第 6 号)》,1962 年,第 257、128、216 页。

103　105　106　16th Conclusions of the Cabinet,10 Mar 1960 ,CAB/128/34.

104　Noriko Yokoi, *Japan's Postwar Economic Recovery and Anglo—Japanese Relations 1948—62*,London:RoutledgeCurzon,2003,pp. 140—141.

107　Hughes to Toru Nakagawa,18 Mar 1960,FO371/150607.

108　Anglo/Japanese Commercial Treaty,28 Mar 1960,FO371/150607/FJ1152/42.

109　Memorandum by the Chancellor of the Exchequer,6 May 1960,CAB/129/101.

110　122　日本通商产业政策史编纂委员会:《通商産業政策史第 8 卷》,财团法人通商产业调查会 1991 年,第 260—261 页。

111　112　Commercial Treaty With Japan,28 Oct 1960,FO371/150612/FJ1152/138.

113　62th Conclusions,8 Dec 1960,CAB/128/34.

114　65th Conclusions,21 Dec 1960,CAB/128/34.

115　Noriko Yokoi, *Japan's Postwar Economic Recovery and Anglo—Japanese Relations 1948—62*,London:RoutledgeCurzon,2003,p. 149.

116　117　118　Note of a meeting with Mr. Kosaka Japanese Minister for Foreign Affairs, 5th July 1961,FO371/158497.

119　Memorandum by the Chancellor of the Exchequer,2 August 1961,CAB/129/106.

120　47th Conclusions,3 Aug 1961,CAB/128/35.

121　黑岩彻:《摩擦を超えて相互理解へ》,木畑洋一等编《日英交流史 1600—2000・2 政治・外交 II》,东京大学出版会 2000 年,第 277—278 页。

123　Note of a Meeting between President of the Board of Trade and the Japanese Prime Minister on April 26,1962,FO371/164997/FJ1152/41.

124　125　Note of a Meeting between President of the Board of Trade and Mr. Zentaro Kosaka,Minister for Foreign Affairs, in Tokyo on 26th April and 4th May, 1962, FO371/164997/FJ1152/41.

126　From Tokyo to Foreign Office,27 Apr 1962,FO371/164996/FJ1152/38.

127　Noriko Yokoi, *Japan' s Postwar Economic Recovery and Anglo—Japanese Relations 1948—62*,London:RoutledgeCurzon,2003,p. 150.

128　Note of a Meeting between President of the Board of Trade and Mr. Zentaro Kosaka, Minister for Foreign Affairs,in Tokyo on 26th April and 4th May,1962,FO371/164997/FJ1152/41.

129　Noriko Yokoi, *Japan' s Postwar Economic Recovery and Anglo—Japanese Relations 1948—62*,London:RoutledgeCurzon,2003,p. 151.

130　Commerial Treaty with Japan:Cabinet Meeting,18 July 1962,FO371/165000/FJ1152/85.

131　Anglo—Japanese commercial treaty negotiations,31 Aug 1962,FO371/165001/FJ1152/101.

132　Record of a meeting at Admiralty House at 12. 45 p. m. on Wednesday,July 5 1961,FO371/158497.

133　Note of a meeting between the Chancellor of Exchequer and Mr. Kosaka,Japanese Minister for Foreign Affairs,at 3. 0 p. m. on Thursday,6th July 1961,at the House of Common,FO371/158497.

135　日本经济调查协议会:《OECD 加盟と日本经济》,第 63—64 页。

137　140　142　146　日本外务省:《わが外交の近况(第 7 号)》,1963 年,第 235—236 页。

139　Record of conversation between the Prime Minister and the Prime Minister of Japan at Admiralty House at 3 p. m. on November 12,1962,FO371/164976/FJ1052.

141　143　145　147　日本经济调查协议会:《OECD 加盟と日本经济》,经济往来社 1964 年版,第 64—65、66、4—5 页。

144　日本外务省:《わが外交の近况(第 8 号)》,1964 年,第 215 页。

150　日本外务省:《わが外交の近况(第 4 号)》,1961 年,第 113 页。

第 四 章

日英关系的稳定发展(1964—1972)

20世纪60年代,日本进入长时期的经济高速增长阶段。至1968年,超过联邦德国而名列西方世界第二经济大国的地位。至70年代初期,日本加快向科技大国挺进的步伐,改变了二战后国际经济社会的格局。相形之下,二战初期在西方世界位居第二的英国,却由于劳动生产率始终在发达国家中低位徘徊。英国的国民生产总值1960年被联邦德国超过,1966年被法国超过,1967年被日本超过,在西方经济世界中名列第五。英国和日本在国际经济社会排名的变更,直接或间接地对日英关系产生了影响。较之前一个时期,从60年代初期到70年代初期,日英关系进入全面稳定的发展时期。

第一节　日英定期会谈

一、日英定期会谈的缘起

1963年4月8日上午,英国驻日本大使莫兰德(Oscar Morland)拜访日本外务省事务次官岛重信。在双方庆贺英国外相霍姆成功地访日之后，莫兰德转达了霍姆的建议："在与大平外相举行第 2 次会谈之际，之所以未提及每 6 个月举行定期会谈的问题，是因为担心给日方造成压力。他（霍姆）的本意是如果日方同意举行双边定期会谈，英方乐意实施，若日方不同意就放弃。在他（霍姆）的构想中，定期会谈讨论的对象，不限于政治问题，也包括两国的通商关系等问题。"莫兰德也指出，这个构想是否付诸实行，尚有待先在英国政府内部进行讨论之后，再最终敲定。岛重信指出："霍姆外相与大平外相第 1 次会谈之际，就提到过定期会谈的问题，我方之所以没有马上做出回应，是因为专门采用定期会谈的形式来交换情报是否有必要，尚待考虑。如果建立相关的会谈机构的话，其讨论的对象应该更广泛。若英方果真同意我方的想法，在形式上应该不会像日美部长共同委员会和日加部长委员会那么大，实际上只是日英两国政府间就各种问题进行定期协商的手段更为妥当。为判明霍姆外相的构想是否具有非常重要的意义，我方还需进行充分的研究。"[1]

由上可以看出，此时英方对举行定期会谈持积极进取的态度，而日本持审慎观望的态度。其原因何在？

英国对与日本举行定期会谈的积极的态度，其原因如下：

首先，这是英国对日本的经济实力有了新的认识并且英日关系大为改善的结果。英国在 20 世纪 50 年代虽然有改善英日关系的意识，但实际行动却相反。由于担心日本的贸易竞争，所以在日本融入国际经济体系（如加入关贸总协定）时以给阻挠，两国通商谈判也久拖不决。英国的这种想法，在 20 世纪 60 年代初开始发生变化。这一时期，日本的经济急速增长，一方面，日本经济总量的迅速攀升使英国不敢小觑日本；另一方面，日本经济的急速增长，对英国来说也意味着一个急速增长的市场。在这段时间里，日英终于解决了旷日持久的悬案——签订《日英通商航海条约》，并承诺将放弃对日援用关贸总协定第 35 条，英国的行动，为其他对日援用第 35 条的西欧国家转变对日本的态度起了表率作用。

其次，英国看到日本在稳定东南亚局势中的作用。英国认识到，"日本在世界性问题，特别是技术援助、海外投资等领域发挥了越来越重要的作用，这有利于世界的稳定。"[2] 所谓世界的稳定，主要是指有利于资本主义世界的稳定，当时的亚洲却并不稳定。首先，印尼经过长期的斗争，终于从荷兰手上收回了西伊里安，并且反对英国希望把加里曼丹岛北部的沙捞越、沙巴、文莱和马来亚、新加坡组成马来西亚的计划。其次，南越反对美国扶持的吴庭艳政权的斗争风起云涌。再次，英国前殖民地新马等地区共产党和左翼活动也很活跃。而日本对东南亚援助和贸易来往日益频繁，可以凭其经济实力使东南亚局势实现有利于资本主义国家的稳定上发挥一定的作用。所以，霍姆在访日时说："如果'自由阵营'的主要国家——美国、欧洲、英联邦各国以及日本这样的太平洋地区的发达国家不互相贡献各自所拥有的财富、能力、政治经验的话，就不能解决堆积如山的国际问题。"[3]

再次，英国第 1 次申请加入欧洲经济共同体因法国的反对而失败，促使其寻找新的伙伴，以平衡因申请失败而带来的不良影响和心理落差。1957 年 3 月，法国、联邦德国、意大利、荷兰、比利时和卢森堡 6 国在罗马签署的《欧洲经济共同体条约》和《欧洲原子能共同体条约》（统称《罗马条约》）。1958 年 1 月 1 日条约正式生效，欧共体成立。为对抗法德主导的欧共体，1960 年英国联络丹麦、挪威、瑞典、瑞士、奥地利、葡萄牙等国，组成了欧洲自由贸易联盟，但无力与欧共体较量。1961 年 8 月，英国正式申请加入欧共体,但强调独立外交立场的戴高乐对标榜英美特殊关系并坚持帝国特惠制的英国心存疑虑,在法国的带头反对下,英国的首次申请被多个欧共体成员国否决,令唐宁街很没面子。在这种情况下,与新兴的日本密切联系,至少在外交上增加一些聊以自慰的得分。基于上述原因,英国对英日双边会谈积极主动。

相形之下,日本却对与英国提议的举办双边定期会谈持慎重的态度,这是因为:

战后日本外交是以日美关系为基轴,而英美各自的对外政策有一定的分歧。比如在对中苏等社会主义国家的贸易问题上。在池田勇人担任首相期间,日中贸易关系大为改善。英国外相霍姆在1963年访日时,无论在公开和私下的场合都表示应该和中苏进行“巴统”限制清单以外的贸易,这实际上是对池田改善对华贸易的努力表示支持。但日方对于来自英方的支持,还抱有戒心,因为美国政府主张限制对华贸易,并反对日本扩大对华贸易,日本非常担心英国支持其对华贸易的态度得罪美国。

在1960年美日签订《日美共同合作和安全保障条约》(新《日美安保条约》)后,美日关系进一步密切化。在60年代初期美苏因1960年的U—2间谍飞机事件、1961年的柏林危机、1962年的加勒比海危机等事件,加剧了冷战对抗的烈度。与此同时,日苏之间围绕新《日美安保条约》的矛头所向、“北方四岛”的领土争端、渔场作业冲突、苏联加强远东军事部署等问题,对峙有增无减。在这种情况下,美日之间形成安全保障进一步依赖的关系架构。除此以外,美国市场对经济高速增长时期日本的重要性日益增强。各种因素综合作用的结果,使日本愈加增进了对日美关系基轴的依存度。

所以,虽然日本希望与包括英国在内的欧洲国家接近,但这种接近是有限度的,因为日英关系本身还没有达到像日美关系那样密切的程度,而且日英关系的发展也以不影响日美基轴为前提,日本外交无意给日美关系增添任何不安和疑虑。

因此,日本以日英对话机制"不会像日美部长共同委员会和日加部长委员会那么大"为前提展开研究。日本外务省欧亚局英联邦课对定期会谈的方式进行了探讨,一共提出如下的 3 种选择方案:[4]

1. 日方由外相出席,英方由外相或掌玺大臣出席。此方案优点:因为双方每次都由外交最高责任者出席,易于加深理解,能处理两国关心的涵盖政治经济的所有问题。缺点:如果定期会谈每年开 2 次,则日本的外相大臣则每年必赴伦敦 1 次。如果利用出席各种国际会议这未必不可能实现,但对英国的邻国是相当的微妙。

2. 双方由外相或与经济相关的大臣出席。这样从日方来说,除外相之外,还可考虑藏相、通产相和经济企划厅长官;而与之相应,英方是外相、掌玺大臣,此外有财相和贸易相。此方案优点:出席者范围大,并且,因为由具体负责的大臣出席,可以就具体问题进行深入的讨论。缺点:在出席者不是外相的情况下,议题的范围自然就狭窄,难以在经济、政治等广泛的领域进行全面的对话。再则,每次出席者的面孔变化,定期会谈会丧失持续性。

3. 双方原则上由外相出席,在外相无法出席的情况下,日方由事务次官或外务审议官出席,英方由外交国务大臣或者事务次官出席。此方案优点;保持定期会谈的持续性,并且议题能涵盖广泛的议题。缺点:日英两国外交机构不同,因此在外相不能出席的情况下,两国出席者的组成难以确定,并容易降级为事务级会谈。

利弊权衡,各方案均有可取之处和局限性,一时难以定夺。但似乎相对倾向于采用第二种方案,由双方的外相担任对话的各自首席代表,也可根据需要,委派其他省厅的最高行政主官出席会议。

4月23日,在伦敦举行的《日英关税条约批准书》交换方式上,双方就定期会谈的问题,再次交换了意见。霍姆对日本驻英大使大野胜巳说,希望尽快将定期会谈具体化,不必规定每次由阁僚担任首席代表,适当灵活把握更好。5月1日,日本外务省事务次官岛重信会见英国驻日大使莫兰德,就日英政府间定期会谈的日方方案进行说明。在日英两国政府间各个层级的接触越来越紧密,英方提出了作为其中的一环在必要的情况下通过定期的机制进行会谈的提案,日方对此表示感谢,并想积极地推进。日本方案的要点如下:[5]

1.如霍姆外相所设想的那样,定期会谈的具体实施办法暂时不作严格的决定,极其非正式并保持灵活性。

2.原则上日英两国外相之间,或者日方外相与英方掌玺大臣或外交国务大臣之间进行。

3.议题涵盖政治、经济以及日英两国关心的事项。

4.本年度(1963)日本外相利用秋天的联合国大会或者其他机会访问英国,进行第1次会谈。

5.其后定期会谈的安排待第1次会谈后决定。

英方接受日方的提案,在大体就定期会谈达成一致的情况下,日方不进行正式的新闻发布,而由外相在记者会等场合进行口头说明。

5月15日英国驻日大使莫兰德拜访日本外务次官岛重信。莫兰德受到本国外交部的训令首先想确认两点:1.如之前所提到的,英方希望定期会谈不要拘泥于形式,即尽可能以非正式且灵活地进行;2.为节约会谈的时间,并且为提高效率,在会谈前进行尽可能详细的准备和计划。对此,岛重信表示赞成。接着莫兰德提出,会谈原则上在大臣间进行,但有可能出现外相以外的与外交有关的大臣全都不方便的情况下,是进行比大臣级低的级别的会谈,还是延期举行会谈?对此,岛重信表示,对于会谈原则上在大臣间进行没有异议,但是日方希望尽可能派大臣出席。[6]

莫兰德认为,根据应讨论的事情的性质,有时可能派外交事务以外的大臣,如财相和贸易相。与外交有关的四位大臣中,除霍姆外相和希思掌玺大臣以外,其他二位外交国务大臣是轻量级的大臣。与这些轻量级的大臣相比,英国政府更希望派遣如财相之类的重量级的大臣。对此,岛表示,如果出现这种情况,日方也不反对英国的做法,但是如果英国其他部的大臣来的话,日方主要以外相为对应者,藏相可能在必要的情况下参加。莫兰德还说:“由于英国外交部在霍姆归国后与相关各部商量此事之前,就先泄露给报社,其他部对外交部没有自己商量而自行与日方决定表示不满,英国外交部希望从速与相关各部协商,因此,一定要决定会谈的名称。”[7]

1963年6月18日,英国大使馆参赞托兰奇致电外务省欧亚局参事官上田,最终确定双方举行定期会谈(“Regular Anglo—Japanese Consultations”,日文“日英定期协议”)。[8]

二、日英定期会谈的基本情况

除日英定期会谈之外,表4—1—1还收录了三木武夫参加日法定期会谈时顺访英国与英国领导人会谈、日本外相福田赳夫陪天皇访欧与英国首脑会谈、英国首相希思访日时与日本领导人会谈,之所以把这些会谈收录到一起,是因为这些会谈的内容有一定的连续性。由表4—1—1可知,日英会谈实际主要是双方外相之间的会谈,有时也包括外相与对方首相和主管财经贸易的大臣之间的会谈。基本上是一对一的方式,在规模上与日美联合部长会议以及日加部长会议的确有一定的差距。这主要是由于日英在相互的外贸版图所占比较较小,而两国相距又很遥远。除大臣级的会谈之外,还伴有次官一级的事务会谈,以解决具体问题。

表4—1—1　日英定期会谈主要内容(含希思首相访日等其他会谈)[9]

序数,年份,地点	时间,参加者	内容	备注
第1次,1963年,英国	9月3日下午,日本外相大平正芳与英国外相霍姆	霍姆访苏会谈情况,中国问题,欧洲政治统一问题、防卫问题,联合国会费问题	
	9月3日晚,日本外相大平正芳与英国外相霍姆	东南亚问题、新加坡赔偿问题	
	9月5日下午,日本外相大平正芳与英国贸易相埃罗尔(Erroll)	欧洲经济共同体问题、联合国贸发会议、关贸总协定、东西贸易、出口信用保险、海运、毛纺织品进口限制问题	
第2次,1964年,日本	5月2日上午,英国外相巴特勒与日本外相大平正芳	中国问题(国内局势、对外政策、联合国席位、台湾问题)、东南亚问题(含印尼·马来西亚争端)	
	5月2日下午,英国外相巴特勒与日本首相池田勇人	印尼·马来西亚争端	
	5月4日下午,英国外相巴特勒与日本外相大平正芳	东西贸易、毛纺织品国际协定、日英贸易问题	

序数,年份,地点	时间,参加者	内容	备注
第 3 次,1965 年,英国	1 月 15 日上午,日本外相椎名悦三郎与英国外相沃克(Gordon Walker)、外务政务次官沃尔斯顿(Lord Walston)	日美会谈、越南问题、冲绳问题、中国问题(台湾问题、核试验)、亚非会议、印尼·马来西亚争端、非洲问题、东西关系、经济问题	
	1 月 15 日下午,日本外相椎名悦三郎与英国贸易相杰伊(Douglas Jay)	日英经济关系(英国进口附加费、出口退税)、联合国贸发会议、肯尼迪回合、东西贸易、英国国际收支与长期经济政策	
	1 月 15 日下午,日本外相椎名悦三郎与英国首相威尔逊	中国核试验与印度、中国问题、英苏会谈、英国经济	
第 4 次,1965 年,日本	10 月 19 日上午,英国外相斯图尔特(Michael Stewart)与日本外相椎名悦三郎	斯图尔特最近与苏联外长葛罗米柯、美国国务卿腊斯克会谈介绍,越南问题,印巴克什米尔争端,印尼·马来西亚争端,中国问题(联合国席位、台湾问题),罗德西亚问题,欧洲问题,裁军问题,日韩关系,日英经济关系,日英两国的对外援助政策	
	10 月 29 日上午,英国外相斯图尔特与日本首相佐藤荣作	罗德西亚问题、英国核保护、中国问题	
第 5 次,1966 年,英国	10 月 31 日,日本外相椎名悦三郎与英国贸易相杰伊	英镑问题、肯尼迪回合、日英贸易关系	

续表

序数,年份,地点	时间,参加者	内容	备注
第5次,1966年,英国	11月1日下午,日本外相椎名悦三郎与英国外相布朗(George Brown)	英国在苏伊士运河以东的作用、日本在亚洲的作用、中国问题(联合国席位、台湾问题)	
	11月2日上午,日本外相椎名悦三郎与英国外相布朗	越南问题、印尼问题、东西关系、英国加入欧洲经济共同体问题、裁军问题、罗德西亚问题、英联邦问题、英国经济政策	
	11月2日下午,日本外相椎名悦三郎与英国首相威尔逊	日印关系、日巴(基斯坦)关系、罗德西亚问题、中国与联合国、援助与经济发展	
第6次,1968年,日本	1月8日下午,英国外相布朗与日本外相三木武夫	越南问题、中国问题(国内情况)、柬埔寨、在亚洲的合作	
	1月8日晚,英国外相布朗与日本外相三木武夫	英国从中东和东南亚撤军、越南问题	
	1月9日下午,英国外相布朗与日本外相三木武夫	欧洲、中国问题、日英贸易、英国从远东撤军的影响、英镑的未来、罗德西亚、民航	
	1月10日中午,英国外相布朗与日本首相佐藤荣作	远东安全保障	

序数,年份,地点	时间,参加者	内容	备注
1968 年,英国	7 月 15 日上午,日本外相三木武夫与英国外相斯图尔特	中国问题(对华关系、国内情况、联合国席位、台湾问题)、越南问题、东南亚安全、英国加入欧洲经济共同体问题、东西关系、核不扩散条约、英国经济	三木武夫参加法定期会谈,顺访英国与英国领导人会谈
	7 月 15 日下午,日本外相三木武夫与英国外相斯图尔特	裁军问题、越南问题、中东问题、直布罗陀问题、罗德西亚问题	
	7 月 15 日下午,日本外相三木武夫与英国首相威尔逊	英国经济、越南问题、亚洲的发展	
第 7 次,1969 年,英国	5 月 1 日下午,日本外相爱知揆一与英国外相斯图尔特	中国问题(对华关系、联合国席位、台湾问题)、香港、越南问题、东南亚(防卫、地区经济合作、援助政策)、日本安全	
	5 月 2 日上午,日本外相爱知揆一与英国外相斯图尔特	英国对欧政策、西欧联盟(WEU)、北约、东西关系(日本与苏联、东欧,英国与苏联、东欧)、尼日利亚	
	5 月 2 日中年,日本外相爱知揆一与英国外相威尔逊	预测戴高乐退休后的法国(关于蓬皮杜)、日英关系、中国问题与日中关系、日本与亚洲经济合作	
	5 月 2 日下午,日本外相爱知揆一与英国外相斯图尔特	裁军(含核不扩散条约)、美国纺织品政策、"巴统"(对华贸易限制)、国际通货状况(含英镑)、日英关系与贸易、英国周、1970 年大阪世博会、民航	
	5 月 2 日,日本外相爱知揆一与英国贸易相克罗斯兰	美国通商政策、日英贸易谈判、越南问题、老挝问题、柬埔寨、东南亚安全	

序数,年份,地点	时间,参加者	内容	备注
第 8 次,1970 年,日本	4 月 20 日上午,英国外相斯图尔特与日本外相爱知揆一	英国女王访日问题、印支问题、中国问题	
	4 月 20 日中午,英国外相斯图尔特与日本首相佐藤荣作	欧洲经济共同体、英国与远东、经济问题	
	4 月 20 日下午,英国外相斯图尔特与日本外相爱知揆一	日本安全、欧洲、日英关系、核不扩散条约、生化武器	
	4 月 21 日上午,英国外相斯图尔特与日本藏相福田赳夫	日英贸易关系、英国加入欧洲经济共同体问题、国际货币政策	
	4 月 23 日下午,英国外相斯图尔特与日本外相爱知揆一	美国非棉纺织品问题	
第 9 次,1971 年,英国	6 月 10 日下午,英国外相霍姆与日本外相爱知揆一	中国问题(国内局势、外交、日中关系、联合国代表权、台湾问题)、天皇访英	
	6 月 11 日上午,英国外相霍姆与日本外相爱知揆一	东南亚局势、日内瓦会议、东南亚安全、欧洲经济共同体、东西关系、阿以争端、日英经济关系、普惠(日本对香港)	
1971 年,英国	10 月 6 日,日本外相福田赳夫与英国首相希思	美国经济措施、经济援助	日本外相福田赳夫陪皇欧,与英国首脑会谈天皇访国
	10 月 7 日下午,日本外相福田赳夫与英国外相霍姆	美国经济措施、驱逐克格勃官员、中国问题(联合国席位、台湾问题)、印尼问题	

序数,年份,地点	时间,参加者	内容	备注
1972 年,日本	9 月 18 日上午,英国首相希思与日本首相田中角荣	双边关系、欧共体、中国、韩国、石油与能源、日苏关系、日本入常、援助政策、欧共体峰会	英国首相希思访日
	9 月 18 日下午,英国首相希思与日本外相大平正芳	越南问题、日美安保协定与驻日美军、南亚次大陆、罗得西亚、乌干达亚洲人问题、劫机与恐怖事件、科技合作	
	9 月 19 日下午,英国首相希思与日本首相田中角荣	欧洲与货币改革、双边经贸关系、日本入常	

　　日英会谈的内容涉猎广泛,但紧扣国际局势和两国的利益。归纳起来,主要有三类问题:

　　1.纯粹的双边关系问题。例如日英经贸政策的协调。

　　这主要包括两方面的内容:一是双方在贸易政策上的讨价还价,但这种讨价还价基本上是宏观的,其具体事务由下级官员去协商;二是由于这一时期,英国的经济疲软,并且还伴有经济危机,所以向日本说明本国的经贸形势和政策也成了的"义务",以换取日本对英国的同情和支持,特别是对英镑的支持。这也从一个侧面反映了日本经济地位的相对上升和英国经济地位的相对下降。

　　2.双方需要共同应对的国际问题,例如中国问题、东南亚局势、对美关系、裁军问题、东西关系问题等、对外援助等,以下稍加说明:

　　①中国问题

　　中国问题是日英双方所关心的重要问题。日英两国与中国的关系很复杂,日本是与中国贸易比较多但却没有正式的官方关系的资本主义国家;而英国是与中国有外交关系,但其对华贸易又不如日本多。从 20 世纪 60 年代初起,中英两国就谋求建立正常的外交关系,但台湾问题一直是横亘在两国间的"绊脚石"。与中国关系正常化,首先,可以为两国扩大贸易创造良好的条件;其次,对苏联也是一种牵制,特别是在 1968 年苏联入侵捷克之后;再次,英国还是希望中国能参与协商解决一些国际问题。

日英两国在对华贸易上能找到共同语言,在这个问题上,英国比日本有更大的自由度,因为英方所受到的美国的压力比较小,并且英国疲弱的经济形势使其渴望出口,以使国际收支平衡。但在日英会谈中,英方也会对日强调对华贸易的"度"——那就是只与中国进行"巴统"限制清单之外的贸易,同时英国也强调中国的贸易潜力比较少,以牵制日本的对华贸易。日英两国对中国国内的情况也很感兴趣,常就此交换信息。由于日本与中国一衣带水,日中民间交往比英中之间更频繁,日本能了解很多英国不知道的信息。日英两国在中国在联合国的席位问题和台湾问题上既有共同点又有分歧,这个问题留到下面讨论。

②东南亚局势主要包括印尼·马来西亚冲突和越南战争问题。

a. 印尼·马来西亚冲突问题

日英双方在印尼·马来西亚冲突问题上的立场是有差别的,这个问题是因为英国要将北婆罗洲、沙捞越与马来亚、新加坡合并成为马来西亚,从而与印尼产生领土纠纷。日本认识到印尼有重要的"地理位置、巨大的潜在资源、几乎与日本数量相同的 1 亿国民",[10]其重要性显然是马来西亚不可与之相提并论的,因此,在印尼·马来西亚冲突上,日本倾向于支持印尼。而英国之所以要让马来亚、新加坡、沙捞越、北婆罗洲合并,就是因为如果只合并新加坡和马来亚,那么华人占总人口的比例就很大,与之相应,华人左翼在新马的力量就比较强大,因此,为了"稀释"华人和左翼,英国设想把沙捞越和北婆罗洲也并入马来西亚,坚定地从政治、经济、军事等各方面支持马来西亚。

由于日本和印尼的特殊关系,日本很愿意充当印尼与英国、马来西亚之间的调停者。不仅在日本安排过几次印尼与马来西亚领导人的首脑会晤,还于1964年5月第2次日英会谈时提出了一个解决方案,虽然这个方案没被英方接受,但是印尼与马来西亚关系在1966年后最终走向缓和,日本在中间的斡旋起了很大的作用。这标志着战后日本不仅在经济上进入东南亚,在外交上也逐渐发挥一定的作用。

b. 越南战争问题

20世纪60年代中期开始,美国在约翰逊总统的领导下,加大了干涉越战的规模,并最终陷入了越战的泥淖。"美国发动越南战争后,并没有得到欧洲盟友的广泛响应,因此,美国迫切希望其传统盟友——英国能够出兵越南以使战争国际化。此后随着战事的不断扩大,美国一方面希望英国出兵以加强其在越南的军事力量,另一方面,美国更希望通过与英国联合作战以平息国内外日益高涨的反战浪潮,树立其帮助南越反对共产主义侵略的形象。"[11]对于越战,英国的态度是公开支持美国,但不希望战争扩大化,自己也不出兵(虽然美国一再要求英国出兵),并愿意在需要时进行斡旋。

对于越战,日本的处境也是很矛盾的。一方面,像朝鲜战争一样,越南战争带给日本很大的商业利益。另一方面,对日本的国际环境和国内局势都带来麻烦。国际方面,虽然日本不能直接参战,但它是美军的后勤保障基地,这影响了日本与苏联、中国等社会主义国家的关系。而国际的冷战也带来了日本国内的冷战,加剧了保革对立。加之战后日本国内和平主义高涨,反基地和反战运动如火如荼,媒体一边倒地对北越大唱赞歌。

日本政府为了避免和平主义的批判,一方面减少对越南战争的干涉,另一方面又尽量按照美国政府的意图让美军自由使用基地。越南战争使日本外交的"和平主义"和"对美基轴路线"两个原则之间产生了裂痕。[12]所以到60年代后期,日本希望越战尽快结束。

1968年1月,英国外相布朗赴日进行第6次定期会谈。在与日本外相三木武夫会谈时,后者澄清"日本需要越战结束",因为"这将结束日本国内的纷争,结束日苏的摩擦,结束东南亚的缓慢发展的状态"。三木还认为,"美国应该澄清,它没有无限期待在越南的企图",而日英应该合作对美国施加影响。[13]佐藤在与布朗会谈时表示,"美国必须学习如何与苏联处理越南问题,它没必要作得太强硬,应该给苏联保留一点颜面",他希望布朗把他的想法向美国转达。[14]

③裁军问题

在裁军问题上,英国是裁军问题上担任重要的角色,与美国相比,它更愿意与以苏联为首的社会主义国家接触,以讨论裁军等问题,在裁军问题上,发挥了重大的作用。日本对裁军问题的关注,源于战后国内和平主义的兴起。日本在这个问题上没多少话语权,只是起到一个监督和促进的作用。当然随着日本的经济实力不断上升,它在这个问题上的话语权也有所上长升。在日英会谈中,关于裁军问题,英国主要是说明裁军进展的情况,日本主要是提出一些自己的意见,希望这些意见能够为英国所接受,并反映到裁军进程和结果当中。

3. 需要各自应对但需要双方相互理解的问题,例如,英国加入欧共体问题、罗德西亚问题、对英国在苏伊士运河以东地区的防务问题等。

①英国加入欧共体问题

这是日本非常关注的一个问题。在 20 世纪 50、60 年代,日本一直把英国视作其与欧洲发展贸易关系的一个桥头堡,认为与英国贸易关系的好坏,能影响到与其他欧洲国家贸易关系的好坏。再之,日本也一直担心英国加入欧共体,会导致欧洲经济对其他国家更加封闭,从而不利于日本发展与欧洲国家的贸易。因此,在日英定期会谈中,日本需要英国阐明加入欧共体的情况,并劝英国防止在加入欧共体后,欧洲更加封闭。

②南罗德西亚问题

关于南罗德西亚问题。南罗德西亚本是英国的殖民地,问题起源于由史密斯领导的白人政府在 1965 年 11 月 11 日独立,并拒绝接受可以使非洲人最终完全参政的宪法。由于当地的军警都听从于史密斯政府,英国无力控制南罗德西亚的局面,只得诉诸联合国。当月,联合国制订了对南罗德西亚实行自愿经济制裁的计划。在日英定期会谈以及其他场合,英国要求日本对南罗德西亚进行经济制裁,日本也的确这样做了。这首先是为日英关系着想;其次是日本进入非洲市场还有赖于英国的帮忙;再次是这有利于日本和其他由非洲人主政的国家发展良好的关系。

关于英国在苏伊士运河以东的防务问题留待下文讨论。

综上可知,日英定期会谈是讨论两国间问题、地区问题以及世界重大问题的最高层次的会谈,是发展两国友好关系,协调两国对上述问题的立场的重要途径。下面重点介绍几个日英会谈中的重要问题。

第二节　日英定期会谈中的重要问题

一、联合国的中国席位问题

由表4—1—1可知，每次日英会谈均涉及中国问题，其中，如何对待联合国的中国席位问题是两国讨论的重要问题。

1949年中华人民共和国成立后，要求恢复在联合国的合法席位，驱逐蒋介石集团的代表，但为美国等国所阻。从1951到1960年，每届联合国大会都要讨论中国的代表权问题。但是，美国每次都提议"延期讨论"这一问题而加以否决。在美国的操纵下，新中国恢复在联合国席位的要求一再被拒绝。这种情况自20世纪60年代开始发生变化。由于非洲和亚洲几十个新国家相继加入联合国，支持中国的国家逐年增加。美国退而从程序上施展手段，以继续庇护台湾。从1961年起，美国纠集一些国家每年提出一项决议案，把任何要改变中国代表权的提案都作为一项"重要问题"，要求大会以2/3的票数通过。只要美国能在初次表决中凑足简单多数票，那么在二次表决中就能以1/3加1票阻止中国恢复在联合国的席位。

中国问题是日英会谈每次都要讨论的问题，两国间经常就恢复联合国的中国席位问题和台湾问题交换意见和协调政策。20世纪60年代前中期，两国就这些问题基本上还能达成相似的意见，但到了60年代末期，随着英、法等西欧国家相对于美国的自主性增强、英国的相对衰落和经济利益的需要，使中国在英国外交政策中的地位增强，出现了英中接近的苗头。到了70年代初，在中美接近的大势下，美国对中英接近的限制减弱，导致英国渐渐支持中国在重返联合国问题和台湾问题上的立场,为两国建立大使级外交关系开辟了道路。而日本由于在台湾问题上有巨大的地缘政治利益,并且在外交上受到美国的牵制,在 60 年代追随美国反对中国重返联合国的政策,到 70 年代初追随美国同意中国重返联合国但企图保留蒋介石集团席位的政策。日英两国对恢复中国在联合国的席位问题和台湾问题上的看法大致可分为分歧被掩盖阶段、分歧显现阶段和分歧扩大阶段等三个阶段。不过两国在中国重返联合国不久,都与中国建立了大使级外交关系,也可谓是殊途同归了。以下分别以几次日英定期会谈为例,考察其发展变化的过程:

(一)分歧被掩盖阶段

在前 5 次日英会谈中,日英间关于恢复中国在联合国席位和台湾问题的看法基本相同,但两国的侧重点各不相同,导致在联大就中国席位问题提案进行表决时的投票有所不同。

1.英国的立场

英国在艾德礼时代已经承认北京政府,但至上世纪 60 年代,英国在北京的外交代表还是代办级,与中国保持半建交关系,英国对英中关系的这种状态是不满足的。[15]英国有在不影响其根本利益和英美关系的前提下改善发展英中关系的强烈愿望。英国政府允许英国高层人士访华,希望加强英中贸易和开展文化往来。英国政府想改善英中贸易,捞取经济实惠,但又不愿在放宽禁运的政策上走得太远。从 50 年代后期开始,除 1962 年由于种种原因两国贸易额不足 1 亿美元之外,其余年份均在 1 亿美元以上,从1965 年起,两国贸易超过 2 亿美元。[16]

中国对英国的态度是又斗争又争取的方针,每逢建议交换大使,中国总是要提起关于联合国的中国席位、台湾等全部的问题。在台湾问题上,英国在台湾设有领事馆。英国主张台湾地位未定论,并"乐见台湾作为一个从大陆分离的实体"。[17]由于中国大陆和蒋介石集团都主张是代表全中国的唯一政权,英国"认为对于台湾,最明智的方法就是蒋介石集团停止主张代表大陆并且重新只以台湾申请入联。"[18]实际是持"一中一台"论,并企图把台湾问题与联合国的中国席位问题分割处理。

在恢复中国在联合国席位的问题上,英国认为中国最终将不可避免地成为巨大而重要的国家,中国大陆应当恢复在联合国的席位。英国自1961年起,一改过去公开反对恢复中国合法席位的做法,一方面投票赞成恢复中国在联合国席位的提案,另一方面又支持美国所谓的"重要问题"提案,英国一直采取这种骑墙的态度,直至英中建立大使级外交关系前期。但在1964年工党取代保守党上台前后,对恢复中国席位的看法稍微有些不同。

1964年5月,英国保守党执政时的外相巴特勒(R. A. Butler)与日本外相大平进行第二次日英会谈时指出,"如果中国大陆太快得到了联合国的席位,这将是北京的巨大成功。我们不急于让中国入联,我们不想让我们的朋友(包括美国)太难堪。另外,我们也不想为他们而与中国斗争,不过我们认为因为中国最终不可避免地成为巨大而重要的大国,因此它应当入联。此外,(中国)广泛地接触成员国是有益的,但我们不会为此做特别的事情。"[19]

而在1965年1月的第三次日英会谈中,英国工党政府的外相沃克(P. C. Gordon Walker)对日本外相椎名说:"英国政府把中国看成世界上一个非常危险的力量,中国政策的指导原则就是敌视美国,中国确实打算获得在亚洲最强的位置,但是他认为中国本质上是稳健的并且明白自身与美国竞争的弱点,中国无疑将尽其所能制造困难,特别是在对其周围邻国中去这么做。但是中国的军事力量还没有强大到和美国打仗的程度,并且中国也是慎重的,没有发生大规模战争的可能。在这个程度上,英国完全同意美国的观点。不同在于,英国政府的观点是恰恰因为中国如此危险,才应被带入联合国并且在那受到国际舆论的压力。越让中国入联就越能限制中国,中国入联的话就能注意国际舆论。中国现在很能听取亚非诸国的意见,如果中国入联的话,这样的事情会更多吧。"[20]在1965年10月的第四次日英会谈上,英国外相斯图尔特(Michael Stewart)对英国态度作了进一步的表述:"英国的立场是在联合国中国席位应由北京政府占据,无可否认中共是实际控制中国大陆的政府,联合国应该是普世性组织,某国的'善恶'应与其入联问题无关。只要中国席位由蒋介石集团占据,中国大陆就能向世界控诉,中国大陆入联的话,虽然确实会给联合国带进很多困难的问题……只要北京珍惜联合国的席位,它就能脱离那些没有那个联合国成员能预期的行为,服从来自国际舆论的正常压力会及时给中国带来有益的影响。"1966年11月,英国工党首相威尔逊在会见来进行第5次日英会谈的日本外相椎名时表示,"英国承认一国的政权是只以这个政权是否实际统治这个国家的事实为基础的,好恶不能用来当作承认的判定标准。","我们不能接受台湾就是中国这个虚构的故事"。[21]

由上可知,无论是英国保守党政府还是工党政府,两者都认识到中国恢复"中国的席位"是必然的趋势。所不同的是,保守党政府不愿意中国过快地恢复"中国的席位",因为那将是中国的巨大的成功,对美苏主导的世界产生一定的冲击,英国并不愿意因为支持中国而得罪美国。并且由于中国一贯致力于团结第三世界国家,中国恢复席位的话,对于作为英联邦核心国家并拥有殖民地,即有广泛海外利益的英国必然产生冲击。而到了工党执政时期，英国对待中国恢复席位问题上产生了微妙的变化。工党政府坚持两点：一是承认一国的政权是只以这个政权是否实际统治这个国家的事实为基础的，好恶不能用来当作承认的判定标准。二是中国恢复席位的话，只要北京珍惜联合国的席位，它就不会有不可预期的行为，服从来自国际舆论的正常的压力会及时"给中国带来有益的影响"。中国现在很能听取亚非诸国的意见，如果中国入联的话，这样的事情可能更多，所以"它才应被带入联合国并且在那受到国际舆论的压力"。

2. 日本的立场

关于日本对中国的态度，在 1963 年 9 月第一次日英会谈上，日本外相大平对英国外相霍姆说："对于中国的看法，日本和美国并不一样。根据最近的舆论调查，美国最讨厌的国家就是中国；日本最讨厌的国家是苏联，其次是韩国，中国却不在讨厌国家的名单上。由此而知，日本人对中国的感情和美国人是不一样的，（日本对中国）怀有邻居的感情，加上日本人对二战时（所犯罪行）的原罪意识，与美国全然不同。如此说来，日美的立场上的不同难以消弭。"对于美国的遏制政策，大平颇有怨言："在美国巨大的世界政策的框架内，对于中国，一个日本就不能作为日本去做做看吗，美国就不能示人以宽吗？可是，美国目前还走不到这一步。中国问题，是我寝食难安的一个问题。我常向赖肖尔大使、希尔兹曼助理国务卿帮办（主管远东事务）和其他美国人提起，我不赞成美国所谓的遏制政策，也就是说，不是不赞成这个政策本身，而是不赞成处理这个问题的方式。根据我的见解，处心积虑以团结中国周围的巴基斯坦、印度、缅甸、印支三国、韩国等国和台湾地区来对中国进行遏制的方式不仅不高明，而且只能抬高中国的权威。不如漠视中国,也许是实现美国意图的捷径,请常常向美方进言。"[22]日本希望在政经分离的原则下发展与中国的经济关系,但这与美国遏制中国的战略相冲突。因此日本希望英国能向美国进言,以便日本能与中国适度地发展贸易。

在 1965 年 1 月的第三次日英会谈上,日本外相椎名向英国外相沃克通报了几天前日本首相佐藤访美与美国总统约翰逊会谈的情况。在谈及联合国的中国席位问题时,佐藤表示,日本在地理和历史的联系都必定会在此问题上扮演角色。佐藤向美国政府解释了在日本有与中国接触的压力,并且他的政府打算采取政经分离的方针,继续发展与中国的经济关系。佐藤强调:"日本认为,中国入联问题是一个'重要问题',并且要在联大投票,日本政府断定中国入联问题在今年未必会有什么变化。虽然如此,从长期来看,日本的观点是,即使美国及其友邦继续坚持中国入联是个'重要问题',但北京政府不能被拒于联合国之外。加之于中国的压力当然也将继续加之于日本和日本政府,日本不能坚持现在的不承认中国的政策。"佐藤也向约翰逊总统解释了台湾对于日本的重要性,不管中国是否承认,日本必须坚持台湾保留为"自由世界"的一员。[23]

关于台湾问题。从地缘战略的角度看,台湾在中国乃至整个亚太地区的地位非常突出。它是中国向东出海、日本南下出海的必经之处,谁控制了这一地区就意味着从根本上阻住了对方的去路,因此地缘战略价值极为重要。[24]椎名在 1965 年 10 月第四次日英会谈时表示:"鉴于东南亚的局势、中国的核试验等问题,日本绝对不能赞成将台湾委于大陆的趋势。若是这样的话,中国由历来占据太平洋一角的大陆大国,到进一步具有作为海洋国家实力的国家,对东南亚的'威胁'也相应增加。"[25]显然,台湾对中国有重要的战略作用,是中国沿海的军事屏障,如果中国失去台湾,中国将无法真正走向海洋,也不太容易成为世界军事强国。大平在1964年5月第二次日英会谈时向英国外相巴特勒表示:"台湾是亚洲力量平衡的一个重要的支点。对于日本的安全,它是个生死攸关的问题。"[26]台湾控扼日本海上运输线的咽喉,日本90%以上的战略物资要通过台湾海峡运输,是其海上生命线的重要一环。日本担心中国统一而变得比日本强大,有足够的军事力量控制台湾海峡,[27]对其海上航线构成"威胁",对于贸易立国的日本来说,其能源与原料的进口和产品的出口都要受到很大的影响,并且使日本少了一个"自由世界的友邦"。可以说,台湾之于日本犹如苏伊士之于英国。因此,日本的领导者深惧两岸统一,"决不同意这个岛屿成为共产党中国的一部分,"[28]维持台湾在"自由世界"范围之内很重要,为此台湾必须保留在联合国的席位。

中国政府和蒋介石集团都坚持为各自为中国正统政府的立场,关于中国重返联合国问题,日本预计蒋介石集团将会被逐出联合国,同时蒋介石集团将与大陆分别存在下去。还有,只要美国维护台湾的政策不变,大陆以武力改变台湾现状也是不可能的。但是,丧失联合国的席位将使蒋介石集团国际地位大幅下降,这样的话,可想而知美国的台湾政策将会遇到种种困难。因此,支持蒋介石集团的国家在联大至少要维持在半数以上时,将来才能保障蒋介石集团在联合国地位。[29]因此,日本认为,要达到这个目的,有必要让蒋介石集团改变他们主张是代表全中国的唯一的政府的立场(作为台湾当地政府加入联合国)。

1966年10月,椎名与英国外相布朗举行的第5次日英定期会谈中,椎名强调说:"在亚洲最重要的问题就是如何处理与中国的关系,尽管最近中国已经进行了第4次核试验,目前它并未对亚洲国家构成实际的困难。日本政策的目标是提升与中国的关系。因为这个原因它没有针对中国的强硬路线做出反应,而是实行一条灵活的路线希望中国最终也能采取一条相近的路线来对待东南亚国家。在与东南亚国家领导人的会谈时,我发现在如何与中国相处的问题上他们有相同观点。我感到中国内部的经济需要迟早会迫使中国采取更灵活的路线,所以我们不应对中国最终缓和它的政策感到悲观,同时通过与东南亚国家的合作,日本应能减少间接来自中国的'威胁'。"椎名说,日本对中国将继续采取政经分离的政策。布朗对此作出的回应,说:"我强烈相信中国应该得到联合国的席位,我意识到在接受中国时会有困难,但是中国入联将缓慢地影响它。"椎名说:"我希望支持中国入联,但是,我们不能做任何事去支持中国大陆主张拥有台湾。"布朗说:"英国认为台湾的状态未定,并且认为关于那个状态的最终决定应该考虑台湾人民的意愿。"[30]

至1968年1月第六次日英会谈为止,日英两间对于中国重返联合国问题和台湾问题的看法近似。都认为中国重返联合国将不可避免,并且都愿保持两岸分裂,在联合国也保留蒋介石集团的席位,日英都认为,台湾问题应该以对"自由阵营"冲击最小的方式解决。但是由于两国与中国大陆和台湾的利益关系不同,导致两国的政策有差别。英国与中国大陆有更多的利益,所以它的重点在中国重返联合国。同时,相对日本来说,英国在东西关系问题上有更大的自主性,加之由于自上世纪50年代末60年代初以来中苏交恶,所以与中国接近对苏联也是一种牵制,因此英国从1961开始在联大对恢复中国在联合国席位的提案投赞成票,但为了在联合国保留蒋介石集团的席位,也对美国提出的"重要问题"提案投赞成票。对于日本来说,由于台湾对它有巨大的地缘战略利益,所以它的重点是确保台湾的席位,同时由于日本在外交上追随美国,虽然日本政府明白不可能长久地把中国阻在联合国之外,它还是在联大对恢复中国在联合国席位的提案投反对票,对美国提出的"重要问题"提案投赞成票。正是由于日英两国在中国重返联合国和台湾问题的重心不一样,导致了政策上的分歧,但在这一阶段分歧还被两国看法近似掩盖着。

（二）分歧显现阶段

1966 年中国发生"文化大革命",中英关系受到很大冲击。在狠斗"党内一小撮走资本主义道路的当权派"、狠批帝修反的极左浪潮中,外国驻华外交机构竟也成为冲击的对象,作为西方资本主义大国的英国自然被列入主要的帝国主义国家之列,难逃受冲击的厄运。[31]

1967 年,香港出现了动荡的局势。5 月 6 日,香港的一家塑料花厂发生的劳资纠纷,港英当局派警察逮捕了纠察工人,受内地"文革"的影响,事态迅速扩大。香港工人、学生、教师纷纷上街集会、游行、示威,对港英当局表示抗议。5 月 11 日,港英当局出动警察和防暴队千余人进行镇压。为此,中国外交部召见英国代办提出最强烈抗议。此时中国外交部部长陈毅停职反省,接受"革命群众的批判",外交部已被造反派控制。在"中央文革小组"成员王力等人的操作下,16 日至 18 日,前往英国驻华代办处示威游行,声援香港同胞的群众达 100 万之多。在上海,红卫兵进入英国驻沪侨务工作人员的住处打砸。此后,香港当地的斗争持续升级,英国向香港派出包括航空母舰在内的军舰加以威胁,港英当局 7 月以"煽动罪"逮捕了新华社香港分社等 3 家新闻机构的记者,并责令《香港夜报》等 3 家报纸停刊。中国外交部于 8 月 20 日向英国驻华代办处发出"最后通牒式的照会",限令港英当局在48小时内撤销停刊令,英方未予同意。22日晚,48小时限期过后,北京万人包围英国代办处。尽管中国政府曾设法制止群众采取过激行为,但还是发生了火烧代办处,揪斗英国代办霍普森的严重事件。[32]事发后,毛主席明确宣布:"这起纵火事件是反革命行为,必须严惩。"[33]

　　火烧代办处事件发生后,中英双方都采取了冷静和克制的态度,尽量不使事态扩大,尽快结束中英关系史上这一令人不快的时刻。中国最高层采取措施,不准再袭击外国驻华机构,同时,中方向英方表示道歉,并赔偿损失。北京的骚动随即平息,香港的局势也迅速趋向缓和,中国的外交工作逐渐恢复。英国首相威尔逊表示"我们不会用以牙还牙的方式对中国人进行报复"。8月底,英国外相布朗(George Brown)致函中国外长陈毅,"寻求得到他的合作,以使局势恢复正常,并使两国关系处于一个较佳的进程之中。"3个月后,布朗向议会汇报说:"我们已经准备好做任何事情以改善关系,如果中国方面准备好在这方面和我们进行合作的话。"[34]

　　不仅如此,在对待中国重返联合国的问题,英国开始表现有可能放弃台湾的苗头。在1968年7月日本外相三木访英时,英国外相斯图尔特(Michael Stewart)对日本外相三木说:"尽管中国不停的敌意与它和世界其他国家抗争的观点不可避免,我想我们必须继续要求接受中国入联。中国入联无疑将扰乱联合国,但是继续将它排除在外将使困难更尖锐。(是否是)联合国成员能影响一个国家的对外政策,因此我想中国应该入联,但是我想这件事应该被看作'重要事情'。"在回答三木这是否意味着台湾将不得不被驱逐出联合国的问题时,斯图尔特说:"如果可能的话,'两个中国

（two—Chinas）'的解决办法将是合情合理的。但如果不可能，面临一个选择的话，我们宁可选择北京政府。在技术上这将不是对台湾的驱逐，成员国还是中国，唯一的问题是谁是中国政府？这没有排除将来两个中国的解决方案。"对此，三木极力主张说："在台湾，一个政治原则与大陆不同的政府统治有1千万人民，这个事实不能被弃之不顾。日本基于地理的缘故阻止一个明确的解决方案。认为中国问题可以在通过联合国解决也许是错误的。中国有国内问题和国际问题，哪个也不能通过这种方式解决。日本希望中国入联，但不能接受一个实际排除台湾的政策。"斯图尔特说："同意中国入联或许不能解决问题，但是持续的接触将使解决问题更容易。即使是台湾问题和北京政府在联合国解决起来也会更容易。如果北京政府在联合国，也将可以在那和它处理越南问题。"[35]

为何这一时期英国会对中国采取一个比较柔软的外交政策？

首先，在1967年英国深陷于经济困难，出现国际收支危机；这年6月第3次中东战争爆发，苏伊士运河关闭，英国石油供应的两条主要渠道中断，英国经济备受打击。1967年11月，英镑被迫贬值。其后果之一就是政府进一步削减公共开支。1968年1月，英国正式宣布从苏伊士以东撤退，这标志着英国作为一流世界大国历史的彻底结束。在这内外困顿的形势下，英国若再与中国交恶，那真是雪上加霜。

其次，改善与中国的关系，对于维持香港地区和东南亚英联邦国家的稳定都是有益的。

再次，在与1968年7月第七次日英会谈的同时，以苏联为首的华约5国正与捷克斯洛伐克交恶，8月20日苏联等华约5国悍然入侵捷克斯洛伐克。那么改善英中关系，在可能放弃台湾的前提下让中国重返联合国，对于苏联来说也是一种牵制。

（三）分歧扩大阶段

1970 年 10 月 13 日，中国与加拿大建立正式外交关系。加拿大是重要的发达国家，又是美国的近邻。加拿大与中国建交，是中国外交工作的重大突破，中加建交被誉为 70 年代的"报春花"。此后许多西方国家和第三世界国家纷纷与中国建交，在国际上掀起了一个承认中国的高潮，为中国恢复在联合国的一切合法权利创造了极为有利的条件。[36]

在这一时期，英中也在相互接近。日本佐藤政府也想改善与中国的关系，但当时佐藤政府外交的重点在冲绳的回归上，他们寻找着既不割断与台湾的关系又能与中国建交的方法，但在当时，无论是中国大陆还是蒋介石集团双方都不能接受这种方法。因为佐藤政府无法在中国大陆和蒋介石集团之间作出选择，所以只能因循守旧，固守旧金山体制的既成思维模式，缺乏对世界形势变化的洞察力和行动的勇气，陷自己于被动。[37]因此，日英两国在恢复中国在联合国的席位问题上分歧扩大，日本试图劝说英国保持台湾的席位，但被英国婉拒。两国在 1971 年秋第 26 届联大恢复中国在联合国席位、驱逐蒋介石集团的问题上作出了完全相反的选择。

中加建交公布之时，第 25 届联大正在纽约举行。日本首相佐藤和英国首相希思都参加了这次会议，并于 10 月 21 日举行会谈。在会谈之前，英国驻联合国代表就已经估算到，阿尔巴尼亚关于中国重返联合国的提案将第一次获得简单多数。而这个问题让日本政府很焦虑，虽然他们承认台湾并反对阿尔巴尼亚的提案，但也想改善与中国的关系。如果英国对华政策突然变化，他们害怕被忽视、被置于边缘。在会谈中，佐藤提到日英对中国问题不同的处理方法，日本还承认台湾的蒋介石集团，然而，他们准备与中国进行政府级会谈，但到会谈时止中国还没有回应。在对华关系上，日本希望得到英国的帮助。希思认为，中国有再次向外看的迹象，他们愿意尽其所能去帮助日本。[38]在这次联大对阿尔巴尼亚提案的表决中，51 票赞成，49 票反对，赞成票首次超过反对票，但因这是所谓的"重要问题"，赞成票不超过 2/3 而未能通过。

1971 年 2 月，英国驻华代办处迁入修复的办公大楼。后来，周恩来总理在会见英国代办谭森时表示："你们代办处是坏人烧的，中国政府是反对的，修复费用应由中国政府负担。"由此，火烧英代办处一事得到了妥善的解决。1971 年 1 月 15 日，英国外交部政务次官罗伊尔向中国驻英临时代办裴坚章正式提出，英国准备将其在北京的外交代表提高到大使级。3 月 2 日，周恩来总理会见英国代办谭森，指出两国互换大使的主要障碍是英国在台湾仍设有领事馆和在联合国对中国合法席位问题的两面态度。如果英国不改变这种态度，中英关系不可能发展。周恩来总理与谭森谈话后，英方开始有所转变，但仍下不了决心。1971 年 6 月，英国外交部政务次官罗伊尔约见裴坚章，表示愿完全满足中方条件，将撤回其在台湾的官方代表，不再支持将恢复中华人民共和国在联合国的席位列为"重要问题"的议案，但是，英方仍然回避明确承诺放弃"台湾地位未定论"。[39]

同年 6 月 10 日至 11 日，日英第九次会谈在英国外交部举行，在这次会谈中日本外相爱知揆一请求英国外相霍姆考虑保留台湾席位的提案，但被霍姆婉拒了。

日本政府的政策是保持台湾的席位，阻止把蒋介石集团排除出联合国。日本已经认识到"重要问题"提案不再是有效的方法，所以,着手研究双重代表的可能性,并已经和包括美国在内的两三个国家进行了事务级的会谈。爱知曾在巴黎与美国国务卿罗杰斯(Rogers)会晤,他从罗杰斯那得到的印象是,美国的想法和日本一样,希望在联合国保留蒋介石集团,安理会的席位是否给中国,他们还没形成结论,但美国已认识到阻止中国入联是不可能的。爱知认为,需要在宪章下寻找不会导致台湾的成员地位被终止的方法,日本政府一直研究实现这个目标的方法,但是他们还没有找到答案。形势的变化不利于台湾,日本已经向蒋介石集团暗示只有放弃代表全中国,才有可能维持现状的。[40]

在会谈中,爱知对霍姆说,他已经知道英国在联合国中国席位问题上的看法,他感到英国政府提倡的变化将有深远的影响,他希望英国能考虑亚洲国家的形势,越战依旧在进行,英国应该尽可能地避免突然的激变。[41]

霍姆说:"英国已经注意到在过去的 2 年,中国很显然有改变其孤立状态的愿望。中国人已经愿意接受在很多领域和我们接触,当然也包括乒乓球队。他们同意建立一条电话热线。这并不意味着中国基本的政策已经改变,他们希望创造更合作的形象。说起联合国,其本质问题就是中国加入还是不加入。我们计算过如果按正常程序在今年秋天对'重要问题'提案进行投票的话,将会丢失 4 票或更多,我想美国国务卿罗杰斯(Rogers)意识到这种方法不再有效。我们一直投阿尔巴尼亚的提案,它打算驱逐台湾。英国之所以这样做是因为以两个中国为基础的方案不可能得到支持。在联大确实没有一个国家能可疑地被代表。在联大有两个中国出现是违反联合国宪章的。"霍姆说英国将投票给中国席位的提案,英国不认为双重代表能被接受。美国用提议有 2/3 的多数才能驱逐的方法,无疑希望引起最大的混乱。英国不认为这能成功,这将是一个太喧哗的方案。[42]

爱知说他明白英国的观点。然而鉴于这个问题在亚洲的政治重要性,比如台湾在远东安全和经济两方面的重要性,他希望霍姆再仔细考虑一下这件事。爱知说:"目前台湾还没有改变(是代表全中国的唯一政府)的主张,然而如果英国对日本愿意拿到联合国的(台湾作为独立国家的)方案表示理解,日本在面对蒋介石集团时,将处于一个主动的位置。如果一个像英国这样具有国际影响的国家能按照这样的思路去考虑,并向日本显示这样的愿望,这将使日本面对台湾时占有优势(并可能说服台湾愿意作为独立国家)。日本和诸如澳大利亚、新西兰,可能还有马来西亚、新加坡等一些英国能影响的国家密切合作。如果英国能对他们施加自己的影响,以致带来协同的效果,也许能实现一些事。"爱知指出,"如果你(霍姆)能研究英国施加影响的可能性,我将很感激。我希望英国在考虑行动路线时,不要只考虑自己的利益,还要考虑其行为对其他国家的影响。"[43]

霍姆认为如果台湾作为独立国家申请席位,这必须在中国大陆入联之前,否则台湾的申请会被否决。不管怎样它将被否决。他认为阿尔巴尼亚的提案今年可能首先投票。英国将支持它。它将被通过,而事情将结束。爱知无奈地说他认识到在这点上很难取得结果,但是如果英国能理解日本遇到的困难,他们会感到劳有所偿。[44]

1971 年 7 月 15 日,阿尔巴尼亚、阿尔及利亚等 17 国(后增至 23 国)提出要求恢复中华人民共和国合法席位、驱逐蒋介石集团的提案。

就在同一天晚上,美国总统尼克松发表了震惊世界的声明。他表示,"周恩来总理和尼克松总统的国家安全事务助理基辛格

博士,于 1971 年 7 月 9 日至 11 日在北京进行了会谈。获悉,尼克
松总统曾表示希望访问中华人民共和国,周恩来总理代表中华人
民共和国政府邀请尼克松总统于 1972 年 5 月以前访问中国。尼
克松总统愉快地接受了这一邀请。中美两国领导人的会晤,是为
了谋求两国关系的正常化,并就双方关心的问题交换意见。"[45]之
后,美国实质上对中国展开了两重外交:一重是表面上抛出"双重
代表"提案和"逆重要问题"提案企图保留蒋介石集团在联合国的
席位;[46]一重是内在的继续派出基辛格访华与中国就尼克松访华
进行安排。

　　上述尼克松的声明在日本被称为第一次尼克松冲击,对佐藤
政权造成强烈震憾。媒体、舆论、在野党压倒性地认为北京应该入
联、日本应该承认北京。但是美国还是要求日本所为"双重代表"
提案和"逆重要问题"提案共同提案国。日本首相佐藤迟至第 26
届联大开始的第 2 天—9 月 22 日才同意日本作为上述两个提案
的共同提案国。

　　日本外相福田陪同日本天皇于 1971 年 10 月 5 日至 8 日对英
国进行访问,在 10 月 7 日与英国外相霍姆的会谈中,福田就维持
台湾席位的"逆重要问题"提案,对霍姆进行了劝说,但再次被英
国婉拒。福田说:"去年加拿大等 14 个国家承认北京,日本决定
了两个政策:1. 与中国关系正常化;2. 在台湾问题上不丢国际面
子。在联合国日本是'双重代表'问题的支持者,他能理解英国的
立场并不打算讨论它。'逆重要问题'提案是单纯的程序问题,它
应该有优先权,英国是否打算支持它?"霍姆说:"我们已经说过我
们将支持给中国席位。那只有一个席位给一个国家,我们不能支
持两个中国的方案。'逆重要问题'提案的困难在于尽管是名义
的程序,其在投票上的顺序将是实质性的。我们不曾说过在这个

问题上我们将怎样投票,但是我们不想让福田先生错误地认为我们投这票是很容易的。我已经告诉美国国务卿罗杰斯,实现优先权最好的方法也许是修正阿尔巴尼亚的提案,去掉驱逐台湾的内容。罗杰斯说他们不考虑这个。然而我们认为程序投票将失败。"霍姆还说:"我们在联合国的投票影响北京获得自己席位的企图。如果我们同意交换大使,我们需要撤回在台湾的领事。"[47]

尽管美国、日本等国在第 26 届联合国大会上费尽心机,竭力保留蒋介石集团在联合国的席位,但在中美关系缓和的大势下,承认中国并支持阿尔巴尼亚等国的提案的国家越来越多。英国代表克劳甚至在发言中反对美日等国提出的"逆重要问题"提案。10月25日,联大就中国代表权问题进行表决。就在这天,比利时和中国建交。在联大的表决中,以 59 票反对、55 票赞成、15 票弃权否决了美、日等国的"逆重要问题"提案;以 76 票赞成、35 票反对、17 票弃权的压倒多数,通过了阿尔巴尼亚等 23 国提出的恢复中华人民共和国在联合国一切合法权利,立即将蒋介石集团的代表从联合国及其所属一切机构中驱逐出去的 2758 号决议。中国终于恢复了在联合国的合法席位。

二、日英与对外援助

1960 年,日本池田内阁为了推动日本经济的发展,采纳了经济学家下村治的建议,宣布实施"国民收入倍增计划",实际收入倍增必不可少的前提是振兴出口、赚取外汇以支付不断增加的进口所需费用,更为基本的是需要将国内产业结构发展到以重化学工业为中心的高度。为了适应这种情况,需要在海外开拓以重化学产品为中心的出口市场。但是,从当时日本重化学产品的现状来看,市场的只能以东南亚等发展中国家为中心。但是,这些国家的资本和外汇不足,如果不采用投资和长期信贷的等经济合作方式,日本的成套设备的出口就难以取得进展。因此,日本必须与协助发展中国家发展经济,并且培养日本商品的出口市场。[48]

另外,随着经济不断发展,日本对工业原料和能源的进口的依赖越来越高。也就是说,日本经济想要长期稳定地发展,必须确保原料和能源的长期稳定地供给。因此,积极协助资源丰富的发展中国家发展经济,促进他们改善国际收支,并且推进日本成套设备的出口。因此,当时日本政策的基本想法,是以经济合作为振兴出口和确保获取资源的手段。因此,日本经济援助的原则是有条件的,延期出口信贷自不待言,赔偿和直接贷款的场合,主要也是用于购入日本的设备、机械,海外投资也是一样的。[49]

1961 年到 1964 年是日本对外经济援助比较低的时期,1961年为 3.814 亿美元,在资本主义国家中,在美国、法国、英国、联邦德国之后位列第 5,而 1962—1964 年 3 年间每年都在 3 亿美元以下。这一时期日本对外援助比较低是因为国际收支上的制约造成的。此时,日本的国际收支结构尚处在由发展中国家型向发达国家型转化的过程中,经济政策的重点在引进外资和充实国内投资上,没有余力去增加对发展中国家的资金供应。[50]

英国对外援助的目的是:1. 是利他的,人道主义的,即帮助其他国家和地区提高生活水平,促进经济和社会发展;2. 是利己的,去获得对其他国家的影响,扩大他们的贸易;3. 抵抗共产主义国家的"渗透"和影响。英国的对外援助主要是对英联邦国家援助,对其他发展中国家关注较少。但是,在对英联邦国家的援助上,即使有英联邦中经济较好国家的帮助英国,战后英伦三岛上 5 千万人的经济也无法给英联邦超过 6 亿的人民提供充分的援助。[51]

1964 年 3 月第 1 届联合国贸易和发展会议在日内瓦召开,它的第 1 任总干事是阿根廷人普雷维什。普雷维什在会前起草了题为《寻求新的贸易政策》的报告,这就是《普雷维什报告》,该报告提出一系列有利于增加发展中国家出口,以及发达国家增加对这些国家援助应采取的措施的建议。围绕着《普雷维什报告》,南北方展开了激烈的辩论。在本次会议上,77 个发展中国家和地区组成 77 国集团,提出了取消初级产品贸易壁垒、充实商品协定的内容、制定特惠制度、实施补偿融资、扩大开发援助等具体方案,要求发达国家作出让步。在各个具体问题上,发达国家和发展中国家严重对立,没有达成一致。[52]

日本在此次联合国贸易和发展会议上的处境十分微妙。当时日本出口约一半、进口的 40% 依靠发展中国家,发展中国家经济的发展也能使日本受益。但日本虽为发达国家,其农业和中小企业等还很落后,加上人均国民收入也很低,难以接受发展中国家要求贸易自由化、扩大援助的要求,特别是如果建立对发展中国家的特惠制度,日本国内的落后部门就要受到很大的打击。因此,日本比其他发达国家更激烈地批判发展中国家的要求,在发达国家中是意见最消极的,几乎处于孤立的状态。而英国却主张对发展中国家无区别地提供特惠。[53]

1964 年 10 月,英国工党威尔逊政府一上台,就创建了海外发展部,由一名内阁大臣领导,负责对英联邦内最困难的地方提供经济援助。在 1965 年 1 月举行的第 3 次日英定期会谈英国贸易大臣杰伊和日本外相椎名悦三郎的会谈中,杰伊指出,英国现政府基本支持前内阁对联合国贸易和发展会议的政策,即英国打算对英联邦国家以外的不发达国家,给予英联邦国家已经享有的自由或优先进入英国市场的权利,前提条件是其他发达国家和英国持同样的立场,英国在财政补助和通商协定上的政策原则上不变。杰伊认为,帮助不发达国家最有效的方法是帮助他们增加出口,但是负担应该由发达国家平摊。椎名同意杰伊所说,他希望与英国在联合国贸易和发展会议问题上加强合作。

1965 年,日本的国际收支由战后一直持续的亏损转为盈余,此后,在景气和出口良好的条件下,国际收支盈余的状况一直持续下来。在此背景下,日本的经济援助也以 1965 年为转折点,进入了实质化的阶段。日本政府对外援助中支付赔偿的比例大幅减少,与此相反,日元贷款占政府援助的大半。由此,日本的经济援助由战后赔偿处理,转化为发达国家型的经济援助。这一时期的二国间援助的增加,主要是对韩国和印尼的经济援助。1965 年以后的经济合作,其重点还是在东南亚。除二国间援助以外,以东南亚为中心的多边经济合作逐渐展开。日本作为亚洲唯一的发达国家,首先发起于 1966 年 4 月在东京召开第 1 次东南亚开发部长会议;另一个重要的行动是,加入亚洲开发银行。亚洲开发银行于 1966 年 12 月在马尼拉设立总部,开始营业,日本在该行的建立以及运营上都给予了积极的协助。[54]

1966 年 11 月 1 日,英国外相布朗在与来参加第 5 次日英定期会谈的日本外相椎名悦三郎会谈时,评价日本在亚洲的行动不是以军事力量而是以通过经济致力于地区的稳定为基础的政策是明智的,但是他又问椎名:"日本难道不能在经济援助方面做得更多吗? 日本 GNP 的百分之几用于对外经援?"

椎名回答说:"日本已经向联合国贸易发展委员会承诺在数年之内将对发展中国家的援助数额增至 GNP 的 1%。我本人预计将在 3、4 年内达到这个目标,但不能确定。1965 年日本外援占 GNP 的 0.73%,而在 1、2 年之前是 0.45%,现在它增长了。在发展援助委员会(DAC)会议上,日本在经援问题上受到严厉的批评,85%以上的国家援助应该以赠款或 25 年以上长期贷款的方式。这对日本来说有困难,这将增加日本的经援额。"

1967 年 10 月,77 国集团第一次部长级会议通过了《阿尔及尔宪章》,提出建立国际经济新秩序的主张。1968 年第 2 届联合国贸易和发展会议召开,南方提出改善南北关系,具体而言是稳定一次产品的价格,特别优惠地供给工业制品,对发展中国家的援助应达到国民生产总值的 1%。[55]

1968 年 1 月 8 日,日本外相三木武夫与来参加第 6 次日英会谈的英国外相布朗会谈时说:"日本宪法排除了海外派兵的可能性,因此它与英国的情况不同,它专注于经济和社会援助,它的贡献的 70% 在东南亚,日本相信这些援助将有助于阻止共产主义的传播。日本的国民生产总值(GNP)现在是世界第 4 位,但是人均国民生产总值为世界第 21 位。这需要投入巨大的资金去改善日本国内的条件。外务省负有对外援助之责,每当要求增加对外援助的金额时就要争吵。"三木欢迎亚洲地区团结的趋势,也包括富裕的太平洋国家合作的可能性,但并没有排除英国的意思。[56]

布朗同意经济援助是"阻挡共产主义的最好的方法",他说:"重要的是,援助是受援国所需要的并能为援助国带来商业利益。亚洲人越多就越能获得主动,最不希望任何新殖民主义的联想。英国对外援助超过国民生产总值的 1%,而日本少于 1%。英国也能辩解说国内很需要,而国内也确实需要。"但是,布朗又说:"我不认为对于两国来说,这是一个很好的逃避对外援助的理由,并且希望日本能做得更多达到 1% 的目标。我希望三木代为向通产大臣转达他说的话。没有什么比经济援助在阻止不稳定和共产主义上更有效,我们也应该认识到援助能带来商机。"三木表示,日本将继续努力达到 1% 的水平。[57]

1968 年 7 月,日本外相三木武夫为参加日法定期会谈赴法国,在此之前,他于 7 月 14—16 日顺访了英国。此行,他和英国领导人也谈到对外援助问题。三木在 7 月 15 日与英国外相斯图尔特会谈时说:"日本宪法禁止海外派兵,日本的贡献应该在经济领域。尽管日本的国民生产总值很高,但是人均国民生产总值居世界第 21 位。在 1967 年,日本拿出 8.55 亿美元用于经济援助,原则上给东南亚国家,这几乎等于国家收入的 0.93%。日本正不断增强与该地区的紧密接触。"三木强调:"值得注意的是,与其他地区相比,东南亚是接受经济援助较少的地区,很需要国际援助。包括新西兰、澳大利亚、美国、加拿大在内的太平洋地区的国家原则上是负有责任的,日本已经采取主动,建议建立 5 个发达国家的非政府经济委员会。"[58]

在同日三木武夫与英国首相威尔逊的会谈中,三木说:"在亚洲能找到现代所有的问题,东西问题、南北问题、东西方文化差异问题。我有时感到欧洲人不可能找到解决亚洲问题的对策,当然,英国有长期在远东的经验,所以不在此列。特别是亚洲令人吃惊的贫困,人均收入在 100 美元左右。即使越南的冲突结束,它是否能保持和平也是令人怀疑的。这个地区缺乏资本和技术,这需要大型的国际合作来解决亚洲的贫困问题。"威尔逊对此表示同意,他说:"英国和日本都应尽己所能开展援助。"但他也坦承,"美国对亚洲开发银行有相当大的贡献,日本也在亚洲开发银行的活动中扮演重要的角色,而英国作用很小。"[59]

由此可以看出,日本在对外援助上的态度比以前更主动。实际上 1967 年日英的对外援助额已持平,而 1968 年日本对外援助额超过英国,并突破 10 亿美元,而日本也在该年超过联邦德国成为资本主义世界第 2 大经济体。

　　1969 年 5 月日本外相爱知揆一赴英参加第 7 次日英定期会谈,在 5 月 2 日与英国外相斯图尔特的会谈中,爱知说:"日本作为亚洲唯一的工业发达国家,认为促进地区经济发展是它的责任,特别是韩国和台湾,总体上是为了促进地区稳定。过去 10 年来,日本的经济援助总额为 18.1 亿美元,其中 16 亿美元(约 90%)是对亚洲的援助,11.5 亿是对缅甸以东的国家的援助,日本希望通过援助这些国家能帮助他们。日本现在积极参加以下组织:东南亚经济开发部长会议、亚洲开发银行及其特别基金、联合国亚洲及远东经济委员会、湄公河盆地计划。我希望在下一次东南亚经济开发部长会议能宣布,与国家的资源相适应,日本将增加援助,我将提出在日本经济继续增长的前提下,到 1980 年国民生产总值将达到 5 千亿美元(500 billion),日本对亚洲的援助在 1968 年是 5 亿。日本大藏大臣福田在 1969 年 4 月 10 日的亚洲开发银行会议上提出,日本准备在 5 年内将援助翻倍。然而,日本的资源不能单独充分促进亚洲的发展,其他国家的援助也是有必要的,希望英国也能继续给予援助。"

　　斯图尔特认为爱知的声明既令人鼓舞又很重要。他说:"英国也是亚洲开发银行的成员,英国希望该银行不要只专注于东南亚而忘记印度和巴基斯坦。"爱知说:"要日本增加援助以便把印度和巴基斯坦包括在内是有困难的,最近他和加拿大前总理皮尔逊的讨论时,皮尔逊强调印巴没有充分的还款能力。"但爱知表示,将进一步研究这个问题。

　　1971 年 6 月,英国外相霍姆赴日参加第 8 次日英定期会谈,在 6 月 11 日,英国外相爱知揆一与霍姆的会谈中,爱知说,亚洲开发银行取得了稳定的发展,并为地区合作提供了可操作的平台。爱知认为捐赠国太少,应该进行多方合作。霍姆同意捐赠国太少,但是他认为,由于援助额有限,很快就被受援助国吸光了。爱知认为关键在于为亚洲开发银行提供基金,他说,日本意识到它的经济行为可能引起对经济帝国主义的恐惧,多边行动有助于减轻这种恐怖,这种行为也有助于地区安全。

1964 年日本成为国际货币基金(IMF)8 条国,还加入了经合组织,成为名副其实的发达国家俱乐部的一员,开始致力于对发展中国家的援助和资本的自由化。日本对外援助额在 1965 外跃至 4.859 亿美元,此后逐年增加,1968 年突破 10 亿美元,1970 年达到 18.24 亿美元,成为 DAC 成员国中仅次于美国的第 2 位的国家。从占 DAC 成员国全体的援助总额的比例来看,美国最高为 36.7%,日本第 2 为 12.4%,虽然没有美国多,但终于与其在资本主义国家第 2 位的经济实力相适应,成为对外援助第 2 位的国家。[60]

表 4—2—1　1960—1970 日英对外援助额对照表[61]

单位:百万美元

	1960	1961	1962	1963	1964	1965	1966	1967	1968	1969	1970
日本	246	381	286	267	291	486	625	798	1049	1263	1824
英国	881	899	744	721	919	1032	911	803	761	1146	1259

如表 4—2—1 所示:日本对外援助在 1967 与英国持平,此前一直比英国低,因此英国在与日本领导人会见的场合,常常劝日本提高对外援助。英国之所以紧盯着日本的对外援助,并且希望它更多一些,这是因为:1. 英国认为援助发展中国家能抵抗共产主义国家的“进攻和渗透”;2. 英国在防卫上消耗了很多,而日本在这方面已经被免除。3. 英国经济发展相对落后。因而英国希望日本在对外援助中发挥更大的作用。1968 年,日本对外援助

超过英国,并跃上 10 亿美元。日本在对外援助问题上更加积极
活跃,并在与英国领导会谈的场合要求英国在对外援助上加大
合作。

三、英国在远东的防卫问题

1964 年 11 月 9 日,佐藤荣作接替生病的池田勇人任日本首
相,外相也换成了椎名悦三郎。佐藤外交上的第一个动作,就是
1965 年 1 月访美。由于中国在 1964 年 10 月 16 日成功试爆第一
颗原子弹,成为世界核俱乐部的第 5 个成员,因此佐藤访美期间,
在 1 月 13 日与美国国防部长麦克纳马拉举行会谈时,要求一旦日
中发生战争,美国在第一时间以核武器进行报复。此前一天,在和
美国总统约翰逊会谈时,佐藤说:"无论中国拥有核武装与否,日
本不会拥有核武装,只有依靠美国的安全保障。"约翰逊总统对此
作出保证。[62]

1965 年 10 月 20 日,佐藤在会见来参加第 4 次日英定期会谈
的英国外相斯图尔特(Michael Stewart)时,再次提到核问题。他
说:"日本是唯一被原子弹轰炸过的国家,决心不拥有核武器,日
本现在在《日美安保条约》的保护之下。印度等国主张,有核武的
国家应该考虑无核武国家的安全保障,一般说来,为了'自由阵营
各国'的团结,英国不要局限于北约的框架,应该在全世界安全保
障的大背景下看问题。"这里佐藤是在劝英国这样的有核武国家
去保护印度、甚至是日本这样的无核武国家。而核武打击的对象,
就是和印度有边境冲突的中国。这和佐藤年初访美时要求在发生
日中发生战争时,美国应以核武器进行报复是同一路线。斯图尔
特当然不会上这个套,他说:"英国对防止核扩散非常热心,但是
从印度的立场考虑,核国家应该保护无核国家。作为印度,不但希

望西欧诸国,也希望苏联这样做,但现在苏联这样做的可能性很小。"[63]

　　佐藤也不再和斯图尔特绕弯,他直接说:"苏联的威胁主要是对北约,在亚洲,缺乏力量的平衡,因此,对付中国是个大问题,在核威胁方面还是中国更大一些。"斯图尔特说:"我认为不应该小看苏联的威胁。确实由于北约的存在,来自苏联本身的威胁不大,在一些国际问题上,苏联是不合作的国家……预测中国的将非常困难,我们处理中国问题的指导原则是,应该让中国知道,如果中国支援革命势力的话,我们就坚决予以阻止。"斯图尔特一边强调苏联的威胁,一边绕开中国核威胁这个话题,这是因为对于英国来说,直接的军事威胁来自于苏联,而不是来自于中国。加上英国在苏伊士运河以东的防卫负担很重,所以不愿涉及中国核威胁和对印度提供核保护的话题。[64]

　　虽然日方希望英国在亚洲承担更多的防卫义务,但是,英国的经济实力的下降却使它在苏伊士运河以东驻军难以为继。

　　在19世纪的大部分时间里,英国及其帝国左右着世界经济。英国维持其在世界事务中主宰地位的基础是其雄厚的经济实力、强大的军事尤其是海军力量以及与世界各地的广泛联系和所承担的义务。在那时,维持庞大帝国运转的费用出奇地低,在英帝国顶峰的19世纪60年代,政治和防卫费用不到国民生成总值的2%,并且,英国明显从帝国市场中受益。在那时,军事力量和英国的世界帝国地位以及经济利益相得益彰。

　　但一个世纪后,英国经济发展相对缓慢,其大国地位的基础受到严重削弱,20世纪50、60年代的主要西方国家经济增长率如下表:[65]

表 4—2—2　　主要西方国家经济增长率(％)

	英国	美国	法国	意大利	联邦德国	日本
50 年代	2.7	3.2	4.8	5.5	7.8	10.8
60 年代	2.9	4.5	5.9	4.9	4.9	11.1

而英国的防卫开支却居高不下,其造成的后果是:1.它耗费了大量的外汇,直接影响国际收支平衡,尤其是苏伊士运河以东承担的义务。2.大量的防卫开支挤掉最可观的国内投资。3.庞大的防卫开支和经济基础不相称,[66]其经济发展和防卫开支成为相互制约的恶性循环关系。

1964 年 10 月哈罗德·威尔逊担任英国首相后,认为英国的防卫摊子铺得过大,国防开支过于沉重。因此,他的英国防卫政策的两个主要目标是:1.收缩英国防卫范围;2.裁减国防开支。至于如何收缩和裁减经费,威尔逊十分清楚,不能做任何削弱北约的事,因为那是事关英国本土安全的协定;而对英国在苏伊士运河以东所承担的防卫协定可以进行重大的变动。1966 年 2 月,英国发表《白皮书》,声称除非与它的盟友合作,否则英国不会在欧洲之外承担任何重大的军事行动,而苏伊士运河以东的防卫必须比从前更平均地分摊,并且一旦条件许可,英国将减少在马来西亚和新加坡的驻军。特别是在 1966 年 8 月 11 日印尼和马来西亚达成《曼谷协定》,结束对抗之后,使英国削减东南亚的防卫义务成为可能。[67]

1966 年 11 月 1 日,日本外相椎名悦三郎赴英参加第 5 次日英定期会谈时,英国外相布朗(George Brown)向椎名解释英国在英国在苏伊士河以东的政策,而椎名劝英国维持在苏伊士运河以东的义务。布朗说:"英国在经济能力许可的范围内维持在苏伊士河以东的义务,但是,以除了和同盟国共同行动之外,以不进行大规模战斗为前提。只要马来西亚、新加坡愿意,英国就将继续在这两国驻军;但是,如果这两国不愿意,英国也不勉强。因此,为了防备新马两国不希望英国驻军,正在和澳大利亚谈判在该国建基地。从长远来看,在苏伊士运河以东,防卫任务由白人之手逐渐转移到当地人民手中。"椎名说:"过犹不及,将防卫任务由英国转到当地人民手中的过程应该尽量多花一些时间。"布朗表示:"我也希望如此,但是坐失时机将一事无成,因此有必要稍带强制地处理此事。"

椎名说:"(维持在苏伊士运河的义务)当然由经济能力决定,但是,经济能力是相对的东西。另一方面,从安全保障来看,即使办不到,也必须做。"布朗重申英国不会放弃苏伊士运河以东的义务。他说:"英国考虑自己出安排是出于自己的需要,并非仅以经济为出发点。英国海外驻军出于以下3方面非常重要的考虑:1.长期来看,增强经济有利于增强防卫能力;2.英国海外驻军对国际收支的影响;3.对关于该地区安全保障的谨重评价。"

1967年6月,第3次中东战争的爆发导致了苏伊士运河被关闭,英国在中东的军事存在并未对事态的发展产生多大的影响,这使得英国在海外的庞大义务的价值受到了很大怀疑。在形势的逼迫下,1967年7月18日,英国政府发表了一份补充的防务《白皮书》,规定英国部队到70年代中期全部撤出苏伊士运河以东地区,所有的航空母舰将退役,英国只在香港与斐济承担防卫责任。11月,威尔逊再一次宣布消减防卫,并把撤军期限改定为1971年,同时,取消购买50架美国F—111攻击机的订单。[68]

1968年1月10日,日本外相三木武夫在与来参加第6次日英定期会谈的英国外相布朗会谈时,担心英军从亚洲撤离是否会造成真空。布朗解释说:"英国无法承受在亚洲保持巨大基地的成本,我本人也倾向于保留基地会适得其反,撤军将适当地分步进行。这有两个紧迫的要求:1.像新加坡这种以前依靠英国基地的国家,在它的经济适应新的形势时应该得到帮助;2.同时,希望澳大利亚、新西兰,可能的话还有美国能在该地区承担防卫。英国将尽其所能保证该地区不会出现军力真空。航空运输的发展,使人是否在场不再重要,英国可以在欧洲保持一支有力的军队,在需要时能投放到任何需要的地方。"[69]

1970年4月,去日本参加第8次日英定期会谈的英国外相斯图尔特在和日本首相佐藤荣作与日本外相爱知揆一分别会谈时,都再次谈到英国在东南亚的防卫问题。

4月20日中午,斯图尔特与佐藤会谈时,佐藤说:"在日本政府看来,英国从苏伊士运河以东撤军太早了,在当前的情况下需要英国存在。"斯图尔特解释说:"英国撤军并不意味着英国放弃了在远东的利益,英国将保持总的军力……我注意到计划撤军的声明使地区的特定国家,如澳大利亚、新西兰和波斯湾国家,更严重地担心自身的安全。"[70]

佐藤说:"自卫的确是一种趋势,英国撤军将促进它。但是英国当前是地区安全的重要支柱,也不能指望美国会独自承担。日本没有军事力量可言,也不能与其他国家进行合作进行军事行动,为维持亚洲的秩序,它不得不依靠大国。"斯图尔特说,"我们面临着世界不时发生的重大变化,在当美国和苏联成为超级大国,英国所承担的巨大责任就难以为继,尽管英国有世界范围的利益,它首先应考虑的是欧洲,但这不是排他的。"佐藤说:"英国当然是个欧洲国家,但是世界变得越来越小,我希望大国应该为地区的安定做些事情。"[71]

在 4 月 20 日上午,斯图尔特和爱知的会谈中,斯图尔特向爱知解释了英国的撤军政策,他说:"在 1971 年底英军撤出苏伊士以东以后,英国将保留总体的军事力量和在该地区的某些责任:英国将保留在某些特定条件下采取军事行动的自由,但不会被迫这样做。在地区防卫问题上,英国将和澳大利亚和新西兰及其他国家合作。以英国人民和资源现在不可能对世界各地负起沉重的责任。抛开时间不说,无论那个英国政府将不得不下令撤军。这并不意味着英国对此地区缺乏兴趣。英国继续是东南亚条约组织的成员,现在正在参加该地区的军事演习。"斯图尔特强调经济发展的重要性:地区所面临的危险并不是大量的军事攻击,基本的不稳定因素是经济不发达。[72]

爱知说:"一些国家关心英国撤军,因此英国将在该地区保留一些军力让我感到安心。"斯图尔特说:"英国最大的问题之一是,在当前变化的时期,如何正确地评价自己在世界的位置,在美国和苏联成为超级大国之后,它明显不能再继续旧角色。"[73]

由于 1967 年 7 月和 11 月正式宣布的撤出苏伊士运河以东的计划中,对撤离的具体范围缺乏周密的规定,以至于撤军行动陷入了不必要的混乱,并耗费了大量的额外费用。[74]保守党对工党政府的撤军政策大唱反调,认为在苏伊士运河以东匆忙撤军所造成的真空有可能被苏联乘虚而入。

当 1970 年 6 月英国保守党首相爱德华·希思上台时,离英国完成从苏伊士运河以东撤军还有 18 个月,希思政府停止了在波斯湾和远东的撤军行动。作为在远东重建防卫体系的一部分,希思派国防大臣卡林顿(Lord Carrington)去东南亚现场研究和与澳大利亚、新西兰、马来西亚、新加坡建立《五国防卫协定》的可能性。1971 年 4 月,在伦敦召开的五国部长会议上达成《五国防卫协定》,协定于1971年11月1日生效,其实质是"当马来西亚和新加坡受到任何形式的外来武装进攻或以武装进攻相威胁时"进行磋商。[75]并与南非订立有关使用西蒙斯基地的协定,在波斯湾象征性地部署兵力,保留在马耳他和塞浦路斯等地的基地。

希思政府之所以停止这样做,并非只是为了维护地区稳定,而是因为英国在苏伊士运河以东还有巨大的经济利益。到20世纪70年代前期,这些地区每年为英国的国际收支平衡带来3亿英镑的纯效益,而总值为149.1亿英镑的英国海外投资的很大一部分在苏伊士运河以东。并且英国除煤以外没有自然资源,它的食品和石油等重要商品依靠进口,因此,保持航道畅通对英国很重要。[76]

1972年9月,英国首相希思访问日本。9月18日和日本首相田中角荣会谈时,田中也提到英国的苏伊士运河以东政策,他说:"我相信英国的存在对该地区有重要和有益的影响,为此,我希望英国(和美国)在该地区能继续存在。过去英国在亚洲有强有力的影响,不像美国和日本所做的那样,我希望这种状态能够继续。"希思说:"我的保守党政府相信,只要这些国家有问题,希望英国留下,那么工党政府离开新加坡和马来西亚的决定就是错误的。因此,保守党政府制订《五国防卫协定》,希望通过这些方式阻止地区纷争。这也意味着英国能进行贸易和投资活动,同样可以用于美国、联邦德国和日本的商业活动"。田中对此表示赞同。[77]

但是,保守党对防卫政策的调整似乎显得有些底气不足,给人以"装装门面"的印象,因为其坚持维持这些广泛的义务的基础是脆弱的。保守党上台后,消减防卫经费的政策仍被继承下来。直到1974年2月工党重新执政,英国实际完成了从苏伊士运河以东的撤军。

　　由上可知,由于 1964 年中国核试成功,日本希望英国对印度(可能也包括日本)等无核武国家提供核保护。之后,英国工党威尔逊政府上台后,开始消减防卫开支和收缩庞大的海外义务,其重要行动之一就是从苏伊士河以东撤军,日本在以日英定期会谈为主的两国领导人会谈的场合一再要求英国保留在东南亚的驻军,或延迟从苏伊士运河以东撤军。日本之所以如此关心英国在苏伊士运河以东的防卫,一个很重要的原因是,"它的能源供应越来越依靠通过波斯湾和马六甲海峡运往日本的石油"。[78]另外,日本是个贸易大国,原材料的进口和产品的出口的航路都有赖于其他"自由主义大国"的保护。但日本的劝说行动对英国没有产生多大的效果,因为英国的经济基础不足以支撑在海外的庞大驻军。虽然撤军在 1970 年英国保守党希思政府上台后被延迟,但是 1974 年工党重新执政后完成了从苏伊士运河以东撤军的过程。

第三节　日英经济关系

一、资本主义经济走势(20 世纪 60 年代中后期至 70 年代初期)

　　1963 年,关贸总协定通过了进行新一轮多边贸易谈判的基本原则。由于这轮谈判是由美国总统肯尼迪发起的,习惯上称为"肯尼迪回合"。它从 1964 年 5 月正式开始,到 1967 年 6 月结束,历时 3 年多。肯尼迪回合在工业制成品的关税方面取得了比历次谈判更大的成就,制成品关税降低 35%,涉及的贸易额达 400 亿美元。主要工业国家对应征税进口商品的 70% 减让了关税,关贸

总协定工业化缔约国工业制成品的进口平均税率从 10.9% 降到
6.2%。进口税降低最多的是机器设备、电工器材、化工产品、无线
电技术器材、纸张等。纺织品、服装、鞋类等消费品进口税降低较
少。在农产品方面,减税进展不大,只涉及 20 亿美元左右的贸易
额。"肯尼迪回合"还涉及到非关税壁垒问题,美国和西欧在这方
面都稍有让步,但非产品税壁垒非但没有消除,反而在各种名义下
继续加强。

　　20 世纪 60 年代中期,美国的财政金融和国际收支状况更加
恶化,黄金储备大大低于对外短期债务,同时通货膨胀加剧,美元
不断贬值,美元的信用更加下降。1967 年 11 月,英镑再度贬值
14.3%,引起新的抢购黄金风潮。为保证美元地位,美国计划于年
内减少国际收支逆差 30 亿美元,但继续由黄金总库在伦敦市场出
售大量黄金,以稳定美元汇率。1968 年 3 月出现的新的更大规模
抢购黄金的风潮打破了美国的这一计划。美国被迫要求英国自 3
月 15 日起暂时关闭伦敦黄金市场,并邀请黄金总库的成员国在华
盛顿集会,商讨对策。美国、英国、联邦德国、瑞士、意大利、荷兰与
比利时的中央银行于 1968 年 3 月 16—17 日开会,会议决定实行
黄金双价制——一种是原来的官价,即每盎司黄金等于 35 美元,
用于各国官方的结算。另一种是自由市场价格,它随供求关系而
变化。各国中央银行可以按官价向美国兑换黄金,但美国不再按
官价在自由市场提供黄金。美元实际上已经贬值,美元的兑换性
进一步受到限制,布雷顿森林体系陷入了危机。

　　20 世纪 60 年代,美国经济霸权衰落,国际经济地位下降,贸
易收支和国际收支状况恶化。与此相反,日本从 1965 年开现出现
战后第 1 次贸易顺差,这一转折对日本、美国以至整个世界经济都
有重要影响。从此以后,日本有贸易顺差的年份越来越多,顺差也

越来越大,贸易顺差成为日本大规模扩大对外投资的来源,也成为日美和日欧贸易摩擦的一个重要原因。

战后相当长的时间里,资本主义世界只存在一个经济中心,即是美国。但到了 20 世纪 60 年代末 70 年代初,资本主义世界逐步形成了美、欧、日 3 个经济中心。所谓中心大致包含两个方面的内容:首先,国民生产总值或国内生产总等主要经济指标方面,资本主义世界出现了 3 个可以相互对峙、鼎足而立的国家和地区。西欧和日本的崛起,不是说其与美国的经济力量绝对均等,而是说到 60 年代末,其经济力量达到足以与美国抗衡。其次,以美、欧、日为核心,通过各自发展的商品、资本和生产联系,形成了当代国际经济关系的密网,组成了当代的世界经济,3 个中心并不是 3 个孤立的国家和地区,而是国际经济联系密网中的 3 个中心点。

佐藤内阁时期是战后日本经济发展最辉煌的时期,也是日本工业进入世界先进行列的具有决定性的年代。这个时期工业获得了"惊人的发展"。由表4—3—1 可以看出,在 1967—1970 年间,日本是主要资本主义国家中经济增长最快的国家,其增长率是英国的 4 倍以上。另一方面,如表4—3—2 所示,日本的名义国民生产总值于 1967 年超越英法,1968 年超越联邦德国,成为资本主义国家第 2 大经济体。"日本工业在资本主义世界的比重由 1960 年的 4.4% 上升到 1970 年的 9.4%。"[79]

日本经济力量的急速增长,使日本在日英两国的经济关系中逐渐处于主动地位。

表4—3—1　主要资本主义国家国民生产总值实际增长率[80]

单位:%

国家	比重*	1958/1959 1967/1968 年平均	1967	1968	1969	1970
美国	52.3	4.6	2.4	4.9	2.8	△0.4
加拿大	3.6	4.8	3.1	4.9	5.1	3.3
英国	5.7	3.2	1.8	3.5	2.5	2
联邦德国	7.6	4.8	0.0	7.2	8.1	4.9
法国	7.1	5.6	4.5	4.9	7.7	5.9
意大利	4.3	5.7	6.5	5.9	6.1	5.2
日本	8.7	11.0	13.2	14.4	12.1	10.9

表4—3—2　1962—1970 主要资本主义国家名义国民生产总值[81]

单位:亿美元

	1962	1963	1964	1965	1966	1967	1968	1969	1970
美国	5,603	5,905	6,324	6,849	7,499	7,939	8,642	9,291	9,741
日本	589	680	801	883	1,022	1,210	1,436	1,673	1,972
联邦德国	887	944	1,034	1,132	1,202	1,237	1,346	1,529	1,855
英国	808	858	933	1,003	1,066	1,121	1,030	1,102	1,207
法国	744	834	925	992	1,077	1,161	1,273	1,415	——

---

　*　1968 年经合组织国家国民生产总值比重(但英国、法国、意大利为国内生产总值)

二、双边经济问题

(一)英国经济危机与日本的对应

1. 威尔逊上台后处理国际收支问题的对策与日本的对应

威尔逊领导的工党在 1964 年 10 月 15 日的选举中以 4 席的微弱优势击败霍姆领导的保守党,但当月上台的威尔逊工党内阁"继承"了保守党政府留下的巨大的国际收支逆差。威尔逊首相及其他高级僚属在 10 月 16 日被告知有关国际收支问题的全部情况。三天之内几乎没有经过认真讨论,威尔逊、财政大臣卡拉汉和经济大臣布朗就否定了英镑贬值问题,政府决定增加 15% 的进口附加税,这一措施于 10 月 26 日实施,以弥补赤字。[82]同时实行间接税退税,以扩大出口。

11 月 11 日,财政大臣卡拉汉提出了特别预算,新预算一方面对通货略加紧缩,另一方面履行竞选中的许诺,自 1965 年 3 月开始增加养老金、疾病和失业救济金,自 1965 年 2 月 1 日起取消国家卫生局的处方费。同时提高国民保险费、增加汽油税。此外,卡拉汉还宣布 1965 年春季要提高所得税标准税率,还是实行资本利益税,并以新的公司税代替原来的公司所得税和利益税。[83]

在伦敦和国外观察家看来,工党政府优先考虑的是社会政策,而不是英镑的坚挺。因此,压力立即转移到英镑上来。11 月中旬,欧洲、北美出现抛售英镑的风潮,威尔逊认为必须加强英镑地位的对策。在与英格兰银行长克罗默勋爵进行长时间的会谈之后,他决定向国外大量举债。克罗默勋爵向主要资本主义国家中央银行、国际决算银行、美国进出口银行借款,日本银行提供了5000 万美元。到 11 月 25 日,英格兰银行行长克罗默勋爵已经筹集了 30 亿美元的贷款,英镑地位暂时稳固下来,一场迫在眉睫的英镑危机算是过去了。

针对英国经济政策的不断调整,日本立即采取了对应行动。在这个过程中,英镑贬值的对策研究,是对应行动的一个重点问题。

1964 年 12 月,日本对英镑贬值对本国的影响进行了研究,主要内容如下:[84]

①对日本英镑资产的影响

日本官方持有英镑债权为:日本银行在英格兰银行的存款 1.4 千万英镑(其中前首相池田勇人访英时,作为对英方的礼物存款 1 千万英镑),大藏省在东京银行和其他英资外国银行存款 9 百万英镑。另一方面,作为债务发行了与这个数额大概相等的英镑国债。官方所持有的债权能与同等数额的债务相抵,如果英镑贬值的话,不会受到影响。

日本民间持有的贸易决算中的短期债权、债务,在 1964 年 11 月末债权超过债务 1.1 亿英镑,但绝大部分是期货(约 1.08 亿英镑),所以几乎不受影响。日本民间持有的长期债权·债务中,债权以对苏联、中国为主,约 1.4 亿,其中约 8 成与美元挂钩,没挂钩的部分约 3 千万英镑。另一方面从石油会社借入的约 7 千万英镑,因此民间持有的总额是 3.5 千万英镑的债务,英镑贬值的直接影响是对日本有利。

②对日本贸易的影响

日本贸易中,英镑区所占的比重为总贸易的 1/4。英镑在日本的贸易决算中的比例,出口占 33%,进口占 22%。随着近年对中国、苏联贸易的增长,出口英镑决算的比例上升。由于英镑不稳定的情况越来越激化,如果英镑贬值的话,一方面,进口中以英镑支付的交易将使日方受益。另一方面,在签订出口合同时(特别是延期支付的时候),极力与以英镑之外的货币挂钩(特别是与美元挂钩)的趋势将会增强(当时的延期支付合同有 8 成是和其它货币挂钩的)。对于没有和英镑之外的货币挂钩的大宗交易对象(主要是中国),今后能否和英镑之外的货币挂钩是个问题,中国不赞成和美元挂钩。在不可能与英镑之外的货币挂钩的情况下,随着英镑贬值将导致对英镑的不信任,对这些地方的出口将有很大的负面影响。即使英镑不贬值,只是不稳定,也会受到影响。

以上是对日本贸易的直接的影响,除此之外,作为国际通货的英镑的贬值对国际金融市场的冲击将难以预料,比如在国际贸易中在决定合同金额时将面临很大的困难。所以如果英镑不稳定的情况持续的话,将会对日本产生负面影响。

基于以上研究,在 1965 年 1 月中旬举行第 3 次日英会谈,日本外相椎名悦三郎在和英国贸易大臣杰伊会谈时,提到英国财政大臣卡拉汉曾在经合组织部长会议上说英镑不贬值,对此,椎名感到安心,杰伊也向椎名重申英国政府决心维持英镑汇率。他相信英国产品的价格总体来说是有竞争力的,因此现在英镑的价格是合理的。英国与英联邦中的不发达国家有特殊关系,英国短期的赤字部分来源于大量的对外援助和投资。然而,他相信在随后几个月公布的贸易收益将显示英国的国际收支还在掌控之中。像美元一样,英镑也受到世界性的流通短缺的影响,或许日本和英国可以合作提出框架性方案改革国际信贷结构。

英国首相威尔逊 1965 年 1 月 15 日会见日本外相椎名悦三郎时,对日本帮助维持英镑稳定表示感谢。

2.英国的进口附加税与日本的对应

10 月 26 日英国发布采取进口附加税制度,即不问进口地,自10 月 27 日以后对全部进口,课以暂定的 15% 的附加税,但粮食、基础原材料、烟草、船舶等例外。这个制度对于日本对英出口的影响是:以 1963 年的通关为基准,总额 1.5550 亿美元中,有 45% 是课征项目,主要的出口产品中,鲑、鳟鱼罐头(22.6%)、船舶(13%)不在范围内,纺织品、机械是课征对象。同样以 1963 年通关为基准,其他地区受影响的比例为,欧洲经济共同体约 62%,美国约 48%,欧洲自贸区(EFTA)约 37%,英联邦国家约 14%。

在这个制度公布后,日本外务省经济局长中山贺博向英国驻日公使提出:"像英国这样的标榜自由贸易的国家,为维持国际收支,作为优先的手段,首先采取直接影响进口的政策,是对战后贸易自由化潮流的倒行逆施,给关贸总协定降低关税一揽子谈判恶劣的影响,日方对此表示遗憾。"

1965 年第 3 次日英定期会谈中,日本外相椎名悦三郎在与英国贸易大臣杰伊会谈时,对英国的做法进行了指责,椎名说:"日方理解英国因国际收支困难有必要实施这些措施,与战后贸易自由化相反的措施,即使是暂时的、不加区别的措施也是令人遗憾的。日方不停地期待英方早点撤除或减轻这些措施。2 年前签订《日英通商航海条约》时,尽管日本国内有强烈的不满,也接受了英国担心的 82 个项目的歧视性数量限制。加征进口附加税后,日本的产品对英国国内产业的威胁已大幅减少。"他要求英方免除配额项目的进口附加税或撤销、缓和配额项目。椎名要求贸易大臣杰伊尽可能地予以考虑。

杰伊说:"关于进口附加税,并非针对所有的项目,征收进口附加税的成品与半成品约占英国进口商品的一半左右,从日本进口的项目中有相当的数量受到影响,对此我感到遗憾。我本人在出席经合组织部长会议时,已经了解了各国特别是日本的想法。进口附加税终究是暂时的措施。在充分看清进口的倾向后,英国会尽早废除进口附加税。对于配额项目的进口附加税的效果,各国有种种的议论,英方知道日方所主张的双重被害,英国不能回应。我并不认为对既存的项目附加税的追加效果有那么大。配额项目的出口国还有日本之外的国家,对他们的要求与对日本要求相同,日本也没必要特别担心。解决这个问题的正确方法是尽早且全面地缓和征收进口附加税。"

除了在双边场合,日本还在经合组织、关贸总协定等多边场合提出尽早撤除的要求。英国考虑到各种情况,从 1965 年 4 月开始将进口附加税课征率降至 10%。

3. 英国经济危机与日本的对应

英国首相威尔逊领导的工党在 1966 年的议会选举中获胜,保住了政权,但经济形势却每况愈下。7 月 20 日,威尔逊宣布了紧缩 5 亿英镑的决定,包括:①削减海外军事开支;②削减或冻结社会保障费、住宅以外的建设等公共支出;③紧缩民间对外投资;④暂时冻结物价;⑤为抑制内需、压缩进口,增加分期付款的首付和缩短支付期限,提高消费税。

但紧缩政策并未扭转经济形势,一方面经济还不断恶化,到了 1967 年下半年,工党在补缺选举中接连失败,而利物浦和伦敦的一场大规模码头工人的罢工预示着贸易额将下降;另一方面英国加入欧共体又前景渺茫,这一切和其他问题很快影响到国外对英镑的信心。到了 11 月,英国外汇储备减少加剧,11 月 18 日,英国财政部宣布英镑贬值 14.3%,由 1 英镑比 2.80 美元降为 2.40 美元。预定于 11 月下旬访日进行第 6 次日英定期会谈的英国外相布朗也推迟了行程。

受英镑贬值的影响,日本推迟放松银根的政策,并警惕对东南亚出口可能与英国商品竞争加剧。12 月 7 日,日本首相佐藤听取大藏省国际金融局长柏木分析英镑贬值后的国际局势。柏木指出："英镑贬值后，英国经济要恢复比较困难，对日本来说，国际的高利率今后还会持续，对日本的资本收支有何影响还有待观察。"

1968年3月19日，英国财政大臣詹金斯提出紧缩预算方案，日本政府、日本银行欢迎英国的努力。但是此时，英国财政大臣不仅要应付英国的经济问题，还要应付世界范围的危机，即日益高涨的抛售美元兑换黄金和白银的风潮。1968年前3个月，美国的黄金储备减少10亿美元，但挤兑还在继续，美国紧急要求英国关闭伦敦黄金市场。3月15日，英国宣布银行放假。3月17日，主要资本主义国家央行行长在华盛顿开会，决心把黄金官价维持在每盎司35美元的水平上。英国政府同意把伦敦黄金市场一直关闭到4月1日，为了使英镑免遭投机之害，各国给英国准备了40亿美元的备用贷款。[85]

1968年7月9日，日本大藏大臣水田三喜男向记者表示："日本将参加以国际清算银行为中心的对英国援助。"7月10日，在瑞士巴塞尔参加国际清算银行会议的日本银行理事前川春雄回国，他在机场的记者会上表示："日本原则上同意在国际清算银行对英支援，当前以英镑为主的货币问题，应可稳定。"他又说："国际清算银行对向英国支援20亿美元（10年借款）进行了讨论，原则上达成一致。还要就今后英国和英镑保有量较高的英镑区国家不可大幅提取英镑进行谈判。"9月9日，国际清算银行表示，对英提供期限10年、总额20亿美元的贷款。[86]

1968年的最后几个月，经济再次成为人们关注的中心。法郎和德国马克的压力使英镑受到严重影响。11月18日，法国政府宣布决心保卫法郎，因而英镑在外汇市场比价大跌。11月22日，英国财政大臣詹金斯在下院宣布一系列新的应急措施。再次提高汽油税、酒精税和消费税，并且为了限制进口，实施进口保证金措施。经过这次货币危机后，伦敦资金大量外流的现象自动缓和下来,局势渐渐恢复稳定。[87]

自 1965 年 1 月第 3 次日英定期会谈以后的大多数会谈中,英方都会向日方说明本国的经济状况或英镑的状况,并"保证"会向好的方向发展,以获得日本的理解和支持。这主要是由于:

①战后的两大国际金融中心是纽约和伦敦,英镑是仅次于美元的国际硬通货。这一时期,日本的经济正高速增长,对外贸易的增长是促成日本经济增长的重要原因之一。而日本的贸易和投资与英镑休戚相关,与英镑区贸易占日本对外贸易的约 1/4,日本的贸易约有 30% 是以英镑结算,特别是与中国等社会主义国家贸易多用英镑结算。

②日本是经济迅速增长的国家,这意味着在国际上影响力的增长。同时,日本也是国际货币基金、国际清算银行等多个重要的国际经济金融组织成员,争取日本的支持,有利于这些国际组织作出有利于英国的决定,这也从一个侧面反映了英国相对衰落。

4. 案例:英镑、法郎不稳定对日中贸易决算的影响

1968 年 4 月 23 日,日中就贸易决算以法国法郎取代英镑达成一致意见。第 2 天,中日备忘录贸易事务所代表刘希文将此事打电报给日中备忘录贸易事务所代表冈崎嘉平太,收到返电后正式生效。之所以会以法国法郎取代英镑决算,是因为近年来英镑不稳定。1967 年 11 月,英镑贬值 14.3%,并且随时有再贬值的可能,而此时在外汇市场上,法国法郎还比较稳定,因此,中日双方同意以法郎结算。

但是到了 6 月,由于法国法郎也不稳定,中方农产品出口商非常担心法郎贬值,因此向日方提出希望以英镑结算。6 月 13 日,日本国际贸易促进协会召开决算问题对策委员会,确定在日中贸易中不使用法国法郎,而使用英镑和瑞士法郎。[88]

　　进入 10 月,由于本年内日中交易额最大的广交会(10 月 15
日—11 月 15 日)即将召开,日方希望以法国法郎和英镑进行决
算。10 月 10 日,在北京访问的日本国际贸易促进协会常务理事
田中修二郎与中国国际贸易促进委员会负责人就以法国法郎和英
镑决算达成一致。10 月 11 日,日本国际贸易促进协会正式发布日
中友好贸易的决算货币为法国法郎和英镑并用,即日起适用。[89]

　　由于中美交恶,加之彼时日元尚未国际化,所以中国对日本等
资本主义国家的贸易常以英镑结算,因此,英镑不稳定,会对中国
和日本等国的贸易产生影响。虽然战后英镑对美元地位有所下
降,但仍是硬通货之一,所以,上例中虽然中日两方曾考虑过法国
法郎,但由于彼时法国法郎也不稳定,加之它无法与英镑相比,因
此最后造成法国法郎与英镑共用的局面。

(二)双边经济问题

表 4—3—3　1964—1972 年日本对英贸易

单位:100 万美元　％

	1964		1965		1966		1967		1968	
		增长率		增长率		增长率		增长率		增长率
出口	198	27	225	9	295	31.2	296	0.2	365	23.3
进口	185	24.2	214	32	257	19.9	257	0.2	257	0.1
	1969		1970		1971		1972			
		增长率		增长率		增长率		增长率		
出口	348	△4.4	323	△7.3	—	—	975	—		
进口	330	28.4	355	7.4	—	—	501	—		

日英都是岛国,资源比较贫乏,需要进口原料和出口产品,不得不靠贸易生存,对对外贸易的依存度比较高。以 1965 年为例,日本出口依存度为 9.6%,进口依存度为 9.3%,英国出口依存度为 13.2%,进口依存度为 15.6%。[90]由上表可知,除少数年份外,日本对英进出口基本成增长之势,并且大多数年份是出超。日英贸易之间存在摩擦,其原因如下:

英方的原因。1.英国对日贸易限制。《日英通商航海条约》的实施是以日本自主出口规制和英国对日限制敏感项目清单的进口为代价的,自主出口规制包括半导体收音机、电视机等 14 个项目;敏感项目包括瓷打火机、金属西餐具、实用缝纫机、钓具、双筒望远镜、玩具、家用陶瓷器等 8 个项目。而英国对日贸易限制,往往为其他西欧国家所效仿。2.由于英国经济持续低迷,英国政府也出台了一些不利用进口的政策,如课征进口附加税等,这引起日本等国的强烈不满。以上是日本要求英国放松贸易限制的主要原因。

日方的原因。1.日本的贸易自由化和资本自由化都很落后于欧美。1960 年 6 月,日本通过并实施《贸易、外汇自由化大纲》。1961 年 9 月又制定了《贸易和外汇自由化促进计划》,加快自由化进程。至 1964 年 4 月,日本的进口自由化率由 1960 年 7 月的 42% 提到高到 93%。[91]至 1965 年 10 月,又对小汽车实现进口自由化。但日本对来自英国的进口还有限制,如汽车零配件、机床、威士忌、糖果等。2.到 20 世纪 60 年代中期,日本所实行的仍是一种比较严厉的外资管理体制。与欧美各国相比,日本资本市场的开放程度还很低,基本上处于一种封闭状态。因此,欧美各国迫切要求日本开放投资市场。3.由上表可知,除个别年份日本对英入超之外,其他都是出超。以上是英国要求日本放松对英国贸易和资本限制的主要原因。

日英定期会谈也是日英两国进行贸易交涉的重要场合,每次双方的大臣都会进行"攻防战",要求对方改善贸易和投资条件,具体如下表:

表4—2—4 日英定期会谈中的双边贸易问题[92]

	英方主张		日方主张	
	对日方的好处或回应	对日方要求	对英方的好处或回应	对英方要求
1964年5月第2次日英定期会谈	已解除对进口日本摩托的限制,1965年1月将对缝纫机、双筒望远镜、打火机、渔具和某些玩具自由化	放松对日本直接投资和企业合并的限制	日本自由化度已达93%,今后还会进一步自由化	
1965年1月第3次日英定期会谈	从1963到1964年,日本对英国出口增长了2千万英镑,同期英国对日出口只增长了8百万英镑	增加来自英联邦的进口。撤除对小汽车、机床、威士忌、糖果的限制		免除配额项目的进口附加费或撤消、放松配额项目。停止出口退税
1965年10月第4次日英定期会谈	英国将推进自由化	英国核化学电力公司对日本原子燃料公司的投标	10月1日实现小汽车自由化,努力改善贸易条件	希望英国撤除进口附加费,缓和对日贸易限制

续表

	英方主张		日方主张	
	对日方的好处或回应	对日方要求	对英方的好处或回应	对英方要求
1966 年 10 月底 11 月初 第 5 次 日英定期会谈	英国将考虑是否解除日本自愿出口限制项目(但纺织品等敏感项目除外)	降低小汽车的高关税、小汽车发动机的限制;放松对流通、服务业外国投资的限制,放松对汇票兑现期限的限制	关于关税在肯尼迪回合交涉,将审慎研究投资限制和进口金融限制	
1968 年 1 月第 6 次日英定期会谈		解除对苏格兰威士忌和汽车配件的限制,放松对外国投资、进口信贷和许可协议的限制	关于威士忌将到 1972 年全面实现自由化	
1969 年 5 月第 7 次日英定期会谈	取消了一些项目的配额限制,保留配额限制的也增加了配额。将放松对非棉纺织品的限制。	对苏格兰威士忌、羊毛制品等英国商品放宽数量限制和降低关税	为迎合英国周的需求,想提高苏格兰威士忌的进进口量	
1970 年 4 月第 8 次日英定期会谈	英方提出一个去除贸易歧视的计划,并同意讨论结束保护条款	希望在威士忌和毛纺织品问题上取得进展	到 1971 年底,日本将撤除全球限制项目的一半。将威士忌自由化的日期提前。	

	英方主张		日方主张	
	对日方的好处或回应	对日方要求	对英方的好处或回应	对英方要求
1971年6月11日第9次日英定期会谈	打算给予殖民地和其他国家普惠。		1969年限制清单上的120个项目,到1971年将减少到40个项目。今年已经自由化了10个项目,包括威士忌,到9月,还有包括糖果在内的20个项目将自由化。	希望废除自愿出口限制,撤除保护条款

在日英双方相互的压力下,两国贸易的限制越来越少,而贸易基本保持增长。1972年,日本对英出口增至9.79亿美元,占出口总额的3.4%;进口增至5亿美元,占进口总额的2.1%。

日本的贸易自由化在20世纪60年代处于停滞的状态。从1969年起,剩余项目(允许某些进口项目作为例外)稳步减少,最后到1976年3月降到27个。1964年4月,日本正式成为IMF的第8条义务国(即不得对经济常性支付进行限制),从此日本废除了外汇预算制度,在同一年中,日本加入经合组织,开始承担作为发达工业国家的各项义务,将资本自由化提上政府的议事日程。日本分别于1967年7月、1969年3月、1970年9月、1971年4月、1973年5月进行5次资本自由化,至1976年5月,完全开放了国内投资市场。

(三)英国促进对日贸易的努力

英国于 1965 年在日本举行英国博览会,1969 年在日本举行英国周。这些活动有加强文化交流,促进两国友好的意义,但是由于英国对日贸易逆差,其经济上的目的是主要的。事实也是如此,由表4—3—3 可知,1965 年英国对日出口比上年增长 32% ,1969 年比上年增长 28.4% 。

1. 英国博览会

1965 年 9 月 17 日至 10 月 3 日,英国在日本东京举办了博览会。为取得博览会的全面成功,以推销本国产品,扩大对日出口,促进日本社会了解、亲近英国,从而增进英日经济关系。为办好西方国家第一次在日本举办大规模博览会,特由诺曼·基平为会长的英国海外博览会来负责具体的组织实施。鉴于在东京举办博览会费用异常昂贵,因此,英国贸易部向英国海外商品交易会提供大量财政补贴,以减少英国参展者的费用而有利于吸引更多的厂商参与。在英国驻日大使馆新闻委员会的指导下,为取得理想的宣传效果,英国海外商品交易会聘请了一家日本公关公司参与博览会的宣传工作。[93]

9 月 15 日,英国贸易大臣杰伊为出席英国博览会,于当天晚上飞抵东京。9 月 16 日上午 10 点,杰伊与日本外相椎名悦三郎进行了约 30 分钟的会谈后,又与通产大臣三木武夫会谈,就扩大日英贸易交换了意见。关于目前正在进行的日英贸易谈判,杰伊说,英国的棉纺织品、金属食器在国内有很多问题,希望日方加以考虑。对此,三木说,现在英国对日本限制 76 个项目的进口(其中 64 个项目以自愿限制的形式),希望英方采取更灵活的态度。[94]同日下午 3 点半,杰伊在日本首相官邸与佐藤首相进行了约 40 分钟的会谈。杰伊对日本政府帮助维持英镑稳定表示感谢,佐藤答应今后也予以帮助。杰伊又提到,日英贸易只占英国贸易量的2%,还能继续扩大,佐藤对此表示同意。[95]

同日中午,杰伊参加了"经团联"等团体在赤坂主办的欢迎午宴。杰伊在讲话中,大谈二战以来英国的经济建设成就。另一方面,他也试图间接地缓和日本对英镑贬值的担心。他说,英国有110亿英镑的海外资产(不包括黄金),这是英镑的坚实后盾,在今年秋天,英镑明显比以前坚挺,这有赖于储备、出口成就和政府抑制通涨的方法。他说,"保持英镑的力量是现任英国政府政策的基本原则。"杰伊还说,保持世界经济的势头对英日两国都有巨大的利益。因此,他希望贸易大国能够做到以下3点:①努力在肯尼迪回合(关税一揽子降低谈判)取得决定性的胜利;②坚持目前的世界援助计划和对发展中国家投资;③努力建设世界性的信用结构。[96]

9月17日,英国博览会在东京晴海国际展览会场举行开幕式。皇室秩父宫妃、外相椎名悦三郎夫妇、通产相三木武夫夫妇、东京都知事等,英方有英国海外博览会会长诺曼·基平夫妇、贸易大臣杰伊夫妇、英国驻日大使兰德尔夫妇等出席了开幕仪式。上午9点15分,在苏格兰军乐队和日本警视厅乐队演奏乐曲的节目结束后,诺曼·基平、三木武夫和杰伊先后致词。三木武夫在开幕式上祝愿博览会成功,他说,他很佩服英国的飞机制造业、核能工业和汽车业。他相信博览会给了日本公众和专家一个机会去理解英国,并改变旧的看法,这将增强两国的友谊并有助于扩大商业关系。[97]杰伊希望有识别能力的日本买家能给英国机会,去显示它能及时以有竞争力的价格提供商品。他强调博览会吸引了350名英国企业家来日本获得第一手的知识,如果不这样,贸易发展的潜力就永远不会被认识到。在一次记者会上,杰伊详述了贸易扩大的潜力,他说,两国在相互的贸易上都比他们能做的要做得少,实际上自 1936 年来,贸易的比重只改变了一点点。他相信英国对日出口的最有希望的前景还是在工业产品上。[98]接着,日本皇室秩父宫妃宣布博览会开幕,并按下英国博览会开幕的电钮。于是,准备多时的博览会展现在人们的面前。

英国博览会的主展区在晴海,面积共 2.8 万平方米,展出了"从苏格兰威士忌到核能"的英国代表性的物品,展品共二千件,价值约 100 亿日元,分 3 个馆陈列。

1 号馆展出的有小汽车和航空器。在小汽车方面,英国拥有与美国、苏联并驾齐驱的世界顶级技术,由于日本当年 10 月将实现小汽车自由化,因此英国方面对进入日本市场有很大的期待。此次展出了多款跑车,如 MG1100、凯旋 TR4、Sunbeam Alpine,展出普通车型中,日本人最喜欢的是罗孚 2000,造型新颖、性能好、宽敞、时速可达 170 公里。本次展出的小汽车中,最引人注目的是罗尔斯·罗伊斯公司一款小型车,时速可达 200 公里,价值 1700 万日元。[99]除小汽车外,罗尔斯·罗伊斯公司还展示了多种引擎,有军机引擎、民用机引擎、战车引擎、船舶引擎等。英国拥有顶尖的航空技术,罗尔斯·罗伊斯公司的民用机引擎——达特自 1953 年以后就得到广泛的运用,当时已被 60 个国家的航空公司采用,装配这种引擎的飞机已达千架以上,日本在战后首次制造的客机YS—11 就装配了 2 个罗尔斯·罗伊斯公司的达特引擎。[100]

2 号馆展出核电产业、食品、纺织品、自动机械和金银工艺品等。核电方面,展出了英国的核电模型。核电产业是英国自豪的高科技产业之一,当时英国的核电装机容量为 5.124 百万千瓦,居世界第 1,并预计到 1970 年核电装机容量占总装机容量的 13%,

到 1975 年占 18%。日本的第 1 台核发电机也是从英国引进,当时日本的核电装机容量为世界第 5。[101]纺织品方面,展出了地毯、布料等,由于日本是续欧洲、美国之后世界第 3 的纺织品市场,所以也是英国纺织业者的重要目标。食品方面,展出了大量的食品,并可当场购买。最引人注目的高级苏格兰威士忌,以稍低于市价的价格出售。自动机械方面,展出了自动包装机,1 分钟能包装2200 支卷烟,并可用于包装巧克力等。还有自动停止装置,它通过油压装置能自动地控制速度,并能突然停止,英国的航空器有95% 采用这种装置,并且在美国、日本、瑞典、瑞士、荷兰、联邦德国、意大利、西班牙、印度等国使用。此外,还展出了切割机、焊接机及其他电子机械。金银工艺品方面,展出的古董有:1587 年制作的酒杯、1728 年制作的王侯贵族用的锡杖、1747 年制作的风格奇特的茶筒等;现代的有精巧的茶具、花瓶和宝石等。

3 号馆用于宣传英国君主制、英国宪法的发展,此外,还有关于丘吉尔的展览,展出了从少年时代从乳母那收到的信件等约 60件资料。

除上述展览外,还有苏格兰军乐队和英国海军乐队的表演,英国老爷车游行,并且在博览会期间,有英国双层巴士运行在晴海至西武百货店之间。除了晴海的主展区外,在一些百货店还有展览,如西武百货店展出男士用品等,京王百货店展出的男士服装、西服衣料,此外,还有日本经济新闻社主办的小泉八云展等。

日本首相佐藤荣作于 9 月 21 日参观了博览会。9 月 22 日,他对英国工业联合会主席莫里斯·莱茵(Maurice Laing)说,英国博览会是家喻户晓了。9 月 21 日的《朝日新闻》还刊登了一幅佐藤荣作穿着苏格兰裙吹风笛的漫画,而苏格兰军乐队在东京街头表演曾引起交通阻塞。[102]

　　为了给英国博览会助兴,英国亚历山德拉公主(英国女王伊丽莎白二世的堂妹)与丈夫访日。9 月 21 日,日本皇室在皇宫款待亚历山德拉公主夫妇。稍后,亚历山德拉公主参观了幼儿园,晚上参加了英国驻日大使兰德尔举办的晚宴,在晚宴上还有来东京参加国际原子能机构会议的英国科学家。[103]9 月 22 日上午,亚历山德拉公主参观博览会。公主一边听取工作人员的说明一边观看,三四十名英国水兵环护着公主,由于观众太多,常常难以行进,直到下午 2 点,公主才把各会场转了一遍。下午 6 点 45 分,英国工业联合会在赤坂举行招待会欢迎亚历山德拉公主,日本首相佐藤受邀前往,与亚历山德拉公主进行了亲切的会谈。

　　9 月 24 日,日本总理佐藤举办晚宴款待亚历山德拉公主夫妇。参加宴会的英方人员除公主的随员外,还有英国驻日大使兰德尔夫妇,日方有法相石井光次郎、通产相三木武夫、经济企划厅长官藤山爱一郎、防卫厅长官松野赖三、行政管理厅长官福田笃泰等及他们的夫人,官房长官桥本登美三郎以及前首相吉田茂。在宴会上,佐藤说,亚历山德拉已经赢得了所有日本人的心,她的来访大大有助于增强两国的友谊,英国博览会在日英关系上是标志性的重要事件。佐藤还说,"(通过这个博览会),我相信我们能学到很多……关于英国今天的情况,悠久的传统和现代技术完美地融合在一起。"亚历山德拉公主回答说,她已经深切体会到了日本是如何将古代文化的继承和现代的要求结合在一起的,她希望英国博览会能给日本人一个机会去了解英国在这方面的成果。[104]

　　亚历山德拉公主访日期间,还参观了残疾人介护机构,观看了喂鱼活动。9 月 29 日,英国大使馆为亚历山德拉公主举行告别晚宴,日本皇太子等皇室成员、首相佐藤荣作夫妇、前首相吉田茂应邀参加。公主于 30 日中午离开日本。

英国博览会期间,日英两国财经人士还于 9 月 21—22 日举行了会谈。9 月 21 日上午,双方对两国经济形势进行了自由讨论,下午就扩大两国贸易、海外投资等交换了意见。22 日对欧洲经济共同体问题和推进经济合作等进行讨论。会谈结束后,双方发表共同声明,声明指出:①双方确认对两国的经济发展来说,以稳定的经济增长和自由企业的自由竞争为基础的经济运行是最好的形式,双方切实推进相互的理解;②为削除贸易上的障碍,英国工业联合会和日本经团联不断努力,促进贸易自由化和废除歧视;③日英贸易目前还很少,双方通过两国财经人士的努力,能扩大两国贸易;④尽力使肯尼迪回合获得成功;⑤今后将利用适当的机会,召开与这次类似的共同会谈。[105]

英国博览会于 10 月 3 日结束,参观博览会的人数达 77.5 万人次。英国博览会也引起了一些日本出口业者的嫉妒。在一次会议上,他们对本国的官员说:"你们希望我们出口越来越多,但是你们看英国,他们派来了一位公主、一辆公共汽车、甚至是军队和水兵。"[106]这些牢骚话,实际是在指责日本政府在促进出口上没有英国积极。

2.1969 年"英国周"

1969 年 9 月 26 日至 10 月 5 日,英国在日本举办英国周(实际上有 10 天),这是一个大型的促进贸易和文化交流活动。最大的展览会在武道馆,它用来展示英国多年来取得的成果。里面用展板和帷幕围成会场,墙上绘有英国议会、伦敦塔、圣保罗大教堂等标志性建筑和风景,可以听到大本钟的钟声和汽车的噪声,使人似身处英国。展台展示的首先是"发明之国英国",这里展示了罗尔斯·罗伊斯公司制作的巨大的喷气式引擎、人造卫星运载火箭黑箭(Black Arrow)、核发电机器等。其次是英国的优秀设计,这里展示了由伦敦设计中心和英国产业协会精选出的设计独道的地毯、纺织品、家具、空调、厨房用品、玩具、体育用品等约 400 件。会场的中央模仿伦敦的特拉法尔加广场，建立约 15 米高的纳尔逊纪念塔。[107] 在塔前设了一个名叫尼尔森勋爵(the Lord Nelson)的小酒馆，在这可以喝上纯正的苏格兰威士忌。展台"布朗之家"展示了一个典型的中产阶级家庭，里面既有从祖父母辈传下的古老的家具，也有现代的家具。最后是"日英关系角"，这里陈列了数百年来的日英关系资料，包括最早来日本的英国人威廉·亚当斯(即三浦按针)的资料，1872 年英国军舰测量神户的海图，1902 年日英同盟议定书，1869 年明治天皇送给第一代爱丁堡公爵(英王乔治三世之弟威廉)的铠甲，乔治 5 世的所用的日制漆器等。其他展示品还有英国的食品、布料、书籍、杂志、邮票等，一部分可当场出售。会场外还展示了英国制造的新车和老爷车。[108]

　　英国周的主要目的是增加英国产品的出口，这得到东京都内全部 13 家百货店的协助。百货店都举办与英国有关的各种展览会，最初计划承办与英国相关的展览的只有一家，之后越来越多，以至于全部百货店都举办与英国英国有关的展览会。在会场旁边出售英国商品——从巧克力到罗尔斯·罗伊斯。每个店从英国进口了数亿日元的商品，这些百货店都在同一种外国国旗——英国国旗下，展开激烈的竞争。各百货店的展示和销售活动主要有：

　　日本桥三越总店有多场展示活动，其中有由英国政府和读卖新闻社在此主办的伦敦展，它介绍了伦敦的历史，展示伦敦塔的大模型、传统的仪式和装束、英国 16—19 世纪的银器 100 件、伦敦博物馆的武器 50 多件、英国中世纪陶器、各行会收藏的财宝等。还有欧洲 17—20 世纪绘画展、英国现代绘画展、英国珍品书展、罗尔斯·罗伊斯特别展，并设有英国商品土产卖场、英国名品专卖店街、英国名犬展销会。另外,在三越总店的三越剧场,还有艺术品拍卖会。

新宿伊势丹百货店有英国政府和每日新闻社主办的丘吉尔展,展出了关于丘吉尔的绘画20余幅以及其他贵重的遗物、资料等,展现了丘吉尔伟大而多彩的一生。此外还有展销英国服装和食品等。上野松坂屋有牛津、剑桥大学展,展示了两所大学的珍贵的资料、美术品200余件。同时也展销英国的羊毛制品、陶品、银品、威士忌等各种商品。新宿小田急有英国史展,同时也展销英国的服装、食品、书等英国商品。涉谷西武百货店举办了英国现代手工艺展,展出出自40位英国艺术家之手的银器、珠宝、陶艺、玻璃制品、染织等约400件。京王百货店展销英国名酒和糕点。

其他的展示会还有,日比谷公园伦敦城大模型,银座索尼大厦英式生活展,科学技术馆有50个厂家生产的最新的科学仪器、航空业展等。其他文化活动还有:伦敦爱乐乐团音乐会、英国著名吉他与鲁特琴演奏家朱里安·布里姆演奏会、英国著名雕塑家亨利·摩尔展、儿童艺术展、电影《亨利五世》的放映、英国图书展、伦敦节日芭蕾舞团的巡演等。体育活动有两国的足球和橄榄球比赛。

为达到贸易、文化交流的最佳效果,英国再次动用1965年英国博览会一样的"王室外交"方式。在"英国周"开幕的前夕,伊丽莎白女王二世的妹妹玛格丽特公主。玛格丽特公主与丈夫斯诺丹于9月20日下午到达日本,日英协会名誉总裁秩父宫妃和日本首相佐藤到机场迎接。

22日上午,玛格丽特公主与丈夫斯诺丹参观了在北之丸公园近代美术馆举行的英国著名雕塑家亨利·摩尔展,之后在皇宫新宫殿谒见天皇。天皇及皇后对与日本皇室有很深的传统友谊的英国王室代表表示欢迎。之后,以皇太子明仁为首的皇族和以佐藤首相为首的政府代表举办午宴款待玛格丽特公主一行。傍晚,玛格丽特公主出席了在秩父宫邸举行的茶会,之后英国驻日大使馆举行招待会。晚上佐藤首相夫妇在官邸举办晚宴款待玛格丽特公主一行,出席晚宴的有各阁僚夫妇、高松宫(昭和天皇之弟)夫妇、最高法院长官石田、日商会头永野、日英协会会长德川。9 月 23 日至 25 日,玛格丽特公主到关西旅行,并参观大阪世界博览会(1970 年)会场。

9 月 26 日 9 点 15 分,英国周开幕式在东京都千代田区隼町的国立剧场举行。玛格丽特公主夫妇,秩父宫妃、各国外交使团等约 1300 人出席了开幕式。首先由玛格丽特公主致辞,她说:"日本与英国是世界大国,都有一千年以上的国家传统,两国在重视过去的同时,都应在现代世界中发挥作用。日本的诸位看了英国的商品,能够自己判断好坏。另外,请欣赏英国艺术、文化。此次英国周活动并非 10 天能完成,它是继续扩大两国间通商关系的开端。"接着日本通产相大平正芳和东京都知事致欢迎辞。英国周主办方——英国出口振兴会亚洲委员会主席麦克•蒙塔究和英国驻日大使皮尔策也上台致辞。9 点 55 分,在嘹亮的喇叭声中,玛格丽特公主宣布英国周开始。[109]

玛格丽特夫妇在访日期间参观了 19 个举办英国周活动的百货店和商店,此外,还参观了亨利•摩尔展、儿童艺术展等,他们待人随和,在日本知名度颇高,给认为王室在白云之上的日本人留下了清新的印象,也给英国周带来了很高的人气,吸引着人们涌入商店。

其他为英国周而到访日本的人还有英国贸易大臣克罗斯兰、伦敦城市长查尔斯•崔德夫妇等。[110]克罗斯兰在日本曾与日本外相和通产相会谈,查尔斯·崔德夫妇于 10 月 3 日与东京都知事美浓部亮吉会面并相赠礼物。

"英国周"虽然时间不长,但是收到多方面的效果:①扩大对日出口。随着日本经济的发展,日本市场是世界上增长较快的市场之一,因此日本市场也成为各国希望扩大出口的对象。1969 年头 8 个月中,英国对日出口比 1968 年同期增长了 33%,是自日本进口增长的两倍。英国周期间,英国商品的销售量比平时高出许多,比去年同期高 30%。据日本各百货公司预计,他们今年销售的英国商品将比去年增长 36%。[111] 以此为契机,英国正稳步扩大对日出口。②在日本塑造英国的新形象。在过去的几年中,由于英镑和英国的国际收支平衡经常遇到困难,很多日本人倾向于认为英国人懒惰并且跟不上时代。据媒体报道,"英国周期间,一家主办伦敦城展览会的店吸引了参观者 100 万人次,其他展览会也吸引 6 位数的参观者,这将有助于改变日本人认为英国懒惰并且跟不上时代的看法。"[112] ③把日本这个市场介绍英国的出口商。英国国家出口委员会(British National Export Council)在这方面发挥了很大的作用,有超过 500 名英国商人为了参加英国周来到东京,这甚至超过了主办方和代理人所能应付的程度。④促进英日友谊。

（四）协调对美贸易保护主义的立场

20 世纪 60 年代,由于越南战争的扩大和贸易顺差的减少,美国国际收支年年出现逆差。同时,美元实力下降,贸易保护主义抬头。

纺织工业在美国经济中并不是最重要的产业,但对于美国南部各州来说却相当重要。当时美国有 240 万纺织工人,大部分是黑人、墨西哥裔等少数民族,因而纺织业景气是美国阶级和民族矛盾的"缓冲器"。60 年代末,由于美国外贸收入减少,纺织业出现不景气,失业严重。因此,南部纺织业界强烈要求日本等有关国家对棉毛及合成纤维纺织品的对美出口实行自主规制。尼克松在竞选总统时,为了取得南部各州的关键性支持,向南部选民承诺若当选将保证与有关国家谈判,解决以日本为首的各国对美纺织品贸易问题。

1969 年尼克松就任总统后,寻求对非棉纺织品实行类似于已经对棉纺织品实行的国际限制。他派商务部长斯坦斯访问日本、英国等国,要予以合作。4 月底,斯坦斯访问英国,与美国贸易大臣克罗斯兰进行会谈。在会谈中,斯坦斯强硬希望限制从英国进口非棉纺织品,他强调,最近进口持续增长严重威胁到美国企业,在对纺织业的保护主义院外集团作出让步之前,新政府的自由贸易方案不可能在国会通过。对此,克罗斯兰反驳说,根据英国的统计数字,美国纺织业界正在享受着繁荣。他进一步指出:"如果美国政府在这种情况下采取保护主义措施,英国政府将在纺织品和其他产品上受到要求采取类似行动的强大的压力,其他国家可能也被鼓励回到保护主义,这样的话,美国的措施将带来真正的危险,战后世界贸易自由化的趋势将被遏止和倒退。"[113]

1969 年 5 月初,日本外相爱知揆一访英与英方进行第 7 次日英定期会谈。在与英国外相斯图尔特和贸易相克罗斯兰进行会谈时都谈到美国的纺织品政策,双方都强调进行合作,以阻止世界范围的保护主义增长。[114]

5 月 9 日,日本众议院以全票通过了反对美国要求日本限制纺织品出口的决议。5 月 10 日,斯坦斯访日,与日本外相爱知揆一、通产相大平正芳进行会谈,谈到限制对美出口非棉纺织品问题

（关于棉纺织品,两国间已有长期协定),遭到日方的拒绝。日本纺织业界强烈反对限制对美非棉纺织品的出口,他们认为:关于贸易限制问题,无论从法律上还是常识上,都以这种贸易使对方国家蒙受实际的损害为前提,而美国的纺织业很繁荣,因此没有限制非棉纺织品出口的理由。7月,在"日美贸易经济联合委员会"上,美国国务卿罗杰斯再次要求日方实行自主规制。日本纺织业界强烈抵制,并组成日本化纤产业联盟要求佐藤政府坚持自主外交。因此,日本政府也采取了比较强硬的态度。日本政府认为,1969年日本合成纤维对美国出口的金额不超过5千万美元,只占当年日本对美出口总额49亿美元的1%;而且日本的出口也只占美国消费量的5%,并没有对美国的纺织业造成危害,因此美国的要求违反了关贸总协定。

1969年11月19日—20日,日美举行关于冲绳问题的首脑会谈,纺织品贸易问题作为非正式议题列入会谈内容。传闻日美在此次会谈中达成密约,即日本以纺织品出口限制换取美国归还冲绳。

1970年1月佐藤改组内阁,起用宫泽喜一担任通产大臣,代替在纺织品问题上行动迟缓的大平正芳。就在此时,美国政府提出了有效期为5年的毛及合成纤维纺织品进口限制方案,该方案对日本向美国出口毛纺织品的9成、合成纤维纺织品的7成加以限制。对此,日本政府和纺织业界都无法接受。

1970年4月下旬,英国外相斯图尔特赴日与日方举行第8次日英定期会谈。在4月23日与日本外相爱知揆一的会谈中,斯图尔特个人建议说:"如果日本、英国和欧共体国家能在关贸总协定共同行动,那将是解决这个问题的最好的机会。"爱知表示,"日方愿意把这个问题拿到关贸总协定去处理,但是美国没有接受这一点","相关国家的接触是有必要的,但日方还不得不继续与美国进行双边协商"。[115]可以看出,在此时,比起和英国、欧共体联合起来到关贸总协定处理此事,日方更倾向于美国单独达成协议。

6月,宫泽赴美就纺织品问题进行交涉未果。1971年3月,日本政府作出让步,与美国国会进口委员会主席米尔斯达成协议,同意实行出口自主限制。但是,尼克松对国会抢夺成果感到不满,执意要求日美政府间以协定方式解决,并再次威胁日本,将单方面实行进口配额制,双方再开谈判。8月16日,尼克松发表"紧急经济政策",包括:美元与黄金脱钩;暂时对进口商品一律征收10%的附加税;削减10%的援助等。并且,美国在纺织品问题上的对日本的态度日益强硬。

1971年10月上旬,日本外相福田赳夫陪天皇访英与希思进行会谈。希思对美国孤立主义增长的趋势表示担心,福田也担心如果英国征收进口附加费的时间持续很长,将导致欧洲和亚洲国家被迫采取对抗措施,那么只会导致贸易不景气。福田表示:"美国正试着通过与日本、英国以及其他国家分别进行双边谈判解决困难,但是需要世界范围的多边解决方案。应该更多地利用已经存在的国际组织,包括联合国、世界货币基金、经合组织和关贸总协定,去找寻所有国家都能接受的解决方法。每个人,包括美国人和日本人,将必须准备作出让步。"希思说:"不幸这些组织已被破坏,美国已经采取步骤公然违反关贸总协定的原则,国际货币系统已经崩溃,日本应该在10国集团(Group of Ten)和英国合作。如果日本被迫减少他们对美国的出口并把注意力转向欧洲,欧洲也会(对日本)建立贸易壁垒。"福田同意日本应该和英国、欧共体合作去发现阻止正在演变成贸易战的方法。

希思抱怨说:"英日都不得不面对附加税。日本在纺织品问题上的行动非常缓慢,如果他们能在一年前行动,现在的很多困难都是可以避免的。如果日本提出的条件太苛刻,那么根本不能达成协议。"希思还说,日本有太多的美元,它一直在贬值,日本应该更多地通过进行海外投资减轻压力。福田在和英国外相霍姆会谈时,霍姆担心如果日美纺织品问题拖得时间太长,很难让美国政府尽快撤除进口附加税。

7月,佐藤起用田中角荣为通产相,并委托他解决纺织品问题。田中以政府将向纺织业界提供补偿为条件说服了后者,于10月与美国签订了三年内限制出口的政府间协定。之后,纺织品出口出现了剩余现象,没有形成太大的经济问题。

面对美国要求相关国家限制非棉纺织品对美出口的重压,日英等国想联合起来,在关贸总协定等国际组织解决此事,但联合只是一种想法,双方并未付诸实践。日本方面在这个问题上更加消极,因为有日美之间尚有冲绳归还这一更大问题急待解决,日本比英国的处境更被动。当美国宣布对一切进口产品征收10%的附加税后,英国想劝日本牺牲自己的利益为代价,以换取美国撤销进口附加税。在美国与日本等国达成了限制出口的协定后,美欧间货币谈判也于1971年12月在华盛顿结束,同月,美国撤销进口附加税。

第四节　日本天皇裕仁访英与英国首相希思访日

一、日本天皇裕仁访英

1971年9月27日—10月14日,日本昭和天皇裕仁夫妇访问丹麦、比利时、法国、英国、荷兰、瑞士、联邦德国等西欧7国。其中,10 月 5 日至 8 日访问英国。恰好在 50 年前,即 1921 年 3 月,裕仁曾经以皇太子的身份,乘坐军舰"香取号"出访过英国、法国等西欧国家。当时的日本已经武力崛起为世界级强国,皇太子裕仁的访问受到各国政要的热烈欢迎,愉快地接受各国竞相赠授勋章。欧洲之行,也给裕仁留下来深刻的印象。在英国,苏格兰的亚苏尔公爵夫人和农民一起跳舞的场面令裕仁大吃一惊,感慨"日本皇室也有这种同国民直接接触的机会就好了",在给皇弟秩父宫的信中,裕仁说"在英国,我才懂得作为一个'人'而应有的自由。"太平洋战争期间,首相东条英机感到裕仁"对英美的想法好像和我们根本不同。"那时代英国之行,对裕仁产生了很大影响。[116]

50 年后,裕仁作为日本天皇首次出访伦敦。对日英关系来说,这次访问是友好关系进入高潮时期的标志性事件。但是,虽然进入 70 年代日英的相互理解逐渐加深,但战争的阴影并未完全消散。战争的创痛,也依然难以忘记。在英国国内,追究日本军队虐待俘虏的战争责任的呼声高涨。裕仁即将来访,但英国社会心理复杂,缺乏热情欢迎天皇访英的气氛。早在 1 年以前,相关的国家就开始了访问日程安排,然而日本政府担心此次天皇对几个欧洲国家的访问,会涉及战争责任问题。对此,日本政府的最终决定是回避敏感的战争责任问题,将其束之高阁。[117]这种刻意回避战争责任的策略,在裕仁访欧的过程中效果如何? 访英活动提供了一个参考的例证。

10 月 5 日上午 11 点,裕仁夫妇乘坐的专机抵达伦敦盖特威克机场。伊丽莎白女王二世之妹玛格丽特公主和斯诺登勋爵夫妇前来欢迎。在机场举行了欢迎仪式,演奏国歌、检阅英国海军仪仗队之后,一行人乘坐插有英国国旗和日章旗的专列,于 12 点半到达维多利亚站。这时,伦敦西部的海德公园和东部的伦敦塔同时发21响礼炮。伊丽莎白女王和50年前他的祖父乔治五世那样，在月台上迎接天皇裕仁一行。前来欢迎的还有爱丁堡公爵(即菲利普亲王，女王的丈夫)等王室成员、希思首相等阁僚、伦敦市长、三军首长等大批政府高官。在车站广场，禁卫军乐团奏响《君之代》，爱丁堡公爵在引导着天皇对禁卫军进行检阅后，由天皇与女王乘坐6匹白马拖拉的敞篷马车，在禁卫军马队引导下，8辆马车组成的迎宾车队，经过威斯敏斯特大教堂、白厅(英国政府所在地)等地，到达白金汉宫。为欢迎裕仁一行，英国尽最大可能显示王室的豪华气派。

下午，天皇一行首先参观了威斯敏斯特大教堂。这是一座19世纪末在伦敦市中心东南部维多利亚火车站附近建筑的天主教大教堂。随后，向无名烈士墓敬献花圈，会见了皇太后。晚上，英国女王伊丽莎白在白金汉宫，为裕仁访英举行国宴表示欢迎。裕仁重新佩带上战前他作为皇太子访英时被授予的，二战中被取消的，现在又被英国重新予以承认的英国最高勋章——嘉德勋章。在致词时，双方对战争的立场明显的不同。伊丽莎白女王在祝愿天皇、皇后身体健康和日本人民继续繁荣快乐之后，提及日本挑起的太平洋战争："天皇可能注意到，自从他上次来访英国之后有很多变化"，但是"我们不能假装过去不存在，我们假装两国的关系一直在和平与友好之中，但是，正是由于这个经验，使我们决心决不让事情重演。自1945年那些黑暗的日子以来，天皇本人的行动和榜样显示他是致力于和平与友谊的。"当女王提到两国战争期间的悲惨事件时，欢迎宴会的气氛变得凝重起来。然而，裕仁在致辞时回避对战争问题表态，故意从50年前作为太子访问英国的往事谈起，说："自从上次访问以来，就没有停止对英国制度和人民的高度尊崇"；表示他景仰伊丽莎白女王的祖父乔治5世，说："一个世纪以来,在建立现代国家的过程中,我们从英国学到了很多东西,并共同努力维护世界稳定和提高人类的福祉,因此对英方表示感谢",[118]期待两国更加友好云云。裕仁只谈友好却对战争问题不置一词的回避态度,引起英国的舆论的不满。

10月6日,天皇在英国皇家学会被授予名誉会员,并参观了皇家植物园(邱园),亲手栽下一棵日本杉树。7日上午,天皇参观了林奈学会,这是世界上最早的生物学会,查尔斯·达尔文和阿尔弗雷德·华莱士关于生物进化论文就曾在此宣读。之后,天皇访问了伦敦动物协会,并参观了摄政公园和里面的伦敦动物园,在伦敦动物园里,天皇观看了大熊猫。下午,天皇参观了大英博物馆。7日傍晚,日本协会为天皇举行招待会。8日天皇自希思罗机场离开英国前往荷兰。

天皇访英期间,《泰晤士报》等报纸登载很多介绍日本皇室和宣传英日友谊的文章,但有的民众却并不买账。5日下午,当伊丽莎白女王和昭和天皇乘着敞篷马车穿过林荫大道前往白金汉宫时,人群中有人把外套扔向马车,扔出的外套落在马车的后面,马车上的女王和天皇当时并未察觉。护卫皇家马车的卫士挥剑指着扔衣人,警察把扔衣人推到人行道上。扔衣人后来告诉警察,他因个人对日本的愤恨而作出抗议,但决不涉及女王。这名27岁的男子没有受到指控,但被送去做健康检查。当天皇在无名烈士墓前敬献花圈时,一名二战前曾在登陆日(D日)登陆法国并转战联邦德国的前美军营长在人群中大喊:"这是对死者的侮辱。"当日,在英国西部港口布里斯托尔的纪念两次大战战殁者纪念牌前,有人献上花圈,并附有写着"我们的记忆不像政府那么短暂,他们今天去欢迎赐予你们痛苦和死亡的人。"[119]

另外,天皇6日下午在英国皇家植物园(邱园)亲手种下一棵日本杉树,第2天就被砍倒,一瓶氯酸钠(可用作除草剂)被浇进土里腐蚀杉树的根,旁边立有写着"他们并非徒劳而死"的标志牌。随后,英国外交部发表声明谴责这一破坏事件。但砍树的人并没被起诉,后来予以释放,树也重新补种。7日傍晚,日本协会在某宾馆为天皇举行招待会,有人挤到人群前面,高声责骂天皇裕仁是个"法西斯、法西斯、屠夫混蛋……"。尽管此人离天皇只有几英尺远,天皇还是装做若无其事,此人后来也被警察抓住并离去。经过警方调查得知,原来此人的父亲曾被抓到缅甸去修死亡铁路,并于1942年被日军虐待致死。[120]

所有抗议行为的主角并非仅仅是平民,英国王室成员也并非都表现出对日友好。德高望重的蒙巴顿勋爵,战时曾任东南亚战区总司令,并于1945年9月12日,在新加坡主持了盟军东南亚战区受降仪式。战后军阶高至海军元帅、官阶高至国防参谋长和参谋长委员会主席,是英国军界声威显赫的元老。蒙巴顿勋爵没有出席5日晚在白金汉宫举行为日本天皇举行的国宴,而是借故暂时离开伦敦。[121](1979年8月蒙巴顿被爱尔兰共和军谋杀,按其生前的嘱托,治丧机构没有邀请日本人出席他的葬礼。)

这些抗议活动显示,虽然25年过去了,对太平洋战争期间日本军队不宣而战以及虐待英军俘虏等暴行的愤怒仍未消散。《泰晤士报》指出,虽然围观日本天皇的人数比正常来访的外国元首要多,但却没有欢迎的呼声。《太阳报》写道"如冰一样的沉默"。[122]一份名叫《旁观者》(the spectator)的杂志上载文说,天皇是"一个卑鄙的人,他过去掌控着一个卑鄙的集团",文章问道,"女王是否会让希特勒或墨索里尼在王宫?""答案可能是'是'。"文章继续说,天皇的军队和国民的行为让世界其他国家的人作呕,"许多人感到,战后他应该像个战犯一样被绞死。即使是那些反对从重惩罚或者基于其他理由认为不要看得太严重的人,也还认为此人(天皇)不应公开且堂皇地受到尊重。"[123]

由此可以看出,英国政府和皇室对天皇来访持积极的态度,而民众很冷淡,并不时有抗议活动。英国远东战俘联合会出于对伊丽莎白女王的尊重,没有组织抗议活动,但在他们看来,裕仁显然是一个不受欢迎的访客。

不单在英国,裕仁在荷兰访问期间也受到民众的抗议,反对裕仁访问的民众建议在他访问期间将国旗降半旗,并威胁炸掉裕仁夫妇下榻的宾馆。并且在裕仁夫妇访荷期间,他们乘坐的专车曾受到玻璃水瓶的袭击。虽然专车是防弹的,裕仁夫妇并没有受伤,但水瓶爆裂的玻璃飞散,留下一地狼藉。英国和荷兰是日本二战时的敌国,战时遗留的对日本的坏印象不容易抹去,出现抗议活动并不奇怪。但是二战时与日本同为轴心国的联邦德国,也有著名的杂志在裕仁访德之前,对他进行冷嘲热讽,说他对进攻珍珠湾负有责任,并配发了裕仁穿军服和骑马的照片。该杂志指出:此次天皇的公关旅行唤醒了日本国内400多个右翼团体的国家主义,他们极力宣传经济大国即优秀民族。这引起了日本驻联邦德国大使馆的抗议。[124]

策划多时,耗费高昂的裕仁访问英国,创造了日本在位天皇访英的记录,两国政府也借机制造了日英友好的景象,在日英关系史上,尚可作为一种动向载入史册。如同战后的天皇仅仅是日本国和国民统合的象征一样,此次裕仁的伦敦之行,只具有象征性的意义,日本学者强调其"划时代的意义",显然是夸大之词。真正具有实际意义的,还是首相的访问。

二、英国首相希思访日

日本 1952 年恢复独立后,吉田茂首相于 1954 年 10 月访英;鸠山一郎首相于 1956 年底带着抱病之躯亲赴莫斯科与苏联复交,返程时路过英国;岸信介首相于 1959 年 7 月访英;池田勇人首相于 1962 年访英,并与英国首相麦克米伦见证了《日英通商航海条约》的签订。自 1958 年开始,日本首相岸信介多次通过当时的驻英大使邀请麦克米伦访日,1960 年在英国外交部关于麦克米伦访日问题的讨论更加热络。池田上台后,通过驻英大使大野胜巳正式邀请英国首相麦克米伦访日,外相霍姆也希望麦克米伦能访日,并且美国也一再催促英国将此事提上日程。当时英中关系有一个小的高潮,英国二战英雄蒙哥马利元帅于 1960 年 5 月访华(次年 9 月再次访华),麦克米伦担心,即使是先接受日本的邀请,等待以后再访日,当访问日本之事被公布,在下院也将受到要他访问中国的强大压力,最终麦克米伦婉拒了日本的邀请。英国首相长期不访问日本,日本的领导人感到很懊恼,池田勇人就曾说过,如果英国首相不访日,他也不访英。但最终为了签订《日英通商航海条约》和劝说西欧国家支持日本加经济合作组织,还是于 1962 年 11 月访问了包括英国。池田访英时,英国首相麦克米伦提出在保持自己访日的可能性的同时,先由重量级大臣——外相霍姆访日,霍姆后于 1963 年访日。佐藤首相上台后,也多次邀请英国首相威尔逊访日,但均无果而终。

希思于 1972 年 9 月 16 日—19 日访日,这不仅是历史上英国首相第一次访日,而且是一次单独的访问,并没有连带访问亚洲其他国家,突出了日本在亚洲的地位。在希思访日之前,田中于 8 月 31 日在夏威夷与尼克松会谈,而 9 月底,田中又将访问中国,推动与中国建交,在此重要时刻,英日协调对美、对华关系也成了重要的课题。希思本次访日,除了会见日本天皇之外,还和日本首相田中角荣、外相大平正芳举行了会谈。还出席了日本经济团体的招待会,并和在日本的英国商人会谈。

希思与田中角荣在 18 日、19 日举行了 2 轮会谈,会谈的议题主要有:[125]

1. 美欧日三方合作问题

希思在与田中的会谈中,强调说:"美国、欧洲和日本在维护和平上都有重要利益。欧洲和日本在寻求美国保持力量维护和平上有特殊的利益。三方都想扩大世界贸易,创造一个稳定的世界货币和贸易体系,最糟的结果是三方不和。"田中同意为了世界和平,上述三方需要紧密接触。希思在此时强调美欧日合作,是因为美欧日关系处在一个很微妙的时期。20 世纪 60 年代末 70 年代初,由于美国经济实力下降,布雷顿森林体系解体,美国已经无力承担广泛的世界责任,因此它只有收缩海外力量,并让欧洲和日本承担更多的义务。而英国却担心美国会"抛弃"欧洲,所以强调美欧日合作。

希思又说:"英国政府的头等大事曾是谈判进入欧共体,这是英国对外关系的主要变化。欧共体和日本的关系将来会更重要,我们希望自明年 1 月以后能对这种关系有所帮助。"由于英国已完成了加入欧共体的谈判,并将于 1973 年 1 月 1 日加入欧共体,因此希思希望将作为欧共体一员的英国能对日欧关系的发展有所帮助。田中在回应时,说明了日本的立场:"日本担心在各个国家观察到的保护主义的倾向,这与扩大世界贸易的目标背道而驰。日本紧密地关注英国与欧共体的谈判,我期望美国和日本都欢迎英国加入欧共体这个结果,我希望英国在扩大了的欧洲的影响能导致欧洲远离地域主义(regionalism),欧洲在下次多边贸易谈判中应充当有益的角色。"日本把英国视作与欧洲发展经贸关系的桥头堡,早在20世纪60年代,日本就非常关注英国的加入欧共体的谈判。因为日本非常担心欧共体的扩大会加强封闭性,它希望英国加入欧共体之后能使欧共体不封闭。

希思还认为未来能源会出现短缺,所以他希望英国、日本、美国达成共识,否则,在与中东、非洲和南美的产油国的石油贸易中会处于不利的地位。

2. 日本升格为联合国安理会常任理事国问题

随着日本经济实力上急速上升,在政治上,它也想有所作为,因此日本入常问题浮出了水面。如果日本入常,无疑它将成为与中苏美英法并列的政治大国,但是日本并没有赤裸裸宣扬它的政治野心,而是给入常的要求加上了和平主义的包装。当希思询问日本为何想要成为安理会常任理事国时。田中解释说:"日本宪法明确规定不得以武力解决国际争端,愿意通过对发展中国家进行经济援助,来实现日本对和平的影响。我相信,日本入常将有助于日本为和平发挥影响。"

对于田中的说法,希思表面上表示完全理解,他说:"自从联合国宪章问世和安理会创建以来,日本的人口和力量都得到增长。自从日本被选为安理会成员国,它发挥了有益的影响。"但是,希思又说他有三方面顾虑:"①在任何情况下,修改宪章都是问题,将导致其他问题。在这件事中,有两个特殊的问题,印度的情况,联邦德国的状态,如果联邦德国问题解决,非洲可能也报怨在常任理事国没有他们的国家。②在与日本的谈判中,如果中国和苏联感到这对日本是个重要的问题,他们可能会利用此议题作为讨价还价的工具,这两个国家都反对修改联合国宪章,他们插手每个能插手的议题,是强硬的'讨价还价者'。③如果我们解决了(当前的)贸易和金融问题,那么就能比较容易地解决这类问题。这适用于英国的意见,或许也适用于美国。"

由此可见,虽然希思表面上对日本入常问题表示理解,但又说修改宪章不易,中苏会从中阻拦,而印度、联邦德国和非洲国家也希望入常,其实是以这些问题为筹码,迫使想要入常的日本在贸易和金融问题上与英国合作。

3. 贸易顺差和双边贸易问题

希思希望日本能用国际收支盈余去投资和增加进口,而不是控制增长率。田中同意应该认为应该将贸易自由化,降低关税和鼓励资本自由移动,并且他强调日本保留的进口限制与其他工业国家类似。关于日英双边贸易平衡问题,田中说:"我注意到尽管日本车对英的销售可能增长,贸易总量却只占两个国家各自对外贸易的 1% 或 2%,如果英国的贸易失去平衡的话,我宁愿风物长宜放眼量,增加自英国的进口。"希思说:"希望当日本的经济政策按照您所提到的方向发挥作用时,日本人能喝上和波旁威士忌(美国产)和其他饮料一样便宜的苏格兰威士忌,并且他们能便宜地穿上最好的英国毛纺织品。"田中说:"希望这能一步步合理地发挥作用,这是日本人特别喜爱的梦,也是自民党的政策。"希思还进一步向田中推荐罗尔斯·罗伊斯公司的 RB211 引擎,并强调英国政府在新的管理方法下支持罗尔斯·罗伊斯公司,为了超越洛克希德公司的 L.1011 引擎,提供额外的基金去发展和提高RB211 引擎。[126]

双方还讨论了与中国建交的问题、对外援助问题等等。9 月18 日下午 3 点半,英国首相希思在外务省板仓公馆与日本外相大平正芳进行了约 1 小时的会谈。双方对包括越南、印度次大陆在内的亚洲局势,非洲问题,防止恐怖事件和进行技术合作等交换了意见。

　　会谈结束之后,双方发表《日英共同声明》。声明强调,日英两国将努力改革国际经济、货币制度,加强日英贸易关系,建立在环境保护、科学技术等领域的合作制,并且,为了促进日英友好关系,田中首相将在明年访英。声明指出:"田中首相向希思首相说明了为与中国关系正常化将访华,对此,希思首相表示欢迎,并认为这是对和平与稳定的重要贡献。"声明还对朝鲜半岛南北关系缓和并寻求和平统一的动向表示欢迎。19 日傍晚,希思在帝国大厦举行记者会,希思说:"为了扩大世界贸易,欧洲共同体、日本、美国三方应该合作,当三方之间有问题时,应该理性地解决。如果特定的国家加强保护主义的倾向,就会对发展中国家造成很大的危害,为避免这个问题,三方必须合作,特别是日本有很大的责任。"希思也期待日中关系能正常化,并且希望在保护环境等领域加强合作。[127]

　　除了与日本领导人会谈外,9 月 18 日中午,希思还出席了日本商工会所、经团联、日本贸易会在东京内幸町举办的午餐会。在那里,他对日本工商业界的领袖作了演讲,这使得他又找个对日本施压机会,好让日本减少对英 8.5 千万英镑的顺差。他暗讽说:"如果一个国家试着保护自己的利益并产生巨大的贸易顺差,同时破坏其他国家的贸易,这样就将失去稳定扩大的世界贸易。"虽然他没有点名说日本,但在场的人都知道他所指的是哪个国家。希思还说:"比如在英国,我们欢迎日本的投资,并希望日本政府能使英国公司在日本投资更容易……我们相信日英有机会在第三国的项目上合作,英国可以提供专业知识,包括不同的地区的知识和发达的技术。"希思指出:"两国可以在环境保护问题,航空器和核能发电等方面密切合作。"[128]

　　由上可知,在希思与日本首相以及工商界人士的接触中,除了强调要加强美欧日合作外,还希望有国际收支盈余的日本增加对外投资和进口,并且不失时机地推销英国的技术和产品。由于英国正经历着通货膨胀、国际收支恶化和英镑危机,它需要增加出口。因此,像被喻为"冻鸡推销员"的肯尼迪、"半导体推销员"的池田勇人,希思不遗余力地推销喷气式飞机引擎、协和、鹞式战机、防污染设备等等。因此,他被《朝日新闻》称作称作英国产品的"猛烈的推销员"。[129]

结　语

　　20世纪60年代和70年代初期,日本经过持续的经济高速增长阶段,成为西方阵营仅次于美国的经济大国,并迅速向科技大国转化,改变了二战后国际经济社会的格局。相反,二战初期在西方世界位居第二的英国,却接连被法国、联邦德国、日本等国赶超,不得不接受名列西方经济世界第五名的现实。英日两国在激烈的国际竞争中的经济实力对比发生此消彼长的明显变化,直接或间接地对日英关系的发展产生了多种影响。概括起来看,从60年代初期到70年代初期,日英关系之所以进入全面稳定发展时期的经济原因,就在于此。在形成日英对话机制和处理若干重大国际问题时,因为在国际市场份额的配置、经贸利益的获取、维护英镑地位等方面,英国有求于日本,因此出现了英国积极主动,日本伺机对应的局面。

　　与此同时,此前《日英通商航海条约》的签订、英国撤销关贸总协定第35条对日本的适用等,也为这一时期日英发展经贸关系通提供了必要的条件。在此基础上,日英两国关系,特别是经贸关系快速发展,并形成互利共赢的经济关系框架。

注　释

1　4　5　6　7　8　A1.3.1.1—4《日本・英国間外交、日英定期協議関係》第5—8、17—20、30—32、66—70、87页。

2　《日英の協議を密に　英外相帰国談　必要なら公式機関も》,《読売新聞(朝刊)》1963年4月7日。

3　《米欧日の協力を　英外相　昼食会で演説》,《読売新聞(夕刊)》1963年4月3日。

9　根据英国外交档案《Foreign Office Files for Japan and the Far East》1963—1972各年和日本外务省外交记录 A1.3.1.1—4《日本・英国間外交、日英定期協議》整理。

10　Japan and Southeast Asia,18 March 1964,FO371/176005/FJ1022/17.

11　张颖:《从特殊关系走向"自然关系"——20世纪60年代美国对英国政策研究》,黑龙江人民出版社2006年,第228页。

12　五百旗头真编、吴万虹译:《战后日本外交史(1945—2005)》,第96页。

13　Record of a meeting between the Foreign Secretary and the Japanese Foreign Minister at the Japanese Ministry of Foreign Affairs at 3 p.m. on Tuesday,9 January,1968,FCO21/273.

14　Record of a meeting between the Foreign Secretary and the Japanese Prime Minister at the Prime Minister's Residnce, at 12 noon on Wednesday,10,January,1968,FCO21/273;A1.3.1.1—4—6—1《日本英国外交、日英定期協議関係　第六回関係　会談関係》《佐藤ブラウン会談四三・一・一〇於・総理官邸》第4—8页。

15　Record of a meeting between the Foreign Secretary and the Japanese Minister for Foreign Affairs at the Foreign Office at 10.15 a.m. on January 15,1965,FO371/181081/FJ1051/15

16　王泰平:《中华人民共和国外交史(第二卷)1957—1969》,389—392页。

17　Record of a conversation between the foreign secretary and the Japanese Foreign Minister held at the Japanese Mimistry of Foreign Affairs at 10 a.m. on Saturday,May 2,1964,FO371/176016/FJ1051/50.

18　Record of meeting between the Foreign Secretary and the Japanese for Foreign Affairs at the Japanese Ministry of Foreign Affairs at 10 a. m. on Tuesday, 19 October, 1965, FO371/181084/FJ1051/64.

19　Record of a conversation between the foreign secretary and the Japanese Foreign Minister held at the Japanese Mimistry of Foreign Affairs at 10 a. m. on Saturday , May 2,1964, FO371/176016/FJ1051/50.

20　Record of a meeting between the Foreign Secretary and the Japanese Minister for Foreign Affairs at the Foreign Office at 10. 15 a. m. on January 15, 1965, FO371/181081/FJ1051/15.

21　Record of a conversation between the Prime Minister and the Japanese Foreign Minister at NO. 10 Downing Street at 2. 30 p. m. on Wednesday, November 2, 1966, FO371/187099/FJ1052/31

22　A1.3.1.1—4—1《日本・英国間外交、日英定期協議関係　第一回関係》《(3)会議関係資料議題も含む》,第147—154 页。

23　A1.3.1.1—4—3—1《日本・英国間外交、日英定期協議関係　第三回関係》《椎名・ゴードンウオーカ外相会談》,第31—32 页。

24　陈奉林:《战后日台关系史》,香港社会科学出版社有限公司2004 年,第258 页。

25　29　A1.3.1.1—4—4—1《日本・英国間外交、日英定期協議関係　第四回関係会談関係》《(6)大臣会談議事録》,第12、11—12 页。

26　A1.3.1.1—4—2—1《日本・英国間外交、日英定期協議関係　第二回関係　会談関係》《(9)池田・バドラー会談》《大平・バドラー会談》,第16 页。

27　王俊彦:《战后台日关系秘史》,福建人民出版社2000 年,第214—215 页。

28　Record of a conversation between the Prime Minister and the Japanese Foreign Minister at NO. 10 Downing Street at 2. 30 p. m. on Wednesday, November 2, 1966, FO371/187099/FJ1052/31.

30　Record of a meeting between the Foreign Secretary and the Japanese Minister for Foreign Affairs at the Foreign Office at 3. 30 p. m. on 1 November, FO371/187099/FJ1052/36.

31　萨本仁、潘兴明:《20 世纪的中英关系》,377 页。

32　王为民:《百年中英关系》,259—261 页;王泰平:《中华人民共和国外交史(第二卷)1957—1969》,393 页。

33　冀朝铸、苏为群:《从"洋娃娃"到外交官—冀朝铸口述回忆录》,北京大学出版社
　　2000 年版,267 页。

34　萨本仁、潘兴明:《20 世纪的中英关系》, 380 页。

35　Record of a meeting between the Foreign Secretary and the Japanese Minister for Foreign
　　Affairs at the Foreign office at 11. 20 a. m. on 15 July 1968,FCO21/278/FJ3/37.

36　陈敦德:《胜利在 1971 新中国重返联合国纪实》,第 42—43 页。

37　宋成有、李寒梅:《战后日本外交史(1945—1994)》,第 343 页。

38　Record of the Prime Minister's meeting with Mr. Sato,Prime Miniter of Japan,at 10 a.
　　m on Wednesday, October 21 , 1970, at the Waldofy Astoria, New York. FCO21/744/
　　FEJ3/548/11.

39　王泰平:《中华人民共和国外交史(第三卷)1970—1978》, 301—302 页。

40　41　42　43　44　Record of a meeting between the Foreign and Commonwealth Secre-
　　tary and the Japanese Foreign Minister at the Foreign and Commonwealth Office at 3 p.
　　m. on 10 June 1971,FCO21/900.

45　基辛格著,杨静予等译:《白宫岁月—基辛格回忆录(第三册)》, 37 页。

46　"双重代表"提案指中国享有安理会席位,蒋介石集团继续占有联大席位。"逆重
　　要问题"提案的主要内容是:规定凡要从联合国中取消"中华民国的代表权"的任
　　何建议都属于联合国宪章第 18 条中规定的"重要问题",需 2/3 的多数通过。由
　　于美国曾提过关于任何改变中国代表权的提案都是"重要问题",在联大需 2/3 的
　　多数通过的提案,所以这个提案被称作"逆重要问题"提案。

47　Record of conversation between the Foreign and Commonwealth Secretary and the Japa-
　　nese Foreign Minister held in the Foreign and Commonwealth Office at 3. 00 pm on
　　Thursday,7 October,1971,FCO21/901.

48　49　50　52　53　54　55　60　61　日本通商产业省通商产业政策史编纂委员
　　会:《通商产業政策史第 8 卷》,通商产业调查会 1990 年,第 134—135、248—249、
　　190—195、210、189—190、255—256、258—259 页。

51　Joseph Frankel, British Foreign Policy 1945—1973, Oxford University Press, 1975,
　　p. 280.

56　57　Record of a meeting between the Foreign Secretary and the Japanese Foreign Minis-
　　ter at the Japanese Ministry of Foreign Affairs at 3 p. m. on Monday,8 January,1968,

FCO21/273.

58　Record of a meeting between the Foreign Secretary and the Japanese Minister for Foreign Affairs at the Foreign office at 11. 20 a. m. on 15 July 1968, FCO21/278/FJ3/37.

59　Record of a conversation between the Prime Minister and the Foreign Minister of Japan at NO. 10 Downing Street, at 3. 45 p. m. on Monday, July 15, 1968, FCO21/278/FJ3/37.

62　陈长伟:《中国核试验成功刺激美日》,《报刊荟萃》2009 年第 4 期,第 72—73 页。

63　64　A1. 3. 1. 1—4—4—1《日本·英国間外交、日英定期協議関係　第四回関係会談関係》《佐藤総理·スチュアート議事録》,第 8—14 页。

65　66　68　74　周琪、王国明:《战后西欧四大国外交 1945—1988》,中国人民公安大学出版社 1992 年版,第 76、77—78、79、79 页。

67　B. Vivekanandan, Britain's defence policy east of suez, International Studies, 1975, p53.

69　Record of a meeting between the Foreign Secretary and the Japanese Foreign Minister at the Japanese Ministry of Foreign Affairs at 3 p. m. on Tuesday, 9 January, 1968, FCO21/273.

70　71　Record of a meeting between the Foreign and Commonwealth Secretary and the Japanese Prime Minister in the Prime Minister's House, Tokyo, at 12, 10 p. m. on Monday, 20, April, 1970, FCO 21/740.

72　73　Record of a meeting between the Foreign and Commonwealth Secretary and the Japanese Minister for Foreign Affairs at the Ministry of Foreign Affairs, Tokyo, at 10. 15 a. m. on Monday, 20, April, 1970, FCO 21/740.

75　B. Vivekanandan, Britain's defence policy east of Suez, International Studies, 1975, pp. 57—59;阿伦·斯克德、克里斯·库克著,王子珍、秦新民译:《战后英国政治史》,第 246 页。

76　B. Vivekanandan, Britain's defence policy east of Suez, International Studies, 1975, pp. 66—67.

77　Record of a meeting between the Prime Minister and the Prime Minister of Japan at the Official Residence of the Japanese Prime Minister at 10. 00 am on Monday 18 September 1972, FCO21/1044/FEJ3/548/1.

78　Stewart has talks about Far East, The Times, 2 May 1969.

79　吴廷璆:《日本史》,南开大学出版社 2000 年第 1030 页。

80　日本经济企划厅:《世界经济白书(1971)》,参 http://wp. cao. go. jp/zenbun/sekai/wp—we71/wp—we71bun—1—1h. html。

81　日本经济企划厅:《世界经济白书(1971)》,参 http://wp. cao. go. jp/zenbun/sekai/wp—we71/wp—we71—s0010. html。

82　83　阿伦·斯克德、克里斯·库克著,王子珍、秦新民译《战后英国政治史》,世界知识出版社 1985 年,第 182—184 页。

84　日本外务省外交记录 A1. 3. 1. 1—4—3—2《日本·英国间外交、日英定期協議関係　第三回関係　事務レベル会談》《ポンド却下のわが国に対する影響》第 1—17 页。

85　87　阿伦·斯克德、克里斯·库克著,王子珍、秦新民译:《战后英国政治史》,第 206、207—208 页。

86　《ポンド支援参加　水田蔵相言明》,《読売新聞(夕刊)》1968 年 7 月 9 日;《ポンド支援 9 月にツメ　前川日銀理事談》,《読売新聞(朝刊)》1968 年 7 月 11 日;《BIS の対英借款　またふえる借金　残高処理の一時しのぎ》,《読売新聞(朝刊)》1968 年 9 月 10 日。

88　《中国　ポンド決済要求》,《読売新聞(朝刊)》1968 年 6 月 13 日;《日中決済　ポンド使用確認》,《読売新聞(朝刊)》1968 年 6 月 14 日。

89　《ポンド、フラン併用　日中貿易の決済　中国側と合意》,《読売新聞(朝刊)》1968 年 10 月 12 日。

90　中山伊知郎、篠原三代平:《日本経済事典》,讲谈社,1973 年,转引处俞品根:《新兴工业化国家和地区的对外贸易体制》,商务印书馆 1997 年,第 238 页。

91　陈耀庭、巫宁耕:《现代资本主义市场经济运行机制》,军事科学出版社 1995 年,第 127 页。

92　根据英国外交档案《Foreign Office Files for Japan and the Far East》1963　1972 各年和日本外务省外交记录 A1. 3. 1. 1—4《日本·英国间外交、日英定期協議》整理。

93　96　British exhibition, FO371/181093.

94　《对日输入制限弹力的配慮を》,《読売新聞(夕刊)》1965 年 9 月 16 日。

95　《ポンド安定日本も協力》,《読売新聞(朝刊)》1965 年 9 月 17 日。

97　98　Britain gaining insight into Japanese market, The Times, 18 September 1965.

99　《新車にタメ息》,《読売新聞(朝刊)》1965 年 9 月 18 日。

100　《群を抜くエンジン》,《読売新聞(朝刊)》1965 年 9 月 25 日。

101　原子力発電イギリス1 位　日本 5 位に》,《読売新聞(夕刊)》1965 年 9 月 15 日。

102　103　Signs of a new awareness of Britain in Japan,The Times,22 September 1965.

104　Princess sees closer ties with Japan,The Times,25 Septembet 1965.

105　106　《"差別撤廃を促進"　日英財界人会議おわる　共同声明を発表》,《読売新聞(朝刊)》1965 年 9 月 23 日。

107　霍雷肖·纳尔逊(Horatio Nelson,1758 年 9 月 29 日 – 1805 年 10 月 21 日),英国18 世纪末及 19 世纪初的著名海军将领及军事家,在 1798 年尼罗河战役及 1801年哥本哈根战役等重大战役中带领皇家海军胜出,他在 1805 年的特拉法尔加战役击溃法国及西班牙组成的联合舰队,但自己在战事进行期间中弹阵亡。落葬于圣保罗大教堂。纳尔逊被英国人普遍视为伟大的军事人物,他的英雄色彩在19 世纪中叶开始得到加以宣扬,令他在第一次世界大战以前成为大英帝国与英帝国海上霸权的象征之一。即使到现代,纳尔逊在不少英国人心目中仍享有崇高地位,现今位于伦敦威斯敏斯特的特拉法尔加广场,即为纪念纳尔逊而于 1843年建成的。

108　《原子力からパブまで　伝統と新しい姿を合わせ紹介》,《朝日新聞(夕刊)》1969 年 9 月 14 日。

109　《「英国フェア」開幕　マ王女宣言》,《読売新聞(夕刊)》1965 年 9 月 26 日。

110　伦敦可分为伦敦城和大伦敦市,伦敦城是大伦敦市的一部分,也称作伦敦金融城,是世界三大金融中心之一。大伦敦市的市长掌管行政,伦敦城的市长主要负责英国的金融行为,任期一年。

111　112　British Week,Tokyo, 1969, 23 October 1969,FCO21/583.

113　Meeting with the Japanese Foreign Minister 2nd May,1969,FCO21/570/FEJ3/548/5.

114　Meeting with the Japanese Foreign Minister 2nd May,1969,FCO21/570/FEJ3/548/5；Record of a meeting between the Foreign and Commonwealth Secretary and the Japanese Minister for Foreign Affairs at the Foreign and Commonwealth Office on 2 May, 1969 at 3. 15 P. M. ,FCO21/570/FEJ3/548/5.

115　Record of conversation between the foreign and commonwealth secretary and the Japanese Foreign Minister before luncheon in the British Embassy,Tokyo,on Thursday,23 April,1970,FCO21/740.

116 弥津正志:《天皇裕仁和他的时代》,李玉、吕永和译,世界知识出版社 1988 年版, 第 21 页。

117 122 黒岩徹:《摩擦を超えて相互理解へ——1960 年以降の日英交流》,《日英 交流史 1600—2000・2 政治・外交 II》,东京大学出版会 2000 年版,第 284 页。

118 Peace and friendship surround visit of Emperor Hirohito, The Times,6 October 1971.

119 Man hurls coat at Emperor Hirohito's coach, The Times,6 October 1971.

120 121 123 Man questioned after Emperor's tree felled, The Times,8 October 1971.

124 《激しい反対運動 オランダの過激は》,《朝日新聞(夕刊)》10 月 6 日;《西独誌 が日本批判記事 日本大使館、抗議申入れ》,《朝日新聞(夕刊)》10 月 7 日。

125 Record of a meeting between the Prime Minister and the Prime Minister of Japan at the Official Residence of the Japanese Prime Minister at 10.00 am on Monday 18 September 1972,FCO21/1044/FEJ3/548/1.

126 The Prime Minister's visit to Japan 16—19 September 1972,Second take between the Prime Minister and Mr. Tanaka at 3.45 pm on 19 September 1972,FCO21/1044/FEJ 3/548/1.

127 《世界貿易拡大に日本の責任重い 英首相記者会見》,《読売新聞(夕刊)》1965 年 9 月 20 日。

128 Mr Heath Presses Japanese on trade,The Times,19 September,1972.

129 Japanese press labels Mr Heath as Britain's salesman,The Times,20 September,1972.

第 五 章

1952—1972 年日英关系评析

在以上各章分阶段论述战后至 20 世纪 70 年代的日英关系的发展过程,本章将对其演进的阶段性特点;影响日英双边关系的外在因素,特别是美国因素的制约作用;这一时期日英关系的历史地位和深远影响进行必要的评析,以期从必要的高度来把握日英关系。

第一节 1952—1972 年日英关系演进的阶段性特点

从 1952—1972 年 20 年间日英关系大致可以分成三个时期,即 50 年代前半期的冷淡时期、50 年代后半期至 60 年代初期的回暖时期和 60 年代初期至 70 年代初期的稳定发展时期。三个时期先后承续,勾勒了 20 年间日英关系由低潮到高潮、从冷淡到升温、自单方面向多方面的发展轨迹。本节通过对轨迹的分析,来概括这一期间日英关系的几个阶段性发展特点。

一、冷淡时期的阶段性特点：政治因素
居于突出地位（1952—1956）

日英外交关系正常化之后，曾经在 1952—1956 年间，出现短暂的冷淡时期。至 1952 年，破坏程度空前的第二次世界大战虽然已经过去了 7 年，但世界上的参战国，除了美国之外，均依然处于走出困境的艰难时期。因此，这一时期的英国和日本的经济尚处于恢复到战前最高发展水平时期，经济关系尚未上升为两国关系的主流地位，文化关系更远远落后于经济关系。在这种情况下，政治关系成为两个关系的主要内容。这样，政治因素发挥了修复两个惨遭战争破坏的黏合作用。

除此以外，以下原因促成政治要素居于突出地位的阶段性特有现象：

（一）冷战的大势

冷战的爆发，使世界分为两大阵营：一个是以美国为首的资本主义阵营，一个是以苏联为首的社会主义阵营，在政治、经济、军事上形成两个平行的世界。英国和日本同属美国主导下资本主义阵营。两大阵营之间展开全面对抗。1947 年 7 月的美国通过马歇尔计划援助西欧复兴，重点支持英国；同时酝酿转换对日本的占领政策，促进日本经济复兴和政治稳定。美国试图以欧亚大陆两端的英国和日本为战略依托点，对社会主义阵营进行钳制，形成英日相互接近的政治环境。针对美国马歇尔计划，苏联提出援助东欧社会主义国家、发展苏联与东欧国家贸易莫洛托夫计划，为欧洲社会主义阵营对抗美国、经济自立和建立国际贸易组织奠定了基础。1949 年 1 月，苏联、保加利亚、匈牙利、波兰、罗马尼亚、捷克斯洛

伐克等 6 国政府代表在莫斯科举行会议,宣布成立经济互助委员会(简称经互会)。欧洲分裂为相互对立、不相往来的两大经济贸易圈。

将美国与西欧的军事力量集中起来对付苏联和东欧国家,是美国加剧欧洲冷战对抗的重要步骤。1949 年 4 月,美国带头、与英、法、比、加拿大等 11 国签订《北大西洋公约》,形成军事集团北大西洋公约组织(North Atlantic Treaty Organization,简称北约)。《北大西洋公约》规定成员国以"维持并发展其单独及集体抵抗武装攻击之能力","对于欧洲或北美之一个或数个缔约国之武装攻击,应视为对缔约国全体之攻击",北约将采取"必要之行动"以"恢复并维持北大西洋区域之安全。"[1]1955 年 5 月,苏联也与除南斯拉夫以外的东欧 7 国在华沙组建"华沙条约"军事集团(简称华约),坚称"如果在欧洲发生了任何国家或国家集团对一个或几个缔约国的武装进攻,每一缔约国……以一切它认为必要的方式,包括使用武装部队,立即对遭受这种进攻的某一个国家或几个国家给援助"[2]。

经济的对抗与军事集团的对峙相并行。1949 年 11 月,美国又成立了输出管制统筹委员会(Coordinating Committee for Export to Communist Countries),对社会主义国家实行禁运和贸易限制。该组织总部设在巴黎,也称巴黎统筹委员会(简称"巴统")。"巴统"是美国推行冷战的新工具,它使美国单方面对苏联、东欧国家的贸易管制变成西方国家的联合行动。英国自然是"巴统"的第一批成员国,日本则在 1952 年 5 月,也就是恢复国家主权仅仅过了一个月,就申请加入"巴统"。日本的行动受到英国和法国的积极支持,11 月日本成为"巴统"的成员国。日本政府采取了一系列针对社会主义国家,特别是中国的物资禁运措施,阻挠中日民间贸易协定的执行。对此,社会主义阵营方也采取了针锋相对的措施,1949 年 1 月经互会成立,资本主义阵营和社会主义阵营的对立开始形成。

冷战初期,两大阵营中欧亚大陆展开角逐。欧洲是两大阵营的冷战对抗的中心地带,东亚则是其不可或缺的侧翼。一系列条约、协定的接连签订,也造成了东亚的东西阵营集团化。这些国际条约、协定主要有:《美韩经济援助协定》(1948 年 12 月)、《苏朝经济及文化协定》(1949 年 3 月)、《韩日通商协定》(1949 年 4 月)、《美韩军事援助相互协定》(1950 年 1 月)、《中苏友好同盟互助条约》(1950 年 2 月)、《美日安全条约》(1951 年 9 月)、《美菲共同防御条约》(1951 年 8 月)、《美日行政协定》(1952 年 2 月)、《美韩相互安全保障条约》(1952 年 8 月)、《东南亚集体防务条约》(1954 年 9 月)“美蒋共同防御条约”(1954 年 12 月)、《美韩军事援助议定书》(1955 年 1 月)等。通过上述条约、协定的签订,东北亚与东南亚也同分裂的欧洲一样,对立的双方均以意识形态和政治制度画线,分成各属东西方阵营的政治、经济、军事、文化集团,相互对峙。罗斯福的美苏合作构想,变成了杜鲁门的美苏对抗行动。战后的世界被人为地分割成东西方两大阵营,双方动用了除原子弹以外的各种手段,打击、颠覆、破坏对方,必欲置之死地而后快。

东西方阵营剑拔弩张、紧张对立的程度,可以从中苏条约和日美条约的事例中得到说明。1950 年 2 月签订的《中苏友好同盟互助条约》,直接将矛头指向日本,以及“与其相勾结”美国。在条约的前言中,中苏双方宣布两国密切合作的战略目的是:“共同防止日本帝国主义之再起及日本或其他用任何形式在侵略行为上与日本相勾结的国家之重新侵略”;条约的第一条规定:“缔约国双方保证共同尽力采取一切必要的措施",制止日本及与其相勾结的任何国家重新侵略;第二条规定:"一旦缔约国任何一方受到日本或与日本同盟的国家之侵袭因而处于战争状态时,缔约国另一方即尽其全力给予军事及其他援助"。[3]

同样,1951 年 9 月签订的《日美安全条约》则针对《中苏友好同盟互助条约》,在前言中强调:"和约承认作为主权国的日本有权参加集体安全的协定,同时联合国承认一切国家具有单独和集体自卫的自然权利。为行使这种权利,日本希望美利坚合众国在日本国内及周围驻扎其武装部队,以防止对日本的武装进攻,作为日本防御的临时办法。美利坚合众国为了和平与安全的利益,目前愿意在日本国内和周围驻扎其相当数量的武装部队";条约的第一条规定:"在和约和本条约生效之日,由日本授予,并由美利坚合众国接受在日本国内及周围驻扎美国陆、空、海军之权利。此种军队得用以维持远东的国际和平与安全和日本免受外来武装进攻之安全,包括根据日本政府的明显要求,为镇压由于一个或几个外国之煽动和干涉而在日本引起的大规模暴动和骚乱所给予的援助。"《日美安全条约》的基本立场,与《北大西洋公约》别无二致,后者规定的"对于欧洲或北美之一个或数个缔约国之武装攻击,应视为对缔约国全体之攻击,"北约将采取"必要之行动"以"恢复并维持北大西洋区域之安全"等语,[4]堪称前者的蓝本,只是日本的国际地位、生存环境与西欧国家不同,因此在措辞上有所区别而已。

(二)首相发挥了重要作用

这一期间,日本首相吉田茂和英国的首相丘吉尔主政。前者在 1948 年 10 月—1954 年 12 月连续组阁,其内政外交方针影响深远;后者在 1951 年 10 月—1955 年 4 月入住唐宁街,贯彻保守党的传统方针政策。

吉田茂(1878—1967 年)出生于官宦家庭。1906 年毕业于东京帝国大学法学院政治科后,通过外交官及领事官考试,开始了职业外交官的生涯。先后在驻中国、英国和意大利的使馆工作。1909 年入赘天皇侧近、亲欧美派牧野伸显家,打开了官运亨通的仕途。自 1912 年起,历任安东和济南领事、天津总领事、奉天总领事。1919 年作为日本政府代表团的随员出席巴黎和会,1927 年作为奉天总领事出席田中内阁的"东方会议",策划肢解中国。1928 年出任田中内阁的外务次官,任内对华持强硬态度,奉行亲英方针。1931 年 3 月,出任驻意大利大使。1936 年 6 月转任驻英国大使,至 1938 年 10 月奉命回国的两年多的期间内,吉田竭力加强日英关系,反对日本与联邦德国结盟、订立《反共产国际协定》。离任后的吉田坚信日本国运的兴衰取决于同英美协调关系,曾经向亲英美的元老西园寺公望等建议,设法邀请英国出面解决日益扩大的对华战争。1941 年 12 月太平洋战争爆发后,吉田更加频繁活动,力主早日实现日美和平。1945 年 4 月,吉田以"反军"罪名被宪兵逮捕,服刑 45 天。这个经历为吉田在战后的政界崛起积累了政治资本。

1945 年 8 月 27 日,重返政界的吉田茂在给来栖三郎的明信片中,表明了振兴日本的决心:"我国现状颇类(美国)独立战争之后的英国,当时英国痛失殖民地十三州,欧陆从法国始皆是敌人,不仅没有奥援,反而是怨府所在,然而其中蕴涵着复兴之机。从拿破仑战争前后起,接连产生两个皮茨以及皮尔、凯斯勒里、卡宁、巴麦尊、狄斯雷利等外交界一代名臣,终于建立起 19 世纪之英国。重温此史,感慨万千。可有幸建立来栖－吉田公司,收罗上述名臣,挽狂澜于既倒?"⁵在构思实现其政治抱负前景的吉田,不由自主地想到了英国,以伊丽莎白时代为榜样,重建战后日本伊丽莎白时代式的新辉煌。亲英美并且熟知国际事务的吉田充分认识美国对战后日本的发展、包括对其从政生涯至关重要的作用:"倘若成为美国需要的民主人士,大概会将今日风光集于一身"。⁶吉田的从政生涯和亲英美的立场不仅受到麦克阿瑟的赏识,也得到日本统治集团的重视,认为他是"能与麦帅对话"的合适人选。⁷1945 年9 月 11 日,就在"盟总"下令逮捕东条英机等首批战犯的同一天,吉田被招进皇宫,受命出任外相。1946 年 5 月 22 日组成第一届吉田内阁,执政一年。随后又在 1948 年 10 月 19 日至 1954 年 12月 7 日连续 4 次组阁,前后出任执政累计 74 个月。在此期间,吉田内阁通过一系列的举措,奠定了日美特殊关系的基础。

温斯顿·伦纳德·斯宾塞·丘吉尔爵士(Sir Winston Leonard Spencer Churchill,1874—1965 年)出生贵族家庭。1702 年被安妮女王册封其立功于"光荣革命"的八世祖约翰·丘吉尔为马尔巴罗公爵,丘吉尔家族跻身显赫的贵族行列。其父伦道夫·丘吉尔勋爵(Randolph Churchill)曾任财政大臣。其母珍妮来自美国百万富翁杰罗姆家族。1895 年丘吉尔毕业于桑赫斯特皇家军事学院,到第四骠骑兵团任中尉。1896 年,丘吉尔随部队调往印度,目睹了大英帝国如何掌控这块最大的海外殖民地。1899 年前往南非,参加英布战争,被俘越狱而名声大噪。1900 年 10 月,作为保守党竞选人当选议员,步入政界。

1908 年,自由党人阿斯奎斯组阁,丘吉尔出任贸易大臣,开始了阁僚级的政治生涯。1910 年丘吉尔出任内政大臣。1911 年丘吉尔出任为海军大臣。1915 年转任内阁中地位最低的兰开斯特公爵郡大臣(即不管部大臣),丘吉尔辞职,赶赴法国前线参加战争。1917 年,返回伦敦出任军需大臣,关注并推动坦克、飞机等新式武器的研制生产并装备军队,显示了其军备思想的前瞻性。1919 年,丘吉尔兼任陆军大臣和空军大臣,强化军队的现代化,组织干涉军,试图消灭苏俄革命。1921 年,丘吉尔转任殖民地事务大臣,兼任空军大臣。1922 年下院大选中,自由党惨败,以反共反苏俄著名的丘吉尔失掉权柄,丘吉尔从此抛弃自由党,转向保守党。1924 年,丘吉尔以保守党候选人的资格参选获胜,出任财政大臣,但是其金本位的财政政策失败,其政治立场也日益保守,丧失了初入政坛时关注民生的热情。1929 年工党在大选中获胜,丘吉尔虽勉强保住了议员资格,但再次失掉阁僚的位置。

1929 年,丘吉尔首次访问美国,发表演说。1931 年再次访问美国,险些因车祸而丧命。在赋闲等待时机期间,丘吉尔出版了《世界危机》(1929)、《我的早年生活》(1930)、《思想与冒险经历》(1932)、《马尔巴罗传:他的和平年代》(1933)、《英语民族史》(1936)、《当代伟人》(1937)、《军备与盟约》等时论政论著作,系统地宣扬其政治主张,并预测纳粹的扩张意图,抨击张伯伦政府的绥靖政策。

1939 年 9 月德军侵入波兰,第二次世界大战爆发,英国被迫对德宣战,张伯伦的绥靖政策彻底破产。丘吉尔重新入阁,出任海军大臣。1940 年 5 月,取代张伯伦,出任英国战时内阁首相,领导了艰苦卓绝的抗德战争,直至取得胜利。丘吉尔作为战争英雄闻名于世界,也在发展和加强英美"特殊关系"的过程中,为维护在战争中衰落的大英帝国的国际地位而竭尽全力。1945 年 7 月的大选中,不思改革且盛气凌人的丘吉尔被高举改革大旗、许诺改善民生的工党竞选人艾德礼击败,再次失掉了权柄。但是,丘吉尔不甘寂寞,继续在国内外的论坛,特别是在美国的论坛上发表包括煽动冷战的演说,继续保持着对英国和国际局势的影响力。

1951 年 10 月,丘吉尔重返唐宁街首相官邸,执政至 1955 年 4 月。在这一期间,丘吉尔从冷战的总体思考出发,极力主张欧洲团结对抗苏联。出于同样的考虑,丘吉尔支持美国的对日政策,主张复兴日本,在远东增强对抗苏联的阵地。早在 1919 年兼任陆军大臣和空军大臣期间,丘吉尔就极力主张将苏维埃政权扼杀在摇篮中,他将共产党人诬称为"残暴的大猩猩",反共的立场终生未变。二战后,无论在台上还是下野,丘吉尔始终认为"应该警惕苏联,应该遏制社会主义在欧洲的蔓延"。[8] 正是立足这样的政治立场,在丘吉尔执政期间,对 1953 年 4 月来访的日本皇太子明仁给予热情的接待,在会见明仁时,以前辈的口吻,嘱托年轻的明仁为"日本的将来而努力"。1954 年 10 月,日本首相吉田茂访问英国时,丘吉尔特意安排吉田在英国国会发表演说,为其提供发表政界的讲坛。10 月 27 日,丘吉尔与吉田共进晚餐,双方就中国问题、苏联问题交换了意见。吉田认为日本和联邦德国是共产主义和平攻势的两个主要的目标,在日本共产主义者试图制造混乱,但中国和苏联并不是天然的朋友,日英政府的目标必须促使中国脱离苏联。关于如何使中国与苏联分离,吉田提出的策略是鼓励开放的中国与西方世界进行贸易,吉田表示他将要和美国政府讨论这个问题,因此希望能得到英国政府的支持。丘吉尔对此仅表示理解。[9]

吉田与丘吉尔的出身或贵族气质有若干相似之处,在反共反苏的政治立场上志同道合。丘吉尔强调阻挡苏联势力在欧洲的扩张是英国对外政策的一个出发点;吉田茂则在 1951 年 9 月 7 日代表日本接受对日和约的演说中,强调"伴随着共产主义的压迫与专制,阴险势力在远东扩大不安和混乱,到处公开发动侵略,并日益逼近日本";声称"面对这种集团侵略",日本"唯有求得自由国

家集体保护之一途"。[10] 两者政治立场的一致,是造成日英正式启
动外交关系的初期,均将矛头指向以苏联为首的社会主义阵营,突
出反共反苏反华的政治立场,更利于将首相个人的认识变为国家
对外政策的指导方针。

二、回暖时期的阶段性特点:日本主动
密切日英关系(1957—1964)

相对于 1952—1956 年间的冷淡时期,1957—1964 年日英关
系进入回暖时期。这一时期的基本特点是日英政府间良性互动,
这是日本主动密切日英关系和英国给予必要回应的结果。政府高
官的互访状况,往往是双方关系深浅的"晴雨表"。在这一期间,
日本外相藤山爱一郎、小坂善太郎和首相岸信介、池田勇人先后访
问英国。作为回访,英国派出外相霍姆访问日本。这个多比一的
记录,体现了这一时期日英关系的基本特征。

(一)日本主动密切日英关系

日本之所以采取主动密切日英关系的姿态,原因是多方面的,
归纳起来看,主要有以下几个原因:

1. 与 20 世纪 50 年代中期至 60 年代初期国际形势的变化有关

在这一期间,美苏之间虽然避免不了摩擦和对峙,甚至如同加
勒比海危机那样,一度面临战争的边缘状态,但是对话与缓和成为
两国关系的基调。东西方交往中出现了一系列新的动向:1955 年
5 月美、苏、英、法、奥地利签订《重建独立和民主奥地利的国家条
约》;7 月的美、苏、英、法四国首脑在日内瓦举行会议;8 月中美大
使级会谈启动;9 月苏联与联邦德国建交;1956 年 2 月苏共"二十
大"将和平共处确定为苏联外交的基本准则;10 月日苏恢复外交

关系、12 月日本加入联合国；1959 年 9 赫鲁晓夫访问美国,与美国总统艾森豪威尔在戴维营举行首脑会谈；1962 年 10 月美苏化解濒临核冲突的加勒比海危机；1963 年 8 月美、苏、英三国签订《部分禁止核试验条约》等,这些动向意味着在冷战总体框架下,出现局部缓的新态势。与前时期相比较,美苏之间的缓和,对国际形势产生多种影响。日英关系在这种形势下出现的回暖,即顺应了国际局势的发展,也为各自的经济发展提供了有利的条件。

2.经济开发需求的驱动

战后欧洲和日本一样,均面临着 20 世纪 50 年代到 70 年代前期,被喻为经济发展的"25 年黄金时代"。从 1954 年至 1964 年,日本先后出现 3 次景气,构成日本经济连续的增长台阶。在战后第一次繁荣发展高潮的"神武景气"期间(1954 年 12 月—1957 年 6 月),经济全面起飞,开工率和利润率看好,民间投资热潮迭起,工业生产发展势头强劲,人均国民生产总值和工业生产指数均超过战前最高水平。因此,1956 年 7 月发表的政府《经济白皮书》宣布日本走出战败的阴影,"早已不是'战后'",强调"和平竞赛是经济增长率的较量",日本要"乘着世界科技革新的潮流",建设新国家[11]。在经济繁荣持续时间更长的"岩户景气"期间(1958 年 7 月—1961 年 12 月),日本在欧美西方国家压力下,实行分阶段的贸易自由化政策,国际贸易日趋活跃；申办 1964 年东京奥林匹克运动会的成功,带来了巨大的商机；1960 年池田勇人内阁依据下村治等经济智囊的高速增长理论,制定《国民收入倍增计划》,宣布在 10 年内将国民收入翻番。高速增长的发展方针对经济开发产生有力的刺激；民间投资意向强烈,重化工业的设备、技术引进日趋活跃等。上述原因综合作用,日本经济进入高速增长时期。经济增长率连续以 10%以上的高速度迅猛提升,引起国际社会的注目。1962 年 9 月,在伦敦出版的《经济学家》周刊发行专辑,题目为《令人惊奇的日本》,对日本经济"奇迹"大加赞扬。但由于入超过大、过快,国际收支失衡,在 1961 年之后景气减退,进入 1962 年的危机期。出现在东京奥林匹克运动会筹备阶段的"奥林匹克景气"(1962 年 11 月—1964 年 10 月)期间,东海道新干线、首都高速公路、名古屋—神户高速公路、东京高架单轨电车线等现代化交通设施,以及高层建筑、奥运会场馆的建设进入施工的高潮。东京周边变成了繁忙的建筑大工地。以东京为中心的首都圈建设投资猛增,面貌日新月异。奥运工程为消费加温,日本人开始兴高采烈地大把花钱。消费热刺激繁荣,经济开发进入新一轮的景气时期。1964 年 4 月,日本加入经合组织(OECD),成为"富国俱乐部"的新成员。经济开发的业绩和奥运会成功举办,增强了日本人的自信心和自豪感。

在以上 3 次景气与景气之间,也先后出现短暂的经济危机。如何趋利避害、捕捉最佳机遇以寻求更加广阔的发展前景,为日本历届内阁所关注。不断开拓国际市场,寻求贸易伙伴的支持,成为日本保持经济持续发展的当务之急。概言之,市场、贸易伙伴和更加有利的经济开发国际环境,促使日本向西欧接近。由此,不难理解经济动因已成为日本主动加强日英关系的一大动力。事实上,虽然日本于 1955 年加入了关贸总协定,但是,以英、法为首的 14 个西欧国家和英联邦国家等对日本援用关贸总协定的第 35 条,对日本关上了最惠国待遇的大门。这种状况令日本焦躁不安。日本明白打开这扇门的钥匙实际上主要掌握在英国的手中,急于改善日英关系,促成英国带头停止对关贸总协定第 35 条的援用。在这种情况下,东京向伦敦主动送去微笑。另外,由于美国对社会主义国家的贸易限制太严,而英、法等西欧国家与社会主义国家保持一定贸易关系,这使得日本在发展对社会主义的贸易问题上,希望得到英、法等国的支持。

3.外交方针的局部调整

在吉田茂连续执政时期,日本外交奉行"对美一边倒"的方针,以尊严为代价,获取国家安全和恢复经济的实际利益。但是,随着日本恢复国家主权、占领时期的结束以及经济快速发展,对美一味追随的外交和驻日美军居高临下的傲慢,已经越来越变得难以忍受。反对美军基地的斗争如火如荼。一些突发事件,例如1954年3月因美军在太平洋马绍尔群岛比基尼环礁的氢弹试验,造成日本渔船"第5福龙丸"23名船员受到辐射、1名船员身亡的事件,更为反美风潮火上浇油。如此强烈的社会情绪不能不对政党产生影响。此外,对美亦步亦趋的外交方针,加剧了日本与以苏联为首的社会主义阵营的对立,日苏矛盾尖锐,致使日本多次申请加入联合国但均被苏联一票否决。从日本重返国际社会的现实利益需要出发,也必须对现行的外交政策进行适当的调整。

随着1954年12月的政权更替,即吉田的自由党内阁总辞职和民主党总裁鸠山一郎组阁,出现了调整外交政策的转机。鸠山先后三次组阁。第一届鸠山内阁为标榜与自由党的不同,提出"大众政治"、"国民外交"、"修改宪法"等执政方针,主张发展与苏联和中国的关系。[12]1955年2月众议院大选,鸠山组成第二届内阁。1955年11月,自由党和民主党合并为自由民主党(简称"自民党"),鸠山以自民党总裁代理的身份第三次组阁,执政到1956年12月。鸠山政权再次提出"大众政治"和"国民外交"的新方针,表明了新内阁对吉田政权多年来奉行的"对美一边倒"方针进行局部调整的新动向。其基本立场依然将加强日美关系视为日本外交的基石,在此基础上强调"自主和平外交"。

　　鸠山政权所强调外交自主性,体现在三个方面:其一,对美开展交涉,降低日本分担的防务费额度。日本的防务费由防卫厅拨款和驻日美军用费两部分组成,根据《日美行政协定》的规定,日本负担防务费的 1/2。第一届鸠山内阁成立时,防务费约为政府总预算 1 万亿日元的 13.27%。为压缩防务费以加大经济建设的投入,1954 年 11 月鸠山内阁的藏相一万田尚登奉命前往驻日美国大使馆,与大使艾利逊会晤,提出减少日本负担份额的要求,被美国方面一口拒绝。1955 年 3 月,第二届鸠山内阁的外相重光葵再次与美国驻日大使艾利逊、美国远东军司令哈尔上将协商,同样无果而终。同年 4 月,鸠山打算让外相重光赴美协商,但美国以国务卿杜勒斯日程已经排满为理由,拒绝日本外相访美。于是,鸠山亲自参加交涉,说明日本外交基本立场不变,打消美国对鸠山政权的疑虑,最终答应日本分担的 1955 年度防务用费削减 178 亿日元,但须转用为防卫厅拨款。[13]虽然鸠山内阁将削减的防务费用于经济开发的目的实际上并未达到,但毕竟提出了自身的要求。其二,开展对苏外交。在鸠山的筹划下,日苏经过大使级、部长级的协商,1956 年 10 月鸠山访问莫斯科,与苏联首脑举行会谈。双方发表了《日苏联合宣言》,宣布恢复两国外交关系,释放被拘押在苏联的约 60 万日本战俘,苏联支持日本加入联合国,《日苏渔业条约》生效,并约定日苏缔结和平条约后苏联归还齿舞、色丹岛。同年 12 月,日本加入联合国,鸠山完成其政治抱负,体面下野。其三,鸠山政权主张发展日中关系,推动订立民间级的第三次《日中贸易协定》、《渔业协定》等多项协定,开展多种文化交流渠道,有利于中日关系的继续发展。

　　1957 年 2 月至 1960 年 7 月,自民党右翼政治家岸信介执掌政权。岸内阁在竭力开创"日美新时代"的总体目标下,提出以亚洲、联合国为中心外交方针,继续沿着鸠山政权调整吉田"对美一边倒"的方向,增加对美关系中的自主、对等成分。为此,岸内阁配合美国对华的强硬"顶回战略",1957年5月访问缅甸、巴基斯坦、锡兰、泰国等东南亚国家和印度,挑拨这些国家与中国的友好关系,试图拼凑反华包围圈;6月出访台湾,发表支持蒋介石"反攻大陆"的反共声明;1958年4月阻挠第四次《日中贸易协定》的落实,5月包庇"长崎国旗事件"的肇事者,将日中关系坠入谷底。岸内阁以恶化日中关系为邀功的筹码,向美国提出调整日美关系要求。

1957年6月,岸信介访问美国,与艾森豪威尔会谈,商定设立日美安全委员会,讨论修改日美条约问题。此时日本国内抗议驻日美军枪杀无辜日本平民的风潮汹涌,社会党和"总评"等工会组织领导的工人、市民、青年学生以及农民群众,举行集会,要求归还冲绳、小笠原群岛,撤销美军基地,废除《日美安全条约》,对岸内阁构成强大的压力。岸内阁乘机向美国施加压力,要求修改《日美安全条约》。1958年10月,日美双方就修改条约问题,举行了第一次会谈。至1960年1月,双方先后进行了20多次的交涉,在华盛顿签订《日美共同合作和安全保障条约》,取代了9年前在旧金山签订的《日美安全条约》。虽然新条约激起声势浩大的"安保斗争",但是在日美两国关系史上却占有重要地位。原因是:新条约增加了双方开展政治、经济合作以及军事同盟的新内容,取消了驻日美军可以参与镇压的"内乱条款",突出了日美关系的对等性。

在"安保斗争"的打击下,1960年7月岸内阁总辞职。继任的池田勇人内阁仍遵循日美基轴的立场,但也在努力加强日本外交的自主性。60年代初期的日本不同于50年代初期的日本,吉田之后的日本外交方针已经由鸠山、岸内阁进行了必要的调整,池田无意终止这个过程。1961年6月池田访美,在与肯尼迪会谈后发表的联合声明中,首次明确规定日美关系为"平等伙伴关系"。[14]如同启动《国民收入倍增计划》而一举将国民关注的对象从"安保斗争"转向"收入倍增",并大力推进"奥林匹克"景气一样,善意捕捉时机的池田,在部署日本经济进一步走向世界的过程中,除了继续密切日美关系、重视日本与亚洲国家的关系之外,对西欧国家倾注了类似吉田而有异于鸠山、岸内阁的热情。

池田认为,"自由世界以美国为中心的想法,已经不符合世界的潮流";认为日本外交应该"加强同英、法等西欧国家的合作","在欧洲和日本之间铺设一条与日本和美国一样的通道。"[15]出身"吉田学校"的优等生池田在外交理念颇受吉田茂的影响,重视欧美外交甚于对亚非国家外交乃是情理之中的事情。除此以外,更重要的原因是池田自出任首相后,就把密切与英国等西欧国家的关系以利撤销对日本援用关贸总协定第35条,与日本加入对全球经济发展具有政策性影响、号称"富国俱乐部"的经合组织,确定为任内的对欧外交目标。实现这些目标显然离不开西欧国家的理解与支持,而英国的立场和态度最为关键。因此,在池田执政期间,日本政府竭力使日英得到进一步的切实改善。1962年11月,池田访问英、法、联邦德国、比利时、荷兰、意大利等西欧6国,为实现其既定的外交目标而奔走。在访问英国期间,双方签订了《日英通商航海条约》,为撤销对日援用关贸总协定第35条扫清了道路。这次访问之后,日本先后和英国、法国、联邦德国建立了部长级定期会谈制度,日欧关系进一步密切。

2. 英国的回应

唐宁街的英国高官们极富外交经验,他们对日本外交政策局部调整反应敏感,认为"日本人知道他们在经济上、战略上、军事上依靠美国。但与跨越太平洋的巨人相比,他们常感到相形见绌。对于日本人来说,就像参加一个合办企业,别人已经出了所有的资本。他们愿意有某个其他的人支持自己打破这种平衡。这并不是一方反对一方,而是摆脱一个明显卑微的位置。在这方面,日本最期待的国家就是英国。"[16]

基于上述认识,英国改变了在20世纪50年代前期对日态度的矛盾状态:一方面,英国也愿意拉拢日本,防止其中立化或倒向社会主义阵营;另一方面,英国又担心日本会重新变成强有力的贸易竞争对手,对日本加入关贸总协定和通商谈判时加以阻挠。英国的这些想法,自50年代后半期至60年代初期开始发生变化。此一时期,日本经济高速增长,这使英国看到了进入一个急速增长的日本市场的机会。经过多次的交涉,日英终于解决了旷日持久的悬案,于1962年11月签订《日英通商航海条约》。对于日本来说,《日英通商航海条约》的签订,等于打开了对欧贸易的大门,同时为英法等国撤销对日援用关贸总协定第35条创造了条件。故此,出席条约签字仪式的池田不无兴奋地评价缔结《日英通商航海条约》是堪比缔结《旧金山对日和约》的大事件。日英缔约交涉时,英国承诺率先放弃对日援用关贸总协定第35条。日本乘势与法国、荷兰、比利时、卢森堡等国签订互惠双赢的贸易新协定,迅速改善了与西欧国家的关系。因此,英国兑现承诺,立即引起其他西欧国家的效仿,纷纷取消了对日援用关贸总协定第35条。

大受鼓舞的池田再接再厉,1963年3月至7月,派出多批官员访问西欧国家,交涉日本加入经合组织事宜。1964年1月,经合组织同意了日本的要求。1964年4月,经国会审议批准,日本正式成为经济合作与发展组织的成员国。池田就任以来的两个对欧外交目标全部实现,成功的关键在于英国在关键的时刻发挥了关键的作用。

英国对日态度发生改变,并对日本主动密切日英的关系的举动,作出积极的回应,在某种程度上,还受到英国申请加入欧共体失败的影响。因为申请加入欧共体失败,所以英国把目光转向亚洲的经济大国日本,希望与日本建立更密切的关系,以平衡申请加入欧共体失败后造成的心理落差。

三、稳定发展时期的阶段性特点:双方交往机制化(1964—1972)

从 1964 年开始,日英关系进入稳定发展时期,至 1972 年前后达到高潮,推出了日英关系的新局面:

首先,在两国的高层互访上,对等化成为双方不约而同的交往方式。在政府首脑或高官"多比一"的不对称访问间交往已经成为过去。1972 年 9 月的希思访日,不仅是对吉田茂、鸠山一郎、岸信介、池田勇人等历届日本首相访问英国的回访,也是历史上英国首相第一次访日,一次并没有连带访问亚洲其他国家的日本专访。希思来到东京,不仅在礼仪上满足了日本多年邀请英国首相来访的要求,而且在双边会谈中,反映了英国的日本认识已经不同于此前的任何阶段。10 年前,即 1962 年池田访问英国时发表的美国、日本和西欧为"自由世界"三大支柱的观点,在 10 年后成了希思代表英国政府说出的话。希思在与田中的会谈中,强调说:"美国、欧洲和日本在维护和平上都有重要利益",将美欧日相提并论,突出了日本在国际关系中的地位;希思还强调了西欧和日本对美关系的一致性,即"欧洲和日本在寻求美国保持力量维护和平上有特殊的利益。三方都想扩大世界贸易,创造一个稳定的世界货币和贸易体系"。田中同意为了世界和平,上述三方需要紧密接触。[17]希思在此时强调美欧日合作,是因为美欧日关系处在一个很微妙的时期。20世纪60年代末70年代初,旷日持久的越南战争拖累了美国经济,迫使尼克松推行美元与黄金脱钩的新经济政策,以美元支撑的布雷顿森林体系受到严重的冲击,美国的影响力大打折扣。为减轻财政负担,美国在部分收缩海外力量的同时,强调欧洲和日本应承担更多的义务。英国担心美国会"抛弃"欧洲,又看中经过连年连续经济高速发展,已经成为西方世界第二经济大国日本的实力,所以强调美欧日合作。在会谈中,解决问题成为重头戏。希思希望日本能用国际收支盈余去投资和增加进口,而不是控制增长率。田中同意应该认为应该将贸易自由化,降低关税和鼓励资本自由移动,并且强调日本保留的进口限制与其他工业国家类似。在会谈后发表的《日英共同声明》强调,日英两国将在努力改革国际货币制度、发展日英贸易关系、建立在环境保护、科学技术等领域加强合作;为了促进日英友好关系,田中首相将在明年访英。会谈结束后,希思在帝国大厦会见记者时,再次强调欧、美、日"三方必须合作,特别是日本有很大的责任"。[18]

其次,皇室外交为日英关系增添了华丽的色调。皇室参与外交活动,是英国和日本两个君主立宪制国家外交的特有现象。1965年9月,英国在日本东京举办了博览会,展出英国工业新技术产品小汽车、航空器、核电、自动机械设备以及食品、纺织品和金银工艺品等传统产品。同时,也专设3号馆介绍英国的皇室文化和君主立宪制,此外,还有关于丘吉尔的私人信件等约60件资料。在举办英国博览会期间,英国女王伊丽莎白的堂妹亚历山德拉公主与丈夫访日。日本皇室举行的欢迎宴会、亚历山德拉公主夫妇的活动等,均成为日本媒体竞相报道的新闻,制造了皇室外交的一个高潮。1969 年 9 月 26 日至 10 月 5 日，在日本举办的"英国周"，为皇室外交提供了在促进贸易和文化交流活动中，展示风采的另一个机会。在"英国周"开幕的前 6 天，伊丽莎白女王的妹妹玛格丽特公主与丈夫斯诺丹抵达日本，受到日英协会名誉总裁秩父宫妃和日本首相佐藤的欢迎。

作为回访，1971 年 9 月 27 日至 10 月 14 日，昭和天皇裕仁夫妇在访问西欧 7 国时，于 10 月 5 日至 8 日访问英国。裕仁是日本天皇首次出访欧洲，也是首访伦敦。虽然在裕仁访问期间遭遇抗议，但在英国政府的精心安排下，访问还算顺利。对日英关系来说，裕仁夫妇的到访即使仅具有象征的意义，但两国政府，包括媒体连篇累牍地大量报道，借机制造日英友好的热闹景象。

再次，对这一阶段日英关系来说，最重要的并最具实际意义的交流方式，是在两国政府之间形成机制化的对话平台，即举行定期会谈。日英定期会谈大约每半年一次，轮流在两国举行。会谈的主角是外相以及其他大臣。会谈主要就双边关系以及双方共同关心的国际问题交换意见、协调立场。大臣级的会谈主要讨论大政方针，此外，还有次官级的会谈，主要讨论具体事务。自 1963 年 9 月举行第一次日英会谈至 1971 年 6 月举行第九次日英会谈，除去 1967 年未举行之外，其他各年份均如期进行。日本外相大平正芳、椎名悦三郎、三木武夫、爱知揆一、福田赳夫，以及英国外交大臣霍姆、巴特勒、沃克、斯图尔特、布朗等是日英定期会谈的主角，两国首相池田勇人、佐藤荣作、威尔逊、希思等也与到访的对方国家外相会面，加重了定期会谈的分量。

会谈的内容涉及多方面，与双边关系密切的几个问题中，经贸关系是日英会谈持久不变的主题。特别是随着日本崛起为世界级的经济大国，日本产品大举进入英国市场，围绕货币汇兑机制、日本贸易自由化、日英经贸和两国的对外援助、应对经济危机方针协调等政策性问题,以及涉及英镑贬值幅度、出口信用保险、海运、毛纺织品进口限制、英国进口附加费、出口退税、举办在日英国周活动、1970 年大阪世博会等具体问题,双方进行了多次讨价还价,竭力取得互利双赢的效果。除此之外,皇室访问、英国核试验、双方对美政策、国内局势等政治性问题,也是日英定期会谈的内容。但是,这些问题均具有应时性,远不及日英经贸关系那样,具有无可取代的恒时性。此外,双方需要共同应对的国际问题也是日英定期会谈的关注对象。例如,签订核不扩散条约、中国首次核试验、越南战争、东南亚局势变化、尼克松访华、恢复中国在联合国合法席位、田中访华等问题。

上述会谈有两点值得注意,一是会谈的议题反映了双边的日英关系,越来越超越双边范围,具有广泛的国际色彩。二是出席日英定期会谈的日本外相三木武夫、福田赳夫、大平正芳等后来均出任日本首相;而英国方面,出席过定期会谈的外相霍姆后来也曾任英国首相,从长远来看,这有利于日英关系的进一步发展。

第二节　1952—1972 年日英关系中的美国因素分析

一、影响日英关系的各种因素

(一)冷战进程中的各种问题

随着日本经济发展、加入联合国、国际地位的提高和英国的相对衰落,但在国际社会还发挥着一定的作用,日英关系变得越来越丰富,也越来越受到各种因素的影响。若将日英定期会谈的议题加以分类,不难看出冷战进程中的各种问题,都需要日英双方协调立场来共同应对。概括起来说,日英定期会谈的话题可以分为三大类。第一类问题,属于冷战期间两大阵营对抗过程中的问题,例如执行"巴统"规则、朝鲜战争、世界裁军问题(含核不扩散条约)、东西方关系问题(包括日英与苏联东欧国家关系、日苏会谈、英苏会谈)、越南战争等属于全球性意义的问题。第二类问题属于各种地区性的问题,例如日本在亚洲的作用、英国在苏伊士运河以东的作用问题、英国加入欧洲共同体问题、日韩关系等巩固西方阵营的话题等。第三类问题,其中比较庞杂,既有冷战阵营划分因素的影响,也有历史遗留问题或正常的国家关系问题。例如,东南亚问题中的印尼·马来西亚争端、老挝问题、柬埔寨、东南亚安全问题、南亚的印度·巴基斯坦争端问题、日本与印度或巴基斯坦关系问题、冲绳问题、欧洲局势、北约、联合国费用分担问题、非洲的罗德西亚问题等。由此可见,以上三类问题程度不等地对日英关系产生影响。

(二)中国因素

中国因素是对日英关系的一个极为重要的因素,这是"中国问题"何以在日英外交过程中必须面对的重大问题之一的基本原因。

1. 从政治上看,中华人民共和国的建立和发展,在改变了中国自身贫弱地位的同时,也不断改变着二战后世界力量对比的格局,对周边国家和国际社会,其中包括日英关系产生着越来越强有力的影响。

1949 年 10 月 1 日,在开国大典上,毛泽东主席向全世界宣布了新中国的外交政策原则,即:①"本政府为代表中华人民共和国全国人民唯一合法政府",对"凡与国民党反动派断绝关系,并对中华人民共和国采取友好态度的外国政府,"中国政府"将在平等、互利及相互尊重领土主权的基础上",与之建立外交关系;②新中国"外交政策的原则为保障本国独立、自由及领土完整,拥护国际的持久和平与各国人民间的友好合作,反对帝国主义的侵略政策和战争政策";③与各外国的政府和人民"在平等和互利的基础上","恢复并发展通商贸易关系",保护守法外国侨民等。[19]上述政策原则表明了新中国外交的三大准则:概言之,第一,中国只有一个,即中华人民共和国,与新中国建立外交关系的国家,应中断与国民党政府的官方外交关系;第二,坚决维护国家主权独立和领土完整,反对来自任何方面对中国国家主权、独立与领土的侵犯;第三,坚持人民外交的基本点,发展与各国人民的友好关系,发展平等互惠的经贸关系,反对帝国主义的侵略政策和战争政策,保卫世界和平。一言以蔽之,即独立自主的和平外交路线。新中国外交立场的宣示,充分体现了"中国人站立起来"的精神风貌,标志着国家的新兴和崛起。

1949 年 12 月,毛泽东访问最早承认新中国的国家苏联。经过多次谈判,双方在 1950 年 2 月 14 日,签署了《中苏友好同盟互助条约》以及有关协定。从此,中国成为以苏联为首的社会主义阵营的一员,与美国、英国和日本成为敌对的阵营。1950 年 6 月—1953 年 7 月的朝鲜战争,新中国不畏压力、不计损失,出兵抗美援朝,将与美韩军血战三年,也与英联邦参战军队交手,将美军为主力的联合国军从鸭绿江边推回到三八线附近,打出了国威、军威,积累了现代化战争的作战经验,令世界看到一个站起来的新中国。与此同时,也与美国结下深仇大恨,失去恢复联合国合法席位的最佳时机。

20 世纪 50 年代,中国支持世界革命,无论是印度支那还是马来半岛丛林中的游击战争,还是日本共产党领导下的群众斗争,都得到来自北京的慷慨援助。中国的激进姿态,令追随美国世界战略国家的政府紧张,并在日英会谈中得到反映。

60 年代,中苏从联盟走向对抗,中国强调独立自主的外交路线,竭力突破来自苏联、美国包围圈。1964 年第一颗原子弹的试爆成功,鼓舞了举国上下的斗志,愈加全力支持越南抗美战争,与印度尼西亚发起新兴力量运动会,支持印尼反对马来西亚联邦的行动。在这个过程中,中国作为一支独立的力量出现在国际舞台。1966 年"文革"开始,一大批老干部被打倒。1967 年全面内战的武斗狂潮出现在各地,国内正常的生产秩序、社会秩序陷入混乱。极左势力制造了火烧英国代办处的外交事件,将毛泽东思想称为马列主义的"第三里程碑",将中国说成是"世界革命的中心",将"打倒美帝"、"打倒苏修"、"打倒各国反对派"的口号喊得震天响,令世界大惑不解。直至 1969 年中共"九大"召开后,国内局势本应由激荡逐步走向平稳,但党内的林彪、江青集团的争斗,又成为政局起伏的风源口,中国依旧不得安宁。

2. 在外交上,决定"联美抗苏",促成中美走向和解是"文革"期间毛泽东和周恩来老成谋国的政治杰作。1969 年 1 月尼克松出任美国总统后,试图通过中国的协助来走出越南战争困境的美国政府试探性地发出和解的信号,在正式场合开始使用中国的正式国号:中华人民共和国。同年 6 月尼克松授意参议院民主党领袖曼斯菲尔德寻机访华,8 月,尼克松拒绝接受苏联意在孤立中国的"亚洲集体安全会议",通过巴基斯坦和罗马尼亚总统,向中国转达了改善关系的信息。中国以 1970 年 10 月国庆日的当天,毛泽东与著名美国记者埃德加·斯诺登上天安门城楼的巨幅照片,刊登在《人民日报》头版的方式,做出了回应。或许这种表态的方式过于含蓄,并未收到预期的效果。

1971 年 4 月,中美乒乓球运动员在日本名古屋世乒赛上的不期相遇,一经毛泽东、周恩来的巧妙运作,通过邀请美国运动员访华而启动了加速中美接近的"乒乓外交"。同月,中国通过巴基斯坦转达了邀请美国总统访华的消息。7 月,美国总统的国家安全助理亨利·基辛格秘密访华,与周恩来就尼克松总统访华、中美关系正常化、台湾归属等问题交换意见并达成若干共识,为化解坚冰迈出关键的一步。消息一经中美双方正式宣布,立即轰动了国际舆论。世界各国以不同的心情关注着中美和解的过程,随之而来的出现竞相承认中华人民共和国的热潮。仅从 1970 年 10 月至 1972 年 11 月,亚洲科威特、土耳其、伊朗、黎巴嫩、马尔代夫,欧洲的意大利、奥地利、比利时、冰岛、马耳他、荷兰、卢森堡、希腊以及美洲的加拿大、秘鲁、阿根廷、墨西哥,非洲的赤道几内亚、埃塞俄比亚、尼日利亚、塞内加尔、喀麦隆、塞拉利昂、卢旺达、毛里求斯、乍得等近 30 个国家与中国建立外交关系。1971 年 10 月,在第三世界国家的支持下,中国一举恢复了在联合国和安理会常任理事国的合法席位。

1972 年 2 月,尼克松总统抵达北京,开始了并未在机场铺放红地毯的破冰之旅。毛泽东和周恩来运筹帷幄的大谋略成功,28 日双方发表《中美联合公报》。双方在《公报》中强调:"各国不论社会制度如何,都应根据尊重各国主权和领土完整、不侵犯别国、不干涉别国内政、平等互利、和平共处的五项原则来处理国与国之间的关系"。中方重申"中华人民共和国政府是中国的唯一合法政府"、"台湾是中国的一个省"、"解放台湾是中国的内政,别国无权干涉";美国方面声明"在台湾海峡两边所有的中国人都认为只有一个中国,台湾是中国的一部分。美国政府对这一立场不提出异议,并确认从台湾撤出全部美国武装力量和军事设施的最终目标"。双方认为"两国关系正常化不仅符合中美两国人民的利益,而且会对缓和亚洲及世界紧张局势作出贡献",为中美关系的持续发展奠定了基础。[20]中美和解是两国双赢互利的明智选择:美国赢得对苏抗衡和进军中国市场的战略先机,也为体面地撤出越南找到了途径;中国摆脱了国际孤立,扩大了在世界舞台的影响并增强了防备苏联核武器威胁的外交地位。中美苏战略大三角格局形成,对东北亚和世界局势,产生了深远的影响。日本加快邦交正常化的步伐和英国将中英关系升格为大使级,即为明显的标志。

　　3. 在经济上,中国市场、原料、资源等历来是日英关注的对象。在中日之间,经过 50 年代的曲折发展,中日民间贸易关系,终于在池田内阁当政期间的 1962 年 11 月签订《中日长期综合贸易协定》("LT 贸易备忘录")。根据这个协定,双方在北京和东京分设办事处,并分别以中国外贸部和日本通产省为背景,由政府的金融机构日本输出入银行为出口中国的成套设备、大型船舶提供贷款,50 年代建立的民间经贸关系进而升格为半官半民的关系。这个协定的签订,不仅体现了池田内阁自主外交的诉求,而且为中日关系继续走向邦交正常化而迈上了一个新台阶。以持续发展的中日经贸关系为巨大的推动力,以民促官、逐步积累,终于在 1972 年迎来邦交正常化的新阶段。

　　自 20 世纪 50 年代起步以来,中英贸易关系基本上循着平等互利、互通有无的方向健康发展。在这个过程中,英国的有识之士,如创立了英国 48 家集团俱乐部的佩里,与英中贸易协会的伙伴为发展两国贸易而奔波。50—60 年代,虽然也不乏诸如 1956 年旅居香港的国民党势力制造的"双十节"暴乱,或者 1967 年"文革"期间香港左翼力量的抗英风潮或火烧英国代办处等政治事件的干扰,但双方均能理智处理问题,维持正常的经贸关系。50 年代总额年均约 1 亿美元的中英贸易,至 60 年代有所起色,年均贸易额为 2 亿美元左右;至 70 年代达到年均 5 亿多美元的水平。[21]

　　以上中国国内局势、外交方针、经贸活动、恢复联合国合法席位、台湾问题、军事力量增强,以及中国与东南亚国家的关系、越南战争、中美关系从对抗到和解、中苏关系由结盟走向对抗等政治、外交、经济、军事等因素,均为日英两国所关注,成为日英对话的重要议题。

(三)东南亚问题

　　东南亚问题是影响日英关系的另一个重要因素。战前,东南亚是英国的传统市场,20 世纪 30 年代,日本的廉价产品在此倾销,对英国的工业特别是纺织业造成了巨大的打击。在英国纺织业中心兰开夏,日本一词几乎成了失业的代名词。战后,英国对日本的产品进入东南亚市场戒心颇重。在占领时期,英国政府的对日政策之一,就是防止日本经济恢复过快。但由于 1948 年后美国转变对日占领政策,开始扶植日本,加快其复兴的节奏,英国阻滞日本发展经济进程的意图付之东流。但是在对日媾和期间,利用 1951 年 6 月杜勒斯访英以寻求支持的机会,英方迫使杜勒斯同意日本退出国际清算银行,放弃在 1919 年刚果盆地条约中所取得的各项权利等。

　　50 年代初,英国在东南亚推行科伦坡计划,通过刺激东南亚的经济的发展,来维系和扩大对东南亚和南亚的传统影响。然而,英国财力不足,只好寄希望于美国援助科伦坡计划。但是,美国对东南亚援助的数额与实际需要的资金缺口很大,其投入又往往不通过科伦坡计划。在这种情况下,英国把目光转向最初被拒于科伦坡计划门外的日本,向东京敞开了准入的大门。1954 年日本以捐赠国的资格加入科伦坡计划,日本的资金和技术乘机打入东南亚国家。

在岸内阁时期,日本政府向英美提议设立东南亚发展基金。当时,英国主导的科伦坡计划尚在南亚和东南亚实施之中。日本也是该计划的出资国之一,何以要另起炉灶,建立东南亚发展基金?表面上的理由自然冠冕堂皇:发展东南亚经济,增加东南亚国家的购买力,以对付共产主义的传播,等等。实际上,岸信介的如意算盘是提出不按出资多寡比例决定参与国发言权大小的原则,在投入资金不多的情况下,也可以搭乘欧美资金的车,为日本企业进入东南亚开辟道路。英国对日本政府的图谋心知肚明,当然要出手加以阻止。一个最现成的理由就是提醒日本在战争期间的所作所为,以日本设立东南亚发展基金的建议会使人想起"大东亚共荣圈"为由,义正词严地拒绝了日本。

在池田政府执政时期,1963 年 4 月英国外相霍姆访问日本。外相大平正芳表现出对东南亚和南亚局势的异常热心,建议霍姆:"日美英应该彼此紧密地协商维护东南亚稳定的方法,特别是关于马来亚、印度、巴基斯坦和泰国。在东京建立某种形式的代表机构,并在新加坡和香港建立分支机构将是非常有益的。"[22]霍姆同意印度、巴基斯坦、马来西亚、泰国的稳定对整个亚洲的稳定具有决定性意义,如果英日两国能就对他们的政策进行协商是有益的。但是霍姆又托辞在这个地区已经设立了很多机构,如科伦坡计划、英联邦,因而没有必要建立新机构。[23]众所周知,科伦坡计划和英联邦都是英国主导的组织,意即不想在这一地区建立由日本主导的新组织。

由此可见,直到 60 年代前期,英国对日本在东南亚的贸易等活动抱有强烈的戒心。但是,由于日本在经济高速发展的过程中,迅速上升为世界级经济大国,英国则相对衰落,从根本上决定了日英在东南亚进出的结局。尽管在外交场合的漂亮辞令交可以暂时阻滞日本在东南亚进一步扩大影响的图谋,但最终却由于财政支出捉襟见肘,60年代末70年代初,英国陆续从苏伊士运河以东撤军,再也无力遏制日本在东南亚的行动。

日本作为亚洲唯一的发达国家,运用其强大的资本、技术和先进设备,大举向东南亚地区挺进。其基本手段主要是:其一,把握东南亚经济开发的规划。1966年4月,日本在东京召开第1次东南亚开发部长会议,日本成为该地区经济开发的提议者和协调人,地位迅速提高。其二,加入亚洲开发银行,实施资金控制。亚洲开发银行于1966年12月在马尼拉设立总部,开始营业,日本对其建立以及运营上都给予积极的协助。[24]日本对东南亚国家经济渗透的深度和广度日益加大。英国虽然依旧对日本在东南亚的经济扩张怀有戒心,但已无力阻止日本对东南亚国家经济渗透的进程,转而采取默认和鼓励的态度乃至逐步退出东南亚。英国认为:增加对东南亚国家的援助和投资,有助于提高当地人民的生活水平和地区稳定,从而维持"自由世界"的稳定。因此,希望日本增加对东南亚国家的援助和投资。

60年代末70年代初,英国经济无力支撑在海外耗费庞大的驻军,开始从苏伊士运河以东撤军。推行"轻武装、重经济"路线的日本,却利用战前的人才积累、技术更新、市场竞争机制和战后民主改革的轻装减负,依靠美国的核保护伞节约下来的军费,全力发展经济。60年代后期,随着美国逐渐陷于越南战争的泥淖,颇感力不从心。日本希望英国能够维持在远东的军事存在,以维持东南亚的稳定,为日本发展与东南亚的贸易保驾护航。甚至是劝诱英国对印度进行核保护,实际是希望英国能对亚洲的"自由国家"——日本提供核保护。但是英国国力凋敝,撤军已是无可奈何花落去之势。日英围绕东南亚问题的折冲,构成日英关系的重要方面。随着双方实力的此消彼长,日本的优势地位越来越显现,但两国在东南亚的利益分割博弈还会持续下去。

二、美国因素的制约作用举足轻重

(一)美国成为世界头号强国

第二次世界大战期间,美国登上世界头号强国的顶峰。战争的进程为这个远离欧亚大陆主战场的"民主阵营"的最大军火供应国再度繁荣和空前膨胀提供了源源不断的动力。1939—1944年间,美国工业生产提高了 1.2 倍;贸易额由 31.9 亿美元增至 153.4 亿美元,增加 3.8 倍;1938—1945 年美国的黄金储备由 145.1 亿美元增至 200.8 亿美元,约占资本主义世界黄金储备的 59%。美国还拥有世界上武器科技含量最高最强的陆海空军,独家垄断原子弹;多次召集盟国举行战后安排的国际会议,卷入欧亚大陆的国际事务,在世界各枢纽地带建立近 500 个军事基地,成为世界头号经济、政治、军事大国。

正如第一次世界大战后美国以世界主导国的姿态,热心构筑新的世界休系一样,二战结束初期,美国再次出面,为战后国际新秩序的组建而多方奔走。出于对一战后孤立主义浪潮曾使美国退出欧洲、国会批准凡尔赛和约、拒绝加入国际组织而导致美国丧失领导世界机会这一历史教训的反省,在二战期间,特别是 1943 年盟国转入战略进攻之后,美国政府即着于制定主导世界的全球战略计划。1943 年 4 月,福雷斯特·戴维斯秉承罗斯福授意,著文

投石问路。在题为《罗斯福的世界蓝图》中,戴维斯透露了罗斯福
关于将战时大国军事同盟进一步转化为战后国际维和国际合作组
织的构想[25]。其后,罗斯福、赫尔等亲自出面,与有影响的国会议
员丁·康纳利、丁·富布赖特、A·范登堡磋商,力主放弃孤立主
义,组建联合国。1943年9月美国众议院以360票赞成、29票反
对的悬殊比例,通过了富布赖特的议案,11月参议院又以85票:5
票的比例,通过康纳利的议案,两议案均主张美国应在建立维护国
际和平与安全的国际机构中,发挥主导作用[26]。12月,国务院非正
式政治议程小组提出《关于建立维持国际和平与安全的国际组织
的计划》。1944年2月罗斯福原则上批准了这一计划,并强调大
国一致原则。据此,国务院制定了《普遍国际组织暂定草案》,得
到罗斯福的首肯。随后经外交委员会的特别委员会和国会的多次
讨论,7月将草案作为美国政府的正式建议文件。送交英、苏、法
三国政府征询意见,并得到英、苏两国的理解和支持,为四大国制
定联合国宪章铺平道路。

　　1944年8月至10月,美、英、苏、中四国外交代表在华盛顿敦
巴顿橡树园大厦举行会议,商定了创建联合国及联合国宪章的基
本组织原则。1945年2月,在雅尔塔会议上,美、英、苏三国元首
在大国一致原则上达成协议。同年4月,联合国成立大会在旧金
山举行。经过两个月的讨论与争辩,6月25日与会的50个国家
的代表一致通过了《联合国宪章》,联合国作为全球性国际组织,
正式成立。《联合国宪章》强调成立联合国的宗旨是"维持国际和
平及安全";"发展国际间以尊重人民平等权利及自决原则为根据
之友好关系";"促成国际合作,以解决国际间属于经济、社会、文
化及人类福利性质之国际问题",同时,还提出会员国主权平等、
不以威胁和武力侵害任何会员国领土完整和政治独立、不干涉内

政、以和平方法解决国际争端等原则,以确保上述宗旨的实现[27]。综观《联合国宪章》,其核心部分是为战后世界建立国际新秩序提供和平及安全的保障。这种保障有赖于上述主权平等、不侵害各国主权完整与独立、不干涉内政、和平解决国际争端等原则的贯彻,宗旨和原则不可分割,两者相辅相成,为经济全球化提供了必要的政治前提。在筹建联合国以构筑成后国际政治框架的同时,美国凭借其全球首屈一指的经济实力,加紧组建国际经济新秩序。如同创建联合国的动机之一在于吸收国联的教训,即大国游离其外而造成全球性国际组织的残缺不全、权威扫地一样,美国有鉴于二战前英镑区对美元阻抗的教训和二战期间轴心国强制组建类似日式"大东亚共荣圈"等区域性排挤美国资本的势力范围的事实,美国力主在战后世界建立各种体现美国主导下的全球国际经济组织。这些构成战后国际经济社会的主要构件的国际经济组织,包括国际货币基金组织(IMF)、国际复兴开发银行(IBRD,亦称世界银行)和关税及贸易总协定(GATT)等。

　　上述国际经济组织酝酿于 1941 年,至 1943 年陆续浮出水面。1943 年 1 月,美英等国就创建国际贸易组织问题开始了谈判与协商。1943 年 4 月,美国政府公布了财政部部长助理 H·D·怀特起草的关于成立盟国稳定货币基金机构与复兴银行的计划。前者计划设立资本总额为 50 亿美元的稳定国际货币的机构,各成员国依照各自的黄金储备、国民收入和国际收支状况来认缴相应份额;发行可同基金兑换的国际货币 Unita;非经基金机构的同意,成员国不得变更比价;成员国在国际收支方面遇到临时性巨额逆差时,可在不超过认缴份额内用本国货币向基金机构购入外汇;基金机构的总部设在认缴份额最多的国家。后者则计划成立资本金额为 100 亿美元的国际复兴银行,向成员国发放用于战后国内经济复兴的长期贷款[28]。怀特计划向战前长期居于国际金融中心地位的英国发起挑战,急于凭借战时迅速积累的黄金储备,以美元取代英镑,使美国成为新的金融帝国。英国对此反应敏感,并针对怀特计划,公布了凯恩斯计划。这个计划的正式名称为《国际清算联盟建议书》,主张建立成员国无需缴纳基金或现款,根据二战爆发前3年进出口贸易平均值来计算其放缴份额;发行作为国际清算单位的货币 Bancor,成员国与联盟的金融行为与黄金兑换挂钩;减少债权国对债务国的干预;联盟总部设在纽约或伦敦,理事会会议在美英两国轮流举行[29]。凯恩斯计划设法遏止美国咄咄逼人的挑战,竭力维持英国金融帝国的地位。

为协调双方的立场,1943年9月至10月,美英两国代表在华盛顿举行会议,互相作出让步,并就建立国际货币基金组织发表了以怀特计划为蓝本的《联合声明》,为其正式成立奠定了基础。1944年7月1日至22日,包括苏联在内的44国代表在美国新罕布尔州布雷顿森林的华盛顿山大旅行社,举行了确定国际货币金融新秩序的会议(布雷顿森林会议)。经过为期3周的讨论与协调,会议通过《联合国家货币金融会议的最后决议书》以及两个附件,即《国际货币基金组织协定》和《国际复兴开发银行协定》,统称"布雷顿森林协定"。1945年12月国际货币基金组织、国际复兴开发银行同时设立。

联合国的建立,为世界提供了协调解决战后国际和平与安全问题的场所。特别是联合国成员国分布在世界五大洲,使之具有空前的代表性。联合国的正常运作有助于全球整体观念的强化,从而为经济全球化创造必要前提。显而易见,对于一个支离破碎、到处冲突的世界来说,经济全球化只能是宣言而非现实。另外,《联合国宪章》联合国,把"解决国际间属于经济、社会、文化及人类福利性质之国际问题"列为"促进国际合作"的一大宗旨。换言之,在强调维持国际和平与安全的第一宗旨的同时,联合国也注重解决经济问题并配置了相应的机构,进一步突出了其作为经济全球化政治基础的意义。

依据"布雷顿森林协定"应运而生的国际经济组织,也对经济全球化产生直接的影响。其中,国际复兴开发银行的宗旨强调向成员国政府或政府担保的私人企业提供长期贷款,以利经济的恢复与开发。作为受援国,必须接受世界银行的监督,提供贷款使用细目和经济发展状况的报告。其运作的结果,自然加强了资本的国际流动、国际间经济活动的协调和接轨,构成经济全球化进程中世界银行对全局的主导优势。

国际货币基金组织的创立目的是:促进国际货币合作以利国际贸易的扩展与均衡;逐步取消外汇管制,鼓励世界性货币的自由兑换,形成国际多边支付体制;协调成员国的货币金融政策,促进汇率的稳定与调整有序化,维持国际收支的平衡,避免恶性的货币贬值竞争,从而有利于国际金融流通和外汇支付的合理化、稳健化。国际货币基金组织规定各成员国货币的平价以35美元等于一盎司黄金为基准,各国中央银行亦可以此基准,用美元兑换基金。美元长期坚挺,成为稳定国际金融秩序的硬通货,国际黄金价格也相应稳定,有利全球金融网络的稳定。协定还规定基金资本总额为88亿美元,其中美国所占份额为27.5亿美元、英国为13亿美元、苏联为12亿美元、中国为5.5亿美元、法国为4.5亿美元,印度为4亿美元[30]。这一配额一方面显示了各盟国的国际金融地位,另一方面也表现了国际货币基金设立之初的全球色彩。

毫无疑问,"布雷顿森林协定"确立了美国作为世界金融帝国和债权帝国的主导地位。然而,如果不取消各国的贸易管制,美国通过"布雷顿森林协定"取得的地位仍然面临实质性的挑战。因此,美国在着手设置战后国际金融新秩序的同时,开始策划组建战后国际贸易新秩序以体现自由贸易原则怀有极大的兴趣。1947年10月,美国在日内瓦与其他22个国家签订多边贸易协定,即《关税及贸易总协定》(GATT,简称关贸总协定)。关贸总协定将1934年制定、1945年加以修改的美国《互惠贸易协定法案》的主要原则之一,即美国总统有权与其他国家签署贸易协定规则纳入其中,从而使美国政府的意向成为接纳会员国的必经程序,为美国主导关贸总协定设下了一道防卫线。1946年6月国际复兴开发银行、1947年3月国际货币基金组织先后挂牌营业,1947年10月关贸总协定签字生效,美国在二战期间构想的战后国际经济新秩序一一落实,以美国为中心的国际经济社会的框架基本形成。

(二)美国世界战略中的英国和日本

早在美国未正式参战之前,1940年1月,美国国务院就建立了对外关系问题咨询委员会,既针对美国的应时之策,也预测战后的世界安排问题。1941年太平洋战争爆发后,罗斯福不顾被日本偷袭珍珠港激怒的国内舆论强烈要求在太平洋战场严惩日本的呼声,从战争的全局出发,推行"先欧后亚"的战略方针,与英国结成密切的同盟关系,大量的作战物资和美国军队源源不断地投入北非、欧洲战场。战时的英国成了美国赴欧参战部队的最大兵站。罗斯福政府在制定战时政策的同时,加紧制定战后的世界战略,包括在美国主导下,形成美、英、苏、中四大国合作,维护战后世界新秩序。在欧洲,发挥英国的作用;在亚洲,使中国"大国化",充当与美国保持密切关系的国际警察。

然而,随着战争的结束,美苏冷战骤发,战时的盟友成为敌人。

不久,中国的国共两党内战尘埃落定,蒋介石败退台湾,毛泽东宣布新中国的对外方针"对苏一边倒"。无论是欧洲或亚洲,均发生了罗斯福始料未及的巨大变化。唯一没有变化的是美国主导世界的既定方针。对抗苏联,既是东西方意识形态斗争的需要,也是美国称霸世界的目标。根据形势的变化,在欧洲,下野首相丘吉尔拉开冷战序幕、美国选定英国作为在冷战中战胜苏联的战略合作伙伴;在亚洲,美国重新将经过改造的日本作为"民主橱窗"和"反共的防波堤"。这样的战略安排,构成支撑美国世界战略的欧亚两大战略依托点。

在冷战全面开始的欧洲,支持美国最得力并受到美国信任的国家,非英国莫属。1945 年 7 月至 1951 年 4 月,虽然唐宁街的主人是工党的艾德礼,但美国总统杜鲁门却感受不到英国对外政策与丘吉尔时代有多少差异。

工党并非铁板一块,党内存在着不同的派别。掌握实权的是战争期间与丘吉尔组成联合内阁的工党右翼的领导人。实际上,艾德礼在组阁期间,曾秘密拜访丘吉尔,提议由他来担任新内阁的外相。丘吉尔无意担任这个职位,推荐贝文出任外相,艾德礼言听计从,于是贝文由最初的财政大臣转任外相。因此,虽然执政党从保守党变成了工党,但外交政策依然遵循丘吉尔的既定方针:发展并强化英美"特殊关系"。至 1951 年 10 月丘吉尔再度入住唐宁街首相官邸,重拾旧欢,更使杜鲁门感到安心。至于丘吉尔本人也感到驾轻就熟,"因为艾德礼政府完全是按照丘吉尔的观点做的,所以,外交方面的政策,不做丝毫的改动,完全继承了艾德礼政府的做法。"[31]

在亚洲,1947 年秋中国人民解放军转入战略反攻,美国政府扶持多年的国民党政府之崩溃已见端倪,美国依靠中国遏制苏联的战略构想化为泡影。在这样的形势下,从远东战略全局出发,美国重新评估日本在亚洲的地位和作用,开始酝酿调整对日政策。经过反复讨论、修改,美国国家安全委员会 1948 年 10 月通过了"NSC13/2 文件",决定停止非军事化政策、加强日本的警察力量并把复兴日本经济作为"美国对日政策中仅次于美国安全利益的主要目标"等。[32]这表明,美国对日政策开始由约束、削弱日本转变为扶植日本,从防止日本对美国的威胁转向把日本塑造成遏制苏联、遏制共产主义的战略支撑点。换言之,在美国的心目中,日本的形象已经悄然开始了从"战时敌人"到"战后盟友"的转型。随后,美国实施了推动日本经济复兴的"稳定经济九原则"和"道奇路线"、减缓战争赔款、加强对日本的援助等措施,力图使日本成为美国远东战略中的"反共防波堤"和"兵工厂",稳定在东北亚的阵脚。

　　1949 年 8 月苏联成功试爆了第一枚原子弹,打破美国的核垄断;10 月 1 日中华人民共和国宣告成立。这两件事改变了世界两大阵营的力量对比,美国受到了强烈冲击。1949 年 12 月 23 日和 30 日,美国国家安全委员会接连通过"NSC48/1"、"NSC48/2"两个文件,提出了在亚洲遏制苏联共产主义势力扩张、预防"多米诺骨牌"效应的总体目标,进一步明确了日本在美国亚洲战略中的突出位置,正式把日本纳入美国"战略防卫线"的第一线[33]。美日成为"同一战壕中的战友",美国对日媾和的进程也开始加速。1950 年 6 月,朝鲜战争的爆发最终促使美国政府内部达成一致。朝鲜战争使日本走上了防卫的前线,日本作为美国在亚洲工厂和战略基地的作用变得至关重要,美国从来没有像此时这样感到离不开日本,希望尽快对日缔结和约。经过美国同日本在美国向其提供安全保障、美军继续驻扎日本、日本重整军备等问题的协商以及与远东委员会其他主要国家的协调后,1951 年 9 月 4 日,旧金

山和会在美国的主导下召开,在 48 个国家签署《旧金山对日和
约》的同时,美国和日本单独签订了《美日安全条约》,为继续控制
日本,对抗以苏联为首的社会主义阵营。1960 年日美重新签订了
新《日美安全保障条约》,取消了有损日本国家主权的条款,但其
缔约的基本目的并无变化。1970 年这个条约自动延长,日美同盟
关系进一步强化。

(三)美国敦促日英两国密切关系

在日本加入关贸总协定的过程中,除某个特殊的时间段外,美
国一直推动日本加入关贸总协定,而英国步步阻拦。但在英国内
部,对于日本加入关贸总协定还是有不同意见的。贸易部受到来
自财经界的压力,主张阻止日本入关;而阻止日本入关会损害英美
关系,是外交部主张不应阻止日本加入的原因之一。最终英国采
取了折衷的办法,让日本入关,但对日援用第 35 条。

美国对日英关系起促进作用。岸信介内阁时,美国积极促使
英法邀请岸信介出访本国。英国对岸信介没有好感,一则其人战
时是东条英机内阁的商工大臣,一则担心他与中国靠拢,推行专
制。所以作为缓冲,英国先接受日本外相藤山爱一郎访英。藤山
是有影响力的财经界人士,岸信介起用他的主要原因就是为了让
他担当经济外交。此时的日本与美国的贸易摩擦显著增加,日本
政府有降低对美国市场的依存度、摸索新的市场的必要,而中国就
这种新市场的方向之一。[34]藤山就任外相以来,其外交颇有重视亚
洲和对美自主的色彩。岸内阁以藤山为中心,以"两个中国"的政
策为基础,积极推进日中贸易。英方认为,即使岸信介下台后,藤
山的影响也依然存在,因此,藤山被视为后岸时代的继承人之一。
因此想通过对藤山的友好来发展与岸政府乃至后岸时代日本政府

的关系。

在藤山爱一郎访日之后,1959 年,英国终于接受岸信介访英。尽管美国欢迎英国与美国合作带领日本进入"自由世界",但是美方担心英国在岸信介来访时,谈起承认中国和对华贸易问题。美国副国务卿狄龙(Douglas Dillion)曾间接告诉英方劝岸信介不要与中国发展更紧密的关系,特别是不要承认中国。6 月 20 日,美国国务卿赫脱(Christian Archibald Herter)在日内瓦告诉英国外相劳埃德不要在对华贸易上给日本任何鼓励。[35]

英国驻日大使认为日本愿意与英国更紧密地合作,部分是由于日方认为自己过于依靠美国,与英国合作可以保持总体平衡;是由于日方认为英国能有效地影响英联邦;是由于英国能够而且愿意缓和东西方的紧张关系,特别是能帮助日中建立某种新的关系(尤其是在贸易方面)。日方认为英方能对美国施加有益的影响。英方想确保日本与西方站在一起反对日渐强大的中国,同时缓和日本认为美国对华政策是错误的观点。因此,英方打算在和岸信介谈中国问题时小心行事,以防止他引用英方的说法去劝美国。[36]当岸信介 7 月中旬访英,在与麦克米伦会谈时,询问麦克米伦如何看待英中关系,并且英国的观点与美国有何不同? 麦克米伦说,虽然英国政府在1950 年就承认北京政府,但英中关系还是冷淡的,英方坚定地和美国和其他盟国站在的一起。[37]

这一时期日本跟随英国放弃限制对华贸易上的"中国差别",并且在藤山爱一郎的主导下,积极探索改善日中关系的途径。增加对华贸易的可能性吸引了许多日本人,日本认为美国的对华经济政策是错误的。由于英国在限制对华贸易问题上与美国有分歧,所以日本希望在缓和对华贸易限制问题上得到英国的帮助,期待英国能说服美国改变对华经济政策。虽然英国和日本一样,不满于美国过度限制对华贸易的政策,但是英国对日政策的基本目标是既防止日本转向不友好的中立主义,也要防止它转向共产主义。美国也相信日本走向中立主义意味着美国将失去基地,这将严重损坏美国在太平洋地区的战略地位。[38]在美国的压力下,英国并不愿在改善对华关系问题上为日本火中取栗。

到了 60 年代初,美国一再催促英国首相访问日本。关于首相访日问题,在外交部内经过长期的讨论,最后外相霍姆于同年 12 月 12 日给首相麦克米伦一个备忘录,霍姆希望首相能接受邀请,"因为日本非常渴望提升与英国的关系,并且美国也一再催促英国将此事提上日程,霍姆相信英日关系的提升既有利于双方也有利西方。"同时霍姆建议,"英方无需立即给出确定的日期,但可以告诉日本大使,英方原则上接受邀请,而日期可以容后再议。"[39]12 月 13 日,麦克米伦和霍姆谈论了上述备忘录。他们认为,向日本发出即将访问的信息是错误的,英方所说的任何事情都可能被泄露,当麦克米伦访问日本之事被公布,那么他在下院将受到要他访问与日本一衣带水的中国的强大的压力,而把政府暴露的这种压力下是不明智的,因此,英国在感谢日本的邀请的同时,遗憾地加以婉拒。[40]

第三节 1952—1972 年日英关系的历史定位

一、重新建构两国关系的发展框架

(一)日英百年关系史中的重要转折时期

19 世纪 50 年代安政年间,英国与日本签订不平等条约,双方建立正式的国家关系。百余年间,日英关系跌宕起伏,充满戏剧性。1894 年中日甲午战争前夕,英国率先修改安政年间与日本订立的不平等条约,协助日本完成了对华开战的外交准备。通过日英改订新的《通商航海条约》,日本逐步收回来税权和法权,双方关系大致对等。1902 年日俄战争爆发前 2 年,英国与日本签订了《日英同盟条约》,形成针对俄国的攻守同盟,并于 1905 年、1911 年订立第二次、第三次《日英同盟条约》,为日本的武力崛起提供了有力支持。日本在太平洋的崛起,引起美国的不安。1921 年华盛顿会议召开,美英法日四国签订《关于太平洋区域岛屿属地和领地的条约》(简称《四国条约》),《日英同盟条约》失效,日英同盟瓦解。在这个过程中,日本成为东亚新兴的帝国主义强国,英国的一个强有力的竞争者。此后,在 30 年代日本逐步升级的侵华战争中,英国实行绥靖政策,放纵日本在武力扩张中逐步坐大,最终不得不吞咽养虎遗患的苦果。

　　1941 年 12 月,日本发动太平洋战争。日军击沉了英国海军的主力战舰"威尔士亲王号",英国在东南亚的殖民地悉数落入日军之手,数万英国在当地的驻军成了日军的俘虏,遭受非人的虐待。战争期间,日英军队在西南太平洋地区展开激烈的战斗,英军反败为胜。1945 年 8 月日本战败投降,英联邦派出占领军,进驻日本。英国作为同盟国的重要成员,参与审判战犯、解散财阀、农地改革等非军国主义化改革。历史似乎进入了一个新的轮回过程,英国依然是强者,日本又成为弱者,并受到国际正义的审判。日本沦落如此是咎由自取,日英关系处于异常状态。

　　1952 年 4 月,《旧金山对日和约》生效,日英恢复外交关系。然而,走出战争的阴影,建立正常且可以信赖的外交关系尚需时日。对于日英关系来说,这是一段结束过去,走向未来的重要过渡时期。由于历史遗留问题和现实问题同时存在,恢复正常的、全面的、稳定的日英关系是摆在两国面前的共同课题。为逐步奠定日英关系发展的关系框架,双方至少耗费了 20 年的时光。在这个意义上说,1952—1972 年的日英关系,构成了百余年间两国关系的重要转折时期。

(二)在日英政治关系方面,经过 20 年的磨合和发展,形成了基本关系框架。

日英两国同属西方阵营,在冷战的大背景下,在对抗以苏联为首的社会主义阵营方面,两国之间存在若干共同语言,加之美国的居中撮合,日英政治关系的基础基本稳定,虽然在局部问题上尚存在无碍大局的分歧。此后经过国际形势的多年变化,包括冷战结束之后,日英关系的政治基础从来没有发生动摇。在 1952—1972 年间形成的颇具日英政治文化特色的外交方式,即政府首脑外交与"皇室外交"相互穿插,日趋频繁地展开,构成加深了相互理解两翼,促进了双边政治关系的发展。具体的事例不胜枚举:

1973 年 10 月,田中角荣首相访英,带来 3 亿日元用以资助英国的日本研究。其后,铃木善幸、竹下登、海部俊树、宫泽喜一、小渊惠三、桥本龙太郎、小泉纯一郎、安倍晋三、福田康夫等都曾在任首相时访问过英国;英国首相撒切尔、布莱尔也在任内不止一次地访问过日本。1975 年 5 月,英国女王伊丽莎白二世夫妇访日,受到盛情的款待和媒体的广泛报道。1986 年 5 月、1990 年 11 月,英国王储查尔斯和王妃戴安娜夫妇两次访问日本,一再掀起"皇室外交热"。特别是光彩照人的戴安娜王妃出席茶道表演、试穿和服、出席威尔士国家歌剧院在日本的演出和日本歌舞伎表演会场,参观本田汽车工厂等,均成为日本媒体竞相报道的抢眼新闻,极大地拉近了日英国民之间的感情。作为回访,日本天皇明仁于 1998 和 2007 年两次访英国,得到的喝彩声明显大于抗议的声音。王室和首脑的互访,构成发展双方政治关系的两轮,相辅相成,效果颇佳。但追根溯源,这样的外交方式起始与 1952—1972 年间的日英交往过程。

此外,从日英定期会谈到利用多国国际会议场合开展双边外交的形式,实际上也是在这个时期形成了惯例,并在此后丰富发展。例如西方七国首脑会议、西方七国财长会议、八国会议、20 国会议、联合国会议以及日本和欧盟建立定期会谈等。日英之间的政治交流呈现多层次、多样化的趋势。在上述过程中,日英政治关系对等化并日益密切化。1989 年 9 月英国首相撒切尔夫人访日时,两国首脑就建立"史无前例的友好关系"达成一致。1994 年 9 月,英国外相赫德(Douglas Hurd)在东京参加日英定期会谈时,提出英国对亚洲外交是以日本为中心,在 1995 年 1 月的日英定期会谈上,赫德外相又提出日英是"战略伙伴关系",强调英日基于共同利益在全球合作的重要性。可以说,1952—1972 年间的日英关系是观察和分析最新日英关系动态的入口,值得认真研究。

(三)在日英经济关系方面,20 年发展的结果,在形成难以分离的密切关系的同时,也建构了力量对比的框架。

1952 年日本恢复国家主权之后,正处于战后第一次经济活跃发展时期,即"特需"景气时期。虽然在这一年日本的生产指数达到战前的最高水平,但与英国相比较,依然有相当的距离。此后,经过几个景气构成的发展台阶,日本实现了赶超英国的目标,并最终坐上了西方阵营第二经济大国的交椅。在这个 20 年前伦敦,20 年后东京的经济实力对比的轮替过程中,英国从居高临下限制、防范日本,到平起平坐,签订对等的《日英通商航海条约》,承认日本享有《关贸总协定》的完整权利,最终形成日英局部摩擦与整体合作的经济关系。

20世纪70年代中后期,日英之间发生贸易摩擦。英国指责日本进行倾销,造成英国国内相关产业大量失业,并威胁将对日本实施报复措施。日本一方面,以自主规制、增加进口英国产品、增加对英投资的方式加以缓和,日本对英国的直接投资占对欧盟投资的40%。另一方面,英国自己也积极行动,扩大出对日出口。这种状况,今后还将存在。但追根溯源,还需要从1952—1972年日英经济关系的发展过程中,寻找答案。

基于以上对1952—1972年间日英关系在整个日英关系史上考察,特别是对当代近70年的日英关系史的考察,这20年间实际上是对遭到太平洋战争破坏的日英关系再定位的过程,也是此后乃至将来日英关系发展过程中,不可缺少的过渡时期。本书之所以选择1952—1972年间的日英关系作为研究课题的重要原因,也在这里。

二、不对称的双边关系

(一)在联合国的地位差异明显

联合国是反法西斯战争的产物,其基本原则缘起于1941年8月罗斯福与丘吉尔签署的《大西洋宪章》。宪章全文共8条:1."不追求领土或其他方面的扩张";2."不希望看见发生任何与有关人民自由表达的意志不相符合的领土变更";3."尊重所有民族选择他们愿意生活于其下的政府形式之权利,他们希望看到曾经被武力剥夺其主权及自治权的民族,重新获得主权与自治";4."在尊重他们现有的义务下,努力促使所有国家,不分大小,战胜者或战败者,都有机会在同等条件下,为了实现它们经济的繁荣,参加世界贸易和获得世界的原料";5."希望促成所有国家在经济领域内最充分的合作,以促进所有国家的劳动水平、经济进步和社会保障";6."在纳粹暴政被最后消灭之后,他们希望建立和平,使所有国家能够在它们境内安然自存,并保障所有地方的所有人在免于恐惧和不虞匮乏的自由中,安度他们的一生";7."这样的和平将使所有人能够在公海上不受阻碍地自由地航行";8."世界上所有国家,为了现实的和精神上的理由,必须放弃使用武力。如果那些在国境外从事或可能以侵略相威胁的国家继续使用陆海空武器装备,则未来的和平将无法维持;所以他们相信,在一个更普遍和更持久的全面安全体系建立之前,解除这些国家的武装是必要的。同样,他们会协助和鼓励一切其他可行的措施,来减轻爱好和平的人民在军备上的沉重负担"。[41]换言之,英国与美国一样,均为联合国最初蓝图的设计者。

1942 年 1 月 1 日,美、英、苏、中等 28 个反轴心国的国家派出的代表齐聚华盛顿举行会议,并签署了《联合国家宣言》。宣言表示完全赞同《大西洋宪章》提出的不扩张领土、尊重各民族自由选择政府形式的权利、经济合作、摧毁纳粹暴政以重建和平、贸易平等待遇、公海航海自由、放弃使用武力等原则,宣布各签字国使用全部力量来反对轴心国,不同敌人单独媾和,与敌国战斗到底直至胜利。《联合国家宣言》的发表,不仅意味着反法西斯战线的形成,而且向组建联合国跨出了一大步。

随着反法西斯战争的进展,组建联合国的步伐在加快。1943 年 1 月,美、英、苏、中国等抗击轴心国四个大国共同发表了《关于普遍安全的宣言》,重申了维护国际正义的原则。1944 年 8 月,反法西斯盟国再次聚会华盛顿,通过了建立联合国的《关于建立普遍安全性国际组织决议案》。1945 年 6 月,各盟国派出代表,在旧金山正式成立了联合国。在上述过程中,英国的作用和地位举足轻重,可谓位居美国之后的第二个国家。英国是联合国的创始国之一,也是安理会常任理事国之一。

相形之下,在联合国形成的过程中,日本恰好站在反法西斯盟国的对立面,是《联合国宪章》的"敌国条款"的使用对象。所谓"敌国条款",即《联合国宪章》的第五十三条第一款规定:"安全理事会对于职权内之执行行动,在适当情形下,应利用此项区域办法或区域机关。如无安全理事会之授权,不得依区域办法或由区域机关采取任何执行行动;但关于依第一百零七条之规定对付本条第二项所指之任何敌国之步骤,或在区域办法内所取防备此等国家再施其侵略政策之步骤,截至本组织经各关系政府之请求,对于此等国家之再次侵略,能担负防止责任时为止,不在此限。"该条第二款明确规定:"本条第一项所称敌国系指第二次世界大战中为本宪章任何签字国之敌国而言。"宪章的第一百零七条规定:"本宪章并不取消或禁止负行动责任之政府对于在第二次世界大战中本宪章任何签字国之敌国因该次战争而采取或授权执行之行动。"[42]日本则在 1945—1956 年的 11 年间,被拒之于联合国大门之外。不仅如此,即使日本加入了联合国,上述两个"敌国条款"的规定,仍在提醒联合国成员国:日本曾经是反法西斯盟国的作战对象。只要《联合国宪章》的"敌国条款"未取消,日本的国际形象就比英国等参加过反法西斯战争的同盟国要矮三分。

(二)同盟关系的战略覆盖面存在差异

无论二战前还是二战后,美英总是国际舞台上并提的国家。换言之,美英同盟的战略覆盖面具有全球性,属于西方阵营世界战略层次的级别的合作范围。由此就不难理解,何以是丘吉尔而非其他西欧国家的领导人能够从全球遏制的宏大眼光,率先发表

"铁幕演说",吹响了东西方两大阵营进入冷战的号角。此后,在朝鲜战争或者日内瓦裁军会议、签订限制核试验条约、联合国大会等所有重大场合,英国差不多都要站在美国一边,竭力与美国发出一个声音。英国这样做的原因,除了经济利益考量、意识形态一致性和双方军事同盟等因素发挥作用之外,借助美国来抬高本国的身价,使大不列颠尚能散射出荣耀的余晖,也是其中的重要原因。

相形之下,曾经的世界级强国日本,却因走错了道路、定错了国家目标、用错了崛起的手段而最终导致大日本帝国身败名裂,战败投降,沦落为世界的三四流国家、国际孤儿。直到战败 7 年之后,日本才恢复国家主权和外交机能;直到战败 11 年之后,日本才加入联合国,很长时间内不能享有作为"普通国家"应有的尊严和地位。此后,即使日本成为世界级经济大国,但依然是政治中等国、"一个腰缠万贯的政治矮子"。就美日同盟而言,除了双方共同的战略利益需求之外,美国防范日本再次走向敌对,与日本备感屈辱而寻求日美真正的对等,也使日美同盟潜在着变数。由于上述原因,在冷战结束之前,美日同盟的战略覆盖面,基本上是地区性的合作范围,而非全球性的合作范围,与美英同盟形成鲜明的对比。

(三)核武器

1945 年 7 月至 8 月,美国成为世界上第一个拥有并使用核武器的国家。杜鲁门和丘吉尔同声祝贺两国科学研究的新进展,夸赞原子弹的威力及其对结束战争的贡献。因为原子弹的研究工作是美英双方合作进行的,但制造却是美国独家进行的,美国无意让英国轻易取得原子弹制造的核心技术而失掉拥有原子弹的垄断地位。1946 年 8 月,美国通过了《麦克马洪法》,拒绝向英国透露制造原子弹的机密。英国对此愤愤不平,首相艾德礼指责这个议定书是"背信弃义",因为英国科技人员也参加了原子弹的研制。[43]

1949 年 8 月,苏联首枚原子弹试爆成功,成为世界上第二个核国家,这令美英感到巨大压力,特别是英国。由于地处东西方阵营冷战对峙的中心地带,苏联拥有了核武器,随即将英国置于核阴云的笼罩之下。另外,缺乏核武器支撑的英国外交,难以与美国平起平坐。对英国未能很快成为核国家的焦躁不安,体现在艾德礼、丘吉尔、艾登、麦克米伦等历届首相的言论中。其中,又以擅长言辞的丘吉尔言论最为透彻。丘吉尔一向认为,为确保英国的世界地位,"无论美国和苏联有什么,英国都必须同样有"。在他看来,"如果英国不能够独立制造原子弹,将有被降到二流国的可能",因此"只有拥有核武器才能恢复昔日大不列颠的荣耀"。[44]经过从艾德礼到麦克米伦四届内阁的持续努力,1962 年 10 月,英国独自制造的原子弹在澳大利亚附近的蒙蒂贝洛岛上试爆成功,英国成为世界上第三个拥有核武器的国家。

作为世界上唯一遭受美国原子弹两次轰击的国家,日本平民是无辜的,但这个国难却事出有因。美国的原子弹造成大量平民的死亡,因此在战后日本的和平运动中,反对核武器与反对美军基地联系在一起,极具感召力。国民感情如此,选票政治运行机制下的政治家不得不对此表明态度。1965 年 1 月、1967 年 11 月、1969 年 11 月,日本首相佐藤荣作三次次访问美国,商谈归还冲绳、小笠原群岛问题,期间穿插着美国国务卿、驻日大使和日本外相、首相之间的多次会晤。在涉及美军拆除部署在冲绳的核武器时,日方坚持冲绳"与本土一样撤除核武器"的原则,强调 日本"不制造、不拥有、不引进"核武器的"无核三原则",以及日本全土无核化的原则。1968 年 1 月,首相佐藤在国会发表施政演说时明确了"无核三原则"。1971 年 11 月,众议院全体会议予以通过,为历届内阁所沿用。但是最近曝光的机密档案表明,佐藤与尼克松直接订立了"核密约",[45]允许在紧急情况下美国的核武器运进冲绳。这样一来,无论是 1974 年获得诺贝尔和平奖的佐藤,还是日本政府向来以为自豪的"无核三原则"被大打了折扣。

三、对华政策同中有异

对华政策是日英关系中的一个重要问题,为双方所不能回避。在历次日英首脑会谈和大臣级的定期会谈中,中国问题始终是日英两国高度重视的问题。对华政策自然而然地成为日英之间需要交流和协调的重要内容。换言之,重视中国问题,是两国对华政策中最显著的相同之处。此外,同为西方阵营重要成员的日英两国,在意识形态上的一致性,均在其对华政策中程度不等地得到体现。这也是日英两国对华政策的另一个相同之处。

然而,在日英关系中,有关对华政策的差异性,更具有观察日英双边关系的研究意义。造成差异的根本原因,是中国因素在日英对外政策中的分量不同。所谓中国因素,包括中国的国内局势、对外政策、联合国席位问题、台湾问题等。这些问题为日英两国所必须面对,因此在二战后日英恢复外交关系之前,特别是在两国关系恢复之后,成为日英外交过程中无法绕开的话题。

对于日本而言,中华人民共和国自建立之日起,就成为必须严重防范的对象。1949 年 10 月 1 日,北京举行了隆重的开国大典。日本各大报纸均在头版加以报道,《读卖新闻》认为"世界各国承认或不承认中共目前已成了一个大问题";《每日新闻》预测中国在联合国的代表权问题,将在国际社会掀起"暴风雨般的一幕",担心"会更加妨碍日本和平问题的解决"。[46]正式使用中国正式国号进行报道的,只有《朝日新闻》一家,10 月 1 日新闻的标题是《中华人民共和国今日祝贺成立》;10 月 5 日发表评论,强调"承认中华人民共和国还是国民政府,将成为第二次世界大战以来最重大的问题之一"。[47]敏感的日本媒体很快意识到是否承认新中国、联合国席位问题、台湾问题等三个相互联系的问题,将成为日本对华政策的大问题。日本政府随即表示了对新中国的敌视立场。10 月 3 日,首相吉田茂就发表了一通类似"中国崩溃论"的反华言论。吉田拒绝采用中国的正式国号而以"中共"代之,声称:"中共在苏联援助之下,已经获得了控制地位",但其后在乡村中将"普遍地发生反感",政权必然不稳定。[48]9 日,吉田又发表声明,强调日本不能与中国开展有规模的贸易,"一切都要看盟总的政策而定"。[49]推行"对美一边倒"方针的吉田政府将自身置于新中国的对立面,不仅长时期影响了历届日本政府的对华政策,而且立即在邻国引起强烈的反应。

1950 年 2 月,中苏两国签订的《中苏友好同盟互助条约》,将日本和美国确定为必须严加防范的假想敌国。条约规定中苏两国建立军事同盟的战略目的是:"共同防止日本帝国主义之再起及日本或其他用任何形式在侵略行为上与日本相勾结的国家之重新侵略"。条约共计 6 条,其主要规定包括:1."缔约国双方保证共同尽力采取一切必要的措施",制止日本及与其相勾结的任何国家重新侵略;2."一旦缔约国任何一方受到日本或与日本同盟的国家之侵袭因而处于战争状态时,缔约国另一方即尽其全力给予军事及其他援助";3. 双方"同意与第二次世界战争时期其他盟国于尽可能短期内共同取得对日和约的缔结"。[50]在同时签订的《中苏两国关于中国长春铁路、旅顺口及大连的协定》中,规定:"一俟对日和约缔结","中国长春铁路的一切权利以及属于该路的全部财产无偿地移交中华人民共和国政府,"苏军"自共同使用的旅顺口海军根据地撤退",但"一旦缔约国任何一方受到日本或其他与日本相勾结的任何国家之侵略",两国"可共同使用旅顺口海军根据地,以利共同对侵略者作战"。[51]中苏两国在条约或协定中,明确地以日本为假想敌,直呼其国名,对支持日本的美国并未直呼其国名,而以"与日本相勾结的国家"称呼之,稍稍留有回旋的余地。这样一来,通过上述条约和协定,形成中苏两国共同对付美日两国的军事同盟。

1951年9月,美国和日本签订《美日安全条约》,形成对抗中苏的另一组军事同盟。这样,中苏与美日两大军事同盟的对抗格局,既因朝鲜战争而进一步固化,也因1952年1月发表公开敌视并拒不承认中国的《吉田书简》,4月日本与台湾签订《日华和平条约》而更加复杂化。1953年7月,中朝军队与联合国军签订了《停战协定》,中苏为一方,美日为另一方的军事集团对立格局仍继续存在到60年代初期。直至1963年9月《人民日报》、《红旗》杂志联合发表编辑部文章《苏共领导同我们分歧的由来和发展》,中苏两党论战公开化并导致两国关系紧张化,以及1969年3月和8月发生边界武装冲突,中苏同盟最终瓦解,两国联手对抗美日军事同盟的格局彻底消除。

但是,由吉田内阁制定亲美、亲蒋、反华、反共的基本方针,以及1951—1952年与美蒋签订的一系列条约,构成了阻滞中日邦交正常化长达20余年的巨大障碍,并对吉田之后的历届日本内阁的对华政策产生或强或弱的长久影响。尤其是岸信介、佐藤荣作内阁执政时期,中日政治对立,关系紧张并多次出现经贸关系的倒退。在这种情况下,中国必须做出必要的反应,发展中日民间关系,批判日本官方的错误立场和政策。总之,整个50年代至60年代初期,中苏军事同盟与日美军事同盟的对峙,60 年代至 70 年代初期中国政府与佐藤政府的对抗,是日本外交政策中需要认真看待的重大问题之一。在日英对话中,日本方面总是将中国问题挂在嘴边的基本原因就在这里。

相形之下,中国因素在英国对外政策中影响却出现了另外一种情景。1950 年 1 月,艾德礼内阁经过一番观察和讨论,决定承认新中国。同月 6 日,奉外相贝文电令,留驻北京的英国总领事格雷厄姆前往新中国外交部,递交了贝文致周恩来的照会,宣布英国正式承认中华人民共和国,并派胡阶森(Hutchinson)为驻华临时代办。这样,英国成为第一个承认新中国的西方国家。[52]

与日本相比较,英国之所以最早承认中华人民共和国,首先是由于英国是享有充分外交主权的独立国家。英国可以根据自身的国家利益需要,做出独立的判断。这与尚未恢复外交权限,一切都要看"盟总"脸色,"对美一边倒"的吉田政府完全不在一个档次上。其次是英国在新中国成立后依然存在维护在华资产和市场的可能性和现实性。与日本战败投降,数百万复员官兵、侨民分批撤离中国,在华资产作为"敌产"留在中国,并先后被苏军、国共两党政府没收不同,至 1949 年 10 月,如何维护在华经营已逾百年的 3 亿英镑的巨大资产,成了艾德礼政府的当务之急。10 月 20 日,英国外交部远东司负责人德宁(Dening)为内阁会议决策提交了备忘录,列举了英国承认新中国五点依据,即英国的"在华利益比其他国家大得多,因而不必受他国的约束";继续承认已经失败的国民党政府,"无助于英国的利益";从现实出发和避免受到敌视,"目前中共政权是唯一可替代国民党的政府";英国的"商业利益只有通过尽早地正式承认才能得到保护";国共两党内战结局已经明朗,"承认中共政权为合法政府符合国际法原则"。[53]10 月 27 日,艾德礼内阁会议采纳了德宁的政策建议，开始了承认新中国的各项协调交涉活动，包括取得美国和西欧邻国的理解和支持。与美国在华企业的总部远在美国不同，英国的在华企业的总部和分店均在中国大陆或毗邻广东的香港。1949 年 10 月 14 日，广州解放，英国唯恐中国军队开进香港而失掉获取在华利益的最大基地。从维护在华利益的考虑出发，英国率先对毛泽东在开国大典上发表的关于中华人民共和国外交方针作出了回应，并在 1950 年 1 月断绝了与台湾蒋介石政权的外交关系，转而承认新中国。

　　虽然直到 1972 年 3 月中英两国的外交关系才升格为大使级，22 年间处于低水平的代办级的外交关系，但与中国建立正式外交关系的英国，与同中国无邦交的日本，在思考中国问题时具有很多差异。例如，在旧金山和会中国代表权问题、恢复中国在联合国合法席位等重大外交选择上，英国的立场明显不同与日本。在具体问题的考虑上，同样存在差异。例如，1952 年日英恢复外交关系之后，吉田茂、鸠山一郎、岸信介、池田勇人等日本首相先后访问英国，但截至 1972 年 9 月英国首相希思访日之前，没有一个英国首相来到东京，致使日本在"四比零"的首相访问记录面前，十分尴尬。1960 年 5 月和 1961 年 9 月，元老级的蒙哥马利元帅两次访华，更使日本政府在国际社会感到很没面子。于是，加紧邀请时任首相的麦克米伦访问日本。但是麦克米伦担心，一旦成行，势必面临下院亲华派议员，要其访问中国的压力，最终选择婉拒访问日本，由资深的大臣外相霍姆访日来敷衍了事。直到 1972 年 7 月田中内阁表明了打开日中邦交正常化大门的决心后，英国首相希思的专机才出现在东京的羽田国际机场，创下了历史上英国首相首次访日的记录。

结　语

　　日英关系是一组颇有特色的双边关系。第二次世界大战的进程和结果,给 1952 年至 1972 年日英关系的发展,打下了深刻的历史烙印。20 年间,双方在发展关系的主动性和侧重点上有所差异,从而展现出阶段性。若追根溯源,均反映了二次大战深刻而长远的影响。

　　日英关系的发展受到各种因素的制约。国内的经济发展、政治状况、外交方针等因素,是日英两国政府制定外交政策并进而制约日英关系的基本要素。与此同时,日英关系又是地区性乃至近似全球性的双边关系,也要受到日英两国之外各种国际因素的影响。美国因素对日关系的发展影响最强烈,值得认真研究。

　　日英关系发展状态对周边国家和国际形势产生着影响。在某种意义上,日英关系也可以称之为即"世界中的日英关系",意思是说这组双边关系是某个国际关系发展阶段之中的双边关系。但是日英关系也并非只是被动地适应环境,也要反转过来影响周边的国家,如中国,苏联、美国;或对地区级或近似世界级的国际形势的发展产生影响,例如东南亚、南亚局势的发展等。

注　释

1　《国际条约集(1948—1949)》,世界知识出版社,1959 年版,第 191、192 页。

2　《国际关系史资料选编(1945—1980)》,第 295 页。

3　《中苏友好同盟互助条约》,《新华月报》1950 年 3 月,第 1085 页。

4　《国际条约集(1950—1952)》,世界知识出版社 1959 年,第 393—394 页。

5　6　宋成有:《日本十首相传》,东方出版社 2003 年版,第 251 页。

7　《木戸幸一日記》下卷,岩波书店 1966 年,第 1235 页。

8　弗兰克·本福德著,刘乐华译:《丘吉尔 1874—1965》,京华出版社 2008 年,第 313 页。

9　Record of discussions at the P. M. s dinner for Mr. Yoshida on October 27 1954, FO371/ 110498/FJ1631.

10　《吉田内阁》,转引自宋成有、李寒梅著《战后日本外交史》,第 117 页。

11　历史学研究会编:《日本史史料 5》现代卷,岩波书店 1997 年版,第 269 页。

12　13　宋成有、李寒梅:《战后日本外交史》,第 140、145 页。

14　渡边昭夫:《戦後日本の対外政策：国際関係の変容と日本の役割》,第 187 页。

15　吴学文:《日本外交轨迹 1945—1989》,时事出版社 1990 年,第 67 页。

16　How the Japanese see England, The Times, July 3 1959.

17　Record of a meeting between the Prime Minister and the Prime Minister of Japan at the Official Residence of the Japanese Prime Minister at 10.00 am on Monday 18 September 1972, FCO21/1044/FEJ3/548/1.

18　《世界貿易拡大に日本の責任重い 英首相記者会見》,《読売新聞(夕刊)》1972 年 9 月 20 日。

19　《新华月报》1949 年创刊号,第 3、10 页。

20　《中美联合公报》,《人民日报》1972 年 2 月 28 日。

21　《中英贸易回顾》,《国际金融报》,2002 年 10 月 25 日。

22　Record of a conversation between the Foreign Secretary and the Japanese Foreign Minister, Mr. Ohira, on April 3, 1963, in the Ministry of foreign affairs. FO371/170759.

23　Record of a conversation between the Foreign Secretary and the Japanese Prime Minister after dinner on April 3, 1963, at the British Embassy, FO371/170759.

24　日本通商产业省通商产业政策史编纂委员会:《通商産業政策史第 8 卷》,通商产业调查会 1990 年,第 210 页。

25　26　《世界历史长编》第 1 卷第 1 册,第 460—461、458 页。

27　《联合国手册(1945－1965)》下册,商务印书馆,1972 年版,第 723、724 页。

28　29　《战后世界历史长编》第 1 卷第 1 册,第 528—530、533—534 页。

30　肯伍德等著、王春法译:《国际经济的成长:1820－1990》,经济科学出版社 1997 年,第 235 页。31　弗兰克·本福德著、刘乐华译:《丘吉尔 1874—1965》,京华出版社 2008,第 325 页。

32　NSC 13/2，Recommendations with Respect to United States Policy toward Japan，7 October 1948，FRUS，1948，vol 6，pp. 858—862.

33　信夫清三郎著、天津社科院日本问题研究所译：《日本外交史》下册，商务印书馆 1980 年版，第 760 页。

34　田中孝彦：《冷戦初期における国家アイデンテイテイーの模索》，木畑洋一等编 《日英交流史 1600—2000・2 政治・外交 II》，第 251 页。

35　36　Visit of the Japanese Prime Minister，July 1959，FO371/141437.

37　Record of conversation between the Prime Minister and the Prime Minister of Japan at 10. Dowing Street at 11. 30 a. m. on July 13，1959，FO371/141439/FJ1051/92.

38　Japan：Proposed visit by the Prime Minister，Dec 9 1960，FO371/150581/FK105；Japanese attitude towards the United Kingdom，Jan 26 1961，FO371/158491/FJ1051/6.

39　Japan：Proposed visit by Prime Minister，Dec 12 1960，PM/60/133.

40　From Philip to Samuel，Dec 13 1960，FO371/150581/FJ1051/41.

41　《国际条约集（1934—1944）》，世界知识出版社 1961 年，第 337—338 页。

42　中华人民共和国外交部条约法律司：《中华人民共和国多边条约集（第 1 集）》，中 国法律出版社 1987 年，第 292—350 页。

43　44　弗兰克・本福德著，刘乐华译：《丘吉尔 1874—1965》，第 326、327 页。

45　新华社东京 2009 年 12 月 22 日专电：日本前首相佐藤荣作之子、前交通大臣佐藤 信二 22 日公开一份日美核密约相关文件。佐藤信二说，这份文件记录了佐藤荣作 与时任美国总统理查德・尼克松 1969 年举行秘密会谈的内容。记录显示，双方在 会谈中一致同意，经事先协商，美方可在日本或者远东其他地区出现紧急情况时 将核武器运入冲绳。会谈后双方同意保密记录文件，将文件保存在美国白宫和日 本首相办公室。日本《读卖新闻》报道，会议记录共两页，用英文书写，日期为 1969 年 11 月 19 日，上下方均标有"绝密"字样，下方有佐藤和尼克松两人的签名。

46　美联社东京 1949 年 10 月 4 日电讯。

47　菅荣一：《日中問題：現代中国と交流の視角》，三省堂 1971 年，第 9 页。

48　合众社东京 1949 年 10 月 3 日电讯。

49　中央社东京 1949 年 10 月 9 日电讯。

50　51　《新华月报》，1952 年 3 月号，第 1085—1086、1086—1087 页。

52　1954 年 6 月 17 日，中英相互建立代办级外交关系。至 1972 年 3 月 13 日，相互升格为大使级外交关系。

53　金光耀:《1949—1950 年英国对新中国的承认》,《历史研究》1994 年第 5 期。

54　《ポンド支援参加　水田蔵相言明》,《読売新聞(夕刊)》1968 年 7 月 9 日;《ポン
　　ド支援 9 月にツメ　前川日銀理事談》,《読売新聞(朝刊)》1968 年 7 月 11 日;
　　《BISの対英借款　またふえる借金　残高処理の一時しのぎ》,《読売新聞(朝
　　刊)》1968 年 9 月 10 日。

结　论

一、1952—1972 年日英关系的发展轨迹

1952—1972 年是当代日英关系发展的重要时期,这 20 年间的日英关系可以分为三个阶段:1952—1956 年是走出战后的起步时期;1957—1964 年是协调并理顺双方关系时期;1964—1972 年是稳定发展时期。

1. 1952—1956 年,英国占据着两国关系的主动地位

战后,丘吉尔内阁很快确定了对日外交的方针,其重点是把日本留在资本主义阵营;防止日本发生经济危机并促进日本与英镑区的贸易;努力平息国内的反日情绪,发展英日友好关系。但是,上述政策的第三点难以贯彻。因为战前日本在英国传统的东南亚、南亚市场倾销商品,对英国工商业造成巨大的打击,以及二战时日军虐待英军俘虏等残暴的行为,令英国社会愤慨不已,余恨未消。

公众的情绪反映在英国对日政策之中,当日本申请加入关贸总协定时,英国加以阻挠。在美国的压力下,英国虽然同意日本入关,但同时对日本援用关贸总协定第 35 条,即英国与日本之间不

适用关贸总协定,保留对日本的产品进行歧视。英国行动在先,法国等欧洲国家和澳大利亚等英联邦国家纷纷效仿,对日援用第35条,使得日本在国际社会中像个二等国家,经贸利益和国家颜面颇受伤害。此后,日本政府不断努力,要求相关国家撤销对日援用第35条和对日本商品的歧视,但收效不大。

2.1957—1964年,日英关系在发展,英国继续保持高姿态,但双方关系的天平正在悄悄发生变化

在岸信介内阁时期,英国对日本政府的非常冷淡。全凭美国从中斡旋,要求英法等国接受岸信介访问。作为缓冲,英国于1957年同意日本外相藤山爱一郎前来访问。但藤山带来的关于岸信介试图在东南亚设立东南亚发展基金的建议,被英国以这令人想起"大东亚共荣圈"为由拒绝了藤山的建议。1959年岸信介访英终于成行。英国同意研究关贸总协定第35条问题,并期待尽早缔结《日英通商航海条约》。这预示着日英关系开始在向好的方向转化。1960年池田勇人出任首相,1962年11月,经过旷日持久的谈判,日英两国终于缔结了《日英通商航海条约》。条约的签订是以日本自主规制某些产品出口和英国限制敏感清单项目的进口为前提的,但同时英国也承诺将撤除对日援用第35条。该条约的签订,标志着日英关系朝向实现对等化迈出了重要的一步。

池田勇人时期,日本与西欧国家明显接近。除了经贸需要,英国还在日本加入经合组织的过程中扮演了关键角色。恰巧此时英镑曾遭挤兑,英国经济不景气。池田访英时,日本经济能力已经增强到可以帮助英国的程度。日本通过对英国的金融合作,换取英国支持日本加入经合组织,两者相互利用。池田勇人时期日英关系发展另一个重要标志,就是英国外相霍姆访日。霍姆访日后不到半年,就接替麦克米伦出任首相,更凸显了此次访日的规格。日本乘机向这位重量级的外相霍姆提出池田计划,即为使日美英紧密地协商东南亚稳定的方法,应该要在东京建立某种形式的代表机构,并在新加坡和香港建立分支机构,霍姆对此加以婉拒。作为反建议,霍姆提出英国和日本进行定期会谈。日本经过研究之后,接受了霍姆提出进行定期会谈的建议,这样日英关系进入新阶段。

3.1964—1972 年,日英关系进入稳定发展时期,英国与日本实现了完全的对等化,在某些方面,英国甚至越来越有求于日本

在佐藤荣作内阁时期,日本的经济继续飞速发展,并于 1968 年超越联邦德国成为资本主义世界第 2 大经济体。而与此同时,英国的经济发展却相对滞后,经济危机不断,英镑不稳定,并被贬值。由于彼时英镑仍是国际上仅次于美元的硬通货,日本与英镑区贸易占其对外贸易的 1/4,并且与中国等社会主义国家的贸易结算一般以英镑进行。因此,日本希望英镑保持稳定,并在必要时予以援助。

双方力量对比的另一个重要的变化,出现在东南亚。东南亚曾经是英国的传统势力范围,英国一直警惕日本的经济渗透东南亚市场。吉田茂、岸信介、池田勇人内阁在东南亚另建新机构的建议,被英国以各种理由予以婉拒。但是,随着英国国力的相对衰落,英国于 60 年代后期、70 年代初期从苏伊士运河以东撤军,对东南亚的控制减弱,再也无法对日本在这一地区的行动进行干预,转而希望在日本增加对东南亚、南亚英联邦国家的经济援助。战后得到美国核保护,走"重经济、轻重装"路线全力发展经济的日本,却屡次要求英国延缓从东南亚撤军。这样,日英在东南亚问题上,又产生了相互接近的理由。

英国在急于解决对日贸易中的逆差问题,积极设法扩大对日出口。除了在日英定期会谈等场合对日本施加压力外,1965 年和

1969 年分别在日本举行英国博览会和英国周,以加强对日出口和增强日本对英国文化的了解,就是这种努力的具体表现。1972年,首位访日的英国首相希思,一如 10 年前访欧时的"半导体推销员"池田勇人,希思扮演着向日本推销从"盘尼西林和协和飞机"的英国产品和技术的角色。首位访日的英国首相,在风光的背后肩负这样的任务,不禁令人有时移世易之感。

综上所述,从 1952 到 1972 年的 20 年间,日英关系走过了双方地位发生了由不对等到对等、关系状况由冷至暖至热、涉及范围从双边到多边等呈现三重复线型的变化过程,为以后日英关系打下基础。简而言之,这种基础即作为经济大国的日本和作为政治大国的英国相互依赖的局面。

二、1952—1972 年日英关系发展进程中的国家利益与阵营利益

1. 国家利益驱使日英两国发展相互关系

"我们没有永久的盟友,也没有永久的敌人,我们的利益才是永久的和不变的"。19 世纪中叶英国著名的政治家帕麦斯顿如是说。诚如斯言,国与国的交往说到底就是为了追逐国家利益的最大化。

日本自恢复独立以后,主动密切日英关系。与英国交好,在某种程度上可以调节日美关系,可以为日本打开与西欧、英联邦国家交往的通道,特别是在解决关贸总协定第 35 条的钥匙掌握在以英国为首的西欧国家手中的时候。出于享受完全的关贸总协定待遇,缔结日英通商航海条约等扩大国家经济利益的考虑出发,日本首相在英国首相长时期未回访的不平等的情况下,从吉田茂、鸠山

一郎、岸信介到池田勇人等历届首相,先后访问伦敦,开展不对等的政府首脑外交。从皇室外交的实施来看,尽管英国的王储、女王在若干年之后才来到东京,但日本的皇太子明仁和天皇裕仁,也在日本内阁的安排下,前往英国访问。日本为了经济开发、改善国际生存发展的条件,即为了国家发展的经济利益、政治利益和安全利益,不错过任何发展自身的机会,也不惜屈尊俯就,竭力将对英外交纳入经济开发的国家利益轨道之内。

同样,英国对日外交的由冷趋热,由不对等到对等的变化过程,也表明英国的国家利益是对日外交方针变化曲线的主轴。特别是经济利益的需求,发挥了重要的作用。20 世纪 50 年代英国对日经济政策的主要举措,一是警惕日本在东南亚重新建立桥头堡的图谋。因此,英国逐一拒绝日本历届内阁的相关建议,包括吉田茂内阁提议在新加坡设立反共中心的计划、岸信介内阁提议设立的东南亚发展基金的计划;池田勇人内阁提议在东京、新加坡、香港设立协商东南亚安全的机构的计划等。"反共"、"安全"等意识形态因素失灵。二是防止日本的不正当竞争。为此,英国对日本加入关贸总协定加以阻挠,即使美国支持日本加入关贸总协定,英国依然针对日本援用第 35 条,继续对日本商贸进行歧视并严加防范。

进入 60 年代,情况发生了很大的变化。日本加快赶超的步伐,日英经济实力对比发生逆转。1967 年,日本的国民生产总值超过英法两国;1968 年,日本超过联邦德国,成为资本主义世界第 2 大经济体。在同一时期,由于英国经济不稳定,英镑贬值,英国反而要借重和利用日本。1962 年,池田勇人访英时,向英格兰银行存款 1000 万英镑;1964 年 11 月,英格兰银行为平息挤兑风潮向主要资本主义国家中央银行、国际决算银行、美国进出口银行借款 30 亿美元,其中日本银行提供了 5000 万美元;1967 年 7 月,日本表示支持国际清算银行向英国贷款,9 月,国际清算银行向英国提供 20 亿美元贷款以应对英镑危机。

　　当然,无法用善良愿望来解释日本对英国的金融支持。作为贸易大国的日本,英镑的稳定与其经济利益息息相关。日本与英镑区贸易额约占其对外贸易的 1/4,日本对外贸易约 30% 以英镑结算,特别是与中国等社会主义国家贸易多用英镑结算。英镑不稳定,对日本国际经贸活动有害无益。60 年代中后期,在以日英定期会谈为中心的场合,英国领导人屡次向日本领导人说明英国的经济状况和政策,以换取日本的理解和支持。显然,在这种情况下,密切英日关系最符合英国的国家利益。70 年代初,英国又陷于经济困境,在这种背景下,历史上首次访问日本的英国首相希思向日本推销从"盘尼西林到协和飞机"等英国产品和技术,被日本媒体戏称为"猛烈的推销员"。

　　另外,在国际舞台上,日英两国各有本国的利益。在这种情况下,阵营利益往往让位于国家利益。例如,在日苏复交谈判时期,当日本就北方领土的问题两次向美、英、法等国呼吁支持时,英国从自己的实际利益出发,避免进一步加剧英苏矛盾,采取了承认远东领土现状。因为从国家利益考虑,比起日本的北方领土问题,英国本国和西欧的安全更重要,没有必要为了日本而激怒苏联。

　　在核试验问题上,英国出于国家安全利益、政治利益的需要,对核武器开发持积极态度。同在一个阵营的日本政府,却慑于战后国内和平主义和反核运动的压力,由岸信介内阁出面,一再要求英国停止核试验。日本政府这样做,与其说出于对和平的爱好,不如说是自民党出于对选民选票的爱好。岸信介内阁通过各种渠道,力图劝阻英国举行核试验,但在冷战格局下,对追求自身国家安全、大国地位以及西北欧安全的英国来说，只不过是对牛弹琴而已。

再如，在对待中国重返联合国的态度上，同为西方阵营重要成员国的英国和日本差异明显。英国是最早承认中华人民共和国的西方大国。对于英国来说，与中国保持稳定的交往，既可以谋求经贸利益，也有利于维护英国在东南亚殖民地和英联邦国家的安全利益。因此，在恢复中国在联合国代表权的问题上，态度积极。对日本来说，台湾有巨大利益：台湾海峡是日本90%的战略物资进出的海上通道，日本对台贸易额远高于与中国大陆的贸易额；日本政府与台湾保持着外交关系，支持台湾以"中国"的名义据有在联合国的席位，符合日本的利益。英日两国对中国大陆和台湾的利益差异和政治关系的不同，促成两国在中国恢复在联合国的席位问题上作出不同的选择。虽然日本一再企图说服英国维护台湾的利益，但英国不为所动，最终在1971年联大对恢复中国在联合国的合法席位问题上投了赞成票。

总之，在1952—1972年间日英关系的发展过程中，双方在各种国际问题上表现出来的一致性和差异性，无处不在，并充满了动感。但是，分析表面上错综复杂现象，还是不难发现其背后一条不变的铁则，国家利益首位。

2. 阵营利益对日英关系的影响

冷战乍起，世界一分为二，形成以美国和苏联为首的两大阵营。英国在持续战时美英"特殊关系"的方针下，扮演了西方阵营中最与美国心心相印、亦步亦趋的同盟国。日本则从承认美国单独占领日本历史遗产的现实出发，自吉田茂以来，奉行"对美一边倒"的外交总方针。这样，在对抗社会主义阵营的总体战略目标上，英国和日本之间产生了若干共识和共同利益。这种利益的属性,即西方阵营利益。从总体上看,英国从维护冷战时期西方阵营的优势地位的出发,认为如果日本的技术和中国的人力、资源结合,就会形成巨大的联盟,破坏东西方两大义阵营之间微妙的平衡,于是出台了拉拢日本,防止中日接近的政策。无论是工党政府还是保守党政府,从维护冷战时期对抗苏联的阵营利益需要,对日外交采取照顾大局、逐步回暖的方针。

旧金山媾和是日本结束占领,恢复国家独立的关键步骤。围绕中国与会以及代表权问题,苏联与美国针锋相对,毫无妥协的余地。最终导致苏联、乌克兰等国家拒绝在《旧金山对日和约》上签字,这次会议实际上是由美国一手操纵,开成了一个片面的对日媾和会议。因为对日作战或时间最长、牺牲最大的中国,被无理地排斥在会场之外;一举击溃关东军,并俘获 60 万日军战俘的苏联等国家被迫抵制会议。在某种意义上可以说,旧金山对日媾和会议与当时正在激烈进行中的朝鲜战争一样,均为东西方两大阵营之间的全力较量,虽然较量的方式并不相同。尽管在中国参加会议代表权的问题上,英国与美国存在分歧,但共同的阵营利益,促美英两国最终相互让步,进而展开全面合作,确保了旧金山对日媾和会议的召开,以及《旧金山对日和约》的签订。在这个过程中,日本成为两大阵营冷战对抗的最大受益国。英国则成为支持美国片面媾和路线最强有力的合作者。即使在英日关系相对冷淡时期,英国政府除了接待亲英美派吉田茂和鸠山一郎之外,还在美国的斡旋下,接受了曾为甲级战犯嫌疑人的岸信介的来访。

日本的国家主权恢复和经济发展,离不开冷战的国际大环境。充分利用两大阵营的对抗,谋求国家利益的最大化固然是吉田茂内阁以来历届日本政府的既定方针,但与此同时,日本历届政府也在各种场合,标榜与以美国为首的"自由国家"阵营保持一致的立场。1952—1972 年间的日本政府,吉田茂和岸信介公然举起反共、反苏、反华的旗号,对美国亦步亦趋,对英国主动加强关系,并乘机发展自己。即使强调自主外交的鸠山一郎、池田勇人,也不能忽视西方阵营对抗东方阵营的利益需求和游戏规则,局部微调服从阵营整体利益的需求。总之,维护共同的阵营利益成为日本外交分量颇重的筹码。

3. 国家利益与阵营利益的互动

国家利益同民族国家与生俱来,也是民族国家在主权所属的范围内,自主追求的现实目标。在任何国家,占有最大的国家利益,乃是首要选择;为此而做出不懈的努力,并将本国的国家利益追求,视为判断外交得失的标准。回顾 1952—1972 年的日英关系发展过程,两国在每一阶段的外交行动,均首先站在各自国家的立场上,将国家的政治、经济、安全利益作为制定和贯彻外交政策的第一选择,竭尽全力、持续不断地按照自身国家利益的需求,展开交涉。与此同时,由于日英两国的实力对比在不断变化,双方在国际经济体系中的地位也随之变化。当 50 年代英国的经济实力领先于日本时,就有足够的力量对日本加入关贸总协定加以种种限制;当 60 年代日本通过经济高速发展而与英国并驾齐驱之时,经过旷日持久谈判的《日英通商航海条约》,终于达成协议;英国对日实施多年的关贸总协定第 35 条,也在缔结通商条约后,随之撤销。双方因经贸利益占有力的均衡而实现了占有方式的均衡,最终到达互利共赢的新阶段。这就是《日英通商航海条约》签订的理论说明。

1952—1972 年日英关系的发展轨迹表明,追求国家利益的最大化,是两国立国并走向世界的基本动力。由于这一时期,也是两大阵营较量和多变的冷战前期,因此除去日英两国的国家利益之外,还存在西方阵营的阵营利益。两种利益的互动关系,可以从以下两个方面加以把握。

其一,日英两国的国家利益与阵营利益既有联系,又有区别,从而形成一种互动的关系框架。所谓"联系",是指两者存在着国家属性和阵营属性上的内在关联,均"姓资"。在此前提下,作为西方各国,兼具各自的国家利益和共同的阵营利益,两者有关联。所谓"区别",是指虽然在属性上都是资本主义国家,但毕竟存在着一国与国家集体之间的差异,两种利益有关联,却不能用一方取代另一方。

在冷战前期,两大阵营的激烈对抗或暂时缓和的局面交替出现,局势的发展充满变数和戏剧性。但是,无论在何种局面下,日本和英国均作为主权国家,加入与美国为首的西方阵营;均作为"自由国家"圈内的成员国出现在国际舞台上。由此形成的日英两国阵营利益,要求在两大阵营较量、并立的场合,作出维护阵营利益的表态和行动。尽管如此,日英两国关系的发展过程,却表明资本主义阵营属性多具有意识形态上的价值,资本主义的国家属性以及国家利益,才具有立国和发展的实际意义。在发展日英关系的过程中,两种利益既相互联系,又有所区别。其表现在国际关系上的效果是:日英两国既进行不乏外交风度的对话,双方的合作不断加强;同时又不得不面对各种分歧,面对需要解决的各种问题。存在问题,实际上成为两国持续开展对话的事由,恰恰在不断对话的过程中,日英两国加深了相互了解,促进了两国关系的发展。

其二,日英之间的国家利益和阵营利益既存在相互一致的可能性,也存在彼此不一致的可能性。日英两国在战后的发展过程,继续与美国保持战时"特殊关系"的英国,是最先且最多在马歇尔

计划获益的国家;日本则是接受美国单独占领和主导非军国主义
化民主改革并进而与美国结成同盟关系的国家。资本主义阵营属
性,以及由此而来的源源不断的美援,成为日英两国经济成长和国
家安全的必要条件。在这个意义上说,阵营属性及由此而来的阵
营利益,与日英两国的国家属性及国家利益,在总体上形成两者的
一致性。这是观察日英关系的基本的重要方面。

在另一方面,日英两国毕竟经历过太平洋战争,造成深重的战
争创伤;英国曾经是参与占领日本的同盟国,并在国际社会一直保
有大国地位和影响力。相形之下,日本则是发动侵略战争的战败
国,接受占领,被改造并逐渐融入国际社会。即使经过经济高速增
长而成为世界级的经济大国,但是其成为政治大国和军事大国的
欲望,总是受到国际社会的质疑和抨击,想要在世界上成为"普通
国家"并非易事。日英两国的上述差异,致使两国的国家利益各
有所求。虽然同西方阵营地位独特的伙伴国,却经常遭遇阵营利
益与国家利益不尽一致的纠葛。在这种情况下,维护国家利益,即
"永远是第一选择"。无论英国还是日本,无不以此作为开展交
涉、发展日英关系的原则。国家利益经常是日英两国选择外交目
标的不变轴心,阵营利益不能掩盖国家利益。恰恰是这一点,构成
日英对话恒久不变的主题。

三、对日英关系研究的意义

日英关系首先是一组双边关系。从国际关系的政治属性上来
说,属于冷战时期资本主义阵营内部国与国的关系。首先,双方在
政治问题上基本保持一致,均在战后科技革命、资本主义国家普遍
繁荣的 50 至 70 年代,大力发展以经贸关系为中心的日英经济关
系。经历"入关"和缔结《日英通商航海条约》等曲折过程后,两国

关系全面发展。第二,日英关系所涉及的问题,又并非仅仅局限在双边关系的范围内。无论英国还是日本,均为国际社会的重要成员,而且都是美国的盟国。英国地处西欧的大西洋岸边,临近欧洲冷战对立的最前线苏联和东欧;日本与西南太平洋东亚大陆"一衣带水",隔海相望,地处朝鲜半岛、中国大陆和台湾等东亚冷战对抗交界处附近。冷战期间东西方两大阵营的对抗,特别是意识形态的剧烈较量,对同属一个阵营的日英关系发展,产生了影响。上述地缘政治环境,在日英关系中,增添了美国因素、苏联因素、中国因素等国际因素,因而丰富多彩并复杂化。第三,还应看到,在战前和战时,日英两国作为老牌殖民主义强国和新兴的殖民主义强国,不仅在中国展开争夺,而且将东南亚视为不容对方置喙的战略要地,展开包括武力手段在内的激烈争夺。日本一度强占英国的前殖民地,战败后英国重返东南亚,但面临着日本新的争夺。因此,东南亚因素也成为对日英关系产生影响的一个重要国际因素。

　　基于上述三点考虑,笔者在日本研修期间,搜集了大量一手材料和有关日英关系的论著,并针对国内外研究的薄弱之处,在以下三个方面,努力展开研究,以期对深化日英关系,作出应有的努力。这些方面主要包括:

　　其一,关于日英定期会谈的研究。国内外现有的研究成果,对日英围绕日本加入关贸总协定问题进行了较多的研究;对日英围绕通商航海条约的谈判问题,进行了一些研究。但是,对日英两国关系的重要对话平台和联系机制的定期会谈问题,基本上处于空白状态。而日英定期会谈是两国就双边关系和共同关心的国际问题进行讨论、协调的最高级别的场合,是研究 1963 年以后日英外交关系的一个重要的突破口。或许是因为资料繁琐、分散,或者是因为"入关"和缔约是战后日英关系发展过程中的重要问题,或者是出于研究者的兴趣的差异,国内外学者解决了日英双边关系难题之后,对进入全面发展机制的日英会谈问题,并未给予应有的重视并展开研究。有鉴于此,笔者搜集并整理了丰富的外交资料,包括为数众多的缩微胶卷,并以相当的篇幅,对表现1963年之后日英关系一个重要方面的日英定期会谈问题,进行了必要的归纳和论述,从而弥补了国内外相关研究的缺漏。

其二,关于日英关系中的中国因素的研究。应该说,在这个方面,是国内外现有的研究成果中的薄弱部分。研究者多半聚焦1950—1951年间旧金山对日媾和时期,英国与美国在联合国的中国席位问题上的立场差异及举措等问题,展开了若干研究。一般来说,学者均看到了英国出于维护在华利益的考虑,在中国席位问题上,与美国存在若干分歧,虽然英美后来互作妥协,达成召开片面的旧金山媾和会议的共识。笔者依据日英谈判的记录,对英国在中国代表权问题上提出的新看法,一是认为英国希望日本承认中国,将日本商品引向庞大的中国市场,防止日本在英国传统的东南亚市场上造成冲击;二是认为吉田茂希望英国能在说服美国缓解日本对华贸易的限制上发挥作用。这些看法,在中国学术界的研究成果中鲜有提及。

特别是在对华贸易、恢复中国在联合国合法席位等问题上,国内外学术界的研究尚存在比较多的缺漏。在对华贸易问题上,国内外学者注意到吉田茂、鸠山一郎、石桥湛山和岸信介内阁对华政策的差异,但对美国的多次警告制约了英国在促进中日贸易的行动等问题的研究较少,对英国无意开罪美国而为日本火中取栗的立场研究不多。笔者依据日英谈判记录,对上述问题进行了展开分析。同时,本书注意到在池田勇人内阁执政时期,由于国际环境发生变化,池田和来访的英国外相霍姆公开谈论与中国进行"巴统"限制清单以外的贸易的问题。对此问题的研究,也具有深化研究的意义。

在中国恢复在联合国合法席位问题的研究上,国内外研究者对盟国和日本的立场和对策有不少研究成果,但对英国和日本立场差异及不同态度的研究几乎没被提及。由于英国早在1950年已经承认中华人民共和国并建立了临时代办级的外交关系,日本则在22年之后才承认中华人民共和国是中国的唯一合法政府,在中国重返联合国的问题上,两国存在着明显分歧。这种立场,直接导致日英两国对联合国的中国席位问题的态度不同。本书认为,虽然日英两国均为美国的盟国,其外交政策均受到美国因素的制约,但说到底,日英在中国在联合国代表权问题上不同的态度,反映了日英两国在国家利益、对美从属程度上和国际视野上的差异。上述观点既不同于国外学者,也填补了国内研究的不足。突出日英关系中的中国因素,是中国学者应尽的义务。之所以如此的主要原因,一是中国因素本身就是影响日英关系的客观存在,值得认真研究;二是欧美包括日本学者无论出于何种考虑,总是在有意无意地忽视对中国因素的研究。因此,有必要加强日英关系中的中国因素研究。本书对此有所深入和拓展,是必要的,笔者深感今后尚需付出更大的努力。

其三,关于日英关系中的东南亚因素研究。东南亚问题,是日英两国关注的重大问题。这个问题不仅涉及日英双边关系问题,也涉及冷战时期两大阵营对抗的全球性问题。20世纪50年代,英国一方面需要日本的资金投入,例如以捐赠国的资格加入科伦坡计划;另一方面又警惕日本乘机扩大在英国东南亚传统市场的影响,对岸信介政府提议建立东南亚发展基金或池田政府建议在东京建立机构,并在新加坡和香港建立分支机构的设想一概加以排斥。但是,外交立场总要受到国家实力的支配,随着日本成为国力日盛的经济大国,在东南亚援助和经济上的作用越来越大;英国国力却相对衰弱,日英经济实力对比发生逆转,致使英国改变策略,默许日本在东南亚加大援助和投资。日本则在这个过程中,逐渐把东南亚视为其全球经济扩张的战略后院。本书对日英两国在东南亚影响的消长沉浮的论述,深化了关于战后东南亚国家经济开发国际背景因素的研究,对把握日英关系的这个侧面不无助益。

另外,日英对东南亚 50 年代的局势动荡、马来半岛和印支半岛的丛林游击战争,60 年代印尼与马来西亚的对抗、越南战争与美国的卷入等国际问题的认识和协调外交立场,也是国内外研究者着墨不多之处,恰恰在这些方面,本书给予了必要的关注,展开了尽管是初步的,却也给予一定篇幅加以论述的研究工作,有助于对日英关系的跨地区性特点以及东南亚现代史进程的把握。

其四,对"皇室外交"的研究。这是日英关系中的一个全新的课题,本书对这个课题的研究虽然具有尝试性,却为国内外日英关系研究所不曾涉及。众所周知,日英两国均为君主立宪制国家,其社会生活均与君主关系密切。英国国王,无论男性还是女性,都是宪法意义上的国家首脑。日本天皇,则是《日本国宪法》所规定的日本国家和国民统一的"象征",其地位由主权所在的日本国民总意所决定,天皇虽然非宪法意义上的国家元首,在国际场合实际上享有国家元首的待遇。

日英两国的皇室,包括天皇夫妇、女王夫妇、王储或皇太子夫妇、亲王夫妇以及王子或皇子、公主等成年人均可作为外交代表,出现在两国之间的外交舞台上。其中,裕仁曾经在 1921 年以皇太子身份,1971 年以天皇身份、携皇后良子两次出访英国;现在位的平成天皇明仁,曾经在 1953 年以皇太子身份访英,1998 年、2007

年 2 次以天皇身份、与皇后美智子访问英国。1965 年亚历山德拉公主(英国女王伊丽莎白二世的堂妹)夫妇和 1969 年玛格丽特公主夫妇访问日本,是举办英国商品博览会或"英国周"的助兴访问,1975 年英国女王伊丽莎白女王二世访问日本,是对裕仁访英的正式回访;1986 年、1990 年英国王储查尔斯王子携王妃戴安娜两次访问日本,2008 年又携其妻卡米拉再次飞抵东京,访问的频繁程度明显增强,构成日英关系发展进程中的一个颇值研究现象。

　　在英国或者日本,君主受到尊重。英国的王室尤其享有极高声誉、威望和感召力。日本的裕仁天皇因为战争责任问题而备受争议,但在普通的日本国民中,也往往会得到同情和尊重,至于无需承担战争责任的平成天皇明仁,多次在中国或韩国国家首脑访问日本时,对战争问题作出反省而受到舆论的好评,日本皇室在日本社会受到尊敬。因此,皇室外交不仅是反映两国关系的晴雨表,而且具有深厚的民意基础,构成日英关系颇有特色的一个方面。笔者愿以此书为起步,继续研究这一课题。

主要参考文献

中　文

美国国务院编:《美国外交文件·日本·1931—1941·选编》,中国社会科学出版社,1998 年。

吉田茂:《十年回忆》第 1—4 卷,世界知识出版社,1963 年。

徐思伟:《吉田茂外交思想研究》,世界知识出版社,2001 年。

边红彪:《吉田茂对华外交思想》,社会科学文献出版社,2007 年。

冈本书夫著,复旦大学历史系日本史组译:《佐藤政权》,上海人民出版社,1975 年。

御厨贵、中村隆英:《宫泽喜一回忆录》,东方出版社,2009 年。

宋成有:《日本十首相传》,东方出版社,2003 年。

罗伯特·莱西著,王丽芝、程华译:《英国女王伊丽莎白二世》,东方出版社,1988 年。

弗兰克·本福德著,刘乐华译:《丘吉尔 1874—1965》,京华出版社,2008 年。

麦克米伦:《麦克米伦回忆录》(1—6 集),商务印书馆,

1976—1983 年。

霍姆著、师史译:《霍姆自传》,新华出版社,1982 年。

玛格丽特·莱恩:《希思首相》,商务印书馆,1973 年。

杜鲁门:《杜鲁门回忆录》上卷,世界知识出版社,1965 年。

大卫·麦卡洛夫著、田美秋译:《杜鲁门传》,中国社会出版社,2005 年。

王泰平:《中华人民共和国外交史(第二卷)1957—1969》,世界知识出版社,1998 年。

王泰平:《中华人民共和国外交史(第三卷)1970—1978》,世界知识出版社,1999 年。

宋成有、李寒梅:《战后日本外交史 1945—1994》,世界知识出版社,1995 年。

何春超:《国际关系史资料选编 1945–1980》,法律出版社,1995 年。

苏钦科著,忻鼎明译:《战后英美在加拿大的矛盾》,世界知识出版社,1957 年。

加里宁著,吕式伦译:《现阶段的英美矛盾》,世界知识出版社,1960 年。

吴廷璆:《日本史》,南开大学出版社,2000 年。

吴学文:《日本外交轨迹 1945—1989》,时事出版社,1990 年。

五百旗头真著,吴万虹译:《日本外交史 1945—2005》,世界知识出版社,2007 年。

杨栋梁:《日本战后复兴期经济政策研究》,南开大学出版社,1994 年。

《战后世界历史长编 1945·5—1945·12》第 1 编,第 1 分册,上海人民出版社,1974 年。

陈启能:《大英帝国从殖民地撤退前后》,方志出版社,2007 年。

王绳祖:《国际关系史》7—10 卷,世界知识出版社,

刘金质:《冷战史》上、中,世界知识出版社,2004 年。

刘金质等:《中国对朝鲜和韩国政策文件汇编(1949—1994)》第 1 册,中国社科出版社,1994 年。

王为民:《百年中英关系》,世界知识出版社,2006 年。

刘成、刘金源、吴庆宏:《英国:从称霸世界到回归欧洲》,三秦出版社,2005 年。

李凡:《日苏关系史 1917—1991》,人民出版社,2005 年。

崔丕:《美国的冷战战略与巴黎统筹委员会、中国委员会(1945—1994)》,中华书局,2005 年。

李元烨:《中美两国的朝鲜半岛政策演进历程研究》,香港社会科学出版社,2003 年。

王蕾:《旧金山媾和与中国》,世界知识出版社,2009 年。

张颖:《从特殊关系走向"自然关系"——20 世纪 60 年代美国对英国政策研究》,黑龙江人民出版社,2006 年。

英 文

Foreign Office Files for Japan and the Far East 1952—1972Cabinet DocumentThe TimesSir Anthony Eden, Full Circle, Cassell & Company LTD,1965.

Ben Pimlott, Harold Wilson, Harper Collins Publishers,1992.

Hugh Cortazzi, British Envoys in Japan 1859—1972, Global Oriental,2004.

Ian Nish, Yoichi Kibata (eds), The History of Anglo—Japanese

Relations 1600—2000 Volume II: the Political—Diplomatic Dimension,1931—2000,Macmillan Press LTD,2000.

Ian Gow, Yoichi Hirama, John Chapman (eds) , The History of Anglo—Japanese Relations 1600—2000 Volume III:The Military Dimension,Palgrave Macmillan Press LTD,2003.

Janet F. Hunter,S. Sugiyama(eds) ,The History of Anglo—Japanese Relations 1600—2000 Volume IV:Economic and Business Relations,Palgrave Publishers LTD,2002.

Gordon Daniels, Chushichi Tsuzuki (eds) , The History of Anglo—Japanese Relations 1600—2000 Volume V:Social and Cultural Perspectives,Palgrave Macmillan Press LTD,2003.

Donald Maclean,British Foreign Policy since Suez 1956—1968, Hodder and Stoughton,1970.

Gordon Daniels,Reinhard Drifte,Europe and Japan Changing Relationships since 1945,Paul Norbury Publications LTD,1986.

Peter Lowe,Containing the Cold War in East Asia:British Policies towards Japan,China and Korea,1948—53,Manchester University Press,1997.

Joseph Frankel, British Foreign Policy 1945—1973, Oxford University Press,1975.

Roger Buckley,Occupation Diplomacy:Britain,the United States and Japan 1945—1952,Cambridge University Press,1982.

Ian Nish,Japanese Envoys in Britain,1862—1964,Global Oriental,2007.

Noriko Yokoi,Japna's Postwar Economic Recovery and Anglo—Japanese Relations1948—62,RoutledgeCurzon,2003.

Antbony Verrier, Through the Looking Glass: British Foreign Policy in an Age of Illusions, Jonathan Cape Ltd, 1983.

Simon James, Britishi Cabinet Government, London and New York: Routledge, 1999.

David Arase, Buying Power: the Political Economy of Japan's Foreign Aid, Lynne Rienner Publishers, 1995.

日　文

日本外务省外交记录:

E'0220　関税及び貿易に関する一般協定関係一件 1955 年日本加入のための関税交渉関係。

E'0222　1955 年　日本加入のための関税交渉関係・対英国関係。

E'4.1.0.7—9　国際経済　関税及び貿易に関する一般協定関係(GATT)35 条問題。

B'5.1.0.J/1　日英原子力一般協定関係。

A1.3.1.1—4　日本・英国外交、日英定期協議関係。

外务省:《わが外交の近況》1957—1973 各年版。

《読売新聞》。

鳩山一郎:《鳩山一郎回顧録》,文艺春秋新社,1957 年。

岸信介、矢次一夫、伊藤隆:《岸信介の回想》,株式会社文艺春秋,1981 年。

原彬久:《岸信介証言録》,毎日新聞社,2003 年。

中村隆英、宮崎正康:《岸信介政権と高度成長》,东洋经济新报社,2003 年。

伊藤昌哉:《池田勇人その生と死》,至诚堂,1966 年。

松溥周太郎、志贺健次郎编:《池田勇人先生を偲ぶ》,創巳堂,1967 年。

盐口喜乙:《池田勇人——高度成長政治の形成と挫折》,朝日新闻社,1975 年。

佐藤荣作:《佐藤栄作日記》1—6 卷,朝日新闻社,1998—1999 年。

艾登著,汤浅义正、町野武译:《イーデン回顧録》I—II,みすず書房,1960 年。

木畑洋一:《現代世界とイギリス帝国》,ミネルヴァ書房,2007 年。

池田雅之:《イギリス人の日本観—英国知日家が語る"ニッポン"》,成文堂,1993 年。

细谷千博:《日英関係史 1917—1949》,东京大学出版社,1982 年。

力久昌幸:《イギリスの選択——欧州統合と政党政治》,木铎社,1996 年。

Peter Clarke 著,西泽保、市桥秀夫、椿建也、长谷川淳一等译:《イギリス現代史 1900—2000》,名古屋大学出版社,2004 年。

福岛清彦:《日米欧世界》,筑摩书房,1998 年。

坂井秀夫:《現代イギリス政治外交論》,日本図書センター,2000 年。

Lord Strang 著,鹿岛守之助译:《英国の外務省》,鹿岛研究所,1959 年。

大藏省财政史室编:《昭和財政史 : 終戦から講和まで》,东洋经济新报社,1981 年。

内田宏,堀太郎:《ガット——分析と展望》,日本关税协会,

1959 年。

冈茂男:《関税政策総論》日本关税协会,1994 年。

冈茂男:《戦後日本の関税政策》日本关税协会,1994 年。

冈茂男:《貿易自由化と関税政策》日本关税协会,1994 年。

冈茂男:《ガット交渉と関税政策》日本关税协会,1994 年。

日本外务省经济局国际机关课,大藏省税关部调查统计课:《ガットの最近の動き》,日本关税协会,1961 年。

日本经济调查协议会:《OECD 加盟と日本経済》,经济往来社,1964 年。

田中宏:《八条国時代の日本経済——IMF と GATT をめぐって》,ダイヤモンド社,1963 年。

日本通商产业省通商产业政策史编纂委员会:《通商産業政策史第 6 巻》,通商产业调查会,1990 年。

河村欣二:《外務省》,朋文社,1956 年。

日本外务省战后外交史研究会:《日本外交 30 年 1952—1982》,世界の動き社,1982 年。

西川吉光:《日本の外交政策》,学文社,2004 年。

西川吉光:《日本政治外交史論(上)——敗戦～吉田ドクトリン神話の形成》,晃洋书房,2001 年。

西川吉光:《日本政治外交史論(下)——敗戦～吉田ドクトリン神話の形成》,晃洋书房,2002 年。

西川吉光:《戦後アジアの国際関係》,晃洋书房,1998 年。

渡边昭夫:《戦後日本の対外政策》,有斐阁,1985 年。

永野信利:《日本外交のすべて》,行政问题研究所出版局,1986 年。

William Joseph Sebald 著,野末贤三译:《日本占領の回想》,朝日新闻社,1966 年。

Howard B. Schonberger 著、宮崎章译:《占領 1945—1952——戦後日本をつくりあげた8 人のアメリカ人》,时事通信社,1994 年。

竹前荣治:《占領戦後史》,岩波书店,1980 年。

Frank C. Langdon 著,福田茂夫等译:《戦後の日本外交——池田時代・佐藤時代・その後》,ミネルヴァ書房,1976 年。

原荣吉:《日本の戦後外交史潮　その選択》,庆应通信株式会社,1984 年。

岩永健吉郎:《戦後日本の政党と外交》,东京大学出版会,1985 年。

柳沢英二郎:《戦後国際政治史 1944—1958》,現代ジャーナリズム出版会,1974 年。

柳沢英二郎:《戦後国際政治史 1959—1977》,現代ジャーナリズム出版会,1977 年。

国連広報センター:《回想・日本と国連の三十年》,讲谈社,1986 年。

藤田宏郎:《戦後日本の国際関係——解説と資料》,晃洋书房,2004 年。

宮沢喜一:《東京—ワシントンの密談》,实业之日本社,1956 年。

石丸和人:《戦後日本外交史 I 米国支配下の日本》,三省堂,1983 年。

石丸和人、松本博一、山本剛士:《戦後日本外交史 II 動き出した日本外交》,三省堂,1983 年。

石丸和人:《戦後日本外交史 III 発展する日米関係》,三省堂,1985 年。

安原和雄、山本剛士:《戦後日本外交史 IV 先進国への道程》,三省堂,1984 年。

田村喜晴:《戦後日本外交史 V 経済大国の風圧》,三省堂,1984 年。

山本剛士:《戦後日本外交史 VI 南北問題と日本》,三省堂,1984 年。

山本剛士、石丸和人、松本博一、山本进、安原和雄、山村喜晴:《戦後日本外交史 VII 日本外交の課題》,三省堂,1985 年。

外交行政研究会、防卫问题研究会:《現代行政全集 27 外交・防衛》,株式会社ぎょうせい,1985 年。

鈴木九万:《日本外交史 26 終戦から講和まで》,鹿島研究所出版会,1973 年。

吉沢清次郎:《日本外交史 29 講和後の外交(I)対列国関係(下)》,鹿島研究所出版会,1973 年。

荻原彻:《日本外交史 31 講和後の外交(II)経済(下)》,鹿島研究所出版会,1972 年。

鹿島平和研究所:《現代日本の外交》,鹿島研究所出版社,1980 年。

五十岚武士:《対日講和と冷戦——戦後日米関係の形成》,東京大学出版会,1986 年。

入江昭、Robert A. Warmpler 编,细谷千博、有贺贞等译:《日米戦後関係史 1951—2001》,講談社インターナショナル株式会社,2001 年。

Lawrence Olson 著,稲本国雄译:《戦後アジアと日本》,时事通信社,1971 年。

田中靖政：《戦後日本の政策目標の評価》，学习院，1978 年。

小此木政夫、小岛朋之：《東アジア危機の構図》，东洋经济新报社，1997 年。

村川一郎：《日本の政策決定過程》，株式会社ぎょうせい，1985 年。

日本国际政治学会：《東西世界の統合と分裂》，有斐阁，1966 年。

有贺贞、宇野重昭、木户蓊、山本吉宣、渡边昭夫：《講座国際政治 4 日本の外交》，东京大学出版会，1989 年。

Joseph Frankel 著，河合秀和译《外交における政策決定》，东京大学出版会，1970 年。

坂野正高：《現代外交の分析》，东京大学出版会，1971 年。

林茂、辻清明：《日本内閣史》5、6，第一法规出版株式会社，1981 年。

猪口孝：《現代日本政治経済の構図》，东洋经济新报社，1986 年。

服部卓四郎：《大東亜戦争全史》，原书房，1973 年。

大畑笃四郎：《太平洋戦争》上，人物往来社，1966 年。

文　章

Chihiro Hosoya, Japan, China, the United States and the United Kingdom, 1951—2: The Case of the 'Yoshida Letter', International Affairs, Vol 60, No, 2 (Spring, 1984), pp. 247—259.

田中孝彦：《吉田外交における自主とイギリス1952—1954年——吉田ミッションを中心に》，《一橋論叢》2000 年 1 月号，

45—64 页。

田所昌幸:《戦後日本の国際経済秩序への復帰――日本の GATT 加盟問題――》,《国際法外交雑誌》1993 年第 1 号,27—74 页。

金光耀:《1949—1950 年英国对新中国的承认》,《历史研究》1994 年第 5 期。

后　记

　　本书是在我博士论文的基础上修改而成，虽说是"修改"，但也只不过是字句的订正而已。究其原因，当然是本人懒惰所致。在修改论文的过程中，往日求学的情景又历历浮现在眼前。如果说我现在有一点点小成就，并非只是个人的努力使然，而是离不开诸多师友的提携和帮助。

　　2003年，我考入河北大学攻读中国古代史硕士学位，先师从李文才老师。当时，我全然不知学术为何物，在李老师的点拨下才渐入其门。后来，我转入汪圣铎老师门下，汪老师身体不太好，却常常为了学生的事情到处奔波。当我要考博时，他带着我去目标学校咨询；当我要出书时，他又带我去出版社联系。河北大学虽不是名校，但有很多良师，如李华瑞老师、姜锡东老师、周长山老师、萧爱民老师等，他们对我的提携至今还在延续。同时，河大也有一些独有的藏书，这些书对我研究方向的选择和硕士论文的写作有决定性的作用。

　　2006年3月我通过了北京大学博士生入学考试世界史专业的初试，我既没有耀眼的履历，而且又是从中国古代史专业跨过来的，拜宋成有老师宽宏大量所赐，收为门下弟子，于是，同年9月开始了博士生生活。

　　最初想做战后日韩经济关系,而且也去蹭韩语专业本科生的课,但发现到底是跟不上。2007年9月利用国家留学基金委的项目去日本早稻田大学留学一年,师从林华生老师。在日本浑浑噩噩待了几个月之后,林老师请当时的北大历史系主任牛大勇老师去早大讲座。在百忙之中,牛老师过问了我的学业,他当时就指出我的选题不行,并说博士生留学不是来上课的,而是来收集资料的。牛老师一说,我就慌了。又回想起刚入校的时候,马春英老师就说过:"你们现在来了,不等于你们都能毕业。"于是,开始辗转于图书馆和史料馆之间查找资料,另定选题。

　　那一段,有时背包忘了拉上拉锁,有时坐地铁坐过了站,人都有点恍惚了。后来,终于发现早大现代政治经济研究所和日本外务省外交史料馆有比较充足的战后日英关系档案,有很多是微缩胶卷。考虑到国内学界做战后日英关系的相对较少,在向宋老师请示后,定下这个题目来。在接下来的几个月里,就是白天泡资料室和史料馆,把微缩胶卷打印下来,晚上又扫描成电子照片,另外,还扫描了100多本书。工欲善其事,必先利其器,想要研究学术,必先占有翔实的资料。

　　2008年8月底回国时,带回了大量的资料,接下来的任务,就是整天琢磨这些资料了。最初写出来的东西每一段都有出处,"言必有据",完全囿于资料,没有叙论结合,自己还沾沾自喜,结果当然是被宋老师批评了。宋老师批评人有特点,就是从来不说重话,如果他说:"最近你过得挺愉快!"那就是说我没好好学习,自己得自觉一点了。

　　在攻读博士学位期间,宋老师既给予我严师的指导,督促我完成学业;也给予我慈父般的关怀,帮助我解决学习和生活上的种种困难。最难忘怀的是年过花甲的他常常为我批改论文到深夜,有时能收到他凌晨3点发过来的电邮。记得有位师兄在论文的扉页写下这样一段话:"谨以此文献给三位父亲:一位是我的亲生父亲,一位是宋成有老师,一位是图书馆。"在我心中深以此言为然。当然,宋老师不仅对自己的弟子关怀备至,对于教研室的其他学生,也一视同仁。

在此,还要感谢沈仁安老师,他时常指点我论文的写作。感谢答辩委员会主席汤重南老师,答辩委员王新生老师、梁云祥老师、陈文寿老师。感谢马春英老师、边丽秀老师,她们一直关心我的工作问题。

在攻读博士期间,父母、兄嫂长年不懈地给予我精神和物质上的支持。我的妻子闫华芳女士,给予我无微不至的关怀和帮助。女儿从出生到现在已经2岁了,全仰仗岳父母照看,正是他们无私的付出,使我能在学业上有所小成。

感谢人民出版社编审张秀平女士,她为本书的出版付出了辛勤的劳动。感谢教育部国家留学基金委、东京财团、北大教育基金会,他们为我两次留学日本提供资金和便利。感谢洛阳师范学院历史文化学院郭红娟院长对本书出版的帮助,感谢湛贵成老师对我的关怀和帮助。

本书只是我学术生涯中一个小小的里程碑,未知的路还很长,我还将探索前行。

陈　巍

图书在版编目 (CIP) 数据

战后日英关系研究：1952~1972 / 陈巍著.
-北京：人民出版社，2013
ISBN 978-7-01-011910-6

Ⅰ.①战…　Ⅱ.①陈…　Ⅲ.①国际关系史—研究—日本、英国—1952~1972　Ⅳ.①D831.39 ②D856.19

中国版本图书馆 CIP 数据核字 (2013) 第 059636 号

战后日英关系研究 （1952—1972）
ZHANHOU RIYING GUANXI YANJIU (1952—1972)

作　　者：陈　巍
责任编辑：张秀平
装帧设计：徐　晖

人民出版社 出版发行

地　　址：北京市东城区隆福寺街 99 号
邮政编码：100706　www.peoplepress.net
经　　销：全国新华书店
印刷装订：北京昌平百善印刷厂
出版日期：2013 年 6 月第 1 版　2013 年 6 月第 1 次印刷
开　　本：880 毫米×1230 毫米　1/32
印　　张：13.125
字　　数：330 千字
书　　号：ISBN 978-7-01-011910-6
定　　价：39.50 元